복학왕의 사회학

복학왕의 사회학

지방 청년들의 우짖는 소리

최종렬 지음

오월의봄

차례

프롤로그

01 복학왕

“선생님, 이거 보셨어요?”

대학원 제자가 호들갑을 떨며 묻는다.

“뭘 말이냐?”

“복학왕 말이에요.”

“복학왕이 뭔데?”

“웹툰이에요. 요즘 뜨고 있는.”

“웹툰? 에이, 내가 그런 걸 어떻게 보니?”

문화사회학자라 자부하면서도 새로운 매체에 둔감한 나는 뚱하게 되물었다.

“일단은, 한번 보시라니깐요.”

철 지난 유행어를 흉내 내며 스마트폰을 건네준다. 못 이기는 척 〈복학왕〉을 흘깃 내려보았다. 첫 쪽을 보자마자 그만 빵 터지고 말았다.

“그대가 자랑스럽다. (98학번 김준구) 위드 1급 합격!!”

커다란 플래카드에 박힌 글씨, 그것도 ‘워드’도 아닌 ‘위드’로 잘못 박힌 글씨! 우하하하!

"그대가 자랑스럽다. (03학번 이소정) 1종 보통 원동기 면허 합격!!"

우하하하핫! 눈물이 찔끔 나올 정도로 웃다가 문득, 9급 공무원 합격을 축하한다는 현수막이 여기저기 내걸린 교정이 떠올랐다. 이내 〈복학왕〉 속으로 미친 듯이 빨려 들어갔다. 거기에는 내가 지난 10년 이상 지방대에서 가르치면서 본 학생들의 모습이 고스란히 담겨 있었다. 아니, 최악의 버전이 들어가 있었다.

예비군복을 입고 학교에 온 복학생이 신입 여학생 '꽈대'에게 말한다.

"애들 학교 생활 모르는 거 있으면 오빠한테 말하라구."

자신도 갓 제대해 대학 생활에 젬병인 주제에 복학생의 권위를 내세운다.

"네!"

신입 여학생 '꽈대'는 복학생이 하늘처럼 보인다.

영어 수업 시간 외국인 선생은 초등학교에서나 가르칠 법한 기초 영어를 가르친다. 그것도 문법에 맞지 않게.

"He go home." "She is girl."

외국인 선생은 한국말로 "시험에 나옵니다"라며 주입식 교육을 하고 있다. 복학생은 그마저도 수업에 집중하지 않고 게임에 몰두한다.

메신저 그룹 채팅으로 학회장 오빠한테 메시지가 온다.

"신입생들 수업 끝나고 학과실로 모여주세요. 개강 파티합니다. 회비 35만 원. 불참 시 퇴학 처리됩니다."

학과실에 모인 신입생들은 복학생 오빠들과 술 먹기 게임을 하고 논다. 여학생 끌어안고 오래 버티기 게임을 한다. 복학생들은 안 쓰러지려고 여학생을 벽에 붙여놓고 앙 버틴다. 소주, 맥주, 막걸리를 큰 대접에 뒤섞어 만든 폭탄주를 벌컥벌컥 들이켠다. 폭탄주를 들고 어쩔 줄 몰라 하는 신입 여학생 앞에 복학생이 흑기사로 나선다.

"후배를 챙길 줄 아는구만."

"진짜 남자다."

"형님!"

"와아아아!!!"

여기저기서 찬사와 탄성이 봇물처럼 터져나온다. 바야흐로 신입 여학생과 복학생 사이에 로맨스가 싹트는 순간이다.

몸을 못 가눌 정도로 잔뜩 취한 복학생은 부축하는 후배 여학생들을 두고 한바탕 연설을 늘어놓을 태세다.

"오늘 인생에 대해서 말해주지!! 인생의 선배로서!!"

여학생 후배들은 비척대는 복학생을 돌보느라 난리가 난다.

"오빠~ 정신 차려!"

"얘들아, 오빠 좀 챙겨라."

이렇게 대학을 다니다가는 '청년 실업 특급열차 KTX'를 타고 추락하고 말 것이다. 한쪽에 쭈그리고 앉아 이를 쳐다보고 있던 신입 여학생은 속으로 부르짖는다.

"실수다!!! 이곳은!!! 자퇴하자!!!"

아, 지난 10년 이상 지방대에서 겪었던 수많은 일들이 파노라마처럼 펼쳐지기 시작한다.

02 엠티

2005년 부임 후 첫 엠티 때의 일이다. 동료 교수와 함께 성긴 나무로 에둘린 산길을 따라 가벼운 산책을 하고 돌아와보니 학생들이 게임을 하고 있다. 근데 이게 웬일? 남학생이 여학생을 앞으로 껴안고 한 발로 오래 버티기 게임을 하고 있는 것이 아닌가!

이런! 이런 게 대학 엠티? 나는 나의 대학 시절 엠티를 떠올리며 적잖이 당황했다. 전두환 정권의 폭압 속에서 숨죽이던 엄혹한 때였다. 조별로 사회를 풍자하는 콩트를 준비해서 공연했다. 근데 이 아이들은? 세월이 아무리 변했다 하지만, 그럼에도 사회학도들의 엠티 아닌가?

저녁에는 아이들이 술을 마신다. 치열한 논쟁 대신 술 먹기 게임을 한다.

"마셔라. 마셔라. 마셔라. 마셔라. 마셔라. 마셔라. 마셔. 마셔. 술이 들어간다. 쭉. 쭉. 쭉. 쭉. 쭉. 쭉쭉쭉쭉쭉. 쭉쭉쭉쭉."

단순 반복되는 리듬에 맞춰 아이들이 미친 듯이 고함을 지르며 몸을 흔들어댄다. 한 학생이 정말 쭉쭉쭉쭉 술을 들이켠다. 박수를 치고 괴성을 지른다. 정말 난리 부르스다. 한쪽을 보니 신입 여학생들이 복학생 선배가 입고 온 깔깔이를 서로 입어보려고 쟁탈전을 벌이고 있다. 복학생은 흐뭇하게 그걸 내려다보고 있다.

교수들이 묵는 방이 따로 없어 학생들이 자는 거실 뒤 작은 방에 들었다. 뒤척뒤척 어렵사리 잠을 청했다. 노래와 고함 소리에 시달리다 간신히 잠에 들었다. 얼마나 시간이 흘렀을까? 소란스런 소리에 눈을 떴다. 옆에 누워 자고 있던 동료 교수가 투덜대고 있고, 여학생들이 깔깔대며 방 밖으로 뛰쳐나가고 있었다. 저런! 동료 교수 얼굴에 낙서가 잔뜩 그려져 있다. 나도 모르게 내 얼굴을 더듬었다.

"선생님은 없어요. 제 얼굴 그릴 때 깨서 보니 아이들이 낙서를 하고 도망치고 있더라고요."

동료 교수가 어이가 없다는 듯이 혀를 끌끌 찼다. 기가 막혀 헛웃음이 절로 나왔다.

이게 대학교인가? 고등학교 수학여행이야, 뭐야?

투덜대며 거실로 나오니 더욱 가관이었다. 소위 학과 CC들이 쌍쌍이 한 이불을 덮고 자고 있었다. 학과 전체 엠티가 아니라 마치 커플들이 여행을 온 듯했다. 공동체가 무너지고 애인만 남은 거 아니냐며 동료 교수와 함께 애먼 시대를 탓했다.

그 후로도 비슷한 엠티가 줄기차게 이어졌다. 신입생은 계속 들어왔고 그때마다 여지없이 복학생들도 군대에서 돌아왔다. 엠티를 가면 어김없이 깔깔이를 둘러싸고 신입 여학생들 사이에서 쟁탈전이 벌어진다. 이를 흐뭇하게 바라보는 복학생들도 눈빛은 여전하다. 1학년만 마치고 군대 간 복학생들이 사회학을 제대로 알 리 없다. 1학년 때에는 곧 군대 갈 거라며 미친 듯이 놀았기 때문이다. 제대 후 학교에 오니 아는 사람들이 아무도 없다. 동기 여학생들은 이미 고학년이라서 상대조차 해주지 않는다. 권위가 서질 않는다. 이때 깔깔이는 복학생의 권위를 살리는 데 제격이다.

나, 군대 갔다 온 선배야!

한바탕 깔깔이 소동이 끝나면 복학생들과 신입 여학생들이 술 먹기 게임을 하고 논다. 신입 남학생들은 그 모습을 부러운 듯 옆에서 지켜보고만 있다. 엠티를 갔다 오고 나면 여기저기서 복학생과 신입 여학생 CC가 보인다. 학교 생활은 학과를 중심으로 돌아가지 않고 CC끼리 뭉쳐 다니는 양상이다.

"학과 커플이 많으면 그 과는 망한다. 학과의 솔리데리티(연대) 대신 둘만의 세계를 구축하기 위해 떠나기 때문이지."

나는 뒤르케임의 연대 이론을 설명할 때마다 농담 삼아 말을 던졌다. 그러거나 말거나 엠티는 계속되고 복학생과 신입 여학생 사이의 커플 맺기는 계속된다.

03 기말 리포트

"혜민아, 선생님이야. 왜 기말 리포트 안 냈니?"

혜민에게 전화를 걸었다. 제출 시한이 지나도록 기말 리포트를 내지 않았기 때문이다.

"혹시 냈는데 내가 못 받은 거니?"

잠잠하기에 다시 물었다.

“아녜요. 제가 안 낸 거예요.”

의외로 담담한 목소리가 기계음으로 들려온다.

“그래? 지금이라도 내면 선생님이 성적 줄 수 있어. 어서 내도록 해라.”

안타까운 마음에 나도 모르게 채근했다.

“아녜요, 저 여행 가요.”

“아니, 지금이라도 내면 성적을 올려준다니까.”

목청을 높였다.

“괜찮아요. 그대로 주세요.”

쿨하다.

“아니 그런 게 아니라 리포트만 내면 학점이 하나 더 올라갈 수 있다니까. 그러니까 어서 내도록 하세요.”

어느새 내 말투가 애원조로 변해가고 있었다.

“괜찮아요, 교수님.”

혜민은 엉뚱한 아이였다. 결석과 지각을 밥 먹듯이 했다. 그러다가도 가끔 수업 시간에 사회학의 자질을 보이는 기발한 질문을 던지곤 했다. 관심이 가서 이전 학기의 성적을 보았다. 형편없었다. 결석과 지각을 자주 하니 이해가 됐다. 안타까웠다.

나는 학생들을 볼 때 문제를 제기하는 능력을 가장 높게 평가한다. 오지선다형 답안 중 정답을 고르는 능력은 뛰어나지 않다는 것이 이미 입증된 지방대 학생들이다. 하지만 난 그렇다고 학생들을 낮게 평가하지 않는다. 오지선다형 시험을 극도로 혐오하기 때문이다. 5개 항목 중 반드시 정답이 존재하는 퀴즈 풀이 같은 시험이 학생들의 장래를 결정하도록 해서는 안 된다고 생각해오던 터였다. 오히려 중요한 것은 문제를 제기하는 능력이라고 믿고 싶었다. 혜민이 바로 그런 학생이었다. 너무나 당연시된 상식을 단숨에 허무는 질문을 종종 던졌다. 난 이 아이를 잘 키우면 훌륭한 사회학자가 될 수 있겠다는 생각이 들었다.

4학년 2학기가 될 무렵 혜민을 불렀다. 대학원 진학을 권유했다.

"저요? 제가요?"

혜민이 다소 생뚱맞다는 듯 놀란 두 눈을 껌뻑인다.

"그래, 혜민인 사회학을 공부하면 잘할 거 같아. 사회학은 정답을 찾는 학문이 아냐. 남들이 안 던지는 질문을 던지고 스스로 새로운 세계를 만들어가는 거야. 혜민이는 잘할 수 있을 것 같은데."

갑자기 혜민이 하하 웃는다.

"제가 무슨 공부를 해요. 저 미국 갈 거예요."

"미국은 왜?"

"어학연수요."

당시 학과에 어학연수 바람이 거세게 불 때였다.

"어학연수 가서 보고요. 그때도 된다 싶으면 공부해볼게요."

졸업식장에서 혜민을 마지막으로 보았다. 미국으로 어학연수를 갔다는 말을 들었다. 하지만 그뿐이었다. 그 후 5, 6년이 지났지만 더 이상 혜민의 소식을 들을 수 없었다.

04 어학연수

미국으로 어학연수를 갔던 상철이 돌아왔다. 상철은 내가 지도하던 학회를 통해 친해졌다. 나는 매주 수요일마다 열리는 학회에 종종 참석해서 학생들이 토론하는 것을 지켜보곤 했다. 토론 끝 무렵에는 전체적인 총평을 해주고 어떻게 하면 사회학적 시각으로 사회문제를 볼 수 있을까 말해주었다. 그럴 때마다 학생들은 어쩜 같은 문제를 그렇게나 다른 식으로 접근할 수 있는지 놀라곤 했다. 나는 약간 우쭐하는 마음으로 그게 바로 사회학의 힘이라고 자랑했다.

한 학기에 한두 번, 학회가 끝나면 학생들과 뒤풀이를 했다. 학생들과 좀 더 인간적으로 친해지고 싶은 마음에 술자리를 마다하지 않았다. 사회학과로 학생들을 유치했으면 하는 바람도 있었다. 2010년 학과제로 변경되기 직전인 당시에는 학부제여서 1학년 학생들이 2학년에 올라가면서 학과를 정하게 되어 있었다. 사회 전체가 '취업, 취업' 하는 통에 취업과 상관없어 보이는 사회학과에 학생들이 쉽게 오지 않을 때였다. 선배들이 나서 후배들을 끌어와야 하는 상황이었다. 학과를 위해 학회에 헌신하는 선배 학생들을 격려하고 싶었다.

복학생이었던 상철이 학회장을 맡고 있었다. 학회장은 주로 3학년 여학생이 맡거나 그게 여의치 않으면 2학년 남자 복학생이 대신하고 있었다. 상철은 특이하게도 3학년 때 학회장을 맡았다. 사회학적인 마인드는 없어도 우직하고 붙임성이 좋았다. 특히 술자리에선 분위기를 돋우는 역할을 잘했다. 후배들을 잘 챙기고 학과 일에 헌신했다.

그런데 언제부터인가 상철이 보이지 않았다. 휴학하고 1년간 미국으로 어학연수를 갔다고 했다. 그런 상철이 돌아온 것이다.

만나자마자 특유의 너털웃음을 짓는다.

"꼬모 에스따스?"

"뭐?"

갑자기 이상한 말을 해서 놀라 물었다.

"스페니시예요. 인사말이요."

약간 겸연쩍은 듯 말한다.

"아니 미국 갔다더니 어떻게 스페인어를 배워왔니?"

의아한 생각이 들어 물었다.

"제가 뉴욕에서 히스패닉들과 일하다가 왔거든요."

"아니 어학연수 갔다더니 일하다 왔어?"

"예, 워킹 홀리데이로 미국에 갔었어요. 뉴욕 물류 공장에서 일했어요.”

상철은 덩치가 남들보다 컸다. 항상 뉴에라 힙합 모자를 삐딱하게 눌러쓰고 다녔는데 나름 잘 어울렸다. 그래서 그런지 뉴욕에서 히스패닉들과 잘 어울렸다고 한다.

“아니, 영어를 배우러 갔으면 영어를 배웠어야지, 웬 스페인어를 배워왔니?”

“하하. 미국 사람을 만날 수가 있어야 말이죠. 일하는 사람 대부분이 멕시칸, 히스패닉들이더라고요. 맨날 같이 일하다보니 자연스레 배우게 됐죠.”

상철은 그 후로 1년을 더 다니고 졸업했다. 다시 미국으로 갈 예정이라고 했다. 워킹 홀리데이 비자로 들어가 일하다보면 미국에서 살길이 열릴 거라며 해맑은 미소를 지었다. 졸업 후 실제로 상철은 미국으로 떠났다.

05 휴학

항상 같이 몰려다니던 여학생 세 명이 있었다. 정은, 은혜, 민정이 그들이다. 3학년을 마치고 갑자기 우르르 휴학을 해버렸다. 학생들에게 물어보니 공무원 시험을 준비하기 위해 휴학했단다. 1학년을 마치고 군대 가기 위해 휴학하는 남학생들과 달리 여학생들은 대개 3학년을 마치면 돌연 휴학을 해버린다. 졸업이 다가올수록 마음이 불안해진 탓이다. 대개 영어 공부를 하려고 휴학한다고 한다. 어떤 학생들은 정은, 은혜, 민정처럼 공무원 시험을 본다며 휴학을 하기도 한다.

나는 이런 얘기를 들을 때마다 자괴감이 들었다. 취업이 모든 것이 되어버린 세상에서 대학은 더 이상 학문의 장이 아니다. 교육 당국에서도 취업률을 지표로 학교를 평가한다. 물론 다른 지표들도 있지만, 취업률이 제일 중요하다. 특히 이명박 정부가 청년 실업 문제를 기업이 아닌 대학에 떠넘긴 이래로 대학은 기업이 요구하는 시장 친화적 인재를 키워내는 직업훈련소로 전락했다. 그러다보니 취업과 별로 상관없어 보이는 학문은 대학에서 찬밥 신세다. 특히 주어진 세계를 당연시하지 않고 항상 의문을 던지는 것을 사명으로 하는 사회학은 더욱 그렇다. 하지만 우습다. 시장의 요구가 얼마나 빨리 변하는데, 그때마다 대학이 학과목을 시장 친화적으로 조정해야 한단 말인가?

이런 형국에서 학생들은 뭔가 취업에 도움이 될 거라는 막연한 기대를 하고 경영학이나 마케팅 수업을 듣는다. 이런 수업들에 학생들이 대거 몰리다보니 강의실이 도떼기시장이다. 수업이 제대로 될 리 없다. 학원처럼 주입식 교육이 이뤄지고 학생들은 또다시 정답 빨리 찾기에 몰두하는 퀴즈 풀이 공부를 한다. 학생들만 탓할 수 없다. 기업이 과중한 스펙을 요구하니, 전공 공부는 뒤로하고 기업이 요구하는 스펙 쌓기에 몰입할 수밖에 없다. 지방대생은 이런 스펙 쌓기 게임에서 상대적으로 뒤처진다. 그럴수록 불안감이 엄습한다. 여학생들이 3학년 마치면 스펙을 쌓는다고 휴학하는 이유다.

정은, 은혜, 민정은 1년이 지나도 돌아오지 않았다. 9급 공무원 시험을 봤으나 모두 떨어졌다. 한 학기 더 시험을 준비한다. 학원을 다니며 짬을 내 알바를 뛴다. 이것저것 사고 싶은 것도 많은데 마냥 부모에게 손을 내밀기엔 미안한 탓이다. 알바에 몰두하다보니 공부할 시간이 부족하다. 시험에 붙을 자신이 점점 떨어진다. 그럴수록 더욱 알바에 힘쓴다. 조금이라도 돈을 벌어 부모에게 선물을 해주고 싶어서다.

정확히 세 학기가 지나서야 정은, 은혜, 민정은 학교로 돌아왔다. 다시 만난 그들은 한층 더 주눅이 들어 있었다. 학교 밖 세상이 만만치 않다는 것을 온몸으로 체험한 탓이다. 한 학기 다니다 다시 휴학을 했다. 이대로 그냥 다니다가는 졸업을 하게 되고, 그러면 갈 곳이 없기 때문이다. 마지막으로 한 번 더 공무원 시험을 보았다. 모두 떨어졌다. 다시 복학을 했다.

졸업을 앞두고 면담을 했다. 이제라도 늦지 않았으니 사회학 공부를 한번 제대로 해보는 것이 어떠냐고 제안을 했다. 마침 한국연구재단에서 지방대 대학원을 지원하는 프로그램에 우리 학과가 뽑혔으니, 장학금을 줄 수 있을 거라고도 했다.

"BK라고 Brain Korea의 약자인데, 한국말로는 '두뇌 한국 21'이야. 정부에서 국내 대학원을 육성하기 위해 석·박사 과정생을 지원하는 거야. 우리 학과에서 요번에 선정이 되었거든. 너네가 들어오면 장학금 받고 공부할 수 있어."

집에 가서 부모님께 말해보겠다고 한다.

며칠 후 민정에게서 전화가 왔다. 지금 만날 수 있겠냐고. 마침 밖에 나와 있던 참이라 전화로 얘기해보라고 했다.

"여자가 무슨 공부를 하냐고 하셔요. 그것도…… 대학원 공부를요."

쑥스러운 듯 우물쭈물한다.

"그게 무슨 말이야. 여자일수록 더욱 공부를 해야지. 세상이 어떻게 돌아가는지 공부를 해야 세상을 내 의지로 살아갈 수 있지 않겠니?"

평소보다 세게 말했다. 얼마 전 있었던 대학원 장학생 모집 설명회 때문에 화가 났던 모양이다. 그날 단 한 명도 설명회에 나타나지 않았다.

"지방대 대학원 나오면 뭘 하냐고 그러시기도 하고요."

더 이상 할 말이 없었다. 부모라고 왜 모를까? 지방대 대학원이 한국사회에서 어떤 위상을 갖는지. 나온다고 취업의 길이 열리는 것도 아니고, 그렇다고 학문의 세계에서 성공할 수 있는 것도 아닌데. 서울에 있는 명문대를 나오고 미국 유학 가서 박사학위를 따와도 펑펑 놀고 있는 이들이 태반인 것이 현실 아니던가. 하물며 지방대 대학원이야 무슨 말이 필요하겠는가. 그것도 '여자'가. 자괴감이 밀려왔다. 알았다고 했다.

얼마 후 셋은 모두 졸업을 했다. 들려오는 소식에 의하면 두 명은 다시 공무원 시험을 준비를 하고 있고, 나머지 한 명은 부모님이 하는 작은 식당에서 일을 거들고 있다고 했다.

06 군 입대

민철이 군대에 간단다. 1학년 마치고 군대에 가는 다른 학생들과 달리 민철은 2학년까지 학교를 다녔다. 2년 동안 선생님, 선생님 하며 나를 잘 따랐다. 사회학을 제대로 좋아하는 제자가 생겼구나 하고 기뻐했다. 특히 1학년 마치고 군대에 가지 않고 사회학 공부를 더 하겠다고 했을 때에는 새로운 희망도 생겼다. 민철이를 통해 새로운 트렌드가 생길 수도 있겠다는 생각이 들었기 때문이다. 대부분의 남학생들이 1학년을 허송세월하며 보내지만 민철은 달랐다. 사회학 수업에 열심이었고, 학과 일도 앞장섰다.

군대 가는 송별회를 열었다. 학과 선배는 물론이고 그동안 함께 어울렸던 대학원 선배들도 모였다. 헤어짐을 아쉬워했다. 특히 대학원 선배들은 어서 제대해서 다시 학문의 세계로 돌아오라고 격려를 아끼지 않았다. 나는 가서 건강하게 잘 지내고, 휴가 나오면 꼭 찾아오라고 했다. 민철은 고개를 끄덕였다.

군대 간 2년 내내 민철은 나를 찾아오지 않았다. 휴가를 나왔는데도 나를 피했다. 어찌 된 일인가 궁금했지만 물어볼 수 없었다. 나를 피하고 있다는 소리를 다른 학생에게서 들었던 터였다.

2년 후 민철은 제대를 하고 학교로 돌아왔다. 하지만 내 수업에는 단 한 번도 들어오지 않았다. 선배들이 그러하듯 졸업에 필요한 사회학과 최소 학점만 이수하고, 나머지는 경영학이나 마케팅 또는 재무 설계 수업을 듣고 다녔다. 취업을 하려고 애쓴다는 소문이었다. 도대체 무엇이 민철을 이렇게 바꿔놓았을까? 사회학 수업에 그렇게나 열심이던 민철에게 도대체 무슨 일이 있었던 것일까?

나중에 민철의 동기생으로부터 이야기를 전해 들었다. 군대에서 큰 고초를 겪었다고. 사정은 이랬다. 군대에서 천안함 사건에 대한 교육이 있었다. 군은 북한 잠수함이 천안함을 폭침시키고 도주했다고 가르쳤다. 이때 민철이 나서 천안함 사건을 다르게 해석할 수도 있지 않느냐고 말했다. 한국과 미국이 대잠수함 훈련을 하는 중에 어떻게 북한 잠수함이 어뢰를 쏴 천안함을 폭침시키고 유유히 해역을 빠져나가 북한으로 되돌아갈 수 있느냐고 의문을 제기한 것이다. 그러자 난리가 났다. 사령관에게까지 불려갔다. 그런 생각을 도대체 어떻게 하게 됐냐고 물었다. 민철은 대학 수업에서 천안함 사건에 대해 조 발표를 한 적이 있다고 말했다. 교수가 누구고 성향이 어떠냐고 꼬치꼬치 캐물었다.

민철은 내가 가르친 문화사회학 수업에서 천안함 사건에 대해 발표한 적이 있다. 발표 내용은 대략 다음과 같았을 것이다. 천안함 사건을 군사적이고 정치적인 사건으로만 접근하지 말고 문화적 차원에서 살펴보자. 북한이 천안함을 폭침시켜 군사적으로나 정치적으로 무슨 이득을 얻을 수 있을 것인가 따져보면 별로 얻을 것이 없다. 나중에 밝혀진 사실이지만, 당시 이명박 정부는 북한과 정상회담을 하려고 공을 들이고 있었다. 정상회담이 거의 성사되는 단계에서 천안함 사건이 일어났다. 사건이 처음 알려졌을 때 정부는 북한 폭침이라고 규정하지 않았다. 정상회담을 앞두고 있었기 때문에 조심하고 있는 듯했다. 그런데 갑자기 북한 소행으로 발표를 했다. 남북관계는 얼어붙고 위기가 고조됐다. 군사적으로나 정치적으로 별 이득이 없는 사건을 북한은 왜 일으켰을까? 이에 답하기 위해서는 문화적 차원에서 접근해야 한다.

이후 민철은 군대에서 관심사병으로 특수 관리를 받았다. 휴가를 나가도 누구를 만나는지 일일이 감시받았다고 한다. 이런 상황에서 나를 만나러 오기는 힘들었을 것이다. 만났다가는 어디에서 무슨 말을 주고받았는지 추궁받았을 수도 있었을 터.

어느 날 교정을 지나치다 우연히 민철과 마주쳤다. 눈빛이, 예전의 맑은 그 모습이 아니었다. 뭔지 몰라도 눈이 풀려 있고 세상 풍파를 많이 겪은 사람처럼 보였다. 민철은 2년 동안 취업 준비에 몰두했다. 졸업하고 뜻한 바대로 대구에 있는 중소기업에 취직했다.

07 여학생협의회

"선생님, 여협 아세요?"

대학원 제자가 묻는다.

"그게 뭐냐? 처음 듣는데."

"제가 얼마 전 후배들을 만났거든요. 저보고 언니, 언니 하면서 무섭다고 그러는 거예요. 그래서 뭐가 무섭다는 건지 물어봤죠. 그랬더니 오늘 여협 모임이 있다는 거예요."

"여협?"

"네, 고학년 여학생들이 협의회를 결성했다는 거예요. 남학생들 복학생협의회에 대항해서요. 남학생들은 복학생 중심으로 모임도 갖고 엠티도 가고 그러잖아요. 여학생들은 그게 없잖아요. 그래서 만들었대요."

"근데, 뭐가 무섭다는 거야?"

"그러게요. 군기를 잡나봐요. 선배 언니들 만나면 바로 인사를 하라고 교육을 시킨대요."

얘기인 즉슨 이렇다. '여자 선배를 만나면 바로 즉시 인사를 하라.' '남자 선배들 앞에서 끼 부리지 마라.' 이렇게 교육을 시키고, 다 함께 모여 술을 마시러 간다. 술을 마시지 못하는 여학생들이 있지만 선배들이 강권해서 마실 수밖에 없는 분위기다. 술을 전혀 마시지 못하는 한 여학생이 선배들이 강권하는 통에 할 수 없이 소주 세 잔을 연거푸 '원샷'으로 들이켰다. 문제는 그 후에 일어났다. 화장실에 간다고 간 그 여학생이 아무리 기다려도 돌아오지를 않았다. 선배들이 걱정이 돼서 화장실에 가보니 변기 위에 널브러져 자고 있었다. 옷매무새도 채 가다듬지 못한 상태였다. 옷을 간신히 입혀서 거의 둘러업다시피 하고 데리고 나왔다고 한다.

이 말을 들으니 어이가 없었다. 예체능계나 이공계에서 이런 군기 잡기가 종종 있다는 얘기를 들은 바는 있었다. 그런데 다른 곳도 아닌 사회학과에서 이런 일이 일어나다니. 사회학이란 무엇인가? 부당한 권위와 권력에 질문을 던지고 좀 더 자유로운 사회적 삶을 만들고자 노력하기 위해 공부하는 학문이 아닌가? 사회학의 창건자들은 모두 전통 사회의 억압과 부당한 지배를 해체해 더 나은 현대사회를 만들고자 노력한 사람들이었다. 이러한 정신을 이어받아, 나는 수업 시간 내내 사회적 삶을 어떻게 하면 좀 더 자유롭고 자율적인 행위자들의 자발적 상호작용으로 만들 수 있을지 가르치지 않았던가.

나는 항상 학생들에게 자신만의 독자적인 질문을 던지라고 요구해왔다. 주어진 질서를 당연하게 여기지 말고 의문을 가지라고 말이다. 의문을 던지기 위해서는 문화적 역량이 필요하다. 나는 그러한 문화적 역량이 사회학을 공부함으로써 획득될 수 있다고 믿어왔다. 되도록 많은 사회학 이론을 가르쳤다. 세상을 다르게 보고, 해석하고, 이를 통해 자신의 행위를 의미 있게 구성할 수 있도록 돕고자 했다. 그런데, 그러한 교육이 전혀 통하지 않은 것인가? 그럼 난 지금까지 무엇을 해온 것일까?

08 시험 성적

학기가 끝나고 성적 입력을 마치면 영락없이 성적 이의 신청 메일이 온다.

> 안녕하십니까? 교수님, 이번에 수업을 들었던 학생입니다. 이번 성적이 납득이 되지 않아서 연락드렸습니다. 쪽글을 다섯 차례 내고 수업 시간에 발표하는 학생들에게 몇 차례 질문하며 토론도 하였으며, 교수님께도 수차례 질문드리며 교양 수업에 많은 시간을 할애하고 시험도 열심히 쳤는데 수업 시간에 출석 체크만 하고 나간 학생들보다

도 성적이 낮은 것 같아 이해가 되지 않아 메일을 보냅니다. 한 번 확인해주셨으면 좋겠습니다.

답장을 쓴다.

시험 성적이 좋질 않네요. 다음부터는 좀 더 적극적으로 시험에 임하도록 하세요.

다시 답장이 온다.

교수님 번거롭게 해서 죄송합니다. 하지만 같은 과 친구들과 답안을 만들어 같이 공부하고 시험 쳤는데 성적이 너무 차이 나는 것이 이해가 가지 않아 실례가 아니라면 시험지 확인을 해봐도 되겠습니까?

다시 답을 보낸다. 사진으로 찍은 답안지와 함께.

답안지 보내니 보세요. 핵심을 잘 적어야 하는데, 그렇지 못했군요. 쪽글도 냈지만, 자기만의 독자적인 생각을 별로 적지 않고 요약만 해서 점수가 낮군요. 대학은 성실성을 테스트하는 곳이 아니라, 학문의 탁월성을 겨루는 곳입니다. 다음 학기부터는 학문의 탁월성에 더 관심을 기울여서 좋은 결과 있기를 바랍니다.

더 이상 답은 없다.

사실 이런 메일을 수도 없이 받는다.

"수업에 한 번도 안 빠지고, 시험도 다 보고, 내라는 쪽글도 다 냈는데 왜 C+예요?"

기가 막힌다. 모든 수업마다 출석 인정을 받으려고 야단이다. 학기 말이 되면 병원 진단서와 출석 인정 요청서가 한 뭉치로 쌓인다. 출석이 전체 성적에서 10퍼센트만 차지한다고, 학기 초에 아무리 되풀이해서 말해도 소용이 없다. 정말 중요한 것은 자기만의 독자적인 질문을 던지는 것이라고 목소리를 높여도 듣지 않는다.

성실하게만 하면 좋은 성적 받으리라고 생각하는 이러한 태도는 도대체 어디서 온 것일까? 나는 지방대에서 10년 이상을 가르친 요즘에야 비로소 깨닫는다. 성실이란 상황을 이해하지도 못하면서 주어진 매뉴얼대로 하는 것이다. 영혼 없이. 어차피 나는 노력해도 성취를 이룰 수 없으니 성실하게라도 임하자는 생각이 지방대생들 사이에 광범위하게 퍼져 있다.

09 자퇴

학생회장 기웅이 자퇴를 했다. 3학년 1학기를 마치고 학교를 그만둔 것이다. 기웅은 가정형편이 좋지 않았다. 대학 내내 온갖 알바를 전전하면서 학교를 다녔다. 자연스럽게 사회학 공부는 뒷전이었다. 대화를 나눠봐도 사회학적 마인드 자체가 없었다. 그런 그가 학생회장을 맡게 되었다는 말에 놀랐던 기억이 난다. 학생회장은 대개 전임 회장이 지명하는 식으로 이루어진다. 선거는 이를 추인하는 형식적 절차에 불과하다. 아마도 전임 회장의 신임을 받은 모양이다.

기웅이 학생회장을 맡은 후 얼마 안 있어 학과 티셔츠를 제작했다. 나에게 보여준다고 가져왔다. 그런데 이게 웬일? 우주소년 아톰이 떡하니 그려져 있었다.

"아니, 아톰이 왜 여기 있니?"

아톰이 사회학과와 무슨 상관이 있다는 건지 궁금해서 물었다.

"그냥인데요."

기웅이 멀뚱멀뚱 답한다.

"사회학과 티셔츠에 웬 아톰이냐고?"

다시 한 번 물었다. 다소 쑥스러운 표정을 지으며 말한다.

"제가, 어릴 때부터 아톰을 좋아해서요."

학생회장을 잘할 수 있을까 걱정을 했는데, 아니나 다를까 임기를 채우지도 못하고 학교를 그만두었다. 학생들에게 물어보니 전문대에 입학하기 위해서란다. 사회학과 나와봐야 취업하는 데 전혀 도움이 되지 않으니 차라리 전문대에 입학하는 것이 낫다고 여겼다는 것이다.

같은 학년의 영철이 학생회장을 이어 맡았다. 2학기 학생회장을 잘하는 듯하더니, 어느 날부터 학교에 나오지 않는다. 지방 중소기업에 취업이 되었다고 했다. 영철에게는 학과 일을 맡아하는 것보다 취업이 더 중요한 일일 것이다. 취업이 대학의 존재 이유가 된 지 오래인데 어찌 영철을 탓하랴. 하지만 어차피 평생 노동시장에 나가 일을 할 텐데 뭐가 그리 급하다고 대학을 다니다 말고 일터로 나간단 말인가.

나는 학생들에게 누누이 말해왔다. 대학 시절은 먹고사는 문제에서 벗어나 누구와도 어떤 개인적 이해관계를 앞세우지 않고 인간관계를 맺을 수 있는 마지막 시기라고. 어차피 직장에 나가면 모두 자기 앞가림하느라 정신없이 산다고. 그러니 대학에 있는 동안이라도 먹고사는 문제에 연연하기보다 다양하게 읽고, 체험하고, 사람을 사귀라고. 하지만 별 소용이 없었나보다.

1학년 과대표를 맡아하던 소민이도 휴학 후 자퇴를 했다. 1학년을 마치기도 전에. 기말 리포트를 내지 않아 전화를 걸었다. 지금이라도 내면 점수를 주겠다고 했다. 메일을 보내왔다.

달과 별들이 빛나는 늦은 저녁에 메일을 보낸 것에 대해서 정말 면목이 없고 죄송합니다. 저는 교수님께서 친히 전화를 주셨음에도 불구하고 저의 과제를 끝마치지 못했습니다. 입이 열 개여도 할 말이 없습니다. 정말 죄송합니다. 사실 제가 다음 학기부터 집안 사정상 휴학을 하게 되었습니다. 아마도 저의 대학 생활의 마지막인 2015년의 끝자락에서 교수님의 강의를 좀 더 먼저 듣지 못한 것에 대해 아쉬움이 남지만 교수님이나 선배님들과 같은 좋은 인연들을 만난 것에 대한 감사함이 물밀듯이 밀려옵니다. 저에게 대학은 감사함을 가르쳐 준 것 같아요! 교수님의 가르침 아래 이번 2학기가 정말 즐거웠고 또 많은 것들을 배웠습니다. 앞으로 학교에서 다시 뵙게 되지는 못하겠지만, 제 마지막 수업이 교수님 수업이라 정말 좋았습니다. 교수님의 곁에 있지 않더라도 원숭이가 아니라 인간의 삶을 살아가도록 노력하겠습니다. 아! 그리고 교수님께 들려드리고 싶은 시가 있어요.

잠시 훔쳐온 불꽃이었지만
그 온기를 쬐고 있는 동안만은
세상 시름, 두려움도 잊고 따뜻했었다.
고맙다.
네가 내게 해준 모든 것에 대해
주지 않은 것들에 대해서도
-〈옛날의 불꽃〉

어쩌면 제가 잠시 훔친 것일 수도 있는 대학 생활에서 교수님의 강의는 저에게 따뜻한 불꽃이었습니다. 한 학기 동안 좋은 말씀들, 강의 해주셔서 감사합니다. 2016년 다가오는 새해, 새해 복 많이 받으시고 감기 조심하세요!

최영미의 시 〈옛날의 불꽃〉이었다. 읽는데 눈물이 나올 것 같았다. 이렇게 감성이 예민한 아이인데…… 답장을 썼다. 너무 안타까웠나, 나도 모르게 '꼰대'의 충고가 튀어나왔다.

소민아, 무슨 일이 있는지는 모르겠지만, 매우 안타까운 소식이구나. 젊은 시절 그렇게나 절박한 상황도 세월이 지나 돌아보면, 다 극복할 수 있었던 일이더구나. 너무 빨리 포기하지 말고, 젊은이답게 다시 꿈을 꾸고 도전하도록 해라. 사회학은 위대한 학문이다. 배우면 삶이 바뀐다. 1년은 사회학을 배우기에는 너무 짧다. 잠시 훔쳤던 불꽃으로 사그라져서는 안 된다. 철 지난 소녀 감성으로는 기나긴 삶을 살 수 없다. 나도 이성복 시인의 시 한 수를 들려줄 테니, 꼭 살아서 돌아오도록 해라.

> 입이 벌어질 정도로 어마어마한 남벽 아래서
> 긴 호흡 한 번 내쉬고,
> 우리는 없는 길을 가야 한다.
> 길은 오로지 우리 몸속에 있다는 것을 깨달으며,
> 밀고 나가야 한다.
> 어떤 행운도 어떤 요행도 없고,
> 위로도 아래로도 나 있지 않은 길을
> 살아서 돌아와야 한다.

다시 편지를 보내왔다.

> 시를 읽는데 눈물이 났습니다.
> 꼭 살아서 돌아올 수 있도록 하겠습니다.

글을 쓰는 이 시간까지도 소민은 살아서 돌아오지 못했다.

10 대학원

혜수로부터 전화가 왔다. 한번 찾아오고 싶다고. 혜수는 대학원에서 석사 과정을 지도했던 학생이다. 설득을 해야 했던 다른 학생과 달리 혜수는 직접 대학원에 오고 싶다고 했다. 자신은 글을 쓰는 사람이 되고 싶다며 사회학을 공부해 글을 쓰며 살아가고 싶다고 했다. 나는 떨 듯이 기뻐서 어서 오라고 했다. 대학원에 들어왔다. 석사 과정을 마치고 논문을 쓰는 과정에서 갑자기 학교에 나오지 않았다. 집안에 우환이 생겨 한동안 학교에 올 수 없다고 했다. 기다렸다. 한참 지난 후 학교에 다시 돌아왔다. 석사 논문을 쓰고 대학 1학년 때부터 사귀던 복학생 오빠와 결혼했다. 남편의 직장을 따라 대구를 떠나 다른 지역으로 옮겨갔다. 그런 혜수가 학교에 찾아온다는 것이다.

혜수를 데리고 점심을 먹고 커피숍에서 마주 앉았다. 쭈뼛거리더니 조심스럽게 말을 꺼낸다.

"선생님, 다시…… 공부하고 싶어요."

흔들리는 눈빛에서 진심이 느껴졌다.

"결혼하고 많은 생각을 했어요. 남편 직장 가고 나서 혼자 집에만 있으니까 별의별 생각이 다 들더라고요. 짐을 정리하다가 대학원 시절에 발제했던 노트들을 봤어요. 다시 읽으니까 그때 생각이 너무 새로운 거예요. 내가 왜 여기 이러고 있나 싶었어요."

그동안의 삶을 털어놓는다. 낯선 외지에 가니 아는 사람 하나 없고 하루 종일 남편 퇴근하기만을 기다린다. 집에서 홀로 지내기에는 하루해가 너무 길다. 때 지난 공부 노트들을 꺼내보았다. 당시 이해도 제대로 하지 못하면서 적어놓았던 글들이 보인다. 가슴 한쪽이 아려온다. 내가 고작 이렇게 살려고 공부를 했나, 자괴감이 몰려온다.

다시 시작하자. 이제라도 늦지 않았다. 의미 있는 삶을 살고 싶다.

혜수가 대학원 면접시험을 봤다. 그해 겨울 서울에서 열린 한국사회학회 학술대회도 참석했다. 한눈에도 다시 공부하려는 열망이 드세 보였다. 그런데도 뭔지 모르게 불안한 마음이 들었다.

대학원 등록일이 다가오는 어느 날 전화가 왔다. 대학원에 올 수가 없다고 했다.

"아빠가 집 나가래요."

"뭐?"

"대학원에 갈 거면 아빠가 집 나가래요. 학교가 멀어서 수업 있는 날에만 아빠 집에서 다니려고 했거든요. 그랬더니 여자가 무슨 공부냐며 못 받아주겠다는 거예요."

불안한 예감이 들어맞았다. 자식에 대한 낮은 기대. 특히 딸에 대한. 여자의 생은 능력 있는 남편 만나 가정을 꾸리고 애를 낳고 키우며 사는 것이라 굳게 믿는 '대구 경북의 마음'.

편지를 썼다.

혜수야, 사정을 들어보니 안타깝구나. 하지만 내가 정말 안타깝게 생각하는 것은 혜수의 삶의 의지다. 결혼 후 홀로 떨어져 있다보니 성찰을 하고 깨달음이 있었다고 믿었는데, 여전히 홀로 서지 못한 듯해 안타깝구나. 그런 여린 의지로는 이 세상을 독자적인 인간으로 살아갈 수 없다. 뜻이 없지 길이 없는 것이 아니다. 글을 쓰고 싶다고 했지? 이성복 시인의 시를 보낸다.

글쓰기를 통해 우리가 나아가는 길은
세상 어디에도 없는 길이에요.
이 길은 오직 우리 자신이 만들어내야 하므로,
우리 몸속에 숨겨져 있다고 할 수 있어요.
가령 거미 같은 곤충을 보세요.

자기 몸속에서 토해낸 실을 밟고
공중에서 옮아가잖아요.
그처럼 이 길은 오직 우리 자신 속에서만
만들어질 수 있어요

답장은, 없었다. 이후 연락이 끊겼다.
최영미의 〈서른 잔치는 끝났다〉가 떠오른다.

물론 나는 알고 있다
술보다도 술 마시는 분위기를 더 좋아했다는 걸
그리고 외로울 땐 동지여!로 시작하는 투쟁가가 아니라
낮은 목소리로 사랑 노래를 즐겼다는 걸
그러나 대체 무슨 상관이란 말인가
잔치는 끝났다

결혼과 함께 공부는 끝났다. 공부보다 사실 공부하는 분위기가 더 좋았다. 아니 열띠게 토론하며 공부하는 척하는 스타일이 너무 좋았다. 하지만 나는 알고 있다. 공부를 통해 새로운 세계를 창출하는 것보다 오히려 친밀성의 세계에서 여자로서 인정받고 사는 것이 더 현실성 있다는 것을. 좋은 가부장의 사랑을 독차지하는 것이 공부에서 인정받는 것보다 훨씬 쉽다. 아니 꼭 그렇다기보다는 가부장의 사랑을 받는 것은 내가 잘하는 것이다. 공부로서 인정받는 길은 성공이 보장되지 않는다. 나는 내가 제일 잘할 수 있는 것을 하며 살아갈 것이다.

낯선 노동자의 도시에서 노동자의 아내이자 전업주부로 살아가는 혜수의 앞날은 어떻게 될 것인가? 울산 현대자동차에서 노동운동하는 남편의 아내이자 두 아이의 엄마로 살던 조주은의 《현대 가족 이야기》는 이를 보여준다.

> 남편이 밤새 야간 노동을 마치고 아침에 집에 들어오면, 아침상을 차려주고 아이들을 데리고 집을 나섰다. 밤을 샌 남편이 숙면해야 했기 때문에. 둘째는 들쳐 메고, 첫째는 유모차에 태우고서 하루 종일 화봉동 거리를 다녀야 했다. 그렇게 아이들을 데리고 다니는 것도 쉬운 일이 아니었지만, 집에 들어가면 자지러지게 우는 아이들 때문에 남편이 자고 있는 집으로 들어간다는 게 꺼려졌다. 종일 점심도 거른 배를 움켜쥐고 갓난쟁이 두 아이를 업고 밀며 후들거리는 다리로 하염없이 거리를 배회하는 젊은 주부를 상상해보라.[1]

혜수도 조주은처럼 '하층 노동계급 주제'에 중산층 가부장적 핵가족 모델을 흉내 내어 살다가 온갖 고초를 겪은 후에야 뒤늦게 가족적 자아를 넘어 세상에 대해 알려는 의지가 생겨날까?

> 나는 엄마, 아내, 여성으로서의 자기 자신에 대해 다시 탐구해야 했고, 나와 우리를 그토록 힘들게 하는 것이 무엇인지를 직시하고 싶었다.[2]

11 동물, 속물, 생존주의자

〈복학왕〉을 단박에 읽어냈던 나는 열렬한 독자가 되어 매주 웹툰이 새로 업로드되기를 기다렸다. 볼수록 씁쓸하긴 하지만 현실과 기가 막히게 잘 들어맞는 듯했다. 하지만 그 당시에는 이를 사회학적으로 연구해보자는 생각은 미처 하지 못했다. 얼마 지나지 않아 웹툰 보는 것이 시들해지면서 점차 〈복학왕〉도 잊혀졌다. 그러는 가운데 청년 담론이 온 나라를 휩쓸기 시작했다. 여전히《아프니까 청춘이다》와 같은 유의 책들이 공전의 히트를 치고 있었다. 하지만 무시하고 읽지도 않았다. 어차피 사회학적인 논의도 아니지 않은가, 애써 외면했다. 비겁했다.

하지만 사회학자 김홍중이 청년이 생존주의자로 전락했다는 글을 발표했을 때는 사뭇 달랐다. 1980년대에 진정했던 청년 세대가 1990년대에 동물과 속물로 전락했다고 비판한 김홍중의 글을 이미 읽은 터였다.[3] 소위 386세대의 끝자락에 있는 나로서는 그 시대를 직접 경험해보지 않은 젊은 사회학자가 왜 이렇게 선배들의 세계를 지나치게 이상화할까 궁금했다. 그렇게나 이상화시킨 386세대를 준거로 지금의 청년 세대를 내려다보니 동물이나 속물로 보일 수밖에.

김홍중이 볼 때, 청년 세대는 사회정의에 관심을 갖는 '도덕'에서 자아실현에 몰두하는 '윤리'로 돌아섰다. 문제는 이러한 윤리적 전환이 도구적 차원에서 자아에 대한 배려의 성격을 지닌다는 점이다. 진정한 의미의 자아에 대한 배려가 "실존의 고통과 한계에 직면한, 버려질 운명에 처한 인간의 실존의 새로운 가능성에 대한 연구"[4]라고 한다면, 현재 새로운 청년 세대의 그것은 경제적이고 도구적인 목적을 위한 '자아 인식'으로 쪼그라들어 있다. 자기계발 담론이 제공하는 '선'을 무비판적으로 받아들이고, 이러한 선을 추구하는 과정에서 자신의 자아를 도구화하기 때문이다.[5] 이러한 '사이비 윤리적 전환'을 이유로 청년 세대에 대한 김홍중의 비판은 아주 매서웠다.

나는 이러한 비판이 지나치다고 느껴졌다. 사회의 선을 진정되게 추구하는 386세대와 자기계발 담론이 제공하는 선을 도구적으로 추구하는 지금의 청년 세대? 격려하지는 못할망정 지금의 젊은이들을 동물과 속물로 전락했다고 질타하는 것이 그들에게 무슨 도움이 될까 싶었다. 또한 서울 중심의 기존 청년 담론과도 별반 다를 것이 없어 보였다. 88만 원의 비정규직에 시달리면서도 기성세대에게 짱돌도 던질 줄 모르는 몰정치적 인간,[6] 자기의지를 가지고 자기계발에 힘쓸수록 신자유주의적 자본주의 통치성에 포획되는 줄도 모르고 날뛰는 멍청이,[7] 승자독식의 신자유주의 경쟁 체제 아래에서 스펙 쌓기와 같은 자기계발에 몰두하는 경제인간,[8] 왜곡된 성취주의에 함몰되어 차별에 찬성하는 괴물.[9] 과연 이들이 진정성을 상실하고 사회적 행위 능력마저 박탈당한 동물, 속물[10]과 무엇이 그리 다를까?

이러한 담론은 내가 지방대에서 10년 이상을 가르치면서 직접 체험한 청년의 모습과는 달라도 너무 달랐다. 그들은 결코 성공을 위한 스펙 쌓기에 몰두하지 않으며, 몰정치적일지는 모르지만 신자유주의 통치성에 완전 사로잡힌 멍청이나 수단 목적 합리성에 따라 행위하는 경제인간은 결코 아니었다. 더군다나 자아가 없는 동물이나 기만적 자아를 지닌 속물 또한 단연코 아니었다. 오히려 주변의 관계를 먼저 돌보고 배려하는, 착해도 너무나 착한 청년이었다. 그래서 그런지 청년 세대에 대한 기존의 여러 글을 읽어도 가슴에 별로 와 닿질 않았다.

하지만 청년 세대가 1997년 외환위기 이후 다시 생존주의자로 탈바꿈했다는 김홍중의 과감한 주장을 접했을 때에는 사정이 달랐다.[11] 읽으면서 뼈아프게 공감했다. 내가 가르치고 있는 지방대생들이 실제로 당장 눈앞의 생존 가치에 붙잡혀서 아등바등 사는 듯이 보였다. 충격이 채 가시기도 전에 교육자로서 심한 자괴감이 몰려왔다. 생존 가치에 붙들려 사는 학생들에게 '사회적 삶의 의미'를 가르치는 문화사회학자인 나는 도대체 무엇을 하는 사람인가? 9급 공무원이 되어 평탄한 삶을 사는 것이 최고의 삶의 목표인 학생들에게 도대체 내가 무슨 짓을 하고 있는 것일까?

이러한 자괴감은 나의 학문적 입장은 물론 인간적 양심에도 적지 않은 생채기를 입혔다. '어차피 되지도 않을' 지방대생들에게 눈높이를 낮춰 가르쳐야 하는 것 아닌가? 국가와 시장은 물론 대학 당국이 원하는 것처럼 취업을 하는 데 도움이 되는 소위 실용적인 자기계발 과목을 가르쳐야 하는 것 아닌가? 그렇지 않아도 교육부와 학교 당국이 창업 과목을 개설하라고 극심한 압박을 가해오던 참 아니던가? 하지만, 화가 치밀었다. 에잇, 연구해야겠다. 그래, 정말 연구 한번 해보자. 다시 〈복학왕〉을 떠올렸다.

12 책을 내며

나는 극심한 자괴감을 잠시 억누르고, 나의 학문의 방식, 즉 문화사회학으로 지방대생을 탐구해보고자 했다. 2017년 2월《한국사회학》에 실린 〈'복학왕'의 사회학: 지방대생의 이야기에 대한 서사 분석〉이란 논문이 그 결과물이다. 나는 이 논문에서 김홍중의 생존주의 청년 세대 테제를 복학왕으로 대표되는 지방대생이 들려주는 이야기를 통해 경험적으로 따져보았다. 그 결과 다음과 같은 결론을 이끌어냈다. 지방대생은 가족의 행복을 최고의 가치로 설정하며, 이를 '성찰적 겸연쩍음'이라는 규범을 활용해서 추구하고, 이를 실제 실행할 때에는 습속을 따라 한다. 지방대생은 '적당주의 집단 스타일'을 통해 자기계발 담론을 걸러낸다. 지방대생은 경쟁 밖에 자신을 놓으며, 설사 경쟁에 뛰어든다 해도 느슨하게 하며, 경쟁 과정과 결과에 대해 서로 거의 말하지 않는다.

어느 날《시사인》에서 전화가 왔다.《한국사회학》에 실린 〈'복학왕'의 사회학〉과 관련해서 인터뷰를 하고 싶다고 했다. 요즘처럼 '기레기'가 난무하는 시대, 기자가 전문 학술논문을 읽는다는 사실에 다소 놀랐다. 얼떨결에 그러자고 했다. 진짜로 기자 두 명이 대구에까지 찾아왔다. 기자는 자신도 지방 출신이라며 논문 내용에 공감이 많이 간다고 했다. 많은 이야기를 나누었다. 인터뷰가 끝날 즈음 기자는 졸업한 후 지방대생이 어떤 삶을 살아가고 있는지 궁금하다고 했다.

《시사인》 인터뷰를 하고 난 후 여러 출판사에서 연락이 왔다. 논문을 발전시켜 책으로 내면 어떻겠냐고 제안해왔다. 여기저기서 청년과 관련해 강연 요청도 들어왔다. 〈'복학왕'의 사회학〉은 학술 데이터베이스 사이트 DBpia에서 2017년 7월 한 달 동안 가장 많이 이용된 논문 1위에 오르기도 했다. DBpia와《한국대학신문》이 공동으로 기획한 첫 번째 '이달의 연구자'로 선정되어 인터뷰도 했다. 놀라웠다. 예상치 못한 이 모든 반응은 무엇을 뜻하는가? 나는 지금까지 있었던 청년 담론에서 소외된 지방대생에 대한 새로운 연구가 절실히 요청되고 있다고 느꼈다. 좀 더 본격적으로 연구해야겠다는 생각이 들었다.

연구를 준비하는 과정에서 지방대 졸업생의 행로가 궁금하다는 이야기가 여기저기서 흘러나왔다. 지방대 졸업생의 행로를 좇아가보기로 했다. 지방에 남은 경우, 서울로 올라간 경우, 서울로 갔다가 되돌아온 경우로 나누어 연구하기로 했다. 그러자 그동안 졸업생들의 삶이 또 다른 만화경으로 펼쳐지기 시작했다. 이 과정에서 지방대생 부모에 대한 연구의 필요성도 느꼈다. 연구를 또다시 시작했다. 그동안 뭔가 빠져 있던 퍼즐 한 조각이 비로소 맞춰지는 느낌이었다.

책 제목은 《복학왕의 사회학: 지방 청년들의 우짖는 소리》로 정했다. 지방대생의 현실을 '복학왕'만큼 잘 드러내주는 용어가 없다고 생각했기 때문이다. 부제는 '지방 청년들의 우짖는 소리'다. 구한말 제주도에서 일어난 방성칠의 난(1898)과 이재수의 난(1901)을 소설로 만든 현기영의 《변방에 우짖는 새》를 연상하면 된다. 지금 대구 경북 지방은 방성칠의 난과 이재수의 난이 일어나도 하등 이상할 게 없을 정도로 상황이 극도로 안 좋다. '서울공화국'이 지방을 변방으로 마구 내몰고 식민지로 전락시킨 탓이다. 그런데도 아무런 난이 일어나지 않는다. 잠잠하다. 고요하다. 고통스러워해야 마땅한데 행복하단다. 일부 정치꾼들의 친북좌파 색깔 타령과 "우리가 남이가?"와 같은 지역감정 자극 발언만 요란하다. 그렇다고 지방인들의 우짖는 소리가 아예 없을까? 숨죽여 울부짖는 소리를 담아보자.

13 연구 참여자

지금까지 지방대생은 한국 사회에서 자신의 삶에 대해 이야기할 수 있는 기회가 없었다. 우선 들어주는 사람이 없었기 때문이다. 그런 점에서 지방대생은 소수자다. 정치적 권력과 경제적 부가 없다고 해서 바로 소수자가 되는 것이 아니다. 이야기를 하려 해도 들어주는 사람이 없어 자신의 서사적 정체성을 펼쳐 보일 수 없는 사람이 진짜 소수자다. 나는 지방대생이 자신의 삶을 서사할 수 있는 공론장을 마련하고자 했다.

나는 우선 대구 경북에 있는 A, B, C대학을 연구 대상으로 선택했다. 대구 경북 지역에는 많은 대학교가 있다. 그중 A, B, C대학은 지역 내 평판이 2위권 또는 3위권에 해당되는 대학들이다. 대구 경북 지역에서는 서울 소재 대학으로 진학하는 경우를 빼면, 지역에서 공부를 잘할 경우 S대학에 간다. 성적이 이보다 약간 처지면 A, B, C대학에 간다. 이렇게 지역 내 2, 3위권 대학을 선택한 이유는 이 대학교의 학생들이 소위 '공부를 잘하지 않은 지역 대학생'의 모습을 더 잘 보여줄 것이라고 여겼기 때문이다.

나는 2015년 11월 27일부터 12월 24일까지 C대학 재학생 남학생과 여학생 각각 세 명과 총 여섯 번의 인터뷰를 했다.

남학생: 덕배(복학생 3학년), 영택(복학생 3학년), 종근(복학생 3학년)

여학생: 민지(3학년), 인경(4학년), 정은(4학년)

이렇게 고학년을 고른 것은 지방대 생활을 몇 년간 해서 지방대생으로서 자신의 자아를 어느 정도 서사할 수 있다고 보았기 때문이다. 나는 인간의 자아는 반드시 선한 삶에 대한 지향 없이는 존재할 수 없다는 테일러의 말을 받아들여 다음과 같은 질문을 던지고 학생들이 스스로 이야기하도록 했다.[12]

좋은 삶이란 무엇인가? 이는 나는 누구인가라는 질문과 함께 간다. 좋은 삶에 대한 지향 없이 자아 형성은 불가능하기 때문이다. 나는 이 질문을 통해 학생들이 좋은 삶에 대한 가치이념을 가지고 있는지 알아보고자 했다.

만약 가지고 있다면, 이 가치이념을 통해 자신의 자아, 가족 집단, 친구 집단, 시장 사회, 시민사회, 국가, 민족, 세계, 우주, 초월적 존재 등과 관련해서 가치연관을 만들어낼 능력이 있는지 알아보고자 했다.

어떤 방식으로 좋은 삶을 추구했는가? 나는 이 질문을 통해 학생들이 마음 깊은 곳으로부터 좋은 삶을 욕망하는 방식이 어떻게 자아를 구성하고 연출하는지 알아보고자 했다. 다시 말해 좋은 삶을 추구하는 자신의 자아와 진정성의 관계를 맺고 있는지, 그래서 결국 자기통치의 길로 나아가는지 파악하고자 했다.

좋은 삶을 실현하기 위해 일상의 삶에서 무엇을 어떻게 실행하고 있는가? 나는 이 질문을 통해 학생들이 일상의 삶을 내외부의 압력으로부터 자유롭게 목적 수단 범주를 통해 합리적으로 구성하는지 파악해보고자 했다. 다시 말해 좋은 삶을 추구하기 위한 수단으로 자기계발을 선택해 활용하는지 알아보고자 했다.

나는 이러한 질문을 통해 다음과 같은 결론을 이끌어냈다. 지방대생에게 최고의 가치는 가족의 행복이다. 현재는 부모에게 최대한 손 벌리지 않는 것이 가족의 행복을 구성하는 길이다. 앞으로는 어떻게든 평범한 가족을 구성하는 것이 최고의 가치다. 이러한 가치는 성찰적 겸연쩍음을 통한 방식으로 추구한다. 가치를 추구하는 수단으로는 주변의 습속이 있다. 절대 목적 수단 범주를 통해 자기계발에 나서지 않는다. 지방대생은 이러한 가족주의 코드를 특유의 적당주의 집단 스타일로 실천한다.

두 번째 연구 참여자 집단은 지방대 졸업생이다. 만약 지방대생이 졸업 후에도 가족주의 코드를 적당주의 집단 스타일을 가지고 실천하며 살아갔다면 실제로 어떤 일이 벌어졌을까? 나는 A, B, C대학 졸업생 열일곱 명의 이야기를 들어보았다. 2017년 여름에 집중적으로 인터뷰를 진행했다. 지역에 남은 경우, 서울로 진출한 경우, 서울로 갔다가 되돌아온 경우로 나누어 표집했다.

지역에 남은 경우: 진희(30대 후반), 혜영(20대 후반), 철민(30대 후반), 경택(30대 중반), 인식(30대 중반), 병기(30대 중반), 민주(30대 후반), 진욱(30대 중반), 영수(30대 초반), 미영(30대 후반), 영재(20대 후반)

서울로 간 경우: 봉석(30대 후반), 수용(30대 후반), 성심(30대 초반), 채린(20대 후반)

서울로 갔다가 되돌아온 경우: 지혜(20대 후반), 형식(30대 중반)

나는 지방대 재학생에게 했던 동일한 질문을 던졌다. 다만 지방대 졸업생이 자신의 이야기를 어떠한 전체로 구성해서 이야기하는지 알기 위해 인터뷰 초기에 지금까지 살아온 삶에 대해 말해달라고 주문했다. 가족주의 코드와 적당주의 스타일이 그대로 드러났다. 지방에서는 이를 활용해서 살아도 삶이 대체로 무난하게 흘러갔다. 하지만 서울로 올라갔을 경우에는 서울 특유의 성공주의와 생존주의 코드는 물론 몰입주의 집단 스타일을 만나게 된다. 이는 지방대 졸업생에게는 낯선 것이다. 고통을 겪다가 서울에서 생존주의자로 남거나, 견디다 못해 지방으로 다시 내려온다.

세 번째 연구 참여자 집단은 지방대생 부모이다. 가족주의 코드와 적당주의 집단 스타일의 뿌리가 어디에 있는지 궁금했다. 지방대생 부모의 이야기를 들어봐야겠다고 생각했다. 나는 부모가 자녀에게 어떤 가치관으로 교육시키고, 어떤 삶의 태도로 살아가며, 이를 위해 어떻게 실천했는지 듣고 싶었다. 이때 최고의 방법은 부모가 자녀에게 직접 이야기를 들려주는 것이다. 부모가 자녀에게 직접 들려주는 서사는 부모가 자녀에게 연출해서 보여주고 싶은 이상적 자아일 것이기 때문이다.

나는 내가 가르치고 있는 한 수업을 통해 부모 세대의 이야기를 수집하기로 했다. 이 수업은 학부 수준에서 질적방법론을 강의하는 것인데, 한 학기 동안 서사적 인터뷰에 대해 집중적으로 강의했다. 인터뷰 가이드를 나눠주고 부모를 인터뷰하는 학기말 과제를 냈다. 대구 경북에 사는 지역민을 연구하고 있으니 자료를 모아주면 크게 도움이 될 거라고 일렀다. 학생들은 이러한 안내를 받아 부모에 대한 인터뷰를 실행해서 기말 과제로 제출했다. 이렇게 모은 자료 중 나는 이 연구에 적합하다고 여겨지는 여섯 사례를 골랐다. 앞의 지방대 재학생 여섯 명과 균형을 맞추기 위해서다. 부모를 인터뷰한 여섯 명 학생에게 연구 목적에 대해 다시 한 번 자세히 설명하고 자료 사용에 대한 동의를 일일이 구했다. 학생들은 흔쾌히 동의했다.

앞서 지방대생과 지방대 졸업생의 익명성을 보호하기 위해 모두 가명을 썼듯이, 여기에서도 가명을 썼다. 가명을 붙이는 방식은 다음과 같다. 지방대생의 아버지는 성은 '부'로 하고 이름을 붙였다. 반면 지방대생의 어머니는 성은 '모'로 하고 이름을 붙였다.

아버지: 부영태(50대 중반), 부덕영(50대 중반), 부강석(50대 중반)

어머니: 모경희(50대 초반), 모인숙(50대 후반), 모지영(40대 중반)

나는 학생에게 던졌던 동일한 질문을 부모에게도 던졌다. 이를 통해 가치, 규범, 목표 차원의 코드를 구성하고자 했다. 지방대 재학생의 이야기에서 드러났듯이, 이러한 질문에 답하는 과정에서 집단 스타일도 자연스럽게 나타날 것이다. 나는 이러한 코드와 집단 스타일을 지방대 재학생과 졸업생의 그것과 서로 비교해보고자 했다. 나는 또한 학생들에게 인터뷰한 자료를 바탕으로 해서 부모에 대한 이야기를 스스로 만들라고 요청했다. 자녀 세대가 부모 세대의 자아 연출을 보고 어떻게 평가하는지 알기 위함이었다. 부모 세대가 들려준 이야기와 이를 바탕으로 자녀 세대가 스스로 재구성한 이야기, 이는 우리 시대의 세대 갈등 문제를 이야기를 중심으로 접근해볼 수 있는 기회를 제공할 것이다.

14 분석적 예시

나는 이들이 들려준 이야기에 대한 서사 분석을 지방 전체, 또는 대구 경북 전체로 일반화하려는 의도를 가지고 있지 않다. 나는 연구자의 인지, 실천, 감정과 상관없이 객관적으로 존재하는 사회적 실재social reality가 있다고 믿지 않는다. 이를 믿게 되면 연구자는 최대한 사회적 실재로부터 거리를 두고 객관적인 자세를 취해야 한다. 그래서 실재의 전모를 있는 그대로 파악하려고 노력해야 할 것이다. 그렇게 되면 연구자의 언어는 실재를 있는 그대로 반영하거나 왜곡 없이 지시하는 도구가 된다. 거기에는 연구자의 주관적 요소들이 완전히 배제된다. 실증주의 학자들이 수학 공식, 그래프, 기호를 통해 명제 형식의 가설을 만들고 경험 자료를 활용해 이를 검증하거나 반증하는 데 애를 쓰는 이유가 여기에 있다.

이 책에 나오는 나의 이야기는 지방에 대한 '일반화된 경험적 사실'이 아니다. 애초에 지방에 대한 '경험적 일반화'가 연구 목적이라고 한다면 연구 가설을 설정하고 이를 검증할 수 있도록 표집을 해야 했을 것이다. 하지만 그렇게 하지 않았다. 나는 실재의 전모를 있는 그대로 파악해서 객관적으로 기술할 수 있다고 믿지 않는다. 나는 오히려 실재의 특정 차원을 드러내는 '분석적 예시analytic illustration'를 추구한다. 몇몇 사례에 대한 서사 분석을 통해 작게는 대구 경북, 크게는 지방 전체의 '실재'를 분석적으로 예시해서 보여주고자 한다. 그런 점에서 이 책에 나오는 지방대 재학생, 지방대 졸업생, 지방대생 부모는 일반화될 수 있는 '경험적 실재'라기보다는 이 책의 연구 목적에 맞게 구성된 '분석적 실재'다.

분석적 실재는 추상적이고 일반적이다. 그림을 비유로 들어 말하면 분석적 실재는 추상화抽象畵다. 추상화는 사물을 있는 그대로 재현하는 것을 목표로 하지 않는다. 대신 구체적 현실을 추상적으로 재구성하려고 한다. 여기서 내가 구성한 분석적 실재로서의 지방도 마찬가지다. 그것은 연구자인 나의 인지, 실천, 감정을 동원해 글로 그려낸 추상화다. 따라서 이 책에서 말하는 지방이 독자가 경험한 지방의 현실 어디를 '반영' 또는 '지시'하는지 따져 묻는 것은 추상화를 보고 구상화具象畵의 가치를 찾는 것처럼 우스꽝스럽다. 그럼에도 언어를 실재를 반영하거나 지시하는 것으로 생각하는 독자들은 여전히 불만을 가질 수 있다. 이 책을 읽다가 어떤 부분이 내가 체험한 지방의 세계와 다르다고 생각되거나, 일부 지방의 현상을 지나치게 일반화해서 단정적으로 서술하는 것이 아닌가 의문을 품을 수 있다. 더 나아가 이 책에서 지방의 특징으로 서술된 것이 서울이나 수도권에서도 똑같이 나타나고 있다고 반박할 수도 있겠다. 예컨대 서울의 강남에 해당되는 대구 수성구에는 이 책이 구성한 지방대생의 삶과 완전히 다르다고 불만을 말할 수도 있을 것이다.

반복해서 말하지만, 연구자가 구성한 '분석적 실재로서의 지방'을 독자가 체험한 '경험적 실재로서의 지방'과 혼동하지 않았으면 한다. 내가 구성한 분석적 실재로서의 지방은 나의 연구 목적에 맞는 사례들을 표집하여 내가 분석적으로 구성한 것이다. 이는 사람들이 각자 구체적으로 경험한 지방의 삶 모두를 수집하여 객관적인 평균값을 구한다고 해서 만들어질 수 있는 것이 아니다. 29명의 연구 참여자의 이야기를 통해 내가 나의 연구틀을 가지고 분석적으로 구성한 '독자적인 실재'다. 어느 곳에 사는 누구라도 이 분석적 실재로서의 지방을 준거로 하여 자신이 살아가는 지역의 삶을 이해, 해석, 분석, 설명할 수 있도록 도움을 주기 위해 내가 구성한 것이다. 아무쪼록 이 일반화된 준거를 활발히 사용하여 지역의 삶을 돌아보고 연구하는 일이 확산되기를 기대한다.

15 책의 짜임

1부는 지방대 재학생 여섯 명이 들려주는 이야기를 가치, 규범, 목표 차원에서 재구성한다. 지방대 재학생은 성공이나 생존이 아니라 가족의 행복을 가치로 삼는다. 이를 추구하는 방식을 조절하는 규범은 성찰적 겸연쩍음에 의해 안내된다. 또한 목적 수단 범주를 통해 자기계발을 하는 대신에 주변에 가용한 습속을 따라 행위를 조직한다. 결국 자기계발 담론이 주장하는 것과 달리 신자유주의 통치성이 지방대 재학생에게 제대로 통하지 않는다. 이것은 지방대 재학생 특유의 적당주의 집단 스타일 때문이다. 또한 지방대 재학생은 자신의 삶을 비극적 희극 장르로 서사한다.

2부는 지방대 졸업생 열일곱 명을 지방에 사는 경우, 서울로 간 경우, 서울로 갔다가 지방으로 되돌아온 경우로 나누어 이야기를 들어본다. 지방대 졸업생은 가족주의 언어와 선호의 언어를 써서 자신의 가치를 설정한다. 지방대 재학생과 달리 보수주의적 가족주의와 나르시시즘적 개인주의가 불안한 동거 상태를 유지하고 있다. 이러한 두 개의 가치가 어떤 연계를 맺는지 세 가지 유형으로 나누어 설명한다. 지방대 졸업생도 적당주의 집단 스타일을 나름의 방식으로 실천하며 자신이 설정한 가치를 실현해나가고 있다. 이렇게 적당주의 집단 스타일이 강력한 영향력을 발휘하는 이유는 지방대 졸업생이 지닌 확장성 없는 사회자본과 상징권력 없는 문화자본 때문이다. 지방대 졸업생은 가족 휴먼 다큐멘터리로 자신의 이야기를 들려준다.

3부는 지방대생 부모 여섯 명이 들려주는 이야기를 다시 가치, 규범, 목표 차원에서 재구성한다. 지방대생 부모는 보수주의적 가족주의, 성찰적 자신감, 가족주의 습속 코드를 따라 삶을 살아간다. 지방대생 부모는 가부장적 성별 위계 속에서 주어진 역할을 특유의 성실주의 집단 스타일을 통해 실천한다. 또한 지방대생 부모는 자신의 삶을 가족 멜로드라마 장르로 이야기한다. 세대 간에 전쟁이 일어나고 있다는 일단의 주장과 달리, 지방에서는 세대 사이에 연대가 이뤄지고 있다. 하지만 지방대생 부모와 자녀가 공유하고 있는 보수주의적 가족주의는 지속 가능한 미래가 아니다.

에필로그에서는 지방이 모든 공적 책임을 가족에게 돌리는 가족 사회라는 점을 밝히고 이에 대한 대안을 모색해본다. 무엇이 선한 삶인가 강하게 묻는 가치론적 질문에서 새로운 희망이 온다. 이러한 질문이 이루어질 수 있는 미학적 폴리스를 지방 곳곳에 건설해야 희망이 현실로 나타날 수 있다.

보론에서는 이 연구를 안내하는 이론과 방법론을 다룬다. 먼저 자기계발 담론의 핵심 코드인 성공주의와 생존주의를 소개한 후, 그 이론적 바탕이 되는 푸코의 통치성 개념이 과도한 인지적 비관주의에 빠져 있다고 비판한다. 그에 대한 대안으로 문화화용론과 서사 분석을 제시한다. 이 책을 관통하는 이론과 방법론에 대해 알고 싶은 독자는 보론 부분을 먼저 읽어도 좋을 것이다.

1부

지방대 재학생 이야기

1장

가치:

가족의 행복

01 가치론적 질문

1953년생 사회학자이자 작가 정수복이 들려준 학문하게 된 이유다. "나에게는 세상이 온통 알 수 없는 혼돈이었고 그런 상태에서 사회에 나가 무슨 직업을 가지고 정상적으로 살아갈 자신이 없었다. 나는 인간, 사회, 역사, 자연, 우주가 무엇인지를 좀 더 투명하게 알고 싶었고, 그런 앎을 바탕으로 어떻게 살아야 할 것인가에 대한 나 나름의 답을 찾고 싶었다."[1] 정수복은 좋은 삶에 관해 가치론적 질문을 던지고 삶의 의미를 스스로 부여하는 길을 찾고자 한다. 청년기이기에 아직 자신의 삶을 가치론적으로 안내할 특정의 가치이념도 그에 대한 신념도 갖추지 못했다. 혼란을 극복하기 위해 정수복은 인간, 사회, 역사, 자연, 우주에 대해 알고 싶어 한다. 그걸 알아야 특정 가치이념을 찾아낼 수 있고 그것에 대한 신념을 확보할 수 있다. 더 나아가 무의미한 세상을 자신의 가치이념에 비추어 연관된 세상을 구축해 그 속에서 유의미한 삶을 살 수 있기 때문이다. 그래서 그는 멀고 험한 학문의 길을 떠난다.

정수복과 거의 40년 터울을 둔 지방대생도 가치론적 질문을 던지고 삶의 의미를 스스로 찾아 떠날까? 안타깝게도 인터뷰한 여섯 명 중 누구도 이러한 강력한 가치론적 질문을 던지지 않았다. 지방대생도 청년 정수복과 마찬가지로 아직 자신이 믿을 가치이념이 없다. 그런 점에서 무한한 세상살이에서 어떤 것이 자신에게 가치의 차원에서 유관한 것인지 파악하지 못한다. 아직 살아온 삶이 짧기에 이는 어찌 보면 당연한 일이다. 오히려 20대 초반에 특정 가치이념에 과잉되게 헌신하는 것보다는 훨씬 자연스러운 일이라 할 수 있다. 문제는 지방대생은 이 상태를 의심하지 않고 있는 그대로 받아들인다는 것이다. 정수복은 자신을 넘어선 세계에 대해 알고 그 안에서 자신의 자리를 '알고자 하는 열정'에 사로잡혀 있다면, 지방대생은 '모르고자 하는 열정'에 갇혀 있다. 정수복과 같이 인간, 사회, 역사, 자연, 우주에 대해 알고 그 앎과 관련해서 자신의 삶의 행로를 설정하지 않는다.

02 선호의 언어와 가족주의 언어

그렇다고 해서 지방대생이 좋은 삶에 대한 개념이 아예 없는 것은 아니다. 테일러가 일러주듯 어떤 인간의 자아도 좋은 삶에 대한 지향 없이는 존재할 수 없다. 다만 강력한 가치론적 질문을 던지지 않으면서도 나름대로 좋은 삶에 대한 개념을 가지고 살아가는, 세속적인 시대의 평범한 일상인들과 유사할 뿐이다. 이들에게 좋은 삶이란 경제적 성공도 생존도 아니요, '행복'이다. 이 행복은 무엇보다도 평범한 가족의 삶에서 나온다. 자신을 초월한 집합적 단위와 관련해서 자신의 삶을 구상한다면, 그것은 오로지 가족뿐이다.

"자기가 하고 싶은 것을 하면서 사는 삶이요"

덕배는 어떻게 사는 삶이 제일 좋은 삶인가 묻자 '선호의 언어'로 답한다.

"자기가 하고 싶은 것을 하면서 사는 삶이요."

언뜻 들으면 개인 중심의 선호를 말하는 것 같다. 하지만 이러한 질문을 자신의 삶에 대입하면 어떻게 될까. 조금 더 구체적으로 묻자 다음과 같이 '가족주의 언어'로 답한다.

"저는 구체적인 꿈은 없고 틀만 있어요. 저의 꿈은 그냥 평범한 직장 다니면서 예쁜 아내 얻고 아들 딸 예쁘게 크는 걸 보면서 오래 사는 것입니다."

자신이 선호하는 삶을 사는 것이 좋은 삶이지만, 아직 무엇을 선호하는지 잘 알지 못한다. 이런 상태에서 당장 가능해 보이는 것은 평범한 가정을 꾸려 가족과 행복하게 오래 사는 것이다.

"한국은 돈만 있으면 다 될 것 같고"

영택은 '돈의 언어'로 답한다.

"한국은 돈만 있으면 다 될 것 같고…… 돈이 어느 정도는 있고 재산을 유지해야 하고…… 그때부터 자기가 원하는 삶을 살아가야 한국에서 행복할 수 있을 것 같습니다."

가치 있는 삶이 무엇이냐고 묻자, 그 내용은 말하지 않고 그것을 실현시켜줄 수 있는 수단인 돈에 대해 말한다. 그래서 원하는 삶이 무엇이냐 묻자 정작 답을 못하고 얼버무린다.

"제가…… 대학교 3학년인데 아직 구체적으로 그런 게 없는 것 같습니다. 전 대학 끝나고 돈은 벌어야 된다, 이 생각밖에 없는 것 같습니다."

답을 끌어내기 위해 인생을 다 살고 나서 자신의 삶을 되돌아보면 어떻게 평가할 것 같냐는 질문에 드디어 '가족주의 언어'로 답한다.

"결혼도 해보고…… 부모님이 제일 숙원하시는 게 아들 장가보내기라고 하시거든요. 결혼도 하고 행복한 가정을 꾸리고 싶습니다. 이게 되게 어려운 것 같아요. 평범한 가정…… 쉬운 것만은 아닌 것 같습니다."

"집에서 엄마 아빠랑 치킨 시켜놓고 맥주 한잔하면서 얘기하고 그런"

민지는 사랑하는 사람과 결혼해서 아이 낳고 행복하게 사는 게 좋은 삶이라고, 전통적인 이성애적 '가족주의 언어'로 답한다. 사랑과 결혼이 어떤 의미가 있냐고 물었다.

"삶의 제일 큰 행복이라고 생각을 해요. 사랑하는 사람이랑 같이 있으면 뭘 해도 즐겁고, 좋아하는 사람이랑 낳은 애기 키우는 재미로 살 것 같고…… 그게 정말 행복(이 아닐까)…… 돈이고 뭐고 그게 최고라는 생각을 하는데 그런 환경을 만들 수 있을까 하는 걱정이 좀 드는 것 같아요."

그렇다면 행복이란 무엇인가?

"음…… 평소에 그냥 가족들이랑 진짜 소소하게…… 집에서 엄마 아빠랑 치킨 시켜놓고 맥주 한잔하면서 얘기하고 그런 부분에서 느끼는 것 같아요. 바람 쐬러 다 같이 놀러 간다든가 이러면 좋다 행복하다…… 내가 뭐 잘하거나 언니가 뭐 잘하거나 이랬을 때 부모님 좋아하시는 거 보고, 막 이런 거 볼 때 나도 나중에 이런 가족 만들고 싶다 이런 생각을……"

"저녁에 시간 있고 하고 싶은 일 하는 사람"

인경도 성공적인 삶이 무엇이냐고 묻자 다음과 같이 '선호의 언어'로 답한다.

"하고 싶은 거 하는 거? 하고 싶은 거 하면서 후회 없이 사는 거…… 자기 꿈을 달성한 사람이 성공한 사람인 것 같아요. 아무리 돈이 많아도…… 하기 싫은 거 하면서 돈 많은 사람보다는 돈이 중요한 게 아니라 저녁에 시간 있고 하고 싶은 일 하는 사람…… 그것도 중요한 것 같아요."

인경은 돈 많이 주면서 야근시키는 회사보다는 돈을 조금 적게 주더라도 일찍 퇴근시켜주는 회사를 다니겠다고 한다. 저녁이 있는 삶, 가족과 친구와 함께 놀 수 있는 삶을 선택하겠다고 '가족주의 언어'로 말한다. 그런 생각을 어디서 얻었느냐고 물었다.

"부모님이…… 저희 부모님은 회사 갔다 오면 집에 바로 오셔가지고 저희랑 이야기도 하고 거기에 익숙해져서…… 그런 영향이 있던 것 같아요.

그런 거 때문에?(웃음)"

"그냥 일하면서 적당히 월급 받으며 적당히 즐겁게 사는"

정은도 좋은 삶이 무엇이냐고 묻자 '선호의 언어'로 답한다.

"스트레스 안 받고 만족하면서 살 수 있는 삶이 좋은 삶인 것 같아요."

그럼 만족하는 삶이 무엇이냐고 묻자 다음과 같이 답한다.

"크게 걱정하지 않아도 되는 정도의…… 그냥 일하면서 적당히 월급 받으며 적당히 즐겁게 사는…… 다른 사람들도 만나면서 웃고 떠들 수 있고 여유 있게 만날 수 있고 그렇게 만족할 수 있는 삶?"

언뜻 가족의 행복을 선한 삶으로 말하지 않는 듯하지만, 사실 여기엔 사정이 있다. 정은은 지금까지 한 번도 연애를 해본 적이 없다. 그래서 스스로 여자로서 성적 매력이 없다고 생각한다. 그러니 가족을 꾸려 행복한 삶을 사는 것을 꿈꾸지 않는 듯하다. 그럼에도 만약 결혼을 하게 되면 가정적인 남편을 만나 아기 낳고 평범하게 살고 싶다고 말한다.

03 제한된 합리성

모두 하고 싶은 일을 하면서 사는 것이 좋은 삶이라 생각하지만, 아직 자신이 무엇을 선호하는지 잘 알지 못한다. 그렇기에 삶의 목적을 설정하는 데 애를 먹는다. 이때 선호를 안내하는 것은 평범한 가정을 꾸리면서 살아가는 데서 오는 소소한 행복이라는 이야기이다. 이 이야기는 부모나 친구로부터 들어 익히 알고 있는 친숙한 것이다. 더군다나 성취 가능성이 있어 보인다는 점에서 매우 현실 적합성이 높아 보인다. 이 이야기를 따라 지방대생은 적당히 벌고 적당히 즐기면서 가족과 함께 행복하게 사는 것을 꿈꾼다.

이는 완전 정보, 안정적 선호, 효율성을 전제하는 신고전주의 경제학과 이에 기반을 둔 합리적 선택이론의 행위 설명이 지방대생에게는 전혀 통하지 않는다는 것을 드러낸다. 지방대생이 지닌 정보는 결코 완전하지 않으며, 오히려 주변에 어울리는 가족이나 유사 가족이 제공하는 정보에 의존하고 있다. 지방대생은 안정된 선호의 구조를 가지기는커녕 무엇을 선호하는지조차 잘 모르고 있다. 그런 점에서 지방대생이 집합적으로 실행하는 행위는 그들이 선호하는 것을 통해서 설명할 수 없다. 또한 지방대생의 행위는 주어진 목적에 대한 최적의 수단을 찾는 효율성으로 설명할 수 없다. 지방대생은 주변에서 제공하는 목적과 수단을 통해 행위를 구성하기 때문이다.

실제 삶에서 행위자가 불완전한 정보를 가지고 '제한된 합리성bounded rationality' 내에서 가용한 자원을 활용하여 행위한다는 점을 고려하면, 이는 사실 지방대생만의 유별난 것은 아닐 것이다. 더군다나 지금처럼 한 치 앞을 내다보기 어려울 정도로 노동시장이 극도로 불안정한 상태에서는 손실회피를 최우선한다는 행동경제학의 통찰을 떠올리면, 어떤 행동이 이윤을 극대화할 것인지 결정할 수 없는 상황에서는 행위가 안정된 세계를 창출하는 쪽으로 지향되는 것은 자연스러운 일이다. 불투명하고 불확실한 세계에 자신을 던지는 것이 너무나 위험한 상황에서, 지방대생에게는 평범한 가정을 꾸려 사는 것을 행복이라 규정하고 이를 좋은 삶이라 말하는 것이 훨씬 합리적이라 할 수 있다.

이렇듯 지방대생은 강력한 가치론적 질문을 던지지 않는다. 그렇다고 해서 이들을 동물이나 속물로 섣불리 속단해서는 안 된다. '일상의 평범한 삶ordinary life', "인간의 삶에서 생산 및 재생산과 관련된 여러 측면, 즉 삶에 필요한 사물을 만드는 노동 그리고 결혼과 가족을 포함한 성적 존재로서 우리의 삶"[2]을 긍정하는 것은 근대성 일반의 성취이므로, 일상의 평범한 삶을 꿈꾸는 지방대생을 유독 세속적이라고 비난할 일은 아니다. 사실 세속화된 현대사회의 일상생활에서 강한 가치론적 질문을 던지고 이를 추구하기 위해 일상을 금욕적으로 조직하는 사람들은 종교의 대가가 아니고서는 보기 어려울 것이다.

가치론적 질문은 대개 위기의 상황에서 나온다. 종교의 대가는 평범한 일상도 화두로 던져 일부러 자신을 위기로 몰고 간다. 그래야 가치론적 질문을 던지는 것이 의미 있기 때문이다. 세속화된 세계에 사는 일반인도 개인적으로나 사회적으로나 위기에 빠질 수 있다. 사춘기나 IMF 외환위기를 예로 들 수 있을 것이다. 그런 상황과 맞닥뜨리면 지금까지 당연시했던 일상의 삶을 성찰적으로 바라보고 좀 더 근원적인 가치론적 질문을 던지기 마련이다.

04 삶의 위기

그렇다면 지방대생은 위기의 상황에 빠져본 경험이 적었다고 가정해볼 수 있다. 물론 나이가 아직 어려서 그럴 수도 있다. 정말 그런가?

"전환점은 없었던 것 같아요. 아직까지는……"

인경의 경우는 그렇다. 인경은 줄곧 자신이 평범하고 평탄하게 살아왔다고 이야기한다. 지금까지 살아오면서 혹 문제 상황에 처한 적이 있느냐고 묻자, 한동안 아무 말도 없더니 "없는 것 같은데……" 하면서 멋쩍은 웃음을 짓는다. 그래도 삶의 분기점이 없었느냐고 물으니 4학년 1학기 마치고 휴학했을 때 알바로 모은 돈을 가지고 태국 여행 간 것을 꼽는다.

"태국 여행하면서…… 우리나라보다 개발도상국이잖아요. 그래서…… 거기 보면 애들도, 막 요만한 애들이 나와서 장사하고 그런 거 보면서 지금 내가 이러고 있을 때가 아니구나라는 생각이 들기도 했고…… 전환점은 없었던 것 같아요. 아직까지는……"

"제가 많은 사람들에게 주목받는 게 어려웠어요"

정은의 경우도 마찬가지다. 지금까지 살아오면서 절박한 상황에 빠진 적이 있었느냐고 묻자 "잘…… 기억이…… 안 나요"라며 더듬거린다. 삶에 고통 없는 사람이 어디 있으랴 생각하고 가장 고통스러운 때가 언제였냐고 다시 물었다.

"고통스러운 일…… 어려움에 처했던 일…… 제가 많은 사람들에게 주목받는 게 어려웠어요. 그래서 1학년 때는 동기 애들하고만 수업을 같이 들었었어요. 가끔 심리학과랑 같이 듣는 수업도 있었는데 일어나서 막 떠들고 하는 건 할 수 있는데, 정말 이상하게 단상 위에 올라가서 그 많은 눈동자들이 나한테 집중된다고 생각하면은…… 그게 그렇게 어려웠어요. 막 심장, 손 떨리고 말도 제대로 안 나오고……"

다른 사람 앞에 인간으로 현상하여 '집합적 주의collective attention'를 받는 것 자체를 가장 큰 고통이라 말한다. 어떤 인물에게 집합적 주의가 집중될 때 그는 공적 인물이 된다. 집합적 주의를 받는 사람이나 주는 사람 모두 평소와 다르게 변형되는 놀라운 체험을 한다. 이 변형은 엄청난 감정의 에너지를 만들어낸다. 성공한 공연이 배우와 관객 모두를 평소와 다른 공유된 감정의 세계로 이끌고 가는 것이 그 예다. 일상을 살아가는 대부분의 사람들이 이러한 경험을 하기란 쉽지 않다. 그런 점에서 일상생활에서 개인은 사적 인물로 살아가기 마련이다. 정은도 마찬가지다. 집 안에서 가족과 함께 있다보니 가족 밖의 다른 사람 앞에 공적 인간으로 현상한 경험 자체가 적은 것이다. 그러니 평소와 다른 고통스러운 일이 일어날 일도 없다.

"제 친구 두 명의 부모님이 이혼하는 것을 보면서"

하지만 다른 지방대생에게는 나름의 삶의 위기가 있었다. 덕배는 어릴 때 막연하게 대통령이나 CEO가 되고 싶었다. 그러다가 고등학교 2학년인가 3학년 때 꿈이 바뀌었다.

"그 당시에 제 친구 두 명의 부모님이 이혼하는 것을 보면서 친구들을 위로하다가 지금 우리 집이 행복하다는 걸 느꼈어요."

부모의 이혼 때문에 고통받는 친구를 보고 가정의 평화가 제일 행복한 것이라는 생각을 갖게 된 것이다. 이후 가정의 평화가 추구해야 할 목적으로 설정되었다. 하지만 결코 도구적인 것은 아니다.

"돈이 많은 것보다는 건강하고 가족이 있으면 그게 성공한 사람 같습니다. 물론 돈이 많으면 성공하기 쉽겠지만 돈이 없어도 행복하게 산다면 그게 성공한 사람인 것 같다고 생각해요."

"돈 때문에 우시고……"

영택의 경우는 부모의 이혼으로 아픔을 겪었다. IMF 외환위기 때 아버지의 사업이 실패하고 부모가 이혼한 후, 영택은 어머니와 함께 살았다. 영택은 초등학교 1학년 때 어머니가 돈 때문에 고통에 빠진 것을 보았다.

"돈 때문에 우시고…… 그런 모습도 봤고…… 엄마는 그때 절대 안 울 줄 알았어요. 근데 돈 때문에 우시고…… (한숨과 함께 잠시 침묵이 이어졌다.) 그러다가…… 밥 먹을 걱정을 할 때…… 그때 밥 먹을 걱정을 했어요."

좋은 삶이 무엇이냐고 물었을 때 영택이 돈 이야기를 먼저 꺼낸 이유가 여기에 있다. 영택에게 돈은 그 자체로 추구할 만한 가치가 있는 것은 아니다. 하지만 행복한 가정을 꾸미는 데 최소한으로 필요한 수단이다.

"아빠가 쫓아온 거예요"

민지는 두 번의 위기를 겪었다. 첫 번째 위기는 어릴 때 가족과 함께 울산 바닷가로 놀러 갔다가 길을 잃어버렸던 사건이다. 언니인 줄 알고 쫓아갔던 사람이 나중에 보니 생판 모르는 사람이었다. 너무 멀리 나와서 어디가 어딘지 알 수 없었다.

"거기서 한 30분인가 한 시간 동안 막 나는 울고, 엄마 아빠는 내가 아무리 찾아도 없으니까 물에 빠진 줄 알고 막 엄마 아빠도 울면서 찾고 이랬거든요. 그래서 막 계속 혼자 우는데 어떤 아저씨, 가족 단위로 왔는데, 어떤 아저씨가 왜 우냐고 그러면서 아빠한테 전화를 좀 해달라고. 그래가지고 아빠한테 전화해서 데리러 오시고."

두 번째 위기는 중학생 때 겪었다. 그때 노는 학생들과 잠깐 어울린 적이 있었다. 중학교에 진학한 후에도 초등학교에서 같이 올라온 친구들과 여전히 친하게 지내고 있었다. 그러던 중 친구들이 '오빠들'과 노래방도 가는 소위 '노는 애'가 되었고, 그들과 어울리는 민지도 자연스럽게 노는 애로 인식되었다. 그러다가 다른 학교 학생들과 패싸움에 연루되었다. 경찰이 출동하면서 사태는 걷잡을 수 없이 커졌다.

"그때 좀 살짝 학교 폭력 이런 게 뜰 때였어요. 뜰 때였는데…… 다른 학교랑 패싸움은 아닌데…… 어떻게 보면 패싸움인데 그냥 우리는 후배들이라 아무것도 모르잖아요. 근데 선배들이 막 그냥 따라오라 해서 따라갔는데 그게 좀 싸우는 그런 건 거예요. 열 명씩 열 명씩 이렇게 막 보자 이런 구도가 된 거예요. 근데 저는 가기 전에 언니한테 말했었어요. 근데 언니가 그걸 아빠한테 말한 거예요. 그래서 저는 택시 타고 친구들이랑 출발하려고 하는데 아빠가 쫓아온 거예요. 난리가 난 거예요. 전화 오고 당장 집으로 안 들어오면 진짜 다리를 다 뿐지른다고…… 끌려갔어요, 저는 집에."

이 두 번의 위기는 모두 가족 밖을 벗어났을 때 발생했고, 모두 아버지가 나타나서 구해줬다. 가족 밖의 삶은 위험하고, 아버지 품 안에 있어야 안전하다.

"더불어 사는 삶을 실행하고 싶어 하는 사람입니다"

이렇듯 지방대생은 자신의 삶에 위기가 없었다고 이야기하거나, 있어도 결국 가족 안에서 해결하는 것으로 말한다. 이런 점에서 볼 때 종근은 독특하다. 그는 인간다운 삶을 살고 싶다고 말한다. 그에게 인간다운 삶은 돈과 상관없이 사람 대 사람으로 어울려 행복하게 사는 것을 뜻한다.

"쉽게 말하면 정말 다 같이 행복하고…… 뭐 서로의 이익 때문에 지금처럼 부모나 자식 간에도 싸움이 있는데 그런 거 없이, 그냥 인간으로서 돈이라는 것을 떠나서 서로 교감하고 다 같이 더불어서 행복하게 사는 것.(웃음) 그런 게 인간다운 삶이 아닐까…… 모든 게 돈에 얽매여 있다는 게 아니고 정말 사람 대 사람으로서."

종근은 자신의 자아도 인간다운 삶을 추구하는 사람으로 제출한다.

"지금은 봉사와 사회, 경제에 관심이 많이 생겨서 항상 그쪽으로 관심을 가지고 있고 앞으로는 사회, 경제 쪽으로 좀 더 일이나 아니면 공부를 해서 같이 더불어 사는 삶을 실행하고 싶어 하는 사람입니다."

종근의 이러한 '휴머니즘 언어'는 다른 지방대생과 마찬가지로 가족의 행복을 지향한다. 하지만 그들과 달리 가족 단위를 넘어 좋은 삶을 추구한다. 왜 그런가?

그건 종근이 겪은 삶의 위기가 독특하기 때문이다. 종근은 군대에서 삶의 위기를 맛보았다. 군대에서 '고학력자'를 만나면서 자신의 삶을 반성하게 된 것이다. 고학력자가 누구를 지칭하는 것인지 궁금했는데, 알고 보니 소위 스카이 대학(서울대, 고려대, 연세대)을 다니다 온 사람들이었다. 그들이 일상의 삶을 체계적으로 계획해서 조직적으로 살아가는 모습을 보고 큰 충격을 받았다. 그 이후로 자신도 메모하는 습관을 들였다.

"고학력자들과의 상호작용과 그리고 이를 통해서 뭔가 해보겠다는 의지로 시작한 메모하는 습관이 내가 누군지 찾아가야겠다는 그런 시발점이 되어서 거기서 변화가 조금씩 일어나고 있는 것 같습니다."

이런 습관은 복학 후 대학 생활에서도 지속되었다. 언뜻 보면 자기계발 담론이 가르치듯 성공을 위해 시간을 도구적으로 합리화하는 플래너 유저로 변한 것 같지만, 꼭 그런 것만은 아니다. 메모 습관이 사회학 공부를 할 때에도 도움이 되기 때문이다. 종근에게 사회학은 자기계발을 통해 성공을 하게 해주는 도구적 학문이 아니다. 오히려 사회학을 배우면서 돈을 목적으로 하는 삶이 좋은 삶이 아니라는 것을 확인하게 되었다. 돈보다 사람이 먼저라는 생각은 사실 아버지에게서 물려받은 것이다. 사회학을 배우면서 이것을 학문의 언어로 '미흡하나마' 어느 정도 정당화할 수 있게 된 것이다.

05 가족 안에 머물자

이렇게 볼 때 지방대생은 김홍중의 생존주의 세대 코드와 정확히 일치하는 것처럼 보인다. 이들의 최고 가치는 생존이다. 하지만 그 내용을 찬찬히 들여다보면 차이가 난다. 김홍중의 생존주의자에게 생존은 "경쟁에서 낙오되지 말자"는 것인 데 반해, 지방대생에게 생존은 "가족 안에 머물자"는 것을 뜻한다. 생존주의자는 낙오되지 않기 위해 전력을 다해야 하지만, 지방대생에게 생존은 오히려 경쟁에 뛰어들지 않고 지금처럼 가족 안에 살면 되는 것이다.

이것을 어떻게 평가해야 할까? 분명, 일상의 평범한 삶을 '궁극적'으로 추구해야 할 가치이념으로 삼도록 만드는 사회는 좋은 사회가 아닐 것이다. 그런데, 생존주의자는 생존을 가치이념으로 삼는다. 그만큼 삶이 가혹한 경쟁으로 이어져 있기 때문일 것이다. 사람이 위기에 처해 극한의 실존적 상태에 이르게 되면 이를 헤쳐나가게 도와줄 한줄기 빛이 필요하다. 그것이 바로 가치이념이다. 이는 내면으로 뿜어져 나오는 빛이다. 생존주의자는 생존을 자신의 내면 깊숙이 받아들여 가치이념으로 삼는다.

하지만 지방대생에게 생존은 가치이념이 아니라, 일상을 살아오면서 자연스럽게 주어진 목적이다. 그냥 지금까지 하던 대로 하면 결혼하고 가정을 꾸려 행복하게 살아갈 것이라 막연히 기대한다. 다른 종류의 위기를 겪은 종근은 다른 지방대생과 다른 것처럼 보인다. 그럼에도 생존을 가치이념으로 설정하지는 않는다. 대신 다 같이 행복하게 어울려 사는 인간다운 삶을 흐릿하게나마 가치이념으로 설정한다. 다른 지방대생들과 구별되는 독특한 위기를 겪으면서 가족 단위를 넘어선 휴머니즘 언어를 어느 정도 활용하게 된 덕분이다.

2장

규범:

성찰적 겸연쩍음

01 자아와 맺는 실천적 관계

지방대생은 자신이 생각하는 좋은 삶을 어떤 방식으로 추구하는가? 이는 자아실현의 방식과 관련되는 질문이다. 자아를 실현하기 위해서는 다른 행위자들과 함께 행위해야 하며, 그러기 위해서는 먼저 자신의 자아와 사변적speculative 관계에 머물지 말고 실천적practical 관계를 맺어야 한다. 자아에 대한 실천적 관계, 즉 실천적 자아 이미지practical self-image는 주체들 사이의 상호 인정을 통해 구성된다. 실천적 자아 이미지를 갖는다는 것은 타자와 함께하는 특정 상황에 처해 있는 자아로서 자신을 바라본다는 것을 뜻한다. 그래야 실제로 행위할 수 있다. 그러므로 자신의 자아를 어떤 타자와의 상호작용 관계 속에 놓느냐가 매우 중요하다. 타자는 가족, 친구, 애인과 같은 유의미한 타자로부터 인류, 우주, 신과 같은 고도로 일반화된 타자까지 광범하다.

자아가 타자와의 상호 인정을 통해 자아실현을 한다는 주장은 호네트의 이론을 통해 보면 이해하기 쉽다. 호네트에 따르면 사람은 사랑, 권리, 연대라는 상호 주관적 인정 형식을 통해 자아실현에 이르게 된다. 사랑하는 사이는 인지적으로는 서로 자유롭지만 정서적으로는 하나로 묶여 있다. 사랑하는 사람과 사랑을 호혜적으로 실천하면서 사람은 자기신뢰self-confidence에 이르게 된다. 권리는 공동체 안에서 타자와 권리와 의무를 정당하게 배분하는 사회적 규범에 따라 서로를 권리 인격체로 인정하는 관계다. 이를 통해 사람은 자기존중self-respect을 얻게 된다. 연대는 가장 높은 단계의 인정 형식으로서, '사회적 가치부여의 형식a social form of social esteem'을 필요로 한다. 사람은 자신이 속한 가치 공동체 안에서 자신의 고유한 방식으로 사회적 가치에 얼마나 헌신했느냐에 따라 '자아가치부여self-esteem'를 가지게 된다.[3]

어떤 사람의 실천적 자아 이미지는 고프먼의 용어를 빌려 말하면 타자와 노선을 함께 만들어나가야 할 그의 '공안face', 즉 "승인된 사회적 속성들에 따라 윤곽이 그려진 자아 이미지"[4]이다. 공안公顔, 즉 공적 얼굴은 사회적으로 승인된 긍정적인 자아 이미지이다. 조우 중에 있는 행위자들은 서로의 공안을 보호해야 하고 최소한 위협하지 말아야 할 도덕적 의무가 있다. 이를 위해서는 타자에게 제출한 자신의 공안과 긍정적인 관계를 맺어야 한다. 다시 말해 자신이 제출한 공안과 실제 자신의 모습을 일치시키고, 이를 바탕으로 타자와 노선을 함께 만들어가야 한다. 공안과 진정한 관계를 맺어야만 하는 것이다. 만약 자신의 공안과 도구적이고 기만적인 관계를 맺는다면 노선 중에 함께 있는 타자도 자신의 공안을 똑같이 도구적이고 기만적으로 제출할 것이다. 그렇게 되면 둘 사이에 전략적 게임은 벌어질지 모르나 연대는 위태로워진다.

그렇다면 지방대생은 자신의 자아와 어떤 실천적 관계를 맺는가? 자신의 자아를 어떻게 대상화하고, 이 대상화된 자아와 어떤 관계를 맺는가? 기업가적 자아인가? 동물인가? 속물인가? 그것도 아니면 생존주의자인가? 자아는 대화의 망 안에서 출현한다는 것을 생각하면, 지방대생이 어떤 대화의 망을 상상하느냐가 그들의 자아의 성격을 파악하는 데 결정적으로 중요하다. 대화의 망이 먼저 상상되어야만 자신이 연출해서 보여주어야 할 자아의 성격이 결정될 것이기 때문이다.

02 성찰적 겸연쩍음

지방대생은 기업을 대화의 망으로 고려하지 않는다. 그래서 자신의 자아를 기업가로 연출하려고 하지 않는다. 그들은 또한 생존 게임도 대화의 망으로 생각하지 않는다. 생존을 위해 분투하는 생존주의자로 자신의 자아를 대상화하지 않는다. 그렇다고 소비 시장을 대화의 망으로 여기지도 않는다. 그렇기에 속물처럼 자신의 내면을 위선적으로 전시하는 속물이 되지 않는다. 그렇다고 해서 그 누구도 대화의 망으로 생각하지 않는 동물인 것은 아니다.

그렇다면 누구를 대화의 망으로 상정하는가? 그것은 가족, 친구, 대학 동료와 선후배 등 일차 집단이다. 가족에 대해서는 비록 공부는 못하지만 착하고 성실한 아이로 자신의 자아를 드러낸다. 어릴 적 친구에 대해서는 무엇이든 함께하는 의리 있는 아이로 자신의 자아를 표출한다. 대학 동료와 선후배에 대해서는 학과 일에 협조하고 무난하게 잘 어울리는 사회학도로 연출한다. 지방대생은 이런 자아에 대해서 결코 도구적 관계를 맺을 수 없다. 자신의 자아와 진정된 관계를 맺고, 이를 활용하여 주변 사람들과 관계를 이어간다. 이 모든 자아가 일차 집단과 함께 노선을 만들어가기 위해 진정으로 제출한 공안이다. 사랑이라는 인정 형식 속에서 자신의 자아를 제출하는 것이다.

그렇다고 이를 마냥 지속할 수는 없다. 원하지 않아도 곧 졸업을 해서 취업전선에 뛰어들어야 하기 때문이다. 이를 위해서는 자신의 자아를 최소한 유능한 직장인으로 연출할 수 있어야 한다. 권리라는 인정 형식 속에서 자신의 자아를 제출해야 한다. 하지만 지방대생은 그렇게 하지 않으려고 한다. 왜 그런가? 그건 권리라는 인정 형식 속에서 타자로부터 호혜적으로 인정을 받아본 경험이 거의 없기 때문이다. 지방대생이 가족과 친구를 넘어 권리 인정 형식으로 나아가는 첫 번째 영역은 학교다. 학교는 무엇보다도 공부를 잘해야 인정받는다.

하지만 지방대생은 공부를 통해 인정을 받아본 경험이 거의 없다. 특히 지방대에 들어왔다는 사실은 이들을 위축시킨다. 그렇다고 이들이 공부를 열심히 하지 않은 것은 아니다. 공부를 해도 잘되지 않았던 쓰라린 경험을 모두 가지고 있다. 그러다보니 권리 인정 형식을 통해 자기존중의 길로 나아가려 하지 않는다. 해도 안 되는 것을 시도하는 것은 오히려 주변 사람들을 희망고문하는 뻔뻔한 일이다. 다시 말해 비진정된 것이다. 그건 공안이 아니다. 위선된 것이기 때문이다. 그렇지만 시도조차 하지 않는 자신이 겸연쩍기는 하다. 이러한 에토스를 뭐라고 불러야 하나? 김홍중이 생존주의 세대의 에토스로 지적한 '성찰적 수치심'에 빗대어 '성찰적 겸연쩍음'이라고 해야 하나?

"도전을 해도 실패가 보이는 것 같아요"

덕배는 말한다.

"저는 그냥 주어진 삶 그대로 평범하게 살고 싶지 삶에 리스크를 걸어가면서 높은 자리로 간다든가 하면서 살고 싶지 않아요."

왜 리스크를 걸고 싶지 않은가? 그건 해도 안 된다고 미리 단정하기 때문이다.

"현실은 제가 그런 위치에 갈 수 없는 상황이기 때문인 것 같아요. 국회의원 같은 사람들은 대부분 연고대 출신이고 스펙도 좋고 한 일도 많은데…… 저는 일단 고등학교 때부터 그런 자리랑 상관이 없어진 것 같아요."

이는 자신을 성찰해서 나온 겸연쩍음이다.

"어떤 도전을 하면 그 도전을 위한 엄청난 시간과 노력이 드는데 전 아직 그런 도전을 하기에는 너무 게으른 것 같고 노력도 없을 것 같고 뭔가 도전을 해도 실패가 보이는 것 같아요."

"저보다 공부를 좋아했다 생각하는 애들도 안 되는데"

영택은 공무원을 이상적인 자아 이미지로 제출한다. 공무원이 어떤 사람이냐고 묻자, 영택은 다음과 같이 답한다.

"안정적이고…… 평범한 가정을 꾸밀 수 있고…… 위험한 일을 안 하고……"

자신의 자아를 기업가로 만들지 않고 공무원으로 만든다. 그렇지만 진정 자신의 자아를 공무원으로 제출하는 것은 아니다.

"공무원…… 제가 학교 수업도 잘 못하는데…… 공무원 시험은 생각이 없습니다. 되면은 평범하게 살 수도 있겠지만 안 되면 그냥 시간만 낭비한 거고……"

공무원은 이상적일 수는 있어도 실천적인 자아 이미지가 될 수 없다.

"역시…… 공무원은…… 다른 사람들 다 해도 많이 안 되는데…… 공부 싫어하는 내가 할 일이 아니다라는 생각을…… 저보다 공부를 좋아했다 생각하는 애들도 안 되는데…… 저는 절대 안 하겠습니다."

자신보다 공부를 잘하는 사람도 노력해서 안 되는데, 공부도 못하는 자신이 시도한다는 것 자체가 겸연쩍은 일이다.

"솔직히 공부 그렇게 하는 애도 안 되는데"

민지는 수업 중에 유심히 보았던 학생이다. 너무나 평범한 듯했던 민지가 수업 중 발표를 하게 되었는데 깜짝 놀랄 정도로 잘했기 때문이다. 나는 민지의 학문적 잠재력을 발견하고 대학원에 진학시켜 학문의 길로 인도하고자 했다. 우선 지난번 발표했던 내용을 다듬어 교내 학생논문대회에 출전하도록 북돋웠다. 민지는 처음에는 놀라는 듯하더니 이내 기뻐하며 그렇게 하겠다고 했다.

하지만 민지는 기한 내에 논문을 제출하지 않았다. 마감이 언제인지도 몰랐다는 것이다. 그럼 이번엔 늦었으니 전국 단위에서 실시하는 논문대회에 출전하라고 일렀다. 이번에는 논문을 써오라고 해서 중간중간 지도를 하려고 했다. 하지만 이 역시 하지 않았다.

그러더니 어느 날 찾아와 자기는 대학원에 진학할 마음이 없다며 겸연쩍어 했다. 우리 집안 형편을 두고 언감생심 대학원이라니. 빨리 졸업하고 취업해서 부모님께 효도해야 하는데. 그럼 무엇을 할 것이냐고 물었다.

"엄마 아빠도 막 공무원 하라고 그래요. 공무원이 장땡이다 안정된다 막 그런 얘길 하는데 진짜 저는 안 맞을 것 같단 말이에요. 솔직히 공부 그렇게 하는 애도 안 되는데 그런 거 보면 일단 공무원은 아닌 것 같고."

"제가 할 자신이 없는 것 같아요"

인경은 자기 시간을 쓸 수 있는 사람이 성공한 사람이라며, 구체적으로는 공무원이 그런 사람이라고 말한다. 그렇다면 공무원 시험 준비한 적 있냐고 묻자 실실 웃기부터 한다.

"저는 별로 공무원에 관심이 없었어요. 준비하는 과정이…… 경쟁이 심하잖아요. 제 이상이 그런 삶을 살아갈 것 같다는 것뿐이지 내가 공무원 해서 그렇게 사는 건 아닌 것 같아요."

단순히 경쟁이 싫어서 그러느냐고 묻자 답한다.

"그것도 싫고 제가 할 자신이 없는 것 같아요. 영어도 해야 되고 역사도 해야 되고 그럴 자신이 없는 것 같아요."

인경은 말하면서 계속 겸연쩍은 웃음을 흘린다.

"해도 안 된다는 느낌이었던 것 같아요"

정은은 고등학교 다닐 때 이미 공부가 자신에게 의미가 없었다고 말한다. 왜냐고 물으니 해도 안 되더라는 것이다.

"해도 안 된다는 느낌이었던 것 같아요. 제가 처음에는…… 제가 생각했을 때에는 처음엔 좀 잘하는 편인 것 같아요. 기초 단계나 들어가는 단계나 이런 건 하는데 심화 (과정)에 들어가면 끈기가 없는 것 같아요. 좀 노력하면서 해야 하는데 놔버리고 이러니까 초반에는 성적이 좀 괜찮다가 후반에는 성적이 좀 떨어지는 그런…… 그래서 나는…… 안 되나?(웃음) 이래서 안 되는구나…… 좀 끈기도 없고……"

이러다보니 졸업 후 자신의 삶의 행로가 어디로 향할지 알지 못한다. 그럼에도 준비하지 못하는 자신이 겸연쩍다. 인터뷰가 끝나갈 무렵 다시 한번 자신이 누구인지 말해보라고 하니 피식피식 웃기부터 한다.

"굉장히 안 좋은 사람이었네요. 굉장히 끈기도 없고 포기도 잘하고 현실도피성이 강한 아이인 것 같아요. 끈기도 없고 잘하지도 않고 해야 함에도 불구하고 그 상황을 직시한다기보다는 피하려고 하는 것 같아요. 사실 해야 됐잖아요. 원래 이렇게 이렇게 하면은…… 근데 좀 웃긴 것 같아요. 해야만 한다 그 말도 나는 조금 웃긴 것 같은데 어쩔 수 없이 해야 하니까 하는 건데 그런 걸 회피하고 제대로 증명하면서 보려고 하지 않았던 것 같아요."

성찰적 겸연쩍음!

"지금은 되게 이상하다는 소리를 친구들한테 많이 듣거든요"

그럼 가치론적 질문을 던졌던 종근은 어떠한가? 종근은 군대에서 '고학력자들'이 한편으로는 잘 적응하지 못하고 사고치는 모습을 보면서 그들도 꼭 행복한 것만은 아니라는 점을 깨닫는다. 종근은 다만 자신이 고학력자들과 다른 길을 갈 뿐이라고 규정한다. 어머니는 통계청 공무원을 준비하라고 하지만 강요하는 것은 아니다. 방학 때 공무원 인턴도 해본 종근은 공무원이 꼭 좋은 삶을 사는 것은 아니라는 것을 깨닫는다.

종근은 자아가치부여를 원하고 있다. 이를 위해서는 먼저 자기존중이 필요하다는 것을 안다. 그래서 일단 E커머스 회사에 들어가 마케팅 쪽에서 일을 하기 위해 사회조사분석사와 유통관리사 자격증을 따놓았다. 하지만 정작 원하는 것은 협동조합을 만들어 운영하는 것이다. 최종 목적은 정치인이다. 교수의 소개로 대구시민원탁회의에 들어가 숙의민주주의를 체험하기도 했다. 종근의 실천적 자아 이미지는 사랑과 권리를 넘어 연대까지 염두에 두고 제출된다.

그런데 문제는 주위의 반응이다.

"거의 한 스무 살 초반 때까지는 늘 비슷하게 살아왔는데, 지금은 되게 이상하다는 소리를 친구들한테 많이 듣거든요. 약간 농담 식으로 나는 정치인이 되고 싶다 친구들한테도 얘기를 해보면 너는 왜 그런 생각을 가지고 있냐고 왜 그런 발상을 하냐."

이런 반응에 종근은 또 다른 종류의 성찰적 겸연쩍음을 느낀다. 혼자 괜히 중뿔나게 구는 것 아닌가? 실제로 인터뷰가 끝나고 반년쯤 지난 후 대학원 진학을 권유하자 종근은 상당히 겸연쩍어 하며 자신은 아직 준비가 되지 않았다면서 우선 취직을 하겠다고 답했다. 대학원 진학에 대해 부모님을 비롯한 주위의 반응이 호의적이지 않다고 말한 것은 물론이다.

03 가족적 자아

이렇듯 여섯 명의 지방대생은 모두 일종의 성찰적 겸연쩍음의 에토스에 빠져 있다. 경쟁에 뛰어들어봐야 실패할 것이 뻔해 시도하지 않지만 그래도 겸연쩍은 것은 어쩔 수 없다. 이렇게 볼 때 지방대생의 실천적 자아 이미지는 기업가적 자아, 동물, 속물이 아니다. 생존주의자와 엇비슷한 것 같기는 한데, 꼭 그렇지도 않다. 지방대생의 실천적 자아 이미지는 아직도 가족과 친구 안에 머물러 있기 때문이다. 그들은 '가족적 자아'를 지닌 사람이다.

그럼 왜 이렇게 지방대생은 가족을 넘어서 자신의 자아 이미지를 제출하지 못할까? "더 아래로 추락하지 않는다는 소극적 자세, 피로와 체념의

은폐된 감정, 화려한 삶이 아니라 소박하고 평범한 '보통의' 삶에 대한 소망"[5] 때문인가? 그렇게 보일 수도 있지만, 그들은 사회가 악하기에 적극적으로 사회로 나아가려고 하지 않는다고 말한다. 그들은 한국 사회를 행복을 가로막는 악으로 설정한다. 악의 핵심은 지나친 경쟁과 불평등이다.

민지는 말한다.

"불평등이 좀 완화되고 비정규직이라든지 그런 게 좀 해결이 되고 청년들이 이렇게 취업 활동을 할 수 있는 기회라든지 그런 게 좀 많이 생기고…… 그래야 된다고 생각해요. 그리고 너무…… 경쟁도 너무 심하고 사교육도 그렇고…… 너무 문제가 많아서 많이 고쳐야겠지만…… 일단 그런 부분들 좀……"

한국 사회는 좋은 사회인가 묻자 정은은 답한다.

"우리 한국 사회요? 좋은 사회…… 음…… 힘든 사회가 아닐까요?(웃음) 그…… 그냥 모르겠어요. 제가 생각했을 때는 사실 토익 보는 것도 굳이 그런, 영어를 보는 건 아닌데 사람들 몰려오면서 그에 대한 그 기준을 만들기 위해서 만든 것들이 점점 더 중요시되고 사람들에게 기본 장착이 되잖아요. 성형을 해야 된다는 것까지 나오잖아요. 사람들에게 좋은 인상을 보여주기 위해서 입꼬리 수술을 한다거나 이런 거까지 하니까 내가 이걸 하기 위해서 이렇게까지 하는구나! 정말 힘든 사회라는 생각이 들어요. 저렇게까지 하면서 거기에 내가 들어가야 되나?"

이 모든 것은 무엇을 말하는가? 지방대생의 세상이 아직 충분히 시장화 내지는 기업화되지 않았다는 것을 뜻한다. 즉 사회생활을 경제적 언어로 살아가지 않는다는 것이다. 그런 점에서 시장경쟁 언어의 침투는 불완전하다. 왜 그럴까? 하버마스[6]를 빌려 말하면, 체계가 생활세계를 온전히 식민화시키지 못했기 때문이다. 체계는 고도로 복잡해져서 전통적인 규범과 가치로부터 자립화한 목적 합리적 경제 행위와 행정 행위가 분화되어 나왔지만, 이에 상응하여 의사소통적 행위가 특수한 가치관에서 풀려나와 성공 지향적 행위와 이해 지향적 행위로 분리되지 못한 것이다. 그러다보니 체계명령이 생활세계를 도구화하려고 해도 우선 그것과 접점을 찾지 못해 애를 먹는다. 지방대생의 생활세계에서는 가족과 친구를 넘어서 목적 합리적으로 행위할 수 있는 자아가 아직 분화되어 나오지 못한 것이다. 시장경쟁 언어가 닻을 내릴 지점을 찾기 어려운 이유다. 그러니 지방대생은 자유주의 이상에 따라 자신을 변형시키는 자기통치의 길로 나아가지 않는다. 그렇다고 해서 더 일반화된 방식으로 합리적으로 의사소통하는 이해 지향적 행위가 발전되고 있느냐 하면 그렇지도 않다. 오히려 자신이 뿌리박고 있는 가족과 친구 안에서 전통적인 방식으로 이해 지향적 행위를 추구하며 살아간다.

3장

목표:

습속의 왕국

01 목적 수단 범주

지방대생은 좋은 삶을 추구하기 위해 일상의 삶에서 무엇을 어떻게 행하고 있는가? 목적 수단 범주를 통해 자신의 삶의 목적을 이루기 위해 합리적으로 행위하고 있을까? 목적 수단 범주로 행위하기 위해서는 외부의 압력이나 내부의 충동 모두를 억누르고 스스로 합리적 계산을 통해 행위해야 한다. 지방대생 여섯 명 모두 자기계발 압력을 느끼고 있다. 이러한 압력에 적극적으로 대처하기 위해서는 자기계발 담론, 자기계발 실천 공동체, 지도 조직, 자기계발을 위한 규율화된 테크닉을 통한 훈련을 받아야 한다. 다시 말해 사회자본과 문화자본이 풍부해야 한다. 그래야 목적 수단 범주를 통해 합리적으로 취업이나 생존을 추구할 수 있다. 하지만 지방대생은 목적 수단 범주를 통해 행위를 구성하지 않는다. 아직 어리기에 만나 상호작용하는 사람이 가족이나 비슷비슷한 또래 친구로 한정되다보니 사회자본과 문화자본이 부족해서 그렇다고 설명할 수도 있을 것이다.

하지만 더욱 중요한 것은 목적 수단 범주를 통해 삶의 목표를 추구하는 것이 지방대생 일상의 습속과 맞지 않는다는 점이다. 자기계발에 성공하려면 독하게 노력해야 한다. 하지만 그런 독한 방식이 지방대생에게는 좋게 보이지 않는다. 영택은 사회에서 성공한 사람은 어떤 사람들로 보이냐는 질문에 다음과 같이 답한다.

"음…… 못된 사람들이요. 좀 계산적이고, 고집 있고, 영악하고 이런 사람들이…… 욕심이 있으니까 어떻게든 하려 하고…… 그런 것 같습니다."

그럼 성공한 사람은 모두 못된 사람인가? 아니다.

"흠…… 아! 못됐다기보다는 독한 사람…… 이게 맞는 것 같습니다. 제가 하고 싶은 말이…… 그니까 막 독하게 공부하고 성공을 위해서라면…… 조금은 도덕적으로 잘못했다는 걸 무시할 수 있는 사람…… 아니면 좀 똑똑하거나…… 그런 것 같습니다."

지방대생은 결코 어떤 한 상황에 몰입하지 않는다. 공부에 독하게 몰입해도 잘하지 못한다는 것을 경험을 통해 이미 잘 안다. 노는 것에 심하게 몰입하면 인생이 망가진다는 것도 안다. 따라서 그 어떤 것도 독하게 몰입하지 않는다.

이를 고프먼[7]의 용어로 설명해보면, 지방대생은 상황에서 벌어지는 활동에 대해 관여involvement를 느슨하게 한다. 어떤 상황에서 벌어지는 활동에 관여한다는 것은 그것에 대해 일종의 인지적·정서적 몰입 상태를 유지한다는 것, 즉 일종의 자신의 심리적 자원을 동원한다는 것을 뜻한다. 어떤 상황에 들어가면 누구나 그 상황에 관여를 할 것인가 말 것인가, 관여를 한다면 어느 정도 관여할 것인가를 조절하는 사회적 규범과 스타일이 존재한다는 것을 발견한다. 그것이 바로 '상황 예절situational properties'이다. 그것은 느슨loose할 수도 있고 빡빡tight할 수도 있다. 느슨함과 빡빡함은 상황에 자신의 주의를 집중하고 있어야 하는 강도intensity를 말한다.

02 느슨한 관여

지방대생은 지금까지 항상 상황에 자신의 주의를 느슨하게 기울이며 살아왔다고 할 수 있다. 사적 모임이나 공적인 행사 모두 지방대생은 항상 그것이 요구하는 상황 예절을 느슨하게 수행해왔다. 친구들과 함께 있을 때 지방대생은 그 상황이 요구하는 예절을 느슨하게 수행한다. 중고등학생 때 노는 친구들에게 휩쓸릴 때조차도 소위 '일진'이나 '양아치'가 되지 않은 이유다. 아침 조회나 야간 자율학습과 같은 학교의 공식 행사에 참여해서도 그 상황이 요구하는 예절을 느슨하게 수행한다. 착하면서도 공부 잘하는 모범생이 되지 않는다.

왜 그럴까? 상황 예절이란 그 상황에 얼마나 존중을 표하고 있냐는 문제와 연관된다. 그 상황을 존중하라는 요구가 강력할 때, 그리고 마음에서는 그 상황을 별로 존중하고 싶지 않을 때, 그럼에도 불구하고 그 상황 자체를 깰 수는 없을 때, 저항할 수 있는 제일 좋은 방법은 상황 예절을 느슨하게 수행하는 것일 수 있다. 그것도 극단적으로 느슨하게 표현하면, 상황 예절의 심각함이 오히려 우스꽝스러워질 수 있다. 이것이 바로 존중하지 않는 상황 예절의 압박 속에서 살아남는 지방대생의 행위전략이다.

덕배는 자신을 따분한 걸 싫어하는 사람으로 정의한다.

"따분한 걸 싫어해요. 그리고 한자리에 오래 있는 걸 힘들어해요. 그러다보니 공부를 제대로 못했어요."

따분한 걸 싫어한다는 것은 상황에 자신이 주의를 집중하지 못한다는 것을 말한다. 덕배는 그래서 항상 상황을 느슨하게 만들어 주의를 집중하지 않아도 되게 만들려고 노력한다. 학과 학생회장인 덕배는 수업에 들어올 때 거의 예외 없이 삼선 줄무늬 슬리퍼를 신고 나타난다. 이건 내가 지방대에서 가르치기 시작한 이래로 계속 보던 전통이다. 학생회장이나 고학년 학생은 반드시 삼선 줄무늬 슬리퍼를 신고 들어온다. 〈복학왕〉 웹툰에서도 고학년 학생은 꼭 삼선 줄무늬 슬리퍼를 질질 끌고 다닌다. 궁금해졌다. 수업에 왜 슬리퍼를 신고 오냐는 질문에 덕배가 답한다.

"저 같은 경우는 1학년 때 슬리퍼를 신고 왔다가 선배들한테 욕을 많이 먹었어요. 전 그저 운동화가 불편해서 신은 것뿐이었는데요. 답답하고 발에 땀이 나서 불편했거든요. 제가 복학하고 좋았던 점이 이제 제가 슬리퍼를 신는다고 욕하는 사람이 없다는 것이 좋았어요."

덕배는 자신이 슬리퍼를 신는 것을 단순한 기능의 문제로 설명하고 있지만 사실은 자신이 상황 예절에 매몰되지 않은 사람이라는 것을 드러내기 위한 것이다. 마치 군대에서 말년 병장이 슬리퍼를 질질 끌며 자유롭게 다니는 것과 같은 이치다. 말년 병장은 후임 병사들에게도 마음 놓고 슬리퍼를 신고 다니라고 권한다. 거꾸로 놓아도 국방부 시계는 흘러간다며 시시덕거린다. 하지만 후임 병사들 중 어느 누구도 슬리퍼를 신지는 않는다. 사실

덕배도 슬리퍼의 의미를 안다.

"옛날에는 슬리퍼를 다 나이 많은 선배들이 신었어요. 그러다보니 1, 2학년이 슬리퍼를 신고 오면 '미쳤냐?'라고 욕할 정도였어요. 위계적 질서를 보여주기 위한 의례인 것 같아요."

하지만 자신은 결코 그런 사람이 아니라고 항변한다.

"전 슬리퍼를 신을 뿐이지 끌지는 않아요. 그리고 전 애들한테도 슬리퍼 신으라고 과방에 슬리퍼도 몇 켤레 갖다 놨어요. 제가 만약에 후배들에게 암묵적으로 위에 있다는 걸 보여주기 위한 것이라면 과방에 슬리퍼를 갖다 놓지 않았을 겁니다."

자신은 결코 권력을 휘두르는 것이 아니며, 슬리퍼를 끌지 않을 뿐만 아니라 후배들도 슬리퍼를 신도록 권장한다는 것을 그 증거로 들었다. 나는 가끔 저학년 여학생이 슬리퍼를 신고 수업에 들어온 것을 본 적은 있으나, 저학년 남학생이 그렇게 하는 것을 목격한 적이 없다.

이는 엠티를 갈 때마다 등장하는 소위 '깔깔이'도 마찬가지다. 덕배는 말한다.

"깔깔이는 남자들이 군대를 갔다 왔다는 자부심과 같은 거라고 볼 수 있을 것 같아요. 아직까지 군대를 못 간 후배에게 깔깔이를 보여주면서 암묵적으로 자신이 위에 있다는 것을 보여주는 것 같아요."

03 행위전략으로서의 습속

습속은 해도 그만 안 해도 그만인 단순한 스타일이 아니다. 그것은 잘 짜인 행위전략이다. 이때 '전략'은 목적을 성취하기 위해 의식적으로 고안된 계획이라는 의미가 아니다. 오히려 살아가면서 닥치는 여러 문제들을 해결하도록 도와주는 행위를 조직하는 일반적인 방식이다. 여러 상이한 문제들에 대한 일종의 총체적이고 일반적인 해결책인 셈이다.[8] 이 행위전략을 따라가면 무엇을 할 것인가 매번 고민할 필요가 없다.

이러한 행위전략의 원재료인 연장통tool kit 또는 레퍼토리는 주변 사람들이 제공해준다. 가족, 친구, 선후배로 이루어진 유사 가족이 제공하는 연장통이나 레퍼토리는 사용하기 쉬울 뿐만 아니라 당장 쓸 수 있다. 이 중에서 눈앞에 닥친 문제들을 해결하는 데 도움이 되는 것들을 골라 특정의 방식으로 행위를 조직한다. 이러한 특정의 행위전략은 사실상 이미 잘 짜인 상태로 지방대생 사이에 습속화되어 있다. 목적과 수단을 선택할 때 가장 중요한 것은 주변의 관계이다. 지방대생은 주변의 관계를 먼저 고려하지 않고 자신의 것을 우선하는 것을 개인주의적 성향이라 보고 이를 싫어한다. 그러다보니 다들 주변 사람들이 하는 것을 따라 한다.

여기에는 젠더별 차이가 있다. 남학생의 경우 1학년을 마치면 대개 군대에 간다. 군대 가기 전까지는 마치 삶을 얼마 남겨놓지 않는 시한부 인생처럼, 이왕 이렇게 된 김에 막 살아보자는 식으로 지낸다.

"그때는 하루하루가 노는 것 때문에 행복했어요. 그때는 공부도 별로 안 했고 애들이랑 피시방에 가고 당구도 치고 술도 마시는 등 하루하루가 정말 좋았어요. 이때까지는 이런 걸 못했으니까."

대학에 오면 수업도 마음대로 고를 줄 알았는데, 한두 과목 이외에는 이미 학교에서 다 짜놓은 상태다. 자신이 고른 과목이 아니다보니 흥미도 없고, 어차피 곧 군대 갈 거라는 생각에 열심히 안 한다. 입학 동기들끼리 날을 잡아 입대하고자 하지만 요즘은 군대도 가고 싶을 때 바로 갈 수 있는 것이 아니어서, 휴학하고도 6개월을 노는 경우가 흔하다. 이때 알바를 해서 돈을 벌고, 그 돈으로 술을 마시고 논다.

"그때…… 친한 친구들이 거의 다 비슷한 상황이라서 3, 4월 달에 (군대에) 다 가는 추세인데 제 친구들은 7, 8월 이렇게 늦게 가가지고 다 비슷하게…… 알바하는 애들은 끝나서 와서 놀고 저는 또 집에서 일하다가 피시방 가고, 당구 치고, 그렇게 하고 수영장을 가든가 가끔은 술도 마시고……"

그러다 한 명 한 명 불려나가듯 군대에 간다. 2년 후 제대하고 오면 학교에는 아는 사람이 거의 없다. 가끔 먼저 제대해서 복학한 동기생이 있다. 그의 안내를 받아 선후배와 관계 쌓기에 돌입한다. 그들의 조언에 따라 학점 따기 쉬운 과목만 골라 듣는다. 깔깔이를 입고 엠티에 따라가고, 그곳에서 막 들어온 신입 여학생들과 술 먹기 게임을 하고 논다. 얼마 안 있으면 여기저기 캠퍼스 커플이 보이기 시작한다. 연애를 즐기다보면 어느새 4학년이다. 갑자기 불안해진다. 4학년 1학기를 마치고 휴학한다. 스펙을 쌓기 위해서다. 1년을 스펙 쌓는다고 보내지만 별반 달라진 것 없이 복학한다.

여학생의 경우 대학에 처음 들어오면 남자 선배들이 그렇게 잘해줄 수가 없다. 엠티에서 깔깔이를 입은 복학생 선배를 보면 너무 재미있다.

"부어라. 마셔라. 술이 들어간다. 쭉 쭉쭉쭉."

술자리 게임도 하고 논다.

동기 남학생들에게는 관심이 없다. 어차피 곧 군대에 갈 아이들이다. 남자 선배들의 손에 이끌려 학과 활동에 몰두한다. 선배들과 좋은 관계를 유지하는 것이 중요하다. 여자 선배들을 따라 알바를 한다. 공부에 집중해봐야 잘된다는 보장이 없다. 이럴 때는 알바하는 것이 제일 좋다. 알바가 현재 내가 제일 잘할 수 있는 일이다. 번 돈을 부모님께 조금 드리고, 친구와 함께 해외여행을 간다. 이것도 스펙이 아닌가? 3학년쯤 되면 갑자기 휴학을 한다. 스펙을 쌓기 위해서다. 1년을 해봤지만 별 소용이 없다. 다시 학교에 돌아온다.

민지는 1학년 때 엠티를 갔다가 재미있는 복학생 남자 선배와 사귀게 되었다. 한동안 좋은 관계를 유지했지만 곧 깨지고 말았다. 학교 생활이 시들해졌다. 주변의 친구들처럼 알바에 뛰어들었다. 알바를 고르는 기준은 쉽냐, 쉽지 않느냐의 차이이다.

"음식 만드는 게 아니라 서빙…… 롯데리아는 원래 다른 데 알바를 구하다가 안 돼서, 제일 처음 했던 데였거든요. 롯데리아에서는 막 감자도

튀기고 이것저것 만들잖아요. 그게 너무 힘든 거예요. 그래서 그다음부터는…… 서빙 쪽은 그냥 이렇게 나르기만 하면 되잖아요."

이렇게 힘들게 일해서 100만 원을 모아 부모님 결혼기념일에 어머니께 드렸다.

"알바비 벌어서 진짜 용돈…… 등교하고 밥 사 먹고 친구들이랑 놀러 가고 이런 거를 알바비로…… 내 옷 사고 싶고 이런 거 있으면 그런 거 사고…… 그리고 엄마 아빠 결혼기념일 때 알바비를 작년, 재작년 때 조금씩 콩알만큼 모은 게 있었어요. 그걸로 선물 드리고."

그러다가 어느새 4학년이 되었다. 불안하다. 휴학해버렸다.

인경은 스펙 쌓기의 압박을 인지하고 있지만 이것을 자신의 목적으로 삼지 않고 그저 남들 하는 대로 따라 한다. 그래서 성과가 없었다고 이유를 댄다.

"내가 하고 싶었던 것이 아니었으니까…… 뚜렷한 목적을 달고 했으면 내가 이건 할 수 있는 사람이었구나라고 변했을 건데 목적도 없고…… 내가 하고 싶은 걸 안 했으니까 그렇게 된 것 같아요."

그렇다고 인경이 아무 일도 안 한 것은 아니다. 자신이 현 상태에서 제일 잘할 수 있는 것을 한다. 그건 놀랍게도 헌혈이다. 그것도 열 번이나 넘게 했다.

"헌혈도 봉사 점수 주거든요."

잠시 분위기가 싸해지는 순간 이렇게 말을 덧붙였다.

"아, 근데 헌혈은 제가 하고 싶어서 했던 것 같아요. 제가 아토피가 있었으니까…… 이런 병 있는 사람들 보면은 같은 마음이 느껴져가지고…… 그리고 좀 도움을 줄 수 있는 거잖아요. 그래서 했어요."

고등학교부터 대학 때까지 인경과 함께 학교를 다닌 정은도 크게 다를 바 없다. 만족스러운 자신의 삶을 이루기 위해서는 스펙 쌓는 것이 필요하다는 것을 인식하고 있다. 하지만 합리적인 수단을 활용하지 않는다. 실제로는 아무런 스펙도 따지 않은 것이다.

"따야지 따야지 하면서 열심히 놀았……어요."

그럼 마냥 놀기만 했는가? 아니다. 알바를 했다. 그것도 열심히.

"이월드(대구에 있는 놀이공원) 내의 음식점 알바도 했었고요. 홈플러스 주차장 알바도 했고 음식점 알바도 했고요. 지금 리틀 소시움이라고 엑스포 안에 어린이 직업 체험 테마파크가 있는데 거기서도 알바했고요. 알바는 좀 했었어요."

대학등록금 이외에는 자신이 벌어 쓰고 해외여행도 가려고 열심히 알바를 한다. 돈을 벌어 막상 해외여행을 갔다 왔지만 별반 달라진 것은 없다. 복학해서 마지막 학기를 마치고 졸업했다.

04 알지 않으려는 의지

지방대생은 앎에 대한 의지가 아니라 알지 않으려는 의지, 자기계발하려는 의지가 아니라 자기보존하려는 의지가 강하다. 습속의 왕국! 이들에게는 세상이 온통 알 수 없는 혼돈이 아니다. 습속을 따라 살아가면 세상이 너무나 자명한 사회적 사실로 다가온다. 평범한 사람이 되어 살아갈 것!

훼절한 386세대의 습속에 대한 김홍중의 거침없는 비판이 떠오른다. "순수한 척하지만 사실은 타락한 영혼을 소유하고 있는 청년들…… 그들의 평범함은 섬뜩한 사악함의 예각을 노출한다 …… 그들은 악의 평범함을 보여주는 것이 아니라, 평범한 것이 악이 되는 세상을 보여준다."[9] 평범이 악인 이유는, 그것이 사악한 습속이기 때문이리라.

그렇다면 지방대생의 습속은 사악한 것인가? 물론 그런 면이 있기는 하다. 폭력과 온정주의로 유지되는 선후배 위계질서가 대표적일 것이다. 하지만 지난 10년 이상을 가르치면서 내가 발견한 지방대생의 습속은 그렇게 사악하지 않다. 폭력은 거의 발생하지 않고, 선후배 간의 위계질서도 그렇게 강하지 않다. 선후배의 상황 예절마저도 느슨한 것이다. 그런 점에서 〈복학왕〉의 기안대학교와는 많이 다르다.

물론 닮은 점도 있다. 덕배는 말한다.

“그 웹툰을 보면 주인공이 맨날 술 마시고 클럽 가고, 엠티 가서도 또 술을 미친 듯이 마시면서 공부 안 하고 피시방이나 가고…… 이런 점이 우리 지방대 학생들이랑 많이 닮지 않았나 생각됩니다.”

하지만 내가 체험한 지방대생은 〈복학왕〉에 나오는 인물들과는 다른 모습이 많다. 그들은 너무나 착하다. 그들은 너무나 관계 지향적이다. 주변 사람들을 신경 쓰고, 그들로부터 착한 사람이라는 평판을 듣고 싶어 한다. 압박감을 느낄 정도로 그렇게 행동한다.

인경은 말한다.

“딴 사람들한테 무조건 착하게 보이려고 해야 되고 막 그런 거…… 압박감…… 그런 데 시달리는 것 같기도 하고……”

이러한 압박감은 주변 사람들과 좋은 관계를 유지해야 하기 때문에 온다. 그렇다면 이들의 습속이 지닌 이러한 평범함은 과연 무엇이란 말인가? 김홍중의 언어를 빌려 말하면 다음과 같을까?

“착한 척하지만 사실은 시린 영혼을 소유하고 있는 청년들. 그들의 평범함은 도저한 선함의 둔각을 은닉한다. 그들은 선함의 평범함을 보여주는 것이 아니라, 평범한 것이 선함이 되는 세상을 보여준다.”

착한 척하지만 실상은 지방대의 패배의식을 안고 살아가는 시린 영혼들. 주변 어디를 둘러봐도 쉽게 만날 수 있는 서로 가족 같은 평범한 영혼들. 자신의 시린 영혼을 드러내지도 남의 시린 영혼을 파헤치지도 않는 그 도저한 선함.

4장

신자유주의 통치성과 집단 스타일

01 행복하자

자이언티의 노래 〈양화대교〉에는 이런 구절이 나온다.

행복하자
우리 행복하자
아프지 말고 아프지 말고
행복하자 행복하자
아프지 말고 그래 그래

'복학왕'으로 대표되는 지방대생의 최고의 가치는 '가족의 행복'이다. 이는 가족이 소소한 행복을 누릴 수 있게 아프지 말고 살아야 가능한 정도의 소박하고 질박한 것이다. 지방대생은 이 소소한 행복마저도 결코 쉽지 않다는 것을 잘 알고 있다. 가장 큰 이유는 사회적 삶을 치열한 경쟁으로 몰아가는 사악한 한국 사회가 행복을 가로막고 있기 때문이다. 푸코가 신자유주의가 경쟁하는 인간을 사회 전 영역에 구축한다고 주장한 것을 빗대어 생각해보면, 지방대생에게는 이러한 주장이 들어맞지 않는다. 서바이벌이 "경쟁적 삶에서 배제되지 않는 상태"[10]를 의미한다면, 지방대생은 최대한 자신을 경쟁 상태에 노출시키지 않으려고 한다.

여기에는 물론 지금까지 살아오면서 경쟁에서 처지고 낙오했던 쓰라린 경험이 큰 몫을 했다. 지방대생은 스스로 공부를 안 한 사람으로 정의하고, 그 때문에 자신의 삶을 영원히 경쟁 밖에 놓는다. 경쟁해도 안 될 게 분명한데 뛰어드는 것은 뻔뻔한 일임을 알기에, 오히려 겸연쩍다. 이러한 '성찰적 겸연쩍음'이라는 에토스가 지방대생을 붙잡아 맨다. 변화, 혁신, 자유, 책임과 같은 자유주의적 이상을 통해 자기통치하는 길로 나아갈 이유가 없다. 대신 행복할 수 있는 길을 찾는다.

이 행복은 무엇보다도 주변과 좋은 관계를 유지하는 것에서 온다. 그러려면 그들과 함께 살아가는 습속에 대해 친숙해져야 한다. '습속의 왕국'에서는 습속이 행위를 안내하기 때문이다. 이를 푸코의 자기통치에 빗대어 '습속통치'라 부를 수도 있을 것이다. 튀지 않고 주변과 잘 어울려 지내야 한다. 가족, 어릴 적 친구, 대학 동기와 선후배가 이들이 같이 어울려 살아가야 할 사람들이다. 미래에 만날 사람도 크게 다르지 않다. 그들도 역시 가족 내지는 유사 가족의 일원이 될 사람이다.

여기서 행위는 사람들 사이의 관계 안에 배태되어 있어서 비공식적 규범과 공식적 규범 모두에 영향을 받는다는 제도주의 사회학의 통찰을 기억할 필요가 있다.[11] 제도주의 사회학을 빌려 말하면, 규칙 체계로서의 제도가 지방대생이 자기계발하도록 강제하거나 고무해야만 지방대생이 자기계발에 매진할 수 있다. 그렇다면 지방대생이 목적 수단 범주를 통해 삶의 목표를 추구하지 않는 것은 자기계발을 강제하거나 고무하는 제도가 지방대생에게는 가용하지 않기 때문이라고 볼 수 있다. 실제로 여섯 명의 지방대생의 사회관계망은 친구, 선후배, 가족이라는 유사 가족에 한정되어 있다. 그렇다면 유사 가족 연결망 안에 배태된 비공식적 규범의 성격을 파악해볼 필요가 있다. 유사 가족은 공식적 규범보다는 비공식적 규범에 의해 작동하기 때문이다.

가족의 비공식적 규범, 즉 습속은 경쟁을 멀리하는 것이다. 이들은 서로에게 경쟁에 나서지 말라고 조언한다. 경쟁에 뛰어들어봐야 성공하기 극히 힘들다는 것을 현실에서 매일 체감하기 때문이다. 자기계발이라는 합리적 수단이 오히려 좌절을 낳는 비합리적 수단으로 전락한다. 이들에게는 습속을 활용하여 주변 사람들과 잘 어울려 지내는 것이 훨씬 더 합리적이다.

02 스위들러적 인간

이러한 점을 볼 때 지방대생은 베버적 인간이라기보다는 스위들러적 인간에 가깝다. 베버에게 문화는 무엇보다도 관념이며, 관념은 이해관계에 의해 추동된 엔진의 방향을 만드는 전철수다.[12] 베버에게 문화는 행위가 지향하게 될 궁극적인 목적이나 가치를 제공함으로써 행위를 형성시킨다. 동시에 문화는 궁극적인 목적이나 가치를 획득할 수 있는 수단도 제공한다.

예를 들어 종교 관념은 인간이 도달하고자 추구하는 궁극적인 가치를 설정한다. 세상 안 구원inner-worldly salvation 대 세상 밖 구원other-worldly salvation이 그 예다. 전자에서는 종교인이 구원을 추구하면서도 자신이 살아가고 있는 제도적 질서와 근원적으로 단절하는 것은 피한다. 물론 종교인답게 제도적 질서와 어느 정도 주관적으로 단절하고 있기는 하지만 동시에 그 세상 안에 머물러 있기도 하다. 반면 후자에서는 종교인이 고독한 은둔자가 되거나 기성세대로부터 분절되고 소외된 공동체 성원들과 함께 어울림으로써 이 세상과 접촉하는 것을 최소화한다. 그만큼 이 세상을 부정적으로 보기에 그 밖에서 구원을 추구하는 것이다.

종교 관념이 추구하는 구원과 이 세상 사이에 긴장이 강화될수록 이를 해결할 수 있는 수단도 필요하다. 따라서 종교 관념은 구원을 추구하는 수단도 정의하는데, 신비주의와 금욕주의가 그 예다. 신비주의자는 긴장에 굴복하기보다는 이를 제거해서 신의 '그릇'이 되기를 원한다. 외부로 향하기보다는 내부로 향하는 길을 택한다. 가장 대표적인 수단이 신비적 깨달음이다. 주관적으로 획득한 구원의 상태를 실제로 소유한 신비주의자는 자신이 살아가는 사회의 규범에 얽매이지 않는다. 반면 금욕주의자는 신의 그릇보다는 '도구'가 되려고 한다. 이 때문에 종교 관념을 이 세상에서 실제 행위를 안내하는 윤리적 명령의 체계로 변형시킨다. 금욕주의자는 자신의 행동을 신이 적극적으로 안내한다고 믿는 상태에서 치밀한 절차에 따라 종교적 구원을 추구한다.

만약 문화가 궁극적 가치를 통해 행위에 영향을 미친다면, 변화하는 환경 속에 있는 사람들은 자신들이 선호하는 목적은 계속 가지고 있고, 대신 그 목적을 획득하는 수단을 변경시켜야만 할 것이다. 하지만 스위들러가 볼 때 프로테스탄트 윤리와 자본주의 정신에 대한 베버의 분석은 이와 다른 모습을 보여준다. 프로테스탄티즘의 에토스는 심지어 구원의 증거를 찾는 칼뱅주의의 동력이 이미 사라진 후에도 지속된다. 만약 관념이 에토스를 형성한다면, 왜 금욕적 프로테스탄티즘의 에토스는 그 관념보다 더 오래 지속되는가? 베버는 구원 여부를 알려는 초기 칼뱅주의의 욕망과 벤저민 프랭클린의 세속적 에토스 사이에 연속성이 있음을 주장한다. 벤저민 프랭클린의 세속적 에토스에는 더 이상 구원이라는 종교적 관념이 중요하지 않다. 오히려 세속적 성공이라는 관념이 압도적이다. 종교적 관념이 사라지고 세속적 관념이 등장한 것이다. 하지만 금욕주의적 에토스는 이어진다.

이러한 연속성은 다른 곳에서도 발견될 수 있을 것이다. 구원받았는지 여부를 알려는 초기 칼뱅주의의 욕망과 노동계급이 지닌 절제, 겸손, 자기 통제 사이에도 에토스의 연속성이 존재한다. 또한 심리적 건강, 물질적 성공, 개인적 진정성을 추구하는 현대 미국인들의 불안한 자아 탐구와도 연속성이 존재한다.[13]

이렇듯 종교적 관념과 그 관념이 고무한 행위의 목적이 변했음에도 불구하고, 행위의 스타일이나 에토스가 연속성을 지닌다는 것을 어떻게 이해해야 하는가? 한마디로 말해, 지속되는 것은 행위의 목적이라기보다는 행위가 조직되는 방식이라는 것이다. 가치의 세속화가 정확히 의미하는 바가 이것이다. 가치가 추동하는 원래의 목적은 사라졌지만, 그 목적을 추구할 때 요구되었던 특정의 행위 방식은 살아남아 지속되고 있는 것, 그것이 바로 가치의 세속화이다. 의미는 제거되었지만, 그 형식은 세속적 삶 속에서 지속되고 있다. 구원받았음을 증명하기 위해 삶을 합리적으로 조직하려 했던, 원래의 가치가 지닌 목적은 사라졌지만, 삶을 합리적으로 조직했던 방식은 지속적으로 살아남아 있는 것이다.

지방대생도 수도권 대학생과 마찬가지로 세속적 성공이라는 가치를 공유한다. 하지만 이를 추구하기 위해 행위를 조직하는 방식이나 스타일은 전혀 다르다. 지방대생은 지금 당장 자기를 둘러싼 사람들과 좋은 관계를 유지하는 방식으로 행위를 조직한다. 그들은 서로 경쟁하지 않는 공동체의 성원으로 간주된다. 같은 공동체의 성원인 주변 사람들이 가하는 문화적 기대는 그리 대단한 것이 아니다. 서로 튀는 행동을 하지 않고 '알아서' 상대방의 입장에서 자신에게 주어진 일을 느슨하게 조직하는 것이다. 주어진 일을 임시변통으로 적당히 넘겨 주변과의 관계를 망가트리지 않을 정도만 하면 된다. 이러다보니 스스로 자아를 대상화하고 목적 지향적으로 도구화할 필요가 없다.

이러한 느슨한 스타일은 무엇을 해도 중간쯤 성과를 거두게 된다. 공부도 적당히 해서 지방대에 올 수준은 되고, 노는 것도 적당히 놀았기 때문에 양아치나 일진이 되지 않을 수 있다. 이러한 느슨한 관여 스타일은 어느 정도 적당히 하면 이룰 수 있는 목적을 설정하게 만든다. 이는 종교적 관념이 설정한 것과 같은 궁극적인 가치목적이 아니다. 그때그때 변통해서 만들 수 있는 세속적 목표 수준의 목적이다.

문화란 행위전략을 구성하는 데 필요한 연장통이라는 스위들러의 주장이 더 적실하게 다가온다. 스위들러에게 "문화는 의미를 담은 상징적 매체로 구성되어 있다. 신념, 의례의 실천, 예술 형식, 의식ceremonies뿐만 아니라 언어, 가십, 이야기, 일상 삶의 의례와 같은 비공식적 실천을 포함한다."[14] 이러한 요소들은 개인과 집단의 연장통 또는 레퍼토리를 구성하며, 개인과 집단은 상이한 종류의 문제를 해결하기 위해 다양한 방식으로 이 연장통을 사용해 행위전략을 구성한다. 문화는 사람들이 행위의 궤적을 구성할 수 있게 하는 도구들을 제공한다. 따라서 행위의 스타일이나 전략이 사람들이 획득하고자 추구하는 목적보다 더 오래간다. 자신들이 지닌 문화적 장비에 잘 들어맞는 목적에 다가갈 것이기 때문이다.

지방대생에게 가용한 문화적 장비는 느슨한 스타일이나 전략이다. 이는 신자유주의 통치성이 제공하는 자기계발 담론과 테크놀로지와는 잘 들어맞지 않는다. 기업가의 혁신 스타일은 말할 것도 없고, 동물의 무치無恥 스타일이나 속물의 기만 스타일도 아니다. 지방대생은 방법적 거짓의 차원이 필요 없을 정도로 진정하기 때문이다. 생존주의자의 경쟁 스타일과도 다르다. 경쟁에서 낙오되지 않으려는 것이 아니라 경쟁에 아예 들어가려고 하지 않는다는 점에서 그렇다. 지방대생의 느슨한 스타일은 그들만의 리그를 따로 꾸린다. 그곳에는 경쟁이 없다. 모두가 느슨하게 행위를 조직한다.

03 신자유주의 통치성의 실패

다음과 같은 비관적인 딜레마로 귀결되는 질문에 대해서는 그다지 걱정할 필요가 없다. "자기에의 의지와 자유에의 의지의 공모는 불가피한 것일까. 자유에의 의지를 통해 우리의 삶을 예속시키는 권력에 맞서 싸우기 위해 우리는 자유에의 의지를 거부해야 할 것인가. 아니면 전연 새로운 자유의 이미지를 고안해야 할 것인가."[15] "그들(생존주의 청년 세대)은 생존주의에 속절없이 함몰되어버릴 것인가? 아니면 새로운 가치들을 창출하면서, 생존 너머의 어떤 세계에 대한 공유된 환상을, 사회라는 '성스러운 환상'을 다시 만들어낼 것인가?"[16]

논리적으로는 결코 해결할 수 없을 정도로 인지적으로 과도하게 비관적인 이러한 질문은 지방대생에게는 무의미하다. 이는 자기계발에 몰두해 자기통치의 주체가 되려고 할 때에만 의미가 있기 때문이다. '성공'이든 '생존'이든 모두 신자유주의 통치성에 의해 신자유주의 주체가 되어야만 행위자에게 의미 있는 목적이 될 수 있다. 금욕주의적 에토스를 갖고 삶을 통째로 목적 수단 범주를 통해 합리적으로 구성하고 조직할 때에만 신자유주의의 주체가 될 수 있다면, 신자유주의 통치성은 적어도 지방대생에게는 철저하게 실패다. 만약 권력이 푸코가 말하는 것처럼 행위자에게 힘을 만들어주는 empowering 스피노자식 개념이라고 한다면, 이런 권력은 지방대생에게는 힘을 발휘하지 못한다. 오히려 지방대생에게 힘을 발휘하는 권력은 배제시키고, 절망시키고, 좌절시키고 의기소침하게 만드는 프로이트식 권력 개념에 가깝다. 권능을 부여하는 권력이 아니라 거세하여 무기력하게 만드는 권력이다. 이것이 과연 신자유주의적 권력인가?

04 적당주의 집단 스타일

왜 신자유주의 통치성은 지방대생에게 힘을 발휘하지 못하는 걸까? 신자유주의 통치성을 집합표상, 즉 공적으로 가용한 상징 체계라 한다면 지방대생은 이를 다른 방식으로 활용하기 때문이다. 이는 지방대생이 지니고 있는 특유의 '집단 스타일' 때문이다. 집단 스타일이란 "무엇이 집단적 세팅에 대한 좋은 또는 적절한 참여를 구성하는가에 대한 한 집단이 공유하고 있는 가정으로부터 나온 상호작용의 반복적인 유형"[17]이다. 동일한 신념이나 이데올로기를 공유한 다양한 집단들은 다양한 스타일 또는 장르로 그 신념이나 이데올로기를 실천할 수 있다.

동일한 신념 체계를 공유했다고 해서, 동일한 집단 스타일까지 공유하는 것은 아니다. 같은 하나님을 믿지만, 예배 스타일, 즉 집합적 세팅에 참여하는 스타일은 다양하게 나타날 수 있다. 흑인 교회에 가면 특유의 말하기 스타일과 리듬이 있으며, 이것에 익숙해야만 흑인 공동체 내에서 온당한 삶을 누릴 수 있다. 다시 말해 흑인 교회 세팅에는 요구되는 참여의 정도가 있으며, 이는 특유의 말하기 스타일과 리듬과 같은 레퍼토리를 능수능란하게 활용할 때에만 가능하다.[18]

이것이 말하는 바는 무엇인가? "사람들은 항상 특정한 사회 세팅 (그것이 크든 작든, 대면적이든 가상적이든) 안에서 의미를 만든다. 그들은 서로 지각한 채 서로의 관계 속에서 그러한 의미를 만든다. 이러한 지각은 모든 세팅에서 상호작용을 위해서 필요한 공유된 기반이다."[19] 집단 스타일은 분석적 차원에서 집단 경계group boundaries, 집단 유대group bonds, 말하기 규범speech norms으로 나뉜다.

집단 경계는 한 집단이 그 집단 특유의 맥락 안에서 외부의 세계와 어떤 관계를 맺어야만 하는가에 대해 스스로 갖는 가정을 말한다. 집단 유대는 한 집단의 성원들이 그 집단 특유의 맥락 안에서 성원들 사이에 서로 지니는 호상적 의무가 무엇인지 알려주는 가정을 뜻한다. 말하기 규범은 한 집단이 그 집단 특유의 맥락 안에서 적절한 말하기 규범이 무엇인지 일러주는 가정을 지칭한다.[20]

이러한 집단 스타일은 유형화되어 있으며, 참여자들은 그 집단 안에 들어서는 순간 그러한 유형이 작동하고 있다는 것을 인식할 수 있다. 그래서 그들은 이러한 인식을 바탕으로 해서 상호작용한다. 물론 행위자들은 집합표상을 가지고 의미를 만든다. 문제는 행위자들이 이러한 집합표상을 특정의 세팅에서 사용한다는 것이고, 특정의 세팅에는 대개 특정의 집단 스타일이 존재한다는 것이다. 이러한 집단 스타일이 있음으로 해서 유의미한 상호작용이 이루어질 수 있다. 그런 점에서 집합표상이 사용될 때 집단 스타일에 의해 걸러진다고 할 수 있다.

이러한 문화사회학적 관점을 통해 본다면 지방대생이 왜 신자유주의 통치성에 의해 신자유주의 주체로 만들어지지 않는지 설명할 수 있다. 자기계발 담론이든 생존주의 담론이든 모두 집합표상이다. 지방대생은 이러한 집합표상을 잘 사용하지 않는다. 슈츠의 용어를 빌려 말하면, '가용한 재고지식'으로서 자기계발 담론은 뭔가 모호하고, 불명료하며, 애매한 영역에 둘러싸여 있다. 어떤 제도도 명확하게 행위를 자기계발로 안내하지 못한다. 그러다보니 남들 하는 걸 따라 할 뿐이다. 자격증 따고, 토익 공부하고, 해외여행 갔다 오고…… 그래서 뭐? 의미가 명료하지 않다. 사정이 이러하다 보니 자기계발 담론을 사용할 때에도 '적당주의'라는 특유의 집단 스타일로 걸러낸다.

적당주의 집단 스타일에서 집단 경계는 수도권 대학생들을 부정적 준거로 해서 만들어진다. 공부를 잘하는 수도권 대학생들에 비추어 자신들을 공부를 못한다고 정의한다. 중고등학교 때 공부 경쟁에 나섰다가 모두 실패한 경험이 있다. 공부를 아주 안 한 것은 아니다. 열심히 해도 안 된다는 것을 깨달은 후에는 공부를 적당히 한다. 밑바닥에 가는 것은 차마 창피해서 갈 수 없고, 그렇다고 위로 올라가려고 공부할 수도 없다. 이렇듯 공부를 해도 안 된다는 것이 집단 경계를 유지하게 만든다. 모든 것을 적당히 설렁설렁 한다. 그래야 실패해도 상처받지 않는다.

집단 유대는 모든 상황에 적당하게 관여하는 것을 서로의 의무로 받아들임으로써 유지된다. 항상 자신이 들어간 세팅에 적당하게 관여하라는 규범적 요구를 서로 부과하고 이를 잘 지킨다. 혼신을 다해 열심히 하라고 절대 서로 압박하지 않으며, 설사 누군가 열심히 하다 실패해도 이에 대해 질책하지 않는다. 왜 그럴까? 지방대생이 염두에 두고 있는 집단은 가족 내지는 유사 가족이기 때문이다. 가족 구성원끼리는 상대방이 실패했다고 해서 질책을 하게 되면 관계에 결정적인 손상이 올 수 있다. 제일 중요한 것은 상대방이 어떠한 상황에 있든 관계를 깨지 않고 유지하는 것이다. 가족은 싫든 좋든 계속해서 하나의 유대 속에 놓여 있을 수밖에 없기 때문이다.

말하기 규범은 자신의 주관적 의견을 공공연히 밝히지 않는 것이다. 중뿔나게 절대 먼저 나서서 자신의 의견을 말해서는 안 되며, 그렇게 하는 사람이 있다 해도 반응해서는 안 된다. 하지만 누군가 자신이 원하지 않는 일을 계속 압박하면, 그건 하지 않겠다고 결연하게 말한다. 하기 싫은 건 자신이 그 일을 할 수 없다는 것을 알고 있기 때문이다. 할 수 없는 일을 자꾸 하라고 압박하니 관계를 생각하고 자시고 할 것도 없다. 당장 죽을 판이니 정색하고 못한다고 딱 부러지게 말할 수밖에 없는 것이다.

지방대생은 모두 자신들의 집단 세팅에 들어갈 때 이러한 적당주의 집단 스타일이 작동하고 있다는 것을 인식하고 있으며, 이러한 인식을 바탕으로 해서 자신들의 행위전략을 구성한다.

05 비극적 희극

지방대생이 구사하는 이야기의 장르는 비극적 희극이다. 지방대생은 자신을 평범한 사람이거나 그보다 떨어지는 사람으로 정의한다. 자신과 어울리는 사람들도 마찬가지다. 그들은 가족 아니면 유사 가족이다. 그들만의 리그가 있다. 그 안에서 서로를 가볍게 놀리고 놀림당하며 즐겁고 재밌게 논다. 아무리 상대방을 놀려도 그는 상처받지 않는다. 즐겁고 재밌자고 그러는 걸 놀리는 사람이나 놀림당하는 사람이나 다 잘 알고 있다. 재미의 에토스가 가족 사회 안의 모든 성원들을 통합시킨다. 이 가족 사회는 지방대생이 태어나면서부터 이미 살아가기에 아주 적합한 형태를 지니고 있다.

이렇게 잘 통합된 가족 사회 안에서는 이야깃거리가 될 만한 사건이 웬만해서는 일어나지 않는다. 아무리 살아온 삶을 이야기해달라고 해도 구체적인 사건을 들어 잘 서사하지 못하는 이유가 여기에 있다. 한마디로 말해 자신의 주의를 집중시킬 만한 사건이 삶에서 일어나지 않은 것이다. 살아오면서 위기라 할 만한 사건을 거의 체험하지 못하다보니 이야기가 가족의 시공간을 넘어 잘 진행되지 않는다. 대신 소소한 행복에 대한 이야기가 넘쳐난다.

이러한 희극 서사는 비극적이다. 가족 밖에는 악한 사회가 버티고 있어 나갔다가는 처절한 패배가 예정되어 있다는 것을 알기 때문이다. 악한 사회에 대항해서 적극적으로 싸우다가 장엄하게 패배함으로써 사회의 악함을 폭로하는 길로 나가지 않는다. 이러한 이야기를 들으면 뭔지 모를 분노가 일면서도 한편으로는 웃기다. 지방대생을 가족 밖으로 나가지 못하게 강제하는 한국 사회의 차별 구조에 분노가 생긴다. 지방대생을 '지잡대' 출신이라 낮춰 부르며 서류 전형에서부터 그냥 탈락시키는 기업들. 그렇다고 성찰적 겸연쩍음에 빠져 고만고만한 자기들끼리만 아웅다웅 사는 게 우습기도 하다.

비극적 희극 서사는 서로 이야기를 주고받는 가족끼리는 연민을 공유할 수 있을지 모르지만 가족 밖의 청중에게 연민을 불러일으키지 않는다. 밖으로 나가 악한 사회에 맞서 싸우는 척이라도 해야 청중에게 연민 비슷한 감정이라도 불러일으킬 텐데 아예 그렇게 하질 않으니 비극이 희극이 된다. 가족 밖의 청중으로부터 공감적 연민을 못 끌어내니까 더욱 자기들끼리만 똘똘 뭉쳐 이야기를 주고받는다. 지방대생이 구사하는 비극적 희극 서사가 그들의 삶을 실제로 비극적 희극이 되도록 막강한 영향을 미친다. 이야기된 삶이 실제 삶을 구성하고, 이제 거꾸로 실제 삶이 이야기되는 삶에 영향을 끼친다.

2부

지방대 졸업생 이야기

1장

지방에 사는 지방대 졸업생

01 "저도 생각하지 못했던 부분이에요"

순조로운 삶

두 아이의 엄마인 진희는 포항에 있는 사회복지기관에서 일하고 있다. 부산에서 직장을 다니는 남편과 주말 부부로 지내고 있다. 지금까지 살아온 삶을 이야기해보라니까 5분 안에 다 끝내버린다. 구미에서 고등학교를 졸업하고 A대학에 들어왔다. 당시 학부제였는데 자율학과를 배정받았다. 2학년 때 사회학과 사회복지학을 복수 전공했다. 사진 동아리 활동을 했고, 사회복지사 자격증을 따기 위해 봉사 활동을 다니고 복지관에서 직장 체험 연수도 6개월 했다. 졸업하기 한 달 전에 취업해서 포항으로 이주했다. 대학 시절 짐을 그대로 싸들고 포항에 가서 자취를 했다. 대학 시절부터 사귀던 남자친구와 결혼을 했다. 첫 직장을 현재까지 14년째 다니고 있다.

이것이 진희가 자신의 삶을 서사한 내용이다. 대학에 들어와서 학교생활하고 직업을 갖고 결혼하며 살아가는 삶에 어떠한 이음새도 없다는 듯이 한 묶음으로 이야기한다. 언뜻 들으면 삶이 별다른 굴곡 없이 평탄하게 흐른 것처럼 여겨진다. 하지만 굴곡 없는 삶이 어디 있으랴. 어떻게 해서 A대학에 들어왔느냐고 물었다. 구미에서 상위권 고등학교를 다녔지만 열심히 공부하지 않았다. 당연히 수능 성적이 좋게 나오질 않았다. 부모는 집 밖에 멀리 나가는 걸 원치 않았다.

"부모님들이 여자아이이니까 멀리 가는 걸 원하시지 않으셨고, 대구 경북 안에서 학교를 다녔으면 좋겠다 하셔서. 그 저희 때는 어…… 먼저 정시 전에 수시처럼 이렇게 하는 게 있어서 그때 서류만 내면 전형 없이 면접 없이 A대학교가, 네…… 합격을 할 수 있어서 그래서 선택을 했어요. 다른 것들은 많이 보지도 않고."

고등학교 때 왜 공부를 열심히 하지 않았느냐고 묻자 친구들이 좋았던 시절이라고 말한다. 하지만 그 시절에는 모두 친구가 더 좋을 때가 아닌가. 그렇지만 어떤 애들은 열심히 공부하고 어떤 애들은 그렇지 않다. 왜 그런가?

"특히 중학교에서 고등학교로 올라올 때 너무, 그때는 중학교 때도 야간 자율학습, 고등학교 때도 야간 자율학습. 자율학습임에도 불구하고 자율적이지 않았던 그 부분에 대해서 선생님과 실랑이가 있었거든요. 자율이라고 하면서 왜 자유롭지 않지? 하는 반항심도 있었던 거 같고…… 제가 선택할 수 있는 부분이 많이 없었죠."

집에다 하소연했다. 부모님이 학교에 전화를 했다. 자율학습이니까 학생이 선택할 수 있도록 해달라고. 그 이후로 자율학습을 하지 않았다.

"그때 당시는 많이 흡족했는데 지금에서야 이야기하는데 그때 당시에 더 열심히 공부해서 더 좋은 기회 더 좋은 학교에 갔었으면 하는 생각을 부모님 두 분은 하셨다고 하더라고요. 첫아이니까 기대감이 있었고 지금까지 했던 게 있으니까."

대학 때 어떻게 하다가 복수 전공을 하게 되었냐, 사회학은 학과 공부고 사회복지학은 취업을 위해 선택한 거냐고 물었다. 아니었다. 그때는 이름순으로 잘라서 학과를 배당했는데, 우연찮게 사회학과에 배정되었다.

"제가 배정받은 첫 학과가 사회학과였거든요. 그니까 그때는 기역 니은 가나다 순서대로 학과를 배정받아서 선배들하고 친구들이 거의…… 그렇게 돼서 사회학과 활동을, 1학년 때는 선후배 관계도 있고 하니 활동을 했었죠. 그러면서 친근해지는 부분이 있었어요."

그저 사회학과 선배들과 어울리다보니 사람들이 좋아 사회학과에 오게 됐다. 그럼 사회복지학은? 당시 복수 전공하는 것이 유행이었다. 특별히 취업을 염두에 두고 사회복지학을 복수 전공으로 선택한 것은 아니었다.

"취업? 그때는 취업을 생각하고 그러지는 않았고요. 그때는 전공을 그래도 하나 더 하는 게 유행이었던 거 같아요. 그래서 복수 전공은 제 친구들도 했었거든요. 딱히 취업을 해야 되겠다는 생각으로 전공을 선택하지는 않았어요."

1학년 때는 기숙사에 있었고, 2학년 때는 대구로 온 남동생과 같이 자취했고, 3~4학년 때는 친구들과 방을 함께 썼다. 수업 끝나면 빈 시간을 이용해 집으로 와서 친구들과 점심을 같이 시켜 먹고 놀았다. 시간만 나면 친구들과 술을 마셨다. 사실 대학 생활에서 특별히 기억나는 것도 없다.

"아…… 제가 막 기억력이 좋지 않아서 술 마시고 놀았던 기억밖에…… 네, 나질 않네요…… 네……"

사진 동아리 활동한 것은 기억에 남는다. 거기에서 당시 3학년이었던 남편을 만나 사귀게 됐다. 남편은 졸업 후 대학원에 진학할 계획을 하고 있었다.

학년이 올라갈수록 미래에 대한 불안이 생기기 마련인데, 스펙을 쌓았냐고 묻자 이렇게 말한다.

"저는 솔직히 말하면 안 했어요. 왜냐하면 자격증도 거의 없고요. 네…… 그래…… 네…… 스펙 쌓기 위한 노력을 안 했어요."

왜 안 했냐고 물었다.

"왜 안 했어요라고 질문하니까 왜 안 했지라는 고민이 드는데 그때는 제가 사진 동아리 다니면서 사진 찍는 것도 재밌었고, 사회복지학 복수 전공하면서 사회복지관에 봉사 활동도 하고 직장 체험 연수하면서 프로그램을 기획하고 진행하고 이런 것들도 재밌었고. 그렇기 때문에 스펙을 쌓아야지 하고 생각할 그런 것들도 없었던 거 같아요. 내가 스펙을 쌓아야겠다, 그런 생각도 별로 안 해봤고."

진희는 특별히 스펙을 쌓지 않고 자신이 해봤을 때 '재미있는' 일들을 해나갔다. 복지관에서 봉사 활동하고 프로그램을 진행하며 이 일이 나와 맞는구나 생각하게 되었고 자연스럽게 그쪽으로 진로가 정해졌다.

"봉사 활동을 계속 다녔고 실습하고 연수도 6개월 정도 했는데 그…… 프로그램을 기획해서 진행하고 그런 부분들이 되게 흥미로웠고…… 저희가 한부모 가정 그…… 한부모 가정 그 아이들하고 어머님들 모시고 캠프 진행을 했었거든요. 그래서 저희가 사업 계획서, 프로그램 계획서도 짜고 예산 후원도 받으러 다니고, 그리고 그렇게 진행하면서 저녁에 아이들의 이야기도 들어보고 부모님의 이야기도 들어보고. 바로 이런 피드백이라 해야 할지 이런 것들을 들으면서 정말 의미 있는 일이구나, 이런 생각들을 하게 됐고요. 그러면서 하나둘씩 좁혀갔던 거 같아요."

졸업하기 한 달 전, 포항에 있는 종합사회복지관에 취직이 됐다.

슈퍼맘

진희는 포항에서 직장에 다닌 지 3년 정도 흘렀을 때 큰 교통사고를 당했다. 횡단보도를 건너다 신호 위반 차량에 들이받힌 것이다. 부모님이 있는 구미의 병원에서 9개월 동안 입원해 있었다. 낮에는 아버지가 밤에는 어머니가 병원에 와서 돌봐주었다.

"사고가 나고 병원 생활을 하는데 다리를 다쳐서 제가 아무것도 할 수가 없어서 부모님 두 분 중에 한 분은 있으셔야 했거든요…… 부모님하고 그렇게 오랜 시간을 같이 있어본 거는 초등학교 입학 전 시간을 제외하고는 처음이었죠. 그래서 부모님에 대한, 가족에 대한 생각들을 조금 더 하게 된 계기가 됐고."

주말이 되면 부산에서 직장을 다니고 있던 남자친구가 왔다. 한결같은 모습에 남자친구에 대한 믿음이 더욱 커졌다. 부모님도 남자친구를 좋아했다.

3년 후 결혼했다. 진희는 포항에서, 남편은 부산에서 직장을 다녔다. 남편은 주말마다 포항으로 왔다.

결혼 후 삶이 달라졌냐고 물었다.

"솔직히 말씀드리면 주말 부부였기 때문에 크게 바뀌는 게 없었어요. 처음 저는 그냥 제 생활을 하면 되는 거였고 신랑도 자기 생활하고 주말에만 같이 있다 뿐이니까. 그렇게 많이 바뀐 것들이 없었고 또 시댁이 포항이었거든요. 그러니까 부모님도 제가 대학교 때 인사를 드렸고 제가 직장일을 포항에서 하다보니까…… 얼떨결에 맞춰서 간 건 아닌데 그러다보니까 이미 익숙한 분들이기 때문에 결혼을 해서도 크게 뭐 틀려질 게……"

결혼 후 1년 정도 지나 서른 살에 첫아이를 낳았다. 당시 육아휴직은 3개월 정도만 될 때였다. 3개월 지나 바로 직장에 복귀했다. 아이는 시어머니가 맡았다.

"제가 직장 생활을 하다가 아이를 키우는 부분이 좀 너무, 이건 세상에 태어나서 너무 힘든 일이더라고요. 그래서 복귀를 했죠. 복귀를 하면서 이제 어머님이, 네…… 어머님이 키워주셨어요. 네…… 그래서 직장 생활 그대로 했죠."

직장 생활 6년 차에는 부산으로 이직할 생각도 했다. 급여도 부산이 더 높았다. 하지만 포기했다. 아이를 키워줄 사람이 없었기 때문이다.

직장을 다니며 아이를 키우는 삶이 계속됐다.

"평일에는 (어머님과) 같이 살았어요. 저희 집이 따로 있긴 하지만 평일에는 제가 어머님 댁으로 퇴근을 했죠. 거기서 아침에 출근을 하고."

4년 후 둘째를 임신했다. 만삭인 상태에서 대학원을 다녔다. 10년 넘게 직장을 다니다보니까 내적 에너지가 소진되는 것을 느꼈다. 뭔가 새로운 것을 공부하고 싶었다. 경북에 있는 B대학에서 사회복지 정책을 공부했다.

"그때는 정말 공부를 하면서 에너지가 생겼던 거 같아요. 야간대학교를 다녔거든요. 그래서 수업 공부도 하고 과제도 하고. B대학교. 만삭이 돼서 차를 몰고 다녔었죠. 그리고 제가 또 그 당시에…… 교수님도 계시지만 그때 또 7월 달에 애를 낳고 9월 달부터 다시 학교를 다니면서 모유 수유도 했거든요. 유축도 하고 하면서. 그때 이제 그 교수님께서 정말 너는 미쳤다면서 그렇게 막 표현을 하셨는데 그때는 정말 열정과 에너지가 넘쳤었죠. 재미도 있었고요."

진희는 대학원에서 사회복지 전담 공무원이나 사회복지 법인에 근무하는 사람들을 여럿 만났다. 한 직장에서 매일 똑같은 사람들하고만 있다가 새로운 사람들을 만나니 재미있고 에너지도 얻었다. 사회복지 영역이 아닌 다른 영역에 있는 사람들과도 만나고 싶은 마음이 생겼다. 포항 지역에 있는 작은 책방에서 운영하는 현대사 공부 모임을 다녔다. 다양한 종류의 사람들을 만났다.

"다양한 계층에, 책방을 운영하는 분도 있었고 저처럼 사회복지 일을 하는 사람도 한 분 있었고 다른 법인에 일반 기업에 다니는 분들도 계셨고. 학생들도 포항공대 학생들도 있고 20대부터 40대까지 다양한 계층이 있었죠. 해서 거기서 이제 책에 대한 내용도 같이 이야기를 하고 또 2차에 가서 맥주 한잔하면서 지금 이슈되고 있는 이야기들 정치 이야기들 하고 그랬죠."

지금은 포항에 있는 한 대학의 평생교육원에서 강의를 맡아 하고 있다. 원래는 세 과목을 가르치라고 했는데, 너무 많아 할 수가 없어 거절했다. 대신 1학기 때 한 과목을 가르치고 2학기 때 두 과목을 가르친다.

아이들과 더 많은 시간을 보내고 싶다는 생각은 안 드느냐고 물었다.

"아이 얘기를 안 해서 그런데 주말은 오로지 아이에게 투자를 하거든요. 그래서 저는 그래요. 내, 나의, 그런 내가 해야 될 역할이 물론 엄마의 역할도 있지만, 지금은 내 일적인 역할도 있다고 저는 생각을 하거든요. 또 저의 역할 부분도 있고 그렇기 때문에 내가 이런 것들을 다 포기하면서까지 아이와 시간을 보내는 게 과연 아이에게 좋은 것일까, 하는 생각을 하거든요. 제가 이런 에너지를 얻어서 아이와 시간을 좀 더 충실하게, 많은 시간이 아니라 짧은 시간이라도 아이와 있을 때 에너지 넘치게 충실하게 보내는 게 더 좋다라고 생각을 하거든요. 그래서 저는 토요일, 일요일은 아예 아이하고만 시간을 보내요."

지역에서의 삶

이렇듯 진희는 직장 생활을 통해 자아를 실현하기도 하고 또 두 아이를 키우는 엄마 역할도 한다. 이것이 가능한 이유는 무엇보다도 시어머니 덕분이다. 포항에는 아직 '동네'가 살아 있다. 아이를 시어머니 혼자 돌보는 게 아니다. 지역 공동체가 함께 키운다.

"솔직히 말씀드리면 할머니가 있어서 아이가 저에게 매달리지 않아요. 그리고 할머니 동네에서 컸잖아요. 여덟 살. 작년까지는. 그렇다보니까 할머니하고만 있었던 게 아니고 동네 아이로 자랐거든요. 그래서 할머니가 일이 있으시면 옆집 할머니, 앞집 할머니 집에서 놀다가 오고 그랬기 때문에 또 할머니한테만 그렇게 매달리지는 않거든요. 그렇기 때문에 아이도 자기 생활이 있는 거죠. 학교에 친구들이 있고 또 태권도를 하고 있어서 태권도 갔다 오면 같은 동네에 학원을 다니는 형들이랑 자기 또래들하고 놀이터에 있기 때문에 제가 6시 땡 하고 가도, 6시 반 이 정도 돼도, 7시 반까지는 엄마가 일찍 왔다고 해도 집에 일찍 오지 않거든요. 자기 또래 놀이를 다 하고 나서 7시 반이 귀가 시간이니까는 오거든요."

진희는 지역에서 사는 삶이 다양한 역할을 할 수 있게 해주기 때문에 좋다고 말한다. 만약 서울로 갔더라면 포기하는 역할들이 많았을 것이라 여긴다.

"만약 제가 서울에 가서…… 과연 지금처럼 다양한 역할들을 할 수 있었을까, 하고 생각해보면 그렇지는 못할 것 같아요. 그리고 직장 생활을 계속 하면서 아이 없이 지내고 있는 친구는 거의 억대 이상 둘이 벌어서, 네…… 그렇게 사는데 여름 휴가도 이번에는 신랑이랑 같이 10일 정도 핀란드를 다녀온다 하고 나름대로 즐거운 생활을 보내고는 있는데. 본인들 스스로 결정한 부분이지만 이게 과연 스스로의 결정일까라는 저는 또 지금 생각하니 고민이 들거든요. 왜냐하면 아이를 낳는 거를, 아이를 낳지 않겠다는 선택을 한 건 아닌 것 같거든요. 아이한테서 오는 기쁨이 있기 때문에 그들이 서울에, 서울에 있는 대학을 나와서 서울에서 직장 생활하는 게 나랑 그런 기준들이 다 틀리기 때문에 뭐라고 이야기하기는……"

물론 급여는 차이가 날 것이다. 사실 처음 입사했을 때는 80만 원 정도의 월급을 받았다. 수습 3개월이 지난 후 100만 원 조금 넘게 받았다. 지금 14년째 일하니까 연봉 4,000만 원 중후반대를 받고 있다. 결혼해서 두 아이를 두고 있고, 시어머니께 100만 원 넘게 양육비를 주고서도 아주 큰 평수는 아니어도 내 집을 마련해서 살고 있다.

재미있는 삶

이렇듯 에너지가 많고 다양한 역할을 하며 살아가는 진희는 좋은 삶이 무엇이라고 생각하느냐는 질문에는 애를 먹는다.

"정말 힘든 질문이네요. 어…… 그…… (10초 동안 정적) 나만 행복한 거? 우리 가정만 행복한 거? 그거는 저는 아닌 것 같아요. 그래서 좁게는 내가 지금 근무하고 있는 곳이, 넓게는 포항 경북 이렇게 같이 살아가고 있는 사람들이 행복하게, 어떻게 보면은 같이 살아가고 있는 사람들이 행복한 삶이 행복하지 않을까? 그런 거 아닐까요? 저는 그렇게 생각하고 있어요."

한참을 생각하더니 가족주의를 뛰어넘는 공동체 언어를 사용하여 좋은 삶을 정의한다. 이런 생각은 아이를 낳아 키우면서 얻게 되었다. 그전까지는 일에만 몰두했는데, 아이를 낳고 키우면서 생각이 달라졌다. 주변에서 도와주지 않으면 일에만 몰두할 수 없다는 것을 알게 됐다.

"아이를 낳고 딱 복귀를 하니까 일이 전부가 아니구나, 그리고 가정 역시도 중요한 부분인데 이걸 놓치고 있었구나, 그리고 가정이 있는 사람들한테 내가 너무 일에만 몰두하라고 강조하고 있었구나, 이런 생각을 하게 됐어요. 그러고 제가 복귀를 하고 한 석 달이 지났을 때쯤 저희 팀원 중 한 명이 팀장님 출산 가기 전과 후가 너무 틀려요. 무슨 일 있으셨어요? 이런 이야기를 하더라고요. 그래서 제가 이야기를 했죠. 선생님 제가 애를 낳고 보니 정말 또 다른 세계가 있었던 부분에 대해서 몰랐던 거 같아요라고."

다른 사람의 행복은 생각하지 않고 일만 할 것을 강요한 듯해서 미안했다. 더불어서 같이 행복한 것이 좋은 삶이라는 것을 깨닫게 됐다.

그럼에도 진희는 일하는 것에서 가장 큰 행복을 느낀다. 진희는 자신이 하는 일이 재미있어서 일에 몰두한다.

"재미가 있었죠…… 경로당 찾아다니면서 프로그램 자원봉사자 분들이랑 프로그램도 같이하고 아이들 공부방도 제가 했었거든요. 아이들하고 같이 프로그램도 하고 토요일도 아이들 데리고 체험 활동 다니고 저녁에는 갔다 온 곳 결과 보고서도 쓰고 행정적인 부분도 하고 또 프로그램 계획해서 예산 따내고 이런 것들이 또 나름대로 성과가 계속 있었으니까 재미가 있었죠."

진희에게는 지방대생 특유의 성찰적 겸연쩍음이 없다. 직접 프로그램을 만들어서 일을 한다. 재미있다. "내가 하고 싶다고 결정해서" 하는 일이라 그렇다. 사정이 이렇다보니 다양한 일을 시도한다.

"나는 이 사회 안에서 다양한 역할들을 하고 있는 나라고 생각하거든요. 네…… 그러고 역할들에 열정을 다 하면서."

진희는 습속에 따라 행위하지 않는다. 계속해서 새로운 프로그램을 만들어서 실행해야 하기 때문에 습속대로 해서는 안 된다.

"제가 어…… 한 직장에 있었지만은 다양한 영역에서 인사 이동을 해서 활동을 했거든요. 해서 이게 아…… 힘들어 그만둬야지 할 틈이 없었어요. 새로운 분야에 가서 이걸 공부를 하고 익혀서 사업 진행하고 해야 됐기 때문에 그런 건가 모르겠어요."

진희는 열정적으로 나를 위해서 살았다고 말한다. 하지만 궁극적으로 무엇을 위해서 열정적으로 살았는지에 대해서는 답을 못한다. 우회적으로 알아보기 위해 대학 후배들에게 들려주고 싶은 이야기가 뭐냐고 물었다.

"만약에 제가 후배들한테 얘기를 한다면 좋은 대학 가고 좋은 직장 가진다고 성공한 삶은 아니다라고 얘기해주고 싶어요."

그런 생각이 어디서 나왔냐고 물었다. 한참 동안 고민하더니 말한다.

"저도 생각하지 못했던 부분이에요."

02 "오빠가 하도 결혼하자 그러고"

무서운 세상

20대 후반의 혜영은 B대학 졸업 후 대구에서 잠깐 직장을 다니다가 그만두고 현재는 전업주부로 살고 있다. 혜영은 글 쓰는 것에서부터 자신의 삶을 서사하기 시작한다. 어릴 때부터 글 쓰는 것이 너무 좋았다. 하지만 공부는 열심히 하지 않았다. 대학을 가려는데 마침 문예창작학과가 있다는 것을 알게 됐다. 고민도 하지 않고 선택했다. 고등학교 시절에는 글 쓰는 걸 좋아하는 사람을 만나기 어려웠는데 대학에 와보니 모두 글 쓰는 것을 좋아하는 사람들이었다. 너무 재미있었다. 토익 공부 같은 자기계발은 전혀 안 했다. 하지만 학년이 올라갈수록 불투명한 미래가 다가왔다. 주변을 둘러보니 광고 회사, 공무원, 방송작가 등 졸업 후 진로를 준비하는 사람들이 있었다. 계속 글을 쓰는 일을 해야겠다고 막연하게만 생각했다.

"저는 그때 당시에는 직업 소설가 이런 건 자신이 없어가지고…… 방송작가는 또 서울 가서 아카데미를 다니고 이렇게 해야 되는데 경제적으로 부담도 있고 서울에 친한 친지들이 없어서 그건 포기를 하고."

창원에 있는 부모님의 도움을 받아 대구에 방을 하나 얻었다. 대구, 부산, 마산 등지에 이력서를 넣었다. 사보를 내는 한 회사에 들어갔다. 글을 쓰러 갔는데 대뜸 영업부터 시켰다. 콜센터, 일반 회사, 마산 MBC 등을 돌면서 일감을 따오는 일이었다.

"저는 글만 쓰러 갔는데 그런 걸, 영업을 해야 한다는 거예요. 저는 좀 약간 개인적인 성향이 많아서 글 쓰는 일을 하는 것도 있는데 아쉬운 소리 해가면서 이런 거 하기가 너무 무서운 거예요. 그래서 거기 계시는 분들이 아침마다 니는 월급도 작은데 계속 사람들한테 영업하듯이 해서 그걸 해내야 한다고 하니까 너무 무서운 거예요. 저는 글만 쓰러 갔는데."

너무 무서워 3일 만에 일한 돈도 안 받고 도망쳐 나왔다. 잠깐 쉬다 대구의 한 광고 회사에 들어갔다. 처음엔 계약직이지만 조금 있으면 정규직으로 전환시켜준다고 했다. 3개월 동안 야근을 밥 먹듯이 하며 주말도 없이 일을 했는데 약속은 지키지지 않았다. 3개월을 더 버텼다. 월급은 100만 원, 현금으로 받았다. 정식으로 통장에 넣어달라는 말도 못했다. 일도 제대로 가르쳐주지 않으면서 무작정 일만 시켰다. 일이 힘든 건 그나마 참을 수 있는데 사람들이 너무 힘들게 했다.

"사람들이 다 잠도 못 자지 또 월급도 많지도 않고 하니까 다 예민해 있고. 처음에 저는 신입이라 이렇게 저렇게 가르쳐주고 할 줄 알았는데 가르쳐주시기도 하지만 다 너무 예민한 거예요. 작은 실수에도 너무 예민하고."

막내라서 걸려오는 전화는 무조건 다 받아야 했다. 가끔 혜영이 화장실에 갈 때 전화가 와도 아무도 대신 받아주지 않았다. 화장실을 갔다 오면 왜 전화를 안 받았냐고 짜증을 냈다. 아침에 제일 일찍 회사에 가서 문도 열어야 했다. 청소도 해야 했다.

"아침마다 사장님 방에 가서 방 쓸고 닦고 사장님 올려놓은 컵 같은 거 씻어놓고 물 받아놓고 이런 거 다 했어야 됐고. 하여튼 그런 거 다 해놓고 했어요."

점심도 직접 해 먹어야 했다.

"거기서 밥도, 점심 밥도 다 저희가 해 먹었거든요. 일하다가 중간에 밥을 하러 가라 해가지고. 급식 당번이 있었는데 뭐 부장님이나 과장급은 안 하고 저나 대리님들까지는 일하다가 중간에 내려가서 밥하고 반찬을 사 오셨는데 밥 같은 거 하고 또 설거지도 다 해야 되고. 저는 다 그렇게 하는 줄 알았어요, 중소기업은."

밤늦게까지 일해도 초과 근무수당 같은 것은 생각조차 못했다. 다만 밤 10시가 넘어가면 만 원을 줬다. 지하철도 끊기고 밤길이 위험하다고.

일요일 밤만 되면 회사 갈 생각에 너무 무서웠다.

"주말에 저는 맨날 〈개그콘서트〉 보고 일요일 날 끝나면 아침에 회사 갈 생각에 맨날 잠을 깨고 그랬어요. 6개월 내내. 내일이 오는 게 너무 무서워서…… 지하철 내려서 그 회사까지 가는 길이 너무 천근만근이고. 옆에 절이 있었는데 맨날 절에서 기도했어요. 진짜 오늘 하루만 잘 지나게 해달라고. 맨날 저는 그렇게 기도를 했어요."

스트레스와 불안 때문인지 급속하게 체중이 불기 시작했다. 건강이 나빠지고, 글 쓰는 건 상상도 하지 못했다. 버티고 버티다 6개월 만에 그만두었다. 사장이 버럭 화를 냈다. 중소기업청 지원을 받아 고용했는데, 이렇게 그만두면 지원금은커녕 찍혀서 좋을 게 하나 없다고. 알고 봤더니 신입으로 들어와 6개월을 버틴 사람은 자신이 유일했다.

1년 계약한 방을 해지도 못하고 고향 창원으로 내려갔다. 엄마가 그냥 집에 와서 쉬라고 했다. 몇 달 쉬다가 창원 KBS에 원서를 넣고 면접까지 봤다. 하지만 최종에서 탈락했다. 스물여섯이 지나갈 무렵, 문득 미래가 너무 불안해졌다.

"친구들처럼 토익 공부를 한 것도 아닌데 글 쓰는 쪽으로 가야지 이런 막연한 생각 때문에 책 읽고 글 쓴 것만 있지 남들한테 내세워서 보여줄 스펙이 없는데."

방송작가라도 하려면 서울로 가서 1년 정도 아카데미를 다녀야 하는데 그러면 벌써 스물일곱이 되고, 막상 가려 해도 엄마에게 또 손을 벌려야 하는데, 설사 아카데미를 수료한다 해도 그렇게 나이 많은 사람을 막내 작가로 써줄지 불안했다.

취집 생활

그때 중소기업에 다니고 있던 남자친구가 결혼하자고 했다. 언젠가는 남자친구와 결혼할 거라고 생각은 하고 있었지만 이렇게 갑작스럽게 할 거라곤 생각하지 않았다. 엄마가 결혼하라고 했다. 어차피 언젠가 할 건데 하자는 생각이 들었다. 결혼했다. 집은 양쪽 집안에서 얼마간의 돈을 지원받아 마련했다. 혜영은 직장에 다니지 않겠다고 남편에게 선언했다. 대신 글을 써서 문단에 먼저 등단한 후 일을 찾겠다고 했다. 등단하고 잘 풀리면 그때 글 쓰는 학원 같은 것도 할 수 있지 않겠냐는 생각이 들었다.

남편이 조경을 주로 하는 중소기업을 다녀서 월급이 많지는 않았다. 야근을 다 채우는 달은 월급이 250만 원 정도이고, 그렇지 않은 경우는 200만 원 초반대를 받는다. 그래도 남편은 자신의 사정은 그나마 나은 편이라고 말한다.

"근데 자기 주변 대구와 경북에 조경 회사 쪽에서 야근해서 수당 나오는 중소기업은 자기 회사뿐이라고 계속 얘기하는 거예요. 그니까 자기는 오빠가 지금 대리인데 그래도, 그래도 조경 업계에서 돈을 많이 받는 편이래요."

남편은 조금이라도 더 벌려고 거의 매일 야근한다. 집에 빨리 오면 9시이고 대개는 12시쯤에 온다. 주말도 거의 나간다. 가끔 토요일이나 일요일 중 하루만 나가는 날도 있기는 하다.

남편과 실질적으로 같이 지내는 시간이 절대적으로 부족하다. 하나 좋은 것이 있다면 금요일은 야근을 시키지 않고 6시에 퇴근시켜준다는 것이다.

"그 회사가 또 다행인 게 금요일 날은 야근을 안 시킨다, 이런 게 있어서 금요일 날 6시부터 인제 주말 밤까지는 거의 오붓한 오로지 저희 시간이어서 그때 노는 거지."

하지만 토요일 야근이 있는 날은 아침 9시에 가서 오후 2시까지 근무해야 한다. 그래야 초과 수당이 나온다.

남편이랑 둘이 같이 있으면 너무 행복하다. 하지만 주변 사람들을 만나면 흔들린다.

"지금도 신랑이랑 같이 있으면 너무 행복한데…… 지금도 사람들이 어떻게 신랑 혼자 먹고사냐 막 집요하게 물어보는 애들도 있어요…… 근데 저는 지금도 글 쓰고 신랑과 아껴 사는 이 재미도 좀 있거든요, 사실. 저는 이게 행복한데 또 사람들 만나고 오면 또 계속 그게 아닌 거예요."

경남에서 대구로 올라와 10년 이상 자취를 한 남편에게 밥도 잘 챙겨주고 싶다.

혜영에게 결혼은 자신이 처한 곤경을 벗어나게 해주는 일반적 해결책 같은 것이다. 직장에 나가지 않아도 되고, 집에서 살림하면서 글을 쓸 수도 있다. 하지만 이러한 일반적 해결책은 다른 문제를 안고 있다. 섬겨야 할 시부모가 생긴 것이다. 시부모에게 잘하고 싶지만 이상하게 스타일이 잘 맞지 않는다.

"가자마자 일을 해야 되고 나를 못 부려먹어서 안달이고. 그리고 너무 성격이 안 맞으니까 저는 좀, 저를 뒤에서 욕하는 한이 있어도 체면을 챙기고 서로가 배려를 했으면 좋겠는데. 예를 들면 선물을 사가지고 갔는데 면전에 대고 나 이거 싫어하는 거다라고 말을 한다든지 이런 속상한 일이 자꾸 쌓이다보니까…… 저는 신랑 부모님이라서 잘하고 싶은 마음, 사랑받고 싶은 마음도 있는데, 그분들 물론 좋아하기는 해요. 근데 그 방식이 저랑 너무 안 맞는 거예요."

내가 직장을 안 잡고 집에만 있으니까 그런가 내심 자격지심이 든다. 그럴수록 시부모를 만나러 가는 길이 부담스럽다. 결혼한 지 1년도 안 돼 벌써 장례식만 두 번 갔고 삼우제도 갔다. 제사, 추석, 설날, 어버이날, 챙겨야 할 날들이 너무 많다. 다른 것은 둘째 치고 시골 어른들이라 표현이 서툴러서 그럴 것이라고 이해하려 하면서도 상처 주는 말을 너무 쉽게 한다. 너무 힘이 든다. 그럴 때 엄마가 말한다.

"저희 엄마도 지금 30년 돼서야 겨우 시어머니한테 말을 하고. 엄마는 내가 당하는 쪽인데도 그래도 시어머니한테 그렇게 하면 안 된다, 니가 시어머니한테 인사도 드리고 해야지 이런 식으로 말씀하시거든요."

새로운 가족이 가하는 도덕적 압박은 혜영을 몹시 힘들게 한다. 자주 하던 연락을 줄이고, 시집도 되도록 방문하지 않았다. 그럴수록 시어머니와의 관계가 더 나빠졌다.

친밀성 밖으로 나가지 않으려는 전략

혜영은 세상에 대한 두려움을 가지고 있다. 이러한 두려움은 혜영을 홀로 있게 만들고 친밀성 밖으로 나가지 못하도록 붙들어 맨다. 혜영이 애초에 글쓰기에 관심을 갖게 된 것은 유년 시절 어머니의 부재 때문이다. 외환위기로 집안이 어려워지자 어머니가 취업전선에 뛰어들었다. 자연히 어머니의 빈 공간이 너무 컸다.

"어렸을 때 엄마를 엄청 좋아했는데 엄마가 맞벌이를 하니까 오빠가 초등학교 때 육상선수를 하고 아빠는 당연히 회사를 가고 하니까 혼자 있는 시간도 많고. 저는 엄마랑 같이 있고 싶은데 혼자 있는 시간도 많고 하니까. 맨날 집에 있을 때 애들이랑 밤에 저녁까지 놀이터에서 노는 친구들도 있는데 저는 또 그렇게는 안 했어요. 그렇게 안 하고 집에 맨날 있으면서 글 쓰고 책 읽고 그렇게 했던 것 같아요."

집에 홀로 남겨진 시간을 버티게 해준 것이 글 쓰고 책 읽는 거였다. 어느 날 집에 혼자 있을 때 아파트에서 자살한 사람을 목격했다.

"제가 혼자 있을 때 아파트에서 그런 일이 벌어지기도 했고. 그때 죽은 사람을 봤거든요. 하필 우리 집 난간 옆에 떨어져가지고."

그때 이후로 밤마다 가위눌림이 시작됐다. 학교에서 친구들과 함께 지낼 때는 쾌활한 아이였는데 집에만 오면 홀로 남겨진 두려움에 떨었다. 갈수록 내성적으로 변했고, 그럴수록 더욱 홀로 있게 되었다. 외로움, 두려움

이런 것들을 버티게 해준 것이 바로 글쓰기, 책 읽기였다.

중고등학교 시절에는 학교에 나가서도 홀로 지냈다. 수업 시간에도 따로 떨어져 앉아 소설을 읽었다.

"선생님이 고등학교 때 재 글 쓰는 애라고 책 읽는 꼴 보기 싫다고. 고등학교 때는 자리는 선생님이 지정을 해줬었는데 요기 앉았다가 다음에 제가 앉은 자리가 저기였어요. 맨 끝에. 맨날 공부는 안 하고 책 읽고 그러니까, 책만 읽고 이러니까 성적이 안 좋죠."

고학년이 될수록 어차피 이렇게 된 거 글 쓰는 사람이 되자고 결심했다. 대학에 가야 했다. 서울예대에 지원했지만 떨어졌다. 고등학교 시절 문학상을 받은 것이 없어 스펙에서 밀렸다. 상이라곤 한 지방대에서 주최하는 백일장에서 글짓기상을 탄 것이 전부였다. 동국대학교를 지원했다. 여기도 떨어졌다. 동국대는 실기보다 성적을 중시하는데 성적이 안 돼 떨어졌다.

대학에 들어오니 사정은 조금 나아졌다. 고등학교 때까지만 해도 주변에 글 쓴다는 사람이 자기밖에 없었는데 여기에는 온통 글을 쓰는 사람들이다. 대학 시절을 친구들과 너무나 즐겁게 보냈다. 하지만 대학 생활을 마냥 지속할 수는 없다. 졸업 시기가 다가오자 친구들은 사회에 진출하기 위해 토익을 공부하고 스펙을 쌓거나 글을 써서 문학상에 도전했다. 하지만 혜영은 이 모든 것을 하지 않았다. 그냥 글 쓰는 친구들과 함께 어울리는 것이 좋았을 뿐이다. 친구라는 유사 가족 밖으로 나가는 것이 두려웠을 뿐이다. 직접적으로 물었다. 혹시 글 쓴다고 하는 것이 가족이라고 하는 친밀한 관계 밖으로 나가지 않기 위한 전략 아닐까? 핑계 아닐까? 그러자 남편도 똑같은 말을 했다며 고개를 끄덕인다.

인정 욕구

가치 있는 삶이 무엇인지 말해달라고 했다. 대뜸 〈효리네 민박〉 얘기부터 꺼낸다.

"〈효리네 민박〉 보면서 느낀 건데 아, 진짜 물론 이효리는 돈이 많고 하지만은, 뭔가 저렇게 유명한 연예인이 평범한 남자를 만나가지고 어떻게 보면은 자기 행복을, 자기만의 행복을 찾으려고 간 거잖아요."

이효리는 돈도 많은데 자기가 원하는 게 뭔지 계속 찾으려 하고 고민하고 요가를 하며 자기를 수련하는 모습이 너무 좋아 보인다. 나이도 많은데 남들이 뭐라고 하든 말든 애를 낳으려고 하지도 않고. 또 부자 남자와 결혼할 수 있었을 텐데 남들 시선 신경 쓰지 않고 평범한 남자와 결혼해 행복하게 살고 있다. 이효리처럼 살고 싶다.

"저도 벌써 애 낳아라 소리 많이 듣는데 그런 것도 신경 안 쓰고 자기 행복을 찾고, 또 신랑이랑 잘 사는 거 보면서. 제가 또 잘되면은 신랑도 하고 싶은 일이 많은데 대학원도 다니고 싶은데 저 때문에 못하니까 신랑도 행복하게 해주고 싶고, 제가 상 받아서 신랑도 행복하게 해주고 싶고. 어쨌든 저는 가치 있는 삶이 뭔지는 계속 생각을 하고 있는 중인 것 같아요. 아직 확실히 뭔지는 몰라서."

혜영은 글을 써서 인정받는 삶을 가치 있다고 생각한다. 현재도 여전히 이러한 가치 있는 삶을 추구하고 있다. 하지만 사회에서 인정을 받지 못하다보니 주변 사람을 만나면 자꾸 흔들린다. 그럴수록 자신이 문단에 등단하지 못해서 생기는 사달이라고 자책하게 된다. 남편과 함께 있으면 행복하다. 하지만 그것만으로는 부족하다. 글을 써서 나의 존재 가치를 인정받고 싶다.

"일단 저는 뭔가 한 번이라도 인정받고 싶은 거예요. 제가 열심히 하고 있는데 일단 그 인정을 뭐 하나 받으려는…… 만약에 조금 다른 일을 하는 게 좀 나을 것 같기도 하고. 제가 몰라요, 제가 글 써서 인정받는 게 제일 가치 있는 일이라고 생각하고 있는지 모르겠어요. 내 글이 내 자체라고."

이렇게 가치를 설정했다면, 혜영은 어떠한 방식으로 가치를 추구하는가? 혜영은 사랑하는 사람과 처음 연애하면서 느꼈던 감정적 충일감을 드러내는 소설을 쓰고 싶다고 한다.

"저는 제가 막 찌질하거나 여자가 찌질하고 막 이런 거를 써보고 싶어요. 남자들이 그런 건 많은데 여자들이 막. 예를 들어서 내가 얘를 좋아하면서도 안 좋아하는 척하고 이런 거 얘기하면 모르더라고요. 얘를 안 좋아하는 척하면서도 얘는 만인의 인기남이니까 나 얘 안 좋아할 거야, 나 다른 사람 좋아할 거야, 이런 식으로 한다든지. 그 여자들의 찌질하고 막 그런 내밀한 그런 거를 써보고 싶어요. 집에서도 막 사랑받았고, 사랑받고 싶어서 막 오히려 방어하고 했던 찌질한, 좋아한다고 솔직하게 말하지 못하고 그런 찌질한 거 있잖아요. 그런 거."

결국 사춘기 소녀의 감성에 머물러 있다. 이런 감성을 가지고 가족이나 친구를 벗어나 세상으로 나아갈 수는 없다. 소설을 써도 소재가 한정되어 있다. 처음 직장 다니면서 겪었던 일을 소설로 써봄직한데도 생각조차 하지 않는다. 그런 사회적 이슈에 대해 발언할 만큼 자격을 갖추지 못했다고 여기기 때문이다.

"사회를 건드리면은 니가 더 좋은 데 가면 되는데 그랬잖아 이케 할 것 같고…… 그런 건 또 잘 쓰는 사람이 있을 것 같기도 하고. 저는 또 그 회사에 들어간 게 내 죄가 너무 큰 것 같아가지고. 아, 이건 아직 제가 그 사람들을 원망하면서 분명히 저한테 콤플렉스가 있어요. 제가 일을 더 잘했으면 사람들이 좀 안 그랬지 않았을까, 이런 마음도 분명히 있어서. 내가 좀 더 열심히 해서 좋은 회사 들어갔으면 그런 대우까지는 안 받았을 것 같은데 이런 마음도 있어서. 저는 그래서 소설, 회사 일은 써봐야지 생각은 안 해봤던 것 같아요."

혜영은 또한 목적 수단 범주를 통해 미래를 준비하지 않는다. 등단을 하려면 치열하게 습작에 매달려야 할 텐데, 실제로는 그렇게 하지 않는다.

다만 지금까지 해오던 방식 그대로 취업취엄 글을 조금씩 쓰고 있다.

"뭐 소설은 제가 한두 개를 썼는데 지금 계속 수정을 하고 있고 연말에 신문사에 내려고 하고 있고. 뭐 에세이 이런 거는 뭐 일곱, 여덟 편 이렇게 했었고 옛날에 뭐 대학교 때 썼던 소설 몇 개 되긴 한데 그런 건 안 될 것 같고. 제대로 준비한 건 또 올해 겨울부터 한 거라 아직 많이 되지는 않는데. 거의 매일 조금 쓰고는 있어요."

03 "그냥 무난하게 살았으면 좋겠다"

진입 장벽을 넘어

철민은 B대학 졸업 후 포항에 있는 철강 회사에 다니다가 지금은 전주에서 조그마한 공장을 경영하고 있다. 자신의 삶에 대해 말해달라고 하자 군대 갔다 온 이후부터 이야기를 시작한다. 2학년 1학기 마치고 군대에 갔다 복학해보니 "애들이 많이 바뀌어 있었다". 외환위기로 학비가 없어 어려운 97학번 선배들은 모두 취업에 관심을 쏟고 있었다. 동기인 수용의 경우도 마찬가지였다.

"애가 완전 정말 1학년 때 학점, 2학년 때 학점 보면 전부 다 1.0 겨우 넘긴, 넘긴 수준? 2점 대 초반 이런 식으로 돼 있었는데. 갔다 오니까 졸업이 이제 얼마 안 남았잖아요. 2년 남고 이러니까 이제 자기 살길을 보는 거죠."

자극이 됐다. 수용과 함께 토익 공부를 시작했다. 무작정 토익에 매달려 880점까지 점수를 끌어올렸다. 취업에 도움이 될까 해서 경영학과 수업도 들었다. 졸업할 무렵 지원서를 엄청 썼다. 탈락, 또 탈락이었다. 모두 사회학과를 전공해서 일어난 일 같았다.

"넣는 데마다 거의 뭐 탈락이죠. 우리 과로 본다면, 사회학과로 본다면 이제 면접을 가면 그렇게 물어봐요. 사회학과 왜 갔어요? 사회학과 왜 나왔어요? 뭘 배웠어요? 이런 식으로 물어봐요. 대부분 이제 문과 쪽에서는 지원 분야가 경영학 쪽 중심이다보니 첨에는 학과에 대한 프라이드가 좀 낮은 그것도 있었죠."

이렇듯 철민은 취업을 중심으로 이야기를 시작한다. 이어 3학년 학생회장을 지내고 휴학한 후 호주로 1년간 워킹 홀리데이 간 이야기를 들려준다. 영어를 배우러 무작정 호주로 갔다. 이미 호주에 갔다 온 수용의 영향을 받았다. 처음엔 일하면서 학원도 다닐 수 있을 거라고 생각했는데, 가보니 영어를 못해 현지에서 아예 일자리조차 찾을 수 없었다. 하는 수 없이 한국인이 운영하는 중개 업체를 통해 일을 구했다. 그런데 영어를 못한다고 최저임금에도 한참이나 못 미치는 돈을 제시했다.

"호주 기본 시급이, 최저임금이 13.6달러인데 이런 데 가면 7달러, 8달러 하고 영어를 못한다는 그거 때문에. 아, 그게 좀 같은 민족인데 머나먼 타국에서 너무하다 싶어가지고."

차 한 대를 사서 무조건 떠났다. 가다가 농장 같은 데가 보이면 무작정 들어가 일 있냐고 물었다. 처음엔 없다고 그러더니 나중에 연락이 왔다. 이 농장, 저 농장 한두 달씩 옮겨 다니며 일을 했다. 일이 없을 때는 여행을 다녔다. 외국인을 자꾸 만나다보니 나름 서바이벌 잉글리시도 배웠다.

스펙 쌓기가 도움이 되었는지, 경북 지역의 자동차 부품 업체에 취직이 됐다. 자산이 1조 원 정도 되는 나름 큰 회사였다. 인사팀에 발령을 받아 환영회까지 치렀다. 근데 신체검사에서 문제가 생겼다. 간 수치가 높게 나온 것이다. 취직했다고 친구들과 술자리를 자주한 것이 화근이었다. 회사에 아무리 사정을 얘기해도 소용이 없었다. 절망했다.

"그카고 나서 한동안 방황했어요. 집 안에 틀어박혀 있었어요. 아, 내 운이 안 되는 건가. 자기 관리의 소중함도 알았고."

이력서를 계속 썼지만 거의 1년 동안 집에만 있었다. 부끄러워 밖으로 나갈 수도 없었다. 그러던 차에 포스코 자회사에 특채로 뽑혔다. 한 명 자리가 났는데 경쟁이 치열했다.

"치열하죠. 치열했는데. 몰라요. 그때 실무진 면접을 보고난 후 임원진을 봤는데 우연찮게 뽑혔어요."

처음에는 철강 영업을 하는 줄 알았는데 예상치도 않게 회계를 시켰다. 대학 때 경영학 수업에서 배운 것이 하나도 쓸모가 없었다. 처음부터 하나씩 부딪혀가며 스스로 배워야 했다.

"첨에 진짜 많이 혼났어요. 별도로 가르쳐주지는 않잖아요. 책을 보라 이런 것도 아니고 그 회사만의 제품 상품목, 원재료 이런 게 다 있기 때문에 아, 이건 답이 없구나. 진짜 혼자서 매일 그냥 전표 보고 있었어요. 이건 어떻게 긋지, 이건 어떻게 긋지 그러면서 회계를 배웠던 것 같아요."

1년 반 동안 회계만 하다 영업으로 넘어갔다. 발로 뛰어 영업 매출을 엄청 늘려놓았다. 사장의 신임을 받아 진급 케이스도 아닌데 대리로 승진했다. 처음 들어갈 때 2,800만 원 정도 받던 연봉이 4,100만 원으로 올랐다. 대리 달기 바로 전에 대학 시절부터 사귀던 여자친구와 결혼도 했다.

스펙 쌓은 게 도움이 됐냐고 묻자 말한다.

"토익 공부하고 마케팅 배우고 하면서 나중에 회사 드가니까 이게 다 쓸모가 없어요. 하나같이 쓸모가 없고, 회사 나름대로 그 자기만의 회계 방법이 있기 때문에 그쪽 룰을 따라서 하는 건데. 스펙 자체는 따질 게 안 되는데 이런 생각이 많이 들더라고요."

그럼 뭣 때문에 그렇게 써먹지도 않을 스펙을 쌓는가? 취직의 장벽을 넘을 때에만 필요한가?

"맞아요. 그 진입 장벽을 위해서."

지역에서 누리는 평탄한 삶

철민의 삶은 순탄하게 흘러가는 듯했다. 포항은 상대적으로 집값이 싸서 주거비 걱정이 별로 없었다. 애도 둘을 낳았다. 대리 달고 2년이 지나 과천에 있는 기업에 면접을 봤다. 더 배우고 싶었다. 철강 영업 경력이 통했는지 취업이 됐다. 일주일 안에 이사 오라고 했다. 갈 수 없었다. 포항에서는 23평 아파트가 전세 5,000만 원도 안 되는데, 과천은 집값이 비쌌다.

"아, 일주일 만에 가야 되는데 답은 내일까지 답해달라. 그때 그래가지고 과천에 집을 알아봤거든요. 알아보니 또 과천 거기는 주공 이런 데가 20년, 30년 됐는데도 열일곱 평짜리 전세가 거의 2억 3,000? 이런 식으로 하더라고요. 엄청 비싸가지고 집사람하고 고민을 했죠. 서울로 갈까? 근데 연봉은 뭐 여기보다 조금 더 나은 수준?"

바로 포기했다. 1년 정도 더 일하다가 전주에 있는 외삼촌이 경영하는 공장 책임자로 자리를 옮겼다. 원래는 옮길 생각이 없었다. 하지만 회사 사정이 좋질 않았다. 리먼 사태가 터지면서 철강 산업이 위축됐다. 자신을 신임하던 사장도 고문으로 물러났다. 더욱 결정적인 것은 팀장의 행태였다.

"팀장이 있었는데 아, 이 사람이 불법적인 일을 많이 했어요. 업체한테 돈 받아먹고 술 받아먹고 하는데 만약에 단가가 업체에 매출을 뗄 때는 100원에 나가야 되는데 98로 떨어요. 98로 떨고 자기가 그렇게 98로 떨었으면 자기가 다 품의를 올리고 해야 되는데 저보고 다 올리라고 하더라고요. 그 전에도 감사가 나왔는데 왜 이렇게 했냐고 저한테 몰아세우더라고요. 그러니 뭐 워낙 시황이 안 좋아서 장기적으로 이렇게 떨었다 말했는데 그 이후로 더 많이 저한테 다 내팽겨치니까 더 이상 못 견디겠더라고요."

회사는 완전히 남성 조직의 군대식 문화여서 어디 가서 하소연할 수도 없었다. 불법적인 일을 대신하든지 그만두는 수밖에 없었다.

결국 회사를 그만두고 전주로 옮겼다. 대구에서 공장을 운영하던 삼촌이 전주에 따로 공장을 차렸다. 전주에 있는 모기업이 물류비를 절감하기 위해 하청업체들의 이전을 종용했기 때문이다. 삼촌은 대구 공장을 접고 전주로 완전히 이전하는 대신 전주에 공장 하나를 더 차렸다. 본인이 직접 운영하는 게 어려워 철민에게 공장 운영을 맡긴 것이다. 모기업에 납품만 하면 되는 줄 알고 공장을 맡았다. 그런데 갈수록 경기가 나빠졌다. 모기업이 하청을 주지 않았다. 진주, 창원, 김해, 부산 등지에서 이전해온 다른 하청업체들이 공장 문을 닫고 모두 되돌아갔다. 철민도 고민을 하다 아예 새롭게 영업을 하기로 했다. 영업이라면 자신 있었다. 하지만 생각처럼 쉽지 않았다. 경상도 사투리를 쓰는 통에 전주 사람들이 아예 만나주지도 않았다.

"첨에 전라도 가서 많이 힘들었죠. 어우, 첨에는 미팅 약속 좀 잡으려고 전화하면 아, 됐어요, 우리 거래하는 곳 있으니까 됐어요 하고 끊어버리는 거예요. 완전 콜센터예요. 도저히 안 되겠다 싶더라고요. 내가 만나면 자신 있는데 전화 통화로는 안 되겠더라고요."

새로운 직원을 전라도 사람으로 뽑았다. 전화해서 약속을 잡으라고 했다. 전라도 말로 전화를 하니 신기하게도 바로 미팅 약속이 잡혔다. 약속 시간에 맞춰 찾아갔다. 만나서 경상도 사투리를 쓰니 바로 태도가 달라졌다.

"처음에는 핍박 많이 당했어요. 너 왜 올라왔냐고. 내려가라고 이런 식으로. 진짜 장난으로 하지만 그런 게 많았어요. 그냥 장난치면 장난으로 받아쳐주고, 살려줘요 그랬죠. 가서 살려주세요 하고."

특유의 친화력으로 뚫고 나갔다. 처음에는 꺼려하던 업체들이 협조해주는 분위기로 바뀌었다.

"우연찮게 잘됐어요. 진짜 잘됐어요. 좋은 업체, 진짜 우량 업체 만나서 결제도 좋은 업체 있잖아요. 현금도 따박따박 그렇게 되니까."

철민은 현재 연봉 6,000만 원 정도를 받는다. 삼촌이 따로 챙겨주기도 한다. 전주 외곽 지역에 아파트를 얻고 살아서 주거비도 적게 든다.

"오히려 지방에서 조금, 서울에서 5,000 받는 거하고 지방에서 한 3,500 받는 거하고 지방이 훨씬 낫다는 게. 서울에는 원룸 하나에 한 달에 60, 70 나가는 거 지방에는 20, 30이면 구하는 데도 많거든요. 그런 거하고 분명히 천지 차이예요."

어느 정도 저축도 하고 있다. 아내는 전업주부로 애 둘을 키운다. 철민은 갈수록 삶의 중심이 아이로 옮겨가는 것을 느낀다. 이렇듯 철민은 요즘 청년들이 원하는 바를 모두 이루었다. 안정된 직장이 있고 아내와 자녀도 있다. 지방에서는 능력 있는 가부장 역할을 하며 살아가는 것이 충분히 가능하다.

평범한 학창 시절

친화력과 돌파력을 모두 가진 철민. 그렇다면 왜 지방대를 왔을까? 철민도 자신의 삶을 '평범'이란 단어로 표현한다. 주위 사람들 보며 자극을 받는 편인데, 대학 때 친구 수용한테 자극받기 전까지는 그런 경험이 거의 없었다.

"크게 없었던 거 같아요. 정말 평범하게."

그렇다고 공부를 아예 못하는 아이도 아니었다. 다만 큰 시험을 잘 못 본다.

"시험만 되면 이제 새가슴이거든요. 긴장이 돼가지고 뭔가를 잘 못하더라고요."

수능 시험을 망쳤다. 내심 서울에 있는 대학은 몰라도 지역에 있는 S대 정도는 갈 수 있다고 생각했는데 틀어졌다.

"제가 말하는 게 서울 갈 정도로 잘했다는 게 아니고요. 제가 2학년 말부터 공부를 했는데 그때 성적이 나오더라고요. 하나씩 하나씩 (점수) 나오고 선생님들이랑 상담을 해보면 어, S대 정도는 가겠다. 이 생각을 많이 했었거든요. 근데 뭐 그때 하여튼 틀어졌어요. 제가 수능 점수가 언어영역에서 완전 수학하고 비슷하게 나와버린 거예요. 그쪽에서 언어가 1교시인데 그걸 말아먹어버리니까…… 그때는 재수를 할까? 하면서도 자신이 없는 거예요. 1년 동안 또 해야 된다는 자신이…… 그냥 가자 싶어서."

큰 시험을 잘 못 보는 이유는 잘돼야 된다는 강박증 때문이다.

"제가 외동아들이에요. 아들 하나고 형제가 없기 때문에 아, 내가 잘돼야 된다는 그런 강박관념, 지금도 많고요. 우리 집이 잘사는 게 아니라서 내가 좀 더 열심히 끌어올려서 울 엄마, 아버지 편하게 해주고 내가 이렇게 해야 된다 이런 생각이, 그런 게 많았던 것 같아요. 그게 오히려 시험장 이런 데 가면 부담이 많이 왔던 거 같고."

하지만 B대학에 들어온 것을 후회하지는 않는다. 와서 너무나 좋은 친구들을 많이 만났다.

"내가 이 학교를 안 왔으면 이런 친구들을 어떻게 만났지? 그런 생각은 많이 했어요. 저는 좀 그 생각 많이 했어요. 아, 내가 다른 학교 갔으면 이런 친구들을 만날 수 있었을까? 오히려 사람들을 잘 만난 것 같아요. 선배도 그렇고 동기들도 그렇고 친구들을 잘 만난 것 같아요."

가부장의 삶

좋은 삶이 무엇인지 물었다.

"좋은 삶이라는 게 부양가족이 늘고 이렇게 되면은 경제적으로, 경제 중심으로 변하는 것 같아요. 내 자식, 내 처 안 굶기고 어느 정도 뭐 하고 싶은 거 하고 이런 정도. 경제적으로 살 수 있는 그렇게 보는 것 같아요."

철민도 가족주의 언어를 통해 좋은 삶을 정의한다. 경제적 능력을 갖춘 가부장으로 사는 삶, 그것이 좋은 삶이다. 이러한 생각은 고단한 아버지의 삶을 보면서 생겨났다.

"아버지가 뭐 벤더 사에 있는데 벤더 사 하청인데 이제…… 3차 벤더거든요, 아버지가. 그래가지고 돈이 안 되잖아요. 잘되려면 이쪽에 연이 있거나 설비 능력이 우월하거나 기술이 우월하거나 이래야 되는데 3차 벤더

들 같은 경우는 세 가지 다 아무것도 없어요."

아버지는 열심히 일했지만 돈이 안 됐다. 집안이 어려웠다. 항상 돈에 허덕거리는 아버지를 볼 때마다 돕고 싶다는 생각이 들었다. 대학 시절 큰 자동차 부품 회사에 들어가려고 그렇게나 노력했던 이유다.

"제가 자동차 쪽으로 가려고 하는 것도 예전에 아버지 사업을 잘되게 하기 위해서 그렇게 하려고 했거든요…… 제가 아, 좀 큰 업체 가면 뭐를 잇든 구매 팀이랑 뭐 짝짜꿍 해가지고 좀 키워주면 되지."

회사를 그만두고 전주로 옮기겠다고 하자 집에서 반대했다. 사업하는 것이 얼마나 힘든 일인지 알기 때문이었다.

"엄마, 아빠는 제가 사업 안 하기를 원하죠. 자기 자신들이 힘든 걸 알기 때문에, 특히나 작은 벤더 사 사람들은 안 하는 걸 원하죠. 엄마, 아버지가 반대했던 게 이거였어요. 제가 포항에 있다가 일로 온 거를 엄청나게 반대를 했거든요. 왜 거기는 사람도 안 짜르는 회사인데 거기서 그냥 평생 먹고살지 왜 힘들게 이렇게 왔냐. 그렇게 생각을 많이 하죠."

철민은 안정된 직장에 안주하는 것을 원하지 않았다. 왜 그럴까? 철민은 너무나 없이 살아서 그렇다고 답한다.

"뭔가 하나 사업을 해가지고 대박을 터뜨리고 싶은 그런 마음도 있는 것 같아요. 없이 살다보니깐요. 없이 살다보니까."

집이 너무 어렵기 때문에 그냥 직장 생활을 해서는 가난에서 벗어날 길이 안 보이는 것 같았다. 학창 시절에 알바를 할 때도 눈을 높여 좀 더 돈이 되는 걸 골라서 했다.

"일단은 벌어야 되니까. 뭔가를 좀 시답지 않은 거는 하기 싫었던 것 같아요. 제 성격상 아, 나는 조금 벌어서 될 그게 아니고, 집에 만약에 재산이 있었다고 한다면 암 때나 중소기업 가서 경험 쌓고 아부지 하던 거 받고 이렇게 했겠죠. 근데 그건 아니라고 봤거든요. 그래가꼬 될 인생이 아니라고 봤어요. 그렇게 해가꼬는 제가 먹고살기 힘들겠다는 생각이 들더라고요. 그래서 오히려 눈을 높여서 저걸 했죠."

그렇다고 해서 철민이 엄청난 성공을 원하는 것은 아니다. 부모님 도와드리고 가족을 부양할 수 있을 정도만 돈을 벌면 된다고 생각한다.

"뭐 여기서 성공을 해야겠다 그런 건 솔직히 없는 거 같고요. 그냥 무난하게 살았으면 좋겠다, 이런 거. 평범하게 남들한테 욕 안 먹고 그리고 또 제가 할 수 있는 일을 잘할 수 있는, 가정에서든 밖에서든 거창한 성공은 아니어서. 그렇게 살고 싶은데 저는."

능력 있는 가부장이 되는 것이 삶의 가치인 철민은 일종의 성찰적 수치심의 에토스를 지니고 있다. 취업이 취소되었을 때 철민은 부끄러움을 느꼈다. 스스로에게 부끄러운 것이 아니다. 우선 집에 부끄럽다.

"집에 부끄러운 거죠."

또한 친구에게도 부끄럽다.

"밖에 나가도 솔직히 부끄럽잖아요. 친구들이야 어차피 남자 친구들이야 다 알지요. 힘들지, 힘들지 이라는데."

이러한 성찰적 수치심은 무슨 일을 하든 남들 안 부끄러운 수준은 해야 한다는 성실함으로 나타난다. 철민은 중학교 3학년 때 학생회장을 해본 경험이 있다. 공부를 잘하는 아이가 아니었는데도 선생님이 나가라고 해서 출마했다. 친구들과 사이가 좋았던 철민은 당선되었다.

"학생회장 되고 나니깐 어, 부끄러우면 안 되겠다. 공부 좀 더하고 그런 건 있었죠."

공장을 경영하고 있는 지금도 철민은 특유의 성실성을 실천하고 있다. 열여섯 명의 공장 직원들에게 부끄러운 존재가 되면 안 되겠다는 생각이 있다.

"저는 지금도 다른 뭐 직원들이나 누구 만나면 그러거든요. 내 무기는 그냥 성실함인 것 같다. 꾸준히 밀고 나가는 거 그거라고 얘기를 하거든요. 머리가 좋거나 이런 것도 아니고 성실하게 배워서 옆에서 곁눈질이라도 배워가지고 하는 걸로 밀고 나가는 거지."

철민은 습속을 따르기보다는 일단 부딪치고 보자는 식으로 도전을 한다. 철민이 유독 많이 쓰는 용어 중의 하나가 "운 좋게"라는 말이다. 호주에서 일자리가 없어 농장을 찾아다니며 노동할 때도 객관적으로 볼 때는 안 좋은 상황인데 운이 좋았다고 말한다.

"뭐 딸기 따고 다니고 이런 거 있잖아요. 그런 거 했는데 저는 운 좋게 한국 사람들이 없는 데로 갔어요. 외국인 많은 데로 가서 전혀 한국말을 쓸 그게 없었죠. 그래서 오히려 거기 갔다 온 게 귀도 조금 트이고 그래서."

전주 공장이 문을 닫게 될 어려운 상황에 처했을 때도 말한다.

"운이 있었던 것 같아요. 괜찮은 모업체들 몇 군데 만나고 그렇게 되면서."

사람을 만나면 결국 해결될 거라는 믿음이 있다. 인간관계가 제일 중요하다. 이러한 믿음은 대학 생활에서 선후배들과 즐겁게 어울리며 배웠다.

04 "제가 목표로 해서 한 건 없는 것 같아요"

고통의 신정론

경택은 C대학 졸업 후 그 대학의 한 연구소에서 비정규직으로 일하다 그만두고 현재 대구에 있는 한 식품 프랜차이즈 회사에 다니고 있다. 지금까지 어떤 삶을 추구하며 살아왔는지 말해달라고 하자 질문이 난해하다면서도 답을 한다.

"일단은 좀 새로운 걸 공부하려고 해왔던 거 같습니다. 새로운 걸 도전하려고 해왔고. 그런 의미로 계속 공부든 일이든 해왔는데, 그게 지금까지 그래도 저를 받쳐온 힘인 거 같고."

다른 지방대생과 달리 경택은 처음부터 자신이 새로운 것을 공부하려고 계속 노력해온 사람으로 정의한다. 우선 대학 생활을 특이하게 보냈다고 말한다.

"저는 대학 생활이 좀 특이했습니다. 대학교 1학년 때 대순진리라고 하는. 사실 정말, 이제 대학교 학생들한테 포교를 하지 말아야 되는 그런 분들이 오셔서. 그때 순수할 때 7~8개월 동안 몸담다보니까 거의 대학 생활이든 뭐 학교 생활, 가족 생활, 친구 관계가 굉장히 많이 안 좋아졌던 것이 사실입니다."

종교 때문에 가족과 마찰이 생겨 거의 강제로 군대에 갔다. 군대에 갔다 와서는 지금까지 해보지 못한 일들을 해보자 싶어 논문도 써보고 설문조사도 해보고 여러 가지 많은 일을 했다.

"대학에서 걸리는 것들은 다 해봤습니다. 그렇게 2학년 3학년 쭉 했었고, 그러다보니까 취업 준비를 잘 못한 것이 사실입니다."

취업 준비도 하지 못한 채 대학을 졸업하니 앞길이 막막했다. 대학원에 들어갔다. 조교를 하면 학비도 면제받고 공부도 할 수 있을 것 같았다. 그러다 한 연구소에서 행정직으로 일하는 것이 어떻겠냐는 제안을 받았다. 그곳으로 옮겨 일을 했다. 공부는 뒷전이 됐다. 공부를 하러 왔다고 포장은 했지만 돌이켜보면 준비가 안 된 상태에서 대학원으로 피신한 셈이었다. 연구소 행정 일이 너무 고됐다. 비정규직이라 미래도 보이지 않는 것 같았다. 고통스러웠다.

이번에는 증산교에 심취했다. 대순진리회가 대답해주지 못하는 질문들에 대한 해답을 찾고 싶었다.

"증산도에 심취해서 한 3년 정도 했었는데…… 졸업하고요. 했었는데. 그걸 하게 된 계기는 대순진리회가 틀렸다는 것을 제대로 알아보기 위해서 책을 찾아봤던 거고. 그래서 그러면 이제 이게 맞는 거다라고 해서 가서 공부를 하고 있어보니까, 그것도 아니었어요."

그만두었다.

"사회생활을 하면서 바르게 사는 것이 맞다 싶다, 그렇게 사는 게 맞다라고 해서 지금은 사회생활에 충실하려고 하고 있습니다."

경택은 이렇듯 자신이 뭔가 새로운 것을 계속 찾으며 지냈고 현재는 충실한 사회인으로 살아가고 있다고 서사한다. 충실한 사회인이라는 용어의 대척점에는 대순진리회와 증산도가 있다. 왜 이렇게 사회에서 인정받지 못하는 특이한 종교에 심취하는가?

"진리에 대한 갈구 같은 게 많이 있었거든요."

그런 열망은 불행한 가족사에서 나온다. 고등학교 1학년 때 외환위기가 닥쳐와 집안이 어려워졌다. 그 와중에 누나가 세상을 등졌다. 누나는 고등학교 졸업 후 자기가 가고 싶은 문예창작학과를 못 가고 부모의 강요 때문에 취업이 잘된다는 간호학과에 억지로 들어갔다. 누나는 무척 고통스러워했다.

"자기가 어떻게 빠져나갈 수 없는, 가족들 분위기라든지 사회 분위기 때문에 극단적인 선택을 했었던 거 같습니다."

경택은 누나의 비극적인 짧은 삶을 지켜보면서 의문을 갖게 됐다.

"왜 그럴까? 가족의 문제일까? 조상의 문제일까? 사회의 문제일까? 이게 제일 컸다보니까, 계속적으로 그걸 쫓다보니까 종교에도 관심을 갖게 되었고 또 사회에도 관심을 갖게 되었고."

근원적인 질문이 생겼다. 선한 삶을 살아온 누나가 왜 고통스럽게 짧은 생을 마감해야 했나? 고통의 신정론. 나의 행위로 말미암지 않은 이 고통을 어떻게 하면 견딜 만한 것으로 만들 수 있을까? 우연히 접한 대순진리회에서 답을 찾았다. 대학교 1학년 내내 대순진리회를 중심으로 수행하고 공부하며 살았다. 해답이 보이는 것 같았다.

"이 사회가, 이 세상이 어디로 가는 목적점이 있다고 생각했습니다. 어렸을 적부터. 그리고 또 이런 집안의 문제가 생기는 것도 다 이유가 있다고 생각했었고…… 그게 개벽의 시점부터 이야기하면서 결론적으로는 이게 종말이 아니라 개벽의 시점에 씨 종자가 되는, 완성된 인격이 만들어지는 과정이라고 하는 그런 교육이라고 할까요? 그런 걸 공부하다보니 그렇다고 생각했었죠."

진리는 찾았다고 생각했지만, 이걸 이끌고 사는 사람들이 문제가 많다는 것을 알게 됐다. 이건 아니구나 깨닫고 떠나기도 했지만 삶이 고통에 빠질 때면 다시 종교를 찾게 되었다.

꼬라지

군대를 가기 위해 휴학을 하고 고향인 경북 시골집으로 돌아갔다. 대순진리회로부터 벗어나려는 의도도 있었다. 군대 가기 전 집에 마음의 짐이 있어 8개월 정도 집안 농사를 도왔다. 군대를 갔다. 그동안 종교 생활에만 집중했다는 반성을 하고 사람들과 어울려 지내려고 노력했다. 군대이기는 하지만 맡아서 할 역할이 있다는 것이 좋았다. 이발병을 자청해서 했고, 모든 작업을 도맡아서 했다. 군대 생활이 즐거웠다.

"살아가는 게, 사람들이랑 섞여 살아가는 게 너무 재밌고 즐거웠습니다."

제대했다. 그동안 못한 일 한번 해보자고 알바에 나섰다. 친구가 경기도 일산에 좋은 알바가 있다고 해서 가봤더니 막노동이었다. 건설 현장에서 일하는데 너무나 힘들었다. 과도한 노동 탓인지 손에 관절염이 왔다. 어느 날 수원에서 막노동을 하다가 학교 앞 술집에 들어갔다.

"친구랑 같이 수원대학교 앞에 있는 데 가서 술을 먹었는데, 저랑 정말 비교가 되는 거예요. 저랑 비슷한 나인데, 저는 이 꼬라지로 있고, 다른 테이블에 있는 친구들은 저렇게 밝은 모습으로 있고. 나는 왜 이런가. 돈을 더 벌려고 했지만 마무리 짓고 내려왔죠."

복학했다. 종교에서 벗어나서 학과 생활에 집중했다. 선배들이 다 좋은 사람들이었다. 학과에 빨리 녹아들었다.

"선배들이 너무 좋아서…… 다 좋은 사람들이었고. 적응을 되게 빨리 했던 거 같아요. 어떻게 보면 제가 과거의 오염된…… 몰랐죠. 잊고 싶었어요. 잊고 싶었고. 그냥 정말 학교 생활 재밌게 하고 싶다 그런 생각했었어요."

거의 매일 술을 마시며 즐겁게 지냈다.

"정말 정신없이 놀았던 거 같아요. 그냥 거의 이제 술을 먹고 나서 그 다음에 이야기가 생기는 거죠. 매일, 매일, 매일. 뭔가 새로운 술, 먹을거리와 에피소드가 생기고 별명이 생기고 이런 식으로 되니까."

자기계발이니 신자유주의니 하는 그런 말들은 들어보기는 했지만 자신과 상관없는 것 같았다. 주변에 자기계발에 시간을 쓰는 선배나 친구가 극히 드물었다. 즐겁게 대학 생활을 하다보니 어느덧 졸업할 날이 다가왔다. 집에서는 공무원을 하길 바랐지만 시험을 준비하려면 또 집에 손을 벌려야 하고 무엇보다도 "될 수 있을지도 모르고" 해서 그만두었다. 학과 조교 일을 하는 조건으로 대학원에 들어갔다. 살고 있던 이모 집에서 나와 선배 집으로 들어가 3년을 얹혀살았다. 자연스럽게 또다시 대학 생활 같은 시간이 계속됐다. 공부는 뒷전이었다.

연구소에서 일을 하기 위해 대학원을 그만두었다. 연구소에서 일을 하다보면 미래가 열릴 것 같았다. 하지만 일이 너무나 힘들었다.

"8시에 출근해가지고 보통 11시에 퇴근을 했고, 근데 (연구 소장님이) 11시에 일어나시잖아요. 그러니까 그때 피드백이 오는 거죠, 메일을 쓰면. 그러면 이제 밤늦게까지 일을 하고 가야 하고. 그게 반복되니까. 이건 진짜 아니다 싶은 거죠."

프로젝트 일은 끊임이 없었다. 하나가 끝나면 또 하나가 밀려오고. 죽고 싶을 정도로 힘이 들었다.

"위에 올라가서 뛰어내리고 싶은 마음이 몇 번이나 있었거든요. 여러 번 그랬어요. 너무 힘들어서."

다시 종교에 빠졌다. 이번에는 증산도였다. 한 3년 동안 심취했다. 삶을 증산도를 중심으로 짰다.

"일주일에 두 번 정도, 치성이라고 해서 지극할 치 자에. 수요일하고 일요일에 가는 거 있고. 한 달에 한 번 대전에 있는 본부에 가서 말씀 듣는다고 수행하는, 여러 가지가 많았어요. 최대한 참석을 하려고 했었죠."

마음의 위안을 많이 얻었다. 고통스러운 삶은 종말이 아니라 새로운 세상을 여는 과정이다. 열심히 사회생활을 하며 살아가자. 결심이 섰다. 연구소를 그만두었다.

때마침

당장 생계가 막막했다. 생각하다 못해 우유 배달에 나섰다. 새벽부터 뛰었는데도 한 달 손에 쥐는 돈은 고작 150만 원 정도였다. 집세 내고 일상생활을 할 만한 돈이 안 됐다. 신문 배달을 시작했다. 같이 하니 200만 원 가까이 돈이 되었다. 한 1년 정도 했을까, 동네 주민으로부터 풀무원 대리점을 소개받았다.

"제가 그 당시에 그 동네에서 유명 인사였거든요. 새벽에 우유통 여섯 개를 달고 다니고 하니까, 신문 넣고 우유 넣고 다니니까 젊은 사람이. 그러니까 되게 신기하게 생각했나봐요. 날 소개시켜줬어요, 안타까웠는지. 가서 그분하고 이야기를 하다보니까 그 사장님이 마침 자기도 젊은 사람이 필요했고, 배달도 하면서 영업할 사람이 필요하다고."

주로 어린이집에 식자재를 공급하는 풀무원 대리점에서 영업을 뛰었다. 순전히 품을 팔아 영업 매출을 엄청 올려놓았다.

"보통 새벽 3시 4시 이렇게 일어나서 물건 배송해오고, 11시에 가서 배송을 하고 이러니까. 물건이 많아지면 많아질수록 저의 일은 많아지는 거예요. 사람 또 하나 뽑고. 기사를 하나 뽑아서. 그때 그렇게 3년 동안 했었어요."

일은 고됐지만 하면 할수록 매력이 있었다. 매출도 계속 늘었다. 운영할 수 있겠다는 자신감이 들었다. 일단 배송이 끝나면 별로 할 일이 없었다. 마침 사장이 대리점을 팔겠다는 의사를 보였다. 인수 대금을 논의하다 너무 비싸서 포기했다. 결국 다른 사람이 대리점을 인수했다. 일을 그만두었다. 앞길이 막막했다. 그때 식자재를 납품하던 어린이집에서 한 교사를 만나 결혼했다.

"일단, 외로웠고요. 첫눈에 반한다는 건 아니었는데. 원래 얼굴만 알고 있는 사이였는데 만나서 이야기하니까, 대화를 하던 중에 그냥 이 사람이랑 결혼할 거 같다는 생각이 들었고, 운명처럼 그냥 정말 빨리 결혼도 석 달 만에. 만난 지 1년 만에."

당시 빚밖에 없었지만, 결혼할 때 집에서 4,000만 원을 보조해줘 집을 구할 수 있었다. 생계를 위해 작은 사업을 하나 준비했다. 6개월 정도 했지만 제대로 되지 않아 빚만 늘었다.

때마침 이전 풀무원 대리점 사장이 CJ 푸드 대리점 일을 소개해주었다. 또다시 식자재 영업을 뛰었다. 식자재 영업 시장이 좁다보니 어느새 일 잘한다고 소문이 쫙 났다. 헤드헌터에게서 연락이 왔다. CJ 본사에서 일할 생각이 없냐고. 마침 CJ 본사에서 영업할 사람이 필요하다고 했다. 취직을 했다.

"저도 참 신기합니다. 당시에 이런 식자재 영업하는 쪽에 남자들은 별로 없었거든요. 영업 한다 그러면 보통 제약이나 자동차 판매나 등등 이런 쪽으로는 많은데. 식품이라는 건, 어떻게 보면 영업 쪽에서 보면 3D입니다. 왜냐하면 이게 워낙에 레드오션이고 또, 이게 다양한 품목들을 다루다보니까 꼼꼼해야 해서 사람들이 잘 없어요. 그랬는데, 마침 그나마 비슷한 분야에 있는 사람이 있으니까 저를 뽑았던 건데, 지금 와서 고맙죠 저는. 그때 그 타이밍에 안 들어갔으면 못 들어갔을 거 같아요. 아직까지 2년 버티고 있는 거 보니까 저로서도 신기한 거 같습니다."

애를 낳았다. 집도 큰 집으로 이사 갔다. 집에서 7,000만 원 정도 또 도와줬다. 부인은 하던 일을 그만두고 육아에 전념하고 있다. 이렇듯 경택은 3포니, 7포니, N포니 하는 청년 세대 담론과 달리 지방대를 나와 직업도 갖고 결혼도 하고 애도 낳았다. 자기 집도 마련했다. 어려운 시기마다 때마침 도와주는 사람들이 계속 나타났다. 특히 집에서 경제적으로 도움을 많이 주었다. 이제 경택은 새로운 꿈을 꾼다. 10년 정도 직장 생활을 하다가 사업을 할 계획이다. 시골에서 장이나 즙을 만드는 공장을 차려 운영할 생각이다.

낮은 눈높이

좋은 삶이 무엇이냐고 물었다.

"진짜 하고 싶었던 거는 사회사업가가 정말 하고 싶었거든요. 사회사업도 다양하지 않습니까, 방향이. 아동 대상으로 한다든지, 노인 대상 또는 뭐, 지역 환경에 대한 것도 있을 수 있겠고요. 지금은 생각이 좀 바뀌었어요. 물론 돈을 주고 도와주는 게 좋겠지만 지금은 돈을 벌 수 있게 해주는 게 최고구나…… 그래서 적은 비용으로 창업을 할 수 있게 해준다든지, 내가 있는 사무실에서 일을 하게 해준다든지. 그래서 이 사람들이 정말 경제적으로 풍요롭게 살 수 있도록 해주는 것이, 대구든 의성이든. 그렇게 한번 만들어보겠다는 것이 제 꿈입니다."

좋은 삶을 실현하기 위해 경택은 밑바닥에서 일하는 것을 마다하지 않는다. 지방대생은 애초부터 눈이 낮기 때문에 어떤 일도 할 수 있다고 말한다. 서울에 있는 대학생과 비교해서 좋은 직장을 갖지 못하고 낮은 일을 하기에 겸연쩍기는 하다. 그런데도 이를 장점으로 바꿔 말한다.

"일단 애초부터 눈높이를 낮춰서 갈 수 있다는 게 장점인 거 같습니다. 사실 서울에 있는 친척들도 보고 하면은 제가 봐도 괜찮은데 안 가거든요. 우리 같은 경우에는 눈높이를 낮춰서 가니까. 시작해서 더 좋은 데로 갈 수도 있고 그런 거니까. 이렇게 후배들한테 이야기를 하면 욕을 먹을 수는 있지만. 워낙에 서울에서 날고 긴다 하는 애들 많으니까 지방에 있는 회사에 들어간다든지 창업을 한다든지 하는 여러 가지 방법을 생각할 수 있으니까."

그렇다면 경택은 목적 수단 범주를 통해 삶을 살아가고 있는가? 경택은 문제 상황에 처할 때마다 자신에게 가용한 자원을 활용하여 삶을 개척

해나간다. 경택에게 인생은 계획대로 이뤄지는 것이 아니다. 살다보면 주변에서 계속 기회가 주어진다.

"네 그런 거 같아요. 제가 목표로 해서 한 건 없는 거 같아요. 결혼도 그렇고 일도 그렇고…… 다 주어진 거예요."

주어진 상황에서 해야만 하는 레퍼토리에 최선을 다하면 신기하게도 길이 열린다. 대학교 때는 열심히 놀면 된다. 대학 후배들에게 그렇게 권하고 싶다.

"내일은 없다라고 생각하고 오늘을 즐겼으면 좋겠어요. 사실 대학교 때 관계, 대학에서만 느낄 수 있는 감정은 밖에서 있을 수가 없거든요. 늘 그립고, 그때 항상 놀았지만 저는 지금도 그때가 그립고 하거든요. 물론 취업도 좋지만. 사실 취업이라는 게 당장, 대기업 들어갈 수 있는 거 아니지 않습니까? 물론 그런 친구들도 있겠지만. 근데, 좀 장기적으로 생각을 해서 그런 공부도 좋지만 대학 생활에서만 느낄 수 있는 감정들을 많이 즐겼으면 좋겠어요."

졸업 후 생존에 몰리면 성과를 낼 수 있도록 태도를 바꾼다.

"확실히 치열하죠. 회사, 학교 다닐 때는 성과 내야 하는 게 없지 않습니까? 근데 회사에서는 성과를 내야지 나의 몸값이 올라가니까 그게, 나의 시간, 돈, 나의 사람이 다 성과로 연결된다는 거고요."

05 "걔가 간다고 하면 놔줄 생각이고"

아웃사이더

인식은 대학 졸업 후 2010년 10월 A대학의 한 연구소에서 비정규직으로 들어가 지금까지 계속 일하고 있다. 어떤 삶을 살아왔는지 말해달라고 하자 대뜸 '평범'이란 단어를 꺼낸다.

"평범한 집에서 태어났는데, 그렇게 부자는 아닌 집이라 그런지 남들보다는 혜택을 많이 못 받고 자랐어요."

남들이 초등학교 때 컴퓨터를 가진다고 하면 인식은 중학교 때나 가질 수 있었다. 휴대전화는 아예 없었다. 대학 입학 당시에도 휴대전화가 없었는데 주변 사람들을 보니 모두 가지고 있었다. 부끄러워 신입생 오리엔테이션에도 참석하지 않았다.

"대학교 처음에 입학했는데, 핸드폰이 없으니까 제 딴에는 그게 좀 쑥스러운 거예요. 그래서 오티도 참석하라고 연락이 왔지만 그게 좀 부끄러워서 참석을 안 하고, 그러면서 자연스럽게 아웃사이더가 된 거죠. 아웃사이더가 되면서 학과 생활을 제대로 못했어요."

자신처럼 아웃사이더가 된 몇몇 친구들과 1학년 생활을 했다. 남들처럼 1학년 마치고 휴학을 하고 군대를 갔다. 2년 복무하고 바로 복학했다. 학교에 가보니 아는 친구가 아무도 없었다.

"그때 당시에 저랑 친하게 지내던 친구들은 군대에 있거나 복학을 안 하고. 그래서 과목을 배정할 때 9시부터 10시까지 있으면 중간에 네 시간 정도 비어서 오후 수업이 있는 날은 친구가 없으니까 집에 갔다가 오는 거예요. 버스를 타고 하루에 두 번 왔다 갔다 하는 생활도 해봤고요."

친구들이 없는 학교 생활은 쓸쓸했다. 한 학기 다니고 바로 휴학했다. 6개월 동안 의류 공장에 가서 월 100만 원씩 받고 알바를 했다. 친한 친구들이 제대하고 복학하는 시기에 맞춰 다시 학교로 돌아왔다.

친한 몇몇 친구들과 어울려 놀았다. 친구 자취방에 가서 자는 날이 많아졌다. 밤새 술을 마시는 친구들과 어울려 말동무도 하고 게임도 했다. 술을 마시지는 못했지만 어울리는 것은 좋았다. 시간을 내어 마트에서 알바를 했다. 번 돈으로 친구들과 밥도 먹고 술값도 내주었다. 그렇게 시간을 보내다보니 성적은 엉망이고 어느새 3학년을 마치게 되었다. 남들은 공무원 시험을 준비하거나 해외로 어학연수를 간다고 했다. 불안했다. 3학년 마치고 바로 휴학했다.

"4학년에 바로 진학하기에는 저도 부담이 있어서 휴학을 해서, 영어 공부나 할 겸 휴학을 했는데."

공무원 시험을 준비하는 친구와 함께 공부한답시고 대구 시내에 있는 중앙도서관에 갔다.

"거기 학원 다니면서 걔랑 같이 공부를 하러 도서관에 갔는데 공부는 안 하고 옥상 가서 수다 떨고 지나가는 여자들 구경하고 뭐. 주변에 항상 놀러 다니고 해서 또 한 학기를 소진을 해요. 약간 하긴 했지만 했다고 한 수준이 아니고. 저는 영어 공부하고 걔는 공무원."

토익 공부를 한다고는 하는데 늘지도 않고 시간만 갔다. 또 알바를 했다. 휴학한 1년이 후딱 지나갔다. 할 수 없이 다시 복학했다.

"4학년 1학기에 복학해서 한 학기는 그냥 평범하게 보냈고 2학기 때는 복학해서 뭐 먹고 살지 고민하고 있는 와중에 10월 초쯤에 연구소에서 오라고 하데요."

연구소장을 맡고 있는 한 교수가 일을 도와달라고 했다. 3학년 때 이미 한 차례 일을 도운 적이 있었다. 그때 너무 힘들어서 다시는 하지 않으려고 했는데 졸업을 바로 앞두고 다른 길이 없었다. 비정규직으로, 그것도 한 달에 100만 원도 주지 않는 연구소에 수습 행정직으로 들어갔다.

여자친구

연구소 일은 고됐다. 가보니 왜 자신과 같은 아웃사이더에게까지 연락이 왔는지 이해가 됐다. 재학생이나 졸업생을 수습직으로 뽑아 일을 엄청 시켰다. 버텨내지 못하고 모두 떨어져나갔다.

"제가 2010년 10월에 왔으니까 2년 5개월 정도 일한 것 같네요. 2년 5

개월 사이에 열세 명 정도가 바뀌었어요. 평균 근속 기간이 2개월, 3개월."

그만둘까 했는데 소장이 곧 안식년을 간다고 해서 몇 개월만 버티면 될 것 같았다. 일도 맡았다. 대학을 졸업하면서 연구소 일과 관련된 정책대학원에도 입학하게 됐다. 소장이 대학원에 들어가서 공부하면 앞으로 전망이 좋다고 했다.

"안 간다고 할 수도 없고 일단 등록을 해서 대학원 진학을 하게 되었죠. 어…… 모르겠어요. 연구소장의 뭐 그런 알 수 없는 뭔가 그런, 그거 때문에 해야 될 것만 같은 그런 게 있었어요. 솔직히 안 가도 되는데."

연구소에 들어가 수습 기간을 마치자 141만 원을 받았다. 등록금이 동결되면서 학교도 재정을 긴축한다며 그 후로도 계속 월급을 올려주지 않았다. 생활하기에는 턱없이 부족한 돈이었다. 대학원 등록금도 내야 했다. 다행히 신임 소장이 장학금을 마련해줘 300만 원 정도만 등록금을 내면 됐다. 술도 안 마시고 당시 여자친구도 없고 해서 돈 쓸 일이 별로 없었다. 1년 정도 지나자 1,000만 원 정도 모을 수 있었다.

그즈음 스물일곱 해 살아오면서 처음으로 여자친구가 생겼다. 다니던 교회의 동갑내기였다. 당시 대학원생으로 대학 연구소에도 다니고 있다고 하니까 교회에 있는 청년들이 모두 부러워했다. 여자친구도 그들 중 한 명이었다. '빼빼로 데이'에 먼저 영화를 보자고 제안해왔다. 영화를 보고 이것저것 사주고 하면서 자연스럽게 사귀게 됐다. 병원 코디네이터를 하는 여자친구는 외모에 관심이 많았다.

"그 친구 덕에 파마라는 것도 처음 해보고. 머리 항상 집 근처에 미용실 제일 싼 데서 받았는데 커트도 뭐 2만 5,000원씩 주고 하고 파마도 막 7만 5,000원인가 주고 하고."

모아놓은 돈으로 여자친구와 놀러 다니려고 자동차를 마련했다. 차를 몰고 여기저기 막 놀러 다녔다. 매일 집과 학교를 오가던 사람이 대구 시내를 내비게이션 없이 운전해서 다닐 수 있게 되었다.

첫 여자친구라 그런지 정신없을 정도로 헌신했다. 사이가 좋았다. 하지만 미래가 보이지 않는 박봉의 비정규직이라는 것을 여자친구가 눈치챈 후부터는 관계가 변하기 시작했다.

"그때 그 친구는 헤어지게 된 계기가 제가 스물아홉 살 돼서도 센터에서 계속 일한다고 해도 돈도 별로 안 되고 하니까 다른 더 괜찮은 남자 만나서 가게 되긴 했는데, 저는 그런 거에 대해서 나쁘게 생각하는 타입이 아니거든요. 더 좋은 남자 있으면, 더 좋은 남자 있으니까 가는 거다, 이해를 하고, 그게 어쨌든 첫 연애기 때문에 떠나보내고……"

미래가 불투명해서 잡을 수도 없었다.

"걔도 절 좋아하긴 했는데 직업이 불안정하다보니까 뭐라도 안정적인 직업에, 한 200만 원만 벌어도 결혼을 했을 거예요. 그게 안 되다보니까 생각도 없고."

첫 연애라 마음의 상처가 컸는지 인식은 10초 동안 말을 잇지 못하고 눈물을 글썽인다. 감정을 추슬러 다시 이야기하기 시작한다. 새 여자친구를 사귀게 됐다. 일곱 살이나 어린 교회의 여동생이다. 첫 여자친구를 사귀고 있을 때에도 인식에게 호감을 보였던 아이다. 인식의 자세한 사정을 모르고 대학 연구소 연구원으로 알고 있었던 터였다. 여자친구랑 헤어진 것을 알고 먼저 접근해왔다. 새 여자친구는 전문대를 졸업하고 치위생사로 일하고 있었다. 직장 생활이 힘들었는지 인식에게 기대려고 했다. 다시 여자친구에게 헌신했다.

"걔는 8시 반까지 출근이고 저는 9시까지 출근이니까. 그래서 아침에 걔 집에 가서 치과까지 태워주고 저는 그 시내 근처에 차를 대고 지하철 타고 출근해요. 그때 당시 차가 아반떼 XD였는데 리터당 2,000원 하던 시대고 걔네 집까지 가서 시내에 데려다주고 그 차를 몰고 학교까지 갔다가 다시 또 걔를 데리러 가서 걔네 집에 갔다가 집까지 오면 하루 기름값이 거의 만 5,000원이 드는 거예요. 그렇기 때문에 어쩔 수 없이 시내에 차를 대놓고 지하철로 왔다 갔다 거의 뭐 일주일에 제가 5일 출근인데 3~4일을 그렇게 했어요. 그냥 걔네 집 갔다가 신천대로 타고 시내 갔다가 다시 신천대로 타서 걔네 집 갔다가 집에 오는 그런 생활을 한 달 하면 기름값이 거의 한 30만 원? 그렇게 드는 거예요. 하루 만 원 돈으로. 아, 이것도 감당이 안 되데요. 돈은 141만 원밖에 못 버는데, 141만 원에 세금 떼고 하면 120만 원대인데."

돈이 감당이 안 됐다. 만날 때마다 밥 먹고 커피 마시고 영화 보고 하면 30~40만 원 넘어가는 건 우스웠다. 돈이 모이기는커녕 되레 마이너스가 됐다. 이대로 계속할 수는 없었다. 여자친구 출퇴근 시키는 기름값이라도 줄일 요량으로 연비가 좋은 새 차를 알아봤다. 집에서 1,600만 원 보조를 받아 디젤차로 바꾸었다. 다행히 기름값도 떨어지고 차 연비도 더 좋아서 운행비가 반으로 확 줄었다. 숨통이 좀 트였다.

스물세 살이었던 여자친구가 벌써 스물여섯이다. 서서히 결혼 얘기를 꺼내기 시작한다. 3년 사귀니 이제 사정을 뻔히 안다. 계속 거기 다닐 거냐며 눈치를 준다. 그럴 때마다 감정 싸움이 생긴다. 최근 위기가 있었다. 헤어지고 한 달 후에 다시 연락이 왔다. 잘해주던 오빠가 없으니 견디기 힘들다며 다시 사귀자고 했다. 그러자며 다시 손을 잡았다.

"다시 만나고 있긴 한데 제가 뭐 상황이 개선되지 않는 이상은 이게 끝까지 이어지지는 않을 것 같아요."

그럼 앞으로 어떻게 할 거냐고 물었다.

"그래서 일단 저도 보내주고 싶긴 한데 또 그게 맘처럼 쉽게 안 되고. 걔가 간다고 하면 놔줄 생각이고."

자유 시간

인식은 지금까지 살아오면서 중요한 분기점에 설 때마다 자신에게 가용한 레퍼토리 중 가장 쉬운 길을 선택한다. 고등학교 시절 인식은 공부에 취미가 없었다. 주변을 둘러봐도 게임을 하거나 노는 것에 관심을 가진 친구들뿐이었다. 공부 안 해도 내신 성적은 나름 괜찮게 나왔다. 하지만 수능은 그렇지 않았다. 워낙 시험 범위가 넓어 단기간에 공부한다고 해서 되는 문제가 아니었다. 당연히 수능을 망쳤다. 시험 성적에 맞춰 A대학교 사회과학 전공으로 입학했다.

대학교 1학년 때 학교에 거의 나가지 않았다. 성적이 바닥을 기었다. 당시 학부제라 2학년 올라갈 때 학과를 선택하게 되어 있었다. 1지망은 성적이 안 돼서 떨어지고 원하지 않은 2지망 사회학과에 배정되었다. 2지망을 사회학과로 적은 것은 그나마 친한 친구를 따라 한 것이었다. 어차피 아는 친구도 없어 다른 과를 가면 친구를 다시 사귀어야 하는데 자신이 없었다.

대학교 졸업 무렵에는 손쉽게 갈 수 있는 연구소 비정규직으로 들어간다. 원래 공무원을 하고 싶었지만 경쟁이 치열해 붙을 자신이 없었다. 박봉이지만 연구소를 계속 다녔다. 자유 시간이 많았기 때문이다.

"저는 돈이 적더라도 내 자유 시간 많고 이런 게 좋았거든요."

당장 자유 시간이 많고 하다보니 계속 연구소 일을 한다. 하지만 비정규직이라서 임금이 전혀 오르지 않았다. 시간이 흐르면서 후배들보다 뒤처지게 되었다.

"제가 교회에 다닐 때 어린애들은 다 공무원이 되거나 이렇게 했거든요. 처음에 제가 스물여섯 살에 여기 일할 때 걔네들이 저 되게 부러워했었는데 요즘은 거의 애들이 공무원 시험 준비하고. 근데 교회 애들은 거의 다 합격하긴 했어요. 근데 그때 당시 제가 스물여섯 살에 여기 일할 때는 되게 부러워하던 애들이고 공무원 준비하다가 안 돼가지고 취직해서."

인식은 어느덧 서른세 살이 된 자신을 발견하고는 부끄러움을 느낀다. 월급은 고정되어 있고 미래가 안 보인다. 첫사랑도 자신이 없어 떠나보냈고, 지금 사귀고 있는 여자친구와도 결혼까지 갈 자신이 없다. 뒤늦게 후회가 들었다. 생산직 일이라도 할 걸. 하지만 졸업할 당시에는 생산직에 갈 생각이 없었다. 생산직 일을 하는 친구들을 보니 일이 너무 힘들고 자유 시간이 없었다. 하지만 꾸준히 일하는 주변 사람을 보니 뒤늦게 후회가 밀려온다.

"저희 교회에도…… 저보다 두 살 많은 형이 있었는데 그 형이 제가 스물다섯 살이고 그 형 스물일곱 살 때 지인 소개로 LG 디스플레이 생산직으로 들어가서 지금 거의 연봉이 6,000, 7,000? LG 디스플레이 생산직, 근데 그게 들어보면 일적인 부담도 그렇게 크지 않대요. 3교대이긴 한데 자유시간 충분히 보장되고 돈도 많이 벌고 왜 그때는 생산직은 아예 고려를 하지 않았나 싶죠."

지금이라도 생산직에 들어가려니 이마저도 공채로 다 바뀌어 들어가기가 쉽지 않다. 경쟁이 치열하기 때문이다. 생산직에 지원해서 면접까지 봤지만 결국 떨어졌다.

이제 다시 분기점에 선 인식은 뒤늦게 공무원을 생각한다. 원래 3학년 마치고 휴학했을 때 경찰공무원이 되려고 했다. 하지만 집에서 위험하다고 반대했다.

"엄마, 아빠랑 반대를 했어요. 무슨 이유 때문인지는 잘 모르겠지만 경찰이 위험하다, 이런 이미지가 있나봐요. 부모님은 그렇게 좋게 생각을 안 하셨나봐요."

인식은 이번 계약 기간이 만료되면 서울로 올라가 공무원 시험 준비를 할 생각이다. 서울에는 경찰공무원 시험을 준비하는 친구가 있다. 3학년 때 같이 휴학하고 공부했던 친구인데, 9년 동안 시험에 붙질 못해 아예 서울로 올라가 학원을 다니고 있다. 서울에 오면 잠을 재워준다고 해서 가려고 한다. 한 1~2년 공부해서 교정직 공무원에 응시할 생각이다.

"교정직 같은 경우에는 교도소에서 근무하는 거라서 이미지를 되게 나쁘게 생각했었는데, 요즘 되게 좋더라고요. 군대 문화가 좀 있기도 하고 폰은 사용 못하는 게 있기는 한데 자기 개인 시간이 엄청 많대요. 들어가서 밤에 책 봐도 되고 요즘 되게 선호되고 있는 그런 직렬이거든요. 돈도 많이 주고."

3포 세대

인식은 결혼해서 평범한 가정을 꾸리는 것을 좋은 삶이라 말한다.

"그냥 평범하게 남들만큼 벌면서 결혼하게 된다면 결혼 생활은 제가 그래도 좀 가정적으로 잘할 수 있다는 그런 마인드거든요. 돈은 한 250? 그것만 벌어도 좀 편한, 그렇게 힘들지 않은, 자기 여유 생활 보장되는 그런 직장에서 그렇게 살아가는."

하지만 현실은 140만 원을 받는 비정규직이다. 이를 벗어날 길이 보이지 않는다. 주변 친구를 둘러봐도 모두 박봉에 장시간 노동으로 힘들게 산다. 그에 비하면 나는 그나마 낫다. 나에게는 자유 시간이 있으니까.

인식은 자신의 자아를 절대로 경쟁의 장 안에 설정하지 않는다. 해봐도 안 된다는 성찰적 겸연쩍음이 강하다.

"우리가 갈 만할 우리가 선호하는 그런 데는 이미 지원자 수가 막 경쟁률이 100 대 1, 최소 50 대 1 그렇고. 대구에서도. 이번에 또 괜찮은 크레텍인가 올라왔는데 초봉이 3,680에 사무직에 퇴근 시간 보장되고 주 5일 근무고 이런 데는 200 대 1? 거기는 뭐 되기가…… 하여튼 그러니까 좀 괜찮은 회사를 지원하면 거의 뭐."

인식은 목적 수단 범주를 통해 자신의 삶을 살아가지 않는다. 대신 어울리는 친구들의 습속을 따라 삶을 살아간다. 사실 주변 친구들은 자신보다 더 노력을 안 한다.

"지금 생각해보니까 생각든 게 그래도 제 주변에 친구들보다는 조금은 더 했다고 생각하거든요. 시험 기간에도 개네들 놀 때 공부하고 이랬는데. 일단 주변 애들이 그렇게 노력하는 스타일이 있지 않으니까 위기감을 안 느낀 거죠. 재나 내가 아직 비슷한데 재나 내가 아직 뭐 크게 성공 안 했는데. 비교할 대상이 그런 애들밖에 없으니까 크게 걱정을 안 했죠."

인식은 이대로 계속 가면 자신이 좋은 삶이라고 여기는 평범한 결혼 생활이 이루어지기 힘들다는 것을 잘 알고 있다.

"제가 마음에 드는 여성을 만나려면 좀 더 저의 환경을 개선해야 되는데 만약 그게 안 된다면 못하는 거고 그러면 그냥 뭐 혼자 살아도 된다 생각도 하고. 솔직히 결혼을 해야겠다 뭐 이런 생각이 있는 건 아니에요. 그렇게 생각하는 사람들 많거든요. 3포세대라고, 결혼 안 한다잖아요."

06 "와이프가 천사 같은 사람이었죠"

고삐 풀린 생활

병기는 B대학을 졸업하고 대구의 협동조합에서 일하고 있다. 살아온 삶을 이야기해달라고 하자 대뜸 별다를 것 없다고 말한다.

"대구에서 태어나서…… (5초간 정적) 진짜 별다를 거 없이 한…… 중학생 때까지는 별다를 것 없이 큰 것 같아요. 주변에 봐도 흔하게…… 그때까지 뭐 특별한 점은 없는 것 같고……"

그때란 중학교 때 어머니가 사고를 당해 장애인이 되고 병원에 장기 입원했던 시기를 말한다. 어느 정도 공부도 하고 운동도 잘하는 평범한 아이였지만 어머니가 사고를 당한 후부터 삶이 바뀌었다. 아버지가 병원에 간병하러 간 사이에 두 살 위 누나와 집에 남겨진 병기는 어른의 보호 없이 닥치는 대로 살기 시작했다.

"아무튼 뭐 그러고 나서 집에서 마음대로 놀기 시작했거든요. 어른들이 없으니까. 컴퓨터도 또 비싼 돈 주고 그때가…… 아무튼 그때부터 막 좀 무절제하게 많이 놀았어요."

애초부터 초등학교 교육이 전부인 어머니는 사고 나기 전에도 공부하라고 다그치지는 않았다. 하지만 말도 없이 친구 집에서 자고 오거나 사고를 치면 막 두들겨 팼다. 사고 후에는 그런 일이 없어졌지만, 이제는 아버지한테 맞았다. 친구들과 어울리면서 못된 짓을 하고, 사고를 치고 다녔기 때문이다. 그렇지 않아도 힘든데 자기까지 아버지를 힘들게 하니까 그렇게 한 듯하다. 두 살 위의 누나도 병기를 통제하지는 못했다. 누나보다 더 힘이 세진 이후로는 싸워도 이기니까 누나 말을 안 듣게 됐다.

폭력은 학교에 가도 있었다. 고등학교 1학년 때 체육복을 제대로 준비해가지 않아 체육 선생에게 심하게 두들겨 맞았다.

"한번은 제가 이제 체육복 사러 어느 정도 삥땅을 치고 체육복을 안 샀단 말이에요. 그래가지고 다른 선배, 그때 학년마다 색깔이 달랐거든요. 다른 선배 거를 아무 생각 없이…… 색깔 다르든 말든 체육복인데 하고 입고 나갔다가 체육 선생님한테 엄청 뚜드려 맞고 코피 뚝뚝 흘리면서. 그니까 열 받아가지고 가방 들고 집에 가뿌고 네…… 근데 피나고 하니까 사과하시더라고요."

그다음부터는 조금만 수가 틀리면 집으로 가버렸다. 한 번 그러고 나니 그러려니 하고 학교에서도 터치하지 않았다.

2학년 때 학교를 자퇴했다. 용돈은 벌어 써야 해서 주유소에서 알바를 시작했다. 당시 시급이 1,800원이었다. 하루에 열 시간씩 일해 돈을 모았다. 가끔씩 고등학교 친구들을 만나 맛있는 걸 사주었다.

"돈을 버는 행동을 한다고 그 당시만 해도 되게 친구들은 내보고 니 멋있다 부럽다 이런 이야기 진짜 많이 했거든요. 그니까 자기들 공부하고 있을 시간에 나가서 돈 벌고. 그때 보면 만 8,000원 하루 일해가 만 8,000원밖에 안 되는 거 가지고. 그래도 그 일하면 애들 피자라도 하나 사 먹이고 할 수 있잖아요. 억수로 부러워하고."

학교에서 받지 못한 인정을 친구들로부터 받으니 기분이 좋았다. 그러다 주유소를 그만둘 수밖에 없는 사건이 일어났다. 새로 들어온 20대 초반 형이 돈을 자꾸 조금씩 빼가기 시작했다. 한 달 정도 되니 돈이 수십 만 원이 빵꾸가 났다.

"돈을 그 사람이 관리를 했는데 이 사람이 들어온 날부터 2만 원 3만 원, 2만 원 3만 원씩 빵꾸가 계속 나는 거예요. 한 달 딱 되기 전에 월급 받기 전에 갑자기 출근을 안 하더라고요. 빵꾸는 수십만 원이 났고 사실 제 월급쯤 될 거에요, 아마. 하여튼 임마는 도망 가버리고 전대도 이 사람이 차고 있었고 이 사람이 온 기간 동안 빵꾸가 났는데 소장은 이거는 같이 일한 너희 공동 책임이기 때문에 네 월급에서 절반을 까겠다. 그때는 세상이 무너지는…… 이런 더러운 세상이. 그래서 첫 직장을 그래 그만뒀죠. 싸우고 나오고 그랬는데."

첫 직장을 그만두고 이제껏 번 돈으로 몇 달을 놀았다. 오토바이를 사고 싶어 다른 주유소에 취직했다. 또다시 열 시간씩 일하며 돈을 모아 오토바이를 샀다. 학교 다니던 친구들을 태우고 자유롭게 여기저기 놀러 다녔다. 주유소를 그만두고 놀러 다니다가 돈 떨어지면 다시 주유소에 들어갔다. 그러는 사이 친구들은 고등학교를 졸업해서 대학에 갔다. 진로에 대한 고민이 들기 시작했다. 대학 안 간 친구들은 직업군인이 되겠다며 시험 준비를 했다. 당시 직업군인이 멋있어 보여 병기도 같이 뛰어들었다. 하지만 고등학교 중퇴 학력이 문제였다. 직업군인이 되기 위해 고등학교 검정고시를 준비했다. 준비를 하나도 안 했는데 떡하니 붙었다. 시험이 중학교 수준이었기 때문이다. 직업군인 시험은 봤다가 결국 떨어졌다. 어영부영 다시 주유소 알바를 하고 있을 때 마침 영장이 나왔다. 군대에 갔다.

천사 같은 와이프

군대는 견디기 힘들었다. 고삐 풀린 생활을 하다 엄격한 위계가 있는 생활을 하려니 고통스러웠다. 처음에는 죽을 거 같더니 생활하면서 점차 적응이 됐다. 군대에서 서울대, 연세대를 다니다 온 선임을 만났다. 엘리트라 그런지 뭐가 달라도 달랐다.

"그때는 제가 책 열심히 읽던 친구, 연세대 다니는, 저보다 6개월 정도 먼저 들어온 선임이 있었는데 동갑이고. 그 친구는 진짜 되게 준비를 열심히 하고 있더라고요, 삶에 대한 준비를. 지금 생각해보면 한번씩 얘기 나누면 너 이제 짬되고 전역하고 할 때, 이야기해보면 삶에 대한 계획을 차곡차곡 많이 쌓아놨더라고요."

막연히 부럽다는 생각을 했다. 하지만 바뀌는 것은 없었다.

2년이 지나 12월에 제대했다. 그때가 스물세 살이었고, 좀 놀다보니 스물네 살이 되었다. 이전처럼 주유소 알바를 시작했다. 지금 아내가 된 여자친구도 이즈음부터 사귀기 시작했다. 사실 전역을 앞두고 나온 마지막 휴가에서 고등학교 서클 형들과 술자리를 갖다가 거기서 처음 만났다. 여자친구는 그 자리에 있던 어떤 형의 누나의 친구였다. 자기보다 두 살 위였다. 아버지가 일찍 세상을 뜨고 어머니는 재가를 했다. 두 여동생과 함께 시골 할머니 집에서 자랐다. 고등학교 때 두 여동생을 데리고 대구에 있는 여상으로 유학을 왔다. 거의 소녀가장 수준이었다. 어서 졸업해서 직업을 가져야 했다. 그래야 동생들을 보살필 수 있을 테니까.

병기를 만날 즈음 아내는 공장에서 경리 일을 하다가 간호조무사 자격증을 따서 일한 지 1~2년쯤 되어 있었다. 병기는 자신보다 처지가 더 나쁜 20대 중반 여성이 열심히 살아가는 모습을 보고 감동을 받았다.

"와이프 처음 만났을 때 들었던 큰 생각 중에 와, 훌륭하다면서 열심히 살아야 하는데 나는 뭐 하고 있지? 진짜 훌륭하다는 생각 많이 했거든요."

고삐 풀린 채 막 살아온 삶을 되돌아보게 됐다. 군대 가기 전처럼 이대로 계속 알바를 전전하면서 살아가야 하나? 돈을 벌어야겠다. 일을 알아볼까 싶어 수원에 가 있는 고등학교 서클 1년 선배네 자취방으로 올라갔다. 주유소보다는 아무래도 공장이 더 돈이 될 것 같았다.

"그 형 자취하는 집에 가서 일은 안 하고 얹혀만 살았죠. 형 출근하면 게임기 사서 게임하다가 밤에 오면 같이 술 먹고. 그래 있다가 아…… 근데 그 형도 되게 그때 비루하게 살았거든요. 카드 돌려 막기 막 하고. 그때 되게 멋있어 보였는데. 그 형 카드도 많다 하면서, 일곱 여덟 개 돌려가며 긁고 현금 서비스 받아서 메꾸고. 아, 그 형은 또 그게 힘들면서 그래 계속 살데요. 살다가 한날은 너무 힘들어하길래, 내 내려갈게. 내려와서, 그다음에 티비 설치하는 것도 했다가, 한 달 일하고 그만두고 그때부터는 뭐 노가다도."

그러고 살다보니 어느새 스물일곱. 여자친구는 처음 사귈 때부터 결혼을 생각하고 있었는데 이대로 가다가는 가망이 없을 것 같았다. 여자친구에게 속내를 털어놓았다.

"아, 내가 계속 이러다가 안 될 것 같다 이야기했어요. 나도 다른 애들처럼 대학교 가서 공부를 해서 제대로 된 직장을 다니고 싶다 카니까 그래라 그러더라고요. 니가 그래 생각하면. 적극적으로 항상 응원해주고 지지해줬었거든요. 그래 뭐, 카면 알았다. 학교도 가고 할게."

재밌는 대학 생활

학원도 안 다니고 혼자 공부했다. 공부도 제대로 안 하고 검정고시에 붙은 경험이 있어서 이번에도 쉽게 될 줄 알았다. 그러나 수학과 영어는 계속 들여다봐도 깜깜이었다. 어느 정도 이해가 되는 언어영역과 사회영역을 훑어봤다. 수능 시험을 봤는데 형편없는 점수가 나왔다. S대학은 아예 지원 자격도 안 돼 포기하고 B대학과 C대학에 원서를 냈다. C대학은 떨어지고 B대학에서는 예비등록 후보가 되었다. 번호가 너무 뒷자리여서 포기하고 있었다.

"한 2월인가 그때 연락 왔어요. 모르는 번호로 전화 와서 여보세요 하니까 B대학교입니다, 예비 됐다고 하면서 내일까지 등록금 납부하시면 입학할 수 있습니다 하는 거예요. 그래가꼬 하루 전에 이야기했다니깐요. 등록할 수 있는 마지막 하루 전날 전화 와서 등록할 수 있다 해가지고."

서울에서 직장을 다니던 누나가 등록금을 내줘서 입학할 수 있었다.

원래는 심리학과에 가려고 했다. 임상심리학 쪽으로 취업 전망이 좋다고 했다. 그런데 사회학과 분반에 소속되었다. 나이가 많아 어린 학생들과 학교 생활을 잘할 수 있을까 걱정이 많았는데, 마침 동갑내기 복학생 선배가 있어 빨리 적응할 수 있었다. 만나자마자 "반갑다 친구야" 하면서 친근하게 대해줬다. 그 이후로는 나이 어린 선배들도 모두 형 대접을 해주었다. 새로운 친구들을 사귀니까 대학 생활이 너무나 재미있었다. 2학년 올라갈 때 자연스럽게 지금까지 어울리던 친구들을 따라 사회학과에 들어갔다.

친구들과 어울리는 것도 재미있었지만 사회학 공부도 너무 재미있었다. 중고등학교 시절에는 입시용으로 하고 싶지도 않은 공부를 하니까 흥미를 잃었는데, 스스로 공부하고자 마음먹은 사회학은 그렇지 않았다. 졸업해서 취업이고 뭐고 일단 대학 생활을 즐기자는 쪽으로 생각을 틀었다. 문학사회학회에 들어갔다. 중고등학교 때 딴 건 몰라도 학급문고를 읽는 것은 좋아했던 터였다. 매주 소설을 읽고 그것이 지닌 사회학적 의미가 무엇인지 토론했다.

"내가 생각하는 거를 정리해서 누군가한테 이야기를 하고 어…… 아, 뭐라 해야 되지? 그거를, 그게 재밌더라고요. 내가 생각한 거를 정리를 해서 남한테 이야기를 하고 나면 되게 뭐라 하면 되지? 좀…… 뭐라 해야 되노…… 더 많은 걸 알게 된다는 그런 느낌을 받는다고 해야 하나?"

끝나면 술자리를 가졌다. 재미있었다.

방학 때는 등록금을 마련하기 위해 틈틈이 공사 현장에 나가 알바를 했다. 한번은 돈이 모자라 오토바이를 팔아 등록금을 냈다. 남은 돈은 나이 어린 대학 친구들에게 맛있는 것을 사 먹였다. 3학년 때 그동안 모아놓은 돈이 다 떨어졌다.

"카드 긁어가 갚아야 할 날 다가오면 또 미뤘다가 알바했는 걸로도 메꿔봐도 안 메꿔져서 또 누나한테 빌리고. 정 안 될 때 와이프한테 손 벌리고. 와이프가 천사 같은 사람이었죠."

3학년이 되어 문학사회학회 회장을 맡았다. 부족하긴 했지만 스스로 커리큘럼을 만들어 진행했다. 취업과 관련한 공부 말고 그냥 재미있게 토론할 수 있는 학회를 만들고자 노력했다. 4학년 때는 사회학과 학생회장에 뽑혔다. 원래는 다른 학생이 회장을 맡아 할 것으로 예정되어 있었는데, 투표를 해보니 병기가 한 표가 더 많았다.

"그거는 진짜 느닷없고 뚱딴지같은 일이었어요. 원래 계속 우리 과는 내정하는 시스템으로 흘러왔거든요. 일종의 내정. 기존 학생회에서 내정된 사람이 되고. 4학년 올라갈 때 내정된 친구가 있었는데, 그때 1년 후배 중에 하나가 나를 추천하고 투표를 했는데 제가 돼버렸어요."

학생회장을 하면서 제일 중점을 둔 것은 스펙이니 이런 거 신경 쓰지 말고 재미있게 지내자 하는 거였다. 후배들에게 부담을 주지 않으려 노력하며 학생회 활동을 했다. 어느새 대학을 졸업했다. 대학 때 스펙을 하나도 쌓지 않았는데 2개월 만에 경북에 있는 한 협동조합에 취직을 했다.

"조건은 대졸 이런 거 다 필요 없고요. 대신에 지역 공동체 활성화나 협동조합 이런 거에 대한 관심을 가진, 물류나 유통 경험이 있으면 좋고 없으면 말고 그 정도의 조건이었고."

대신 임금이 턱없이 낮았다. 연봉이 1,400~1,500만 원 정도였다. 직장 다닌 지 1년 만에 여자친구와 결혼했다. 원래는 독립해서 살려고 했는데, 아내가 시댁에 들어가 살고 싶다고 했다. 어릴 때부터 소녀가장으로 살다보니 부모의 품을 그리워했나보다. 부모님과 함께 살기로 했다. 자연스럽게 주거 문제가 해결되었다. 직장을 4년 다닌 현재 연봉은 약 4,000만 원 정도 된다. 직장 생활을 오래한 아내는 이보다 더 번다. 아이는 일부러 안 낳은 것은 아니지만 아직 없다.

사회로부터의 인정

좋은 삶이 무엇이냐고 물었다.

"안 그래도 그 생각을 요즘 좀 하는데요. 처음에 제가 뭔가에 딱 꽂혔을 때는 항상 그거만 보고…… 예를 들면 학창 시절에는 의리가 젤 중요해 보였고요. 그다음에 대학교 들어왔을 때쯤에는 일종의 재미? 그냥 즐기는 거."

대학 졸업 무렵 마침 사회적 기업이 유행을 탈 때라 관심을 가졌다. 수익성보다는 공동체 가치를 지향한다는 취지가 좋아 보였다. 하지만 정작 4년 동안 일을 하고 보니 그런 추상적 가치만을 위해 일하는 것이 아니라는 게 느껴졌다. 그리고 사람들을 만나러 가는 게 꼭 즐거운 일만은 아니라는 생각이 들었다. 이제 깨닫기 시작한다.

"지금 와서는 대체로 모든 것에 가치부여를 하지 않는 편인 것 같아요. 대신에 이런 건 있어요. 남이 좋아하는 가치에 대해서 많이 이해해주려고 하는 노력. 내가 뭔가를 좋아하고 뭔가 좋다고 하면 누군가가 나를 존중해줬으면 좋겠어요. 그런 거만 있으면 내가 뭘 하고 살든지…… 네 그렇습니다."

사실 병기는 인정을 추구하며 살아왔다. 자라면서 집에서도 학교에서도 인정을 못 받자 친구로부터 인정을 받고자 했다. 주유소 알바로 힘들게 번 돈을 친구들 맛있는 거 사주는 데 썼다. 대학생 시절에도 경제적으로 힘든 와중에 나이 어린 대학 친구들을 위해 아낌없이 베풀었다. 취업에 몰두할 4학년 때 학생회장을 맡아 학생회를 이끌기도 했다. 여자친구를 만나서는 열심히 살아야겠다고 다짐했다. 병기에게 좋은 삶이란 이렇듯 친구와 가족으로부터 인정을 받는 것이다. 이제 직장에서도 인정을 받고자 한다.

"돈이 얼마냐 하는 건 중요한 게 아니고 대신에 이 조합이 아주 바람직한 선례로 남기를 바라는 생각 때문에 사실 그게 제가 우리 조합을 바람직한 선례로 남길 수 있으면…… 지금 임금이 힘들지만 적어도 이런 믿음은 있고요."

그렇다면 병기는 자신이 생각하는 좋은 삶을 어떤 방식으로 추구하는가? 병기는 자신의 자아를 누나, 아내, 친구와 같은 가족 집단 성원들과의 상호작용 관계 속에 놓는다. 가족끼리는 빡빡하게 굴면 안 된다. 병기는 직장에 가서도 그렇게 행동한다.

"지역 작은 협동조합에서 일하는 사람들이 대체로 전문성이 약간 떨어지는 경향성이 있거든요. 저도 그런 사람이고…… 어떨 때, 전문성 있는 큰 기업이랑 (사업) 하게 됐을 때, 예를 들면 뭐를 지급한다고 했을 때 날짜를 하루 어기고 그러면 굉장히 큰 문제가 될 수도 있었는데 아무렇지 않게 생각했다가 거래 끊길 뻔한 적까지 간 적도 있고. 무책임하게 그냥 아 몰라, 그렇게 하루가 가고. 그래가꼬 큰 잘못 한 번 했죠. 사회 규칙이라든가 제가 그런 걸 좀 무시하는 성향이다보니까."

이후로는 좀 더 체계적으로 가려고 하긴 하지만, 그런 게 몸에 배지 않아 지금까지도 잘 안 되고 있다.

병기는 목적 수단 범주를 통해 자신의 시장 가치를 높이는 방식으로 행위를 구성하지 않는다. 대신 어릴 때부터 몸에 익힌 습속을 따라 행위한다.

"널브러져서 자라가지고 하다가 안 되면 쉽게 때려치워버리고. 일하러 간다고 오산이고 수원이고 막 갔다가도 안 되면 (돌아올) 집이 있으니까. 사실은 그런 거에 기댄 측면도 많아요. 안 되면 집에 가서 밥 먹고……"

열심히 안 하고 대충한다. 그런데 이상하게도 일이 잘 풀린다. 검정고시도 공부를 거의 안 했는데 한 번에 붙었다. 수능 시험도 마찬가지다.

"저는 학원도 안 다니고 사실 저는 검정고시처럼 대충 될 줄 알았어요. 그러니까 이런 생각이 좀 있었거든요. 20대 초중반까지도 대학 간 친구들이나 이런 친구들이랑 한번 만나서 술 먹고 이야기해도 그 친구들이 솔직히 말하면 그렇게 똑똑해 보이지 않았거든요…… 그래서 뭐 대충 이렇게 하면 되겠지라고 생각했는데."

수능 시험은 잘 못 봤지만 신기하게도 대학에 들어갔다. 결혼과 직장도 마찬가지다. 특별히 기획하지 않아도 하던 대로 재밌게 하면 일이 잘 풀린다. 병기는 최근에야 비로소 목적 수단 범주를 통해 행위를 구성해야 할 필요를 느낀다. 협동조합을 이런 식으로 운영했다가는 결코 성공할 수 없다는 것을 깨닫고 있기 때문이다. 그런데 그렇게 하자니 재미가 자꾸 떨어진다.

07 "더 밑에서 하는 사람 역할도 필요하다 생각하거든요"

평범한 사람

민주는 C대학을 졸업하고 현재 대구에서 사회운동을 하고 있다. 민주가 처음부터 사회운동에 관심을 가진 것은 아니다. "대학교 입학 전에는 그냥 평범한 대구의" 여고생이었다. "대학 이전엔 그냥 진짜 평범하게 친구들과 어울려 다니고 연애 한 번도 안 했었"다. "서울 쪽의 대학이 아니면 쳐다보지도 않는" 학군에 살았던 민주는 "반에서는 중상위권이었는데 수능에서 예상보다 점수가 많이 낮아" C대학으로 오게 됐다. 내심 서울에 있는 대학은 힘들어도 "S대 정돈 가겠지" 했지만 수능을 망친 탓에 일이 틀어졌다.

지금까지 살아온 삶에 대해서 이야기해달라는 말에 민주는 이렇듯 처음부터 '평범'이란 단어를 통해 자신을 정의한다. "노는 게 재미있어" 친구들과 어울려 다니던 평범한 민주는 "대학교 들어오면서 인생이 이제 좀 순탄하지 못한" 방향으로 흘렀다. 어떻게 그렇게 되었을까? 특차로 대학에 입학한 민주는 원래 철학과나 심리학과에 가려고 했는데, 입학 당시 학부제여서 우연찮게 사회학과 분반에 소속되었다. 대학에 "들어오자마자 선배들이 집회 나가야 한다면서 데리고 나가고 막" 그랬다. 민주가 입학했던 2000년에는 아직 학생운동 문화가 대학에 살아남아 있을 때였다. "물론 안 나갔던 친구들도 있었는데 하필이면 그때 어울렸던 선배들이 다 학생회 뭐 이런 출신들"이었다. 민주가 학생운동에 참여하게 된 것은 사회정의와 같은 어떤 거대 담론에 이끌린 것이 아니다. 그저 같이 어울려 다니던 선배들이 학생운동을 했기 때문에 자연스럽게 그쪽으로 간 것이다.

"그때는 그냥 뜻이 좋아서 이런 거보다는 아, 그냥 우리 과 선배들 다 여기 있구나 싶어가지고 다니고 했었던 것 같아요. 그러다보니 과도 잘 왔다 싫고."

특별한 인정

사회학과 분반에 속한 모든 신입생들이 학생운동에 뛰어든 것은 아니다. 운동하는 선배들과 어울려 다닌다고 누구나 학생운동을 하는 것이 아니다. 그렇다면 민주는 왜? 그건 친구와 교수로부터 운동을 하는 '특별한' 학생이라는 인정을 받는 경험을 했기 때문이다. 그저 선배를 좇아 수업도 빠지고 집회에 따라다니던 민주는 2학년이 끝날 무렵 총학생회 부회장으로 출마하라는 선배들의 권유를 받았다. 내가 왜? 나같이 평범한 사람이? 바로 그러한 평범함이 민주를 총학생회 부회장에 적격으로 만들었다.

당시 학교 본부에서는 운동권 학생이 총학생회에 당선되지 못하도록 관리하고 있었다. 이런 상황에서 뭔가 두드러진 활동을 하던 학생은 눈에 띄어 총학생회 선거에 출마조차 하기 어려웠다. 운동권 학생들은 학교 본부를 혼란스럽게 만들기 위해 일부러 다섯 개 정도 팀을 꾸렸는데, 그중 한 팀에 민주가 속해 있었다. 민주는 평범한 비주얼을 가지고 있어 선택됐다. 네 팀은 정작 출마도 안 할 거면서 등록을 시켰고, 최종적으로는 민주가 속한 팀이 선거에서 승리했다. 8년 만에 운동권 총학생회가 뽑힌 것이다.

"나중에 들어보니까 설마 저 팀은 아닐 거라 생각했다, 저 정도 비주얼 가지고는 힘들 거라고 생각했는데 어떻게 저 팀이 나왔냐."

총학생회에 나가게 됐다고 했을 때 학과 친구들이 적극적으로 도와줬다.

"친구들도 지금은 그런 얘기하더라구요. 필기 같은 거 하면 서로 안 보여주고 선생님들이 시험 치고 하면 뭐 이렇게 시험 나오겠다 이런 거 자기만 알고 이러는데 저는 운 좋게도 친구들이 이거라도 봐라면서 자기 노트 보여주고, 발표 수업 있으면 선배들이 내가 내용을 다 준비할 테니까 우리는 앞에 나가서 말하는 게 어색하다, 니가 앞에 나가 발표만 해라 해서 끼워 주고……(그렇게) 졸업한 것 같아요."

학과 선생님들도 격려해주었다.

"수업도 안 나가면 민주 어디 갔노. 집회 나갔다 카면서. 그럼 선생님들이 수업 안 나가고 해도 점수도 막 주셨고."

학생회 활동하면서 집회를 해야 하는데 당장 학생회비가 모이지 않아 어려움을 겪을 때는 손수 돈까지 빌려주었다.

"쌤이 돈도 빌려주셨어요. 학생회비 풀리면 드리겠다, 쌤 죄송하다 하니까 쌤이 어 알겠어 하면서 빌려주시고 갚고."

대정부 투쟁 집회를 하다 붙잡혀갔을 때는 선생님이 불러다가 사정을 물어보고 살뜰히 챙겨주었다. 이렇듯 민주는 '유사 가족' 집단 안에서 받은 인정을 통해 학생운동의 길로 나아갔다. "선생님한테 나름 어필도 많이 하고 친구들이 자랑스러워해주고" 교수마저도 돈까지 빌려주며 아낌없이 지원한다. 하지만 학생운동을 마냥 지속할 수는 없다. 1~2년이 지나자 졸업이 코앞으로 다가온 것이다. 그때쯤 되자 학생운동이 저물고 자기계발이라는 새로운 바람이 불기 시작하던 때였다. 다들 졸업 후 취업을 걱정한다. 민주도 앞날을 걱정하게 되었지만, 취업할 생각은 없었다. 그때 마침 선배들이 학교에 계속 남아 학생운동을 지도하는 것이 어떻겠냐고 권했다. 민주는 학교에 남을 방편으로 마침 비어 있던 학과 조교 자리를 맡았다.

"학교에서 후배들하고 계속 학생운동을 했으면 좋겠다는 이런 요구도 있고 해서 선배들의…… 그 활동이라도 몇 년 더 해야겠다 싶어서 조교도 하게 됐고."

유사 가족 연결망

민주는 또다시 삶의 중요한 분기점에서 운동권 선배들의 요구에 따라 삶의 행로를 선택했다. 학과 조교로 2년을 일하면서 학생회를 지도하기로 했다. 하지만 학과 조교 일도 마냥 계속할 수 없었다. 조교 생활을 한 지 1년이 지났을 때 다시 갈림길에 서게 된 것이다. 이때 민주는 선배의 권유를 따라 대구 지역 학생운동 조직에 들어갔다. 대구 경북 지역 대학을 돌아다니며 학생회를 지원하는 활동을 했다. 하지만 이마저도 3~4년이 지나자 계속할 수 없었다. 운동권 학생회가 모두 붕괴되어 더 이상 지도할 학생회가 없어진 것이다.

다시 분기점에 섰다. 어디로 가야 하나? 이번에도 역시 운동권 선배의 권유를 따라 아직 학생운동이 살아 있는 서울로 올라가 학생운동을 지도했다. 숙소도 따로 없이 학교 안에 있는 생활공간에서 먹고 자고 했다. 씻는 것은 학생들이 등교하기 전 체육관에 있는 샤워실에서 해결했다.

"그때는 일어나서 씻는 것도…… 애들이 등교 안 할 때 샤워실 가서 씻고…… 체육관 이런 데 가도 샤워실 있고…… 그때는 별로 힘든 건 몰랐던 것 같아요."

그 힘든 시절도 사실 선배 언니와 함께여서 고된 줄 몰랐다. 오히려 재미있었다. 아침에 일어나면 보통 세 학교 정도를 방문해서 학생회를 지원했다. 당시 학내 민주화가 핵심 사안이라 학교가 등록금을 투명하게 쓰는지 확인할 수 있는 예결산 분석을 주로 도와주러 다녔다.

하지만 서울에서마저도 학생운동이 힘을 잃으면서 활동 공간을 잃고 말았다. 민주는 할 수 없이 다시 대구로 내려왔다. 이번에도 선배를 따라 인권운동을 주로 하는 조직에 들어갔다. 서울에 중앙 조직을 둔 운동 단체였다. 민주는 대구에 있는 하부 조직에 소속되었다. 민주는 활동하면서 한 번도 보수를 받아본 적이 없다. 자신을 절대 보수를 받는 시민운동가로 정의하지 않는다.

"참여연대나 이런 데는 저희랑 다른 게 뭐냐면 거긴 많은 돈을 받잖아요. 제 기준에서 100만 원 이상이면 많이 받는 건데 저희는 사실 그렇게 돈을 받거나 그러진 않거든요."

한 달에 2~3만 원 알음알음으로 후원을 받아 생활을 꾸렸다. 한 달 생활비로 30만 원에서 50만 원을 썼다. 부족할 때는 알바로 포토샵 일러스트 일도 했다. 운동할 때 홍보 활동을 하면서 익혀둔 기술이었다. 민주는 2014년에 구성된 세월호 모임을 새로운 운동 단체로 조직할 계획을 가지고 있다.

낮은 데로 임하소서

민주는 어떤 사회가 좋은 사회냐는 질문에 누구나 행복을 꿈꿀 수 있는 사회가 좋은 사회라고 답한다. 어떤 게 행복이냐고 되묻자 다음과 같이 답한다.

"돈으로 평가되지 않고, 돈 많아야 행복한 건 아닌데 요샌 돈 많아야 행복한 거로 여겨지니까 그게 아닌 세상이 되면 좋지 않을까. 진짜 사람의 가치가 높게 평가되고 내가 일하는 게, 그게 뭐 청소를 하든 의사든 교수님이든 뭐든 자기 일에서 행복을 찾고."

이렇듯 민주의 가치는 분명 지방대생이 생각하는 가족의 행복이 아니다. 만나는 사람들이 자신의 영향을 받아 자주적인 모습으로 변하는 걸 보는 게 행복이다.

"저는 새롭게 사람들을 만나는 게 되게 좋고 제가 만나는 새로운 사람들은…… 이 사람들이 뭔가 자기가 이때까지 억압받았다고 생각하는 것을 약간 탈피하면서 자기 자주성을 실현하는 이런 사람들을 만나고, 이렇게 하는 사람들을 만들어내고 이런 거에서 좀 행복하고 뿌듯하기도 하고."

민주는 자신의 가치를 추구하는 과정에서 가족과 갈등을 겪을 수밖에 없는 처지에 있다.

"저희 아버지는 전형적인 경상도 아저씨에 보수적인 아저씨고 박근혜를 공주님으로 모셔야 하는 그런 분이셨고, 엄마도 그렇게 정치적인 견해가 있거나…… 이런 평범하신 분."

그럼에도 아버지와 절대 언쟁하지 않는다. 아버지도 되도록 민주가 하는 일에 대해 알려고 하지 않는다. 서로 지나친 관심을 보였다가는 한집에 살 수 없다. 민주가 적은 후원금으로 대구에서 사회운동을 계속 할 수 있는 물질적인 기반은 사실 부모와 함께 살면서 주거와 식비 대부분을 해결하는 데 있다.

민주가 가치를 추구하는 방식에는 지방대생 특유의 성찰적 겸연쩍음이 배어 있다. 민주는 정당을 구성해서 정치운동을 하는 대신에 낮은 곳에서 이름 없이 활동한다. 더 좋은 사회를 만들기 위해 정치 세력화를 해서 운동하면 더 효과가 있지 않겠느냐는 질문에 다음과 같이 답한다.

"저도 우리 사회에서 조금 더 나가기 위한 여러 가지 방법이 있다고 생각하는데, 정치 세력화가 돼서 제도적으로 국회에서 힘을 좀 실어서 변화시키는 힘도 있을 거라고 생각하지만 그거 말고 저처럼 활동하면서 대중운동을 더 벌여내고 그런 세력들을 더 모아내고 더 밑에서 하는 사람 역할도 필요하다 생각하거든요."

왜 민주는 이런 방식으로 운동을 하는가? 사실 서울에서 같이 학생운동을 조직하던 여성 활동가는 이를 발판 삼아 나중에 국회의원이 되었다. 민주도 이런 길로 나갈 수 있지 않았을까?

"그 언니는 예전부터 그런 활동을 해왔어요. 학생운동 조직 안에서도 이제 당을 지향하는 학생운동 조직들이 있잖아요. 저는 (그런) 활동보다는 학생회 활동을 택했었고 그게 더 저한테는 맞고 보람 있다고 생각했던 것 같은데."

민주도 진보정당 소속으로 시의원에 출마한 적이 있긴 하다. 하지만 이는 자신이 하고 싶어 한 것이 아니다. 자신이 속한 진보정당이 위기에 처하자 이를 타개하기 위해 지방선거에 나가라는 조직의 요구에 순응한 것이다.

"당원이 누구든지 선거 나가자 이래서 동네에 출마한 거였는데, 그런 요구가 있으면 저는 뭐 출마할 생각은 있고 세력화에 이바지할 생각은 있는데 저의 역할은, 그렇게 하시는 분들도 계시고 근데 제 역할은 여기에서 이거라고 생각해가지고."

왜 이렇게 민주는 운동을 추구하는 방식에 성찰적 겸연쩍음을 지니는 것일까? 그것은 민주가 속한 조직의 운동 스타일 때문이다.

"제 생각에 그런 힘은 조직에서 오는 것 같아요. 제가 속한 조직은…… 더 낮게 알아주는 게…… 얼마 전에 조직 의장님이 돌아가셨는데 의장님의 그게 에, 더 낮게 더 이름 없이 이런 걸 유언처럼 평생을 사신 분이셔서 우리도 그걸 좀 본받자. 우리 조직 자체가 그런 걸 좀…… 그런 게 조직의 힘이 아닌가 싶긴 해요."

왜 운동하는 사람이 마치 성직자처럼 왼손이 하는 일을 오른손이 모르는 방식으로 운동하는가? 남을 변화시키는 것이 운동이라면, 운동가는 자신을 선동하고 선전에 능한 운동가로 자기계발해야 하지 않겠는가? 하지만 그렇게 하지 않는다. 왜? 그건 평범하게 살아온 습속에 맞지 않는다. 남들처럼 직장도 안 갖고 결혼도 안 하고 20~30대 청춘을 운동에만 바쳐왔는데, 어떻게 이런 삶이 가능했냐고 묻자 더듬거린다.

"그냥 자연스럽게 이까지 흘러온 게 아닌가 이런 생각도 들고…… 살면서 대학 들어오기 전까지 그렇게 충격적인 것도 별로 없었고요. 누가 그렇게 뭐…… 세월호 유가족이 된 것도 아니고…… 진짜 그냥 평범하게만 살아온 것 같아요. 그런……"

중고등학교 시절 평범하게 살았다고 했는데, 그 의미가 뭐냐고 묻자 답한다.

"학교에서도 공부를 아주 잘하는 건 아닌데 아주 못하는 것도 아니고 항상…… 중간 정도보다 약간 잘하는 건 유지하고."

사회운동도 아주 잘하는 것도 아니고 아주 못하는 것도 아닌 중간 정도보다 약간 잘하는 게 습속에 맞는다.

08 "술 먹는 책방 같은 거 만들고 싶어요."

글 잘 쓰는 카사노바

진욱은 A대학을 졸업하고 대학원 석사 과정을 수료한 후 현재 대구의 한 시민단체에서 일을 하고 있다. 살아온 삶에 대해 이야기해달라고 했다. 시작부터 '단순' '평범'이란 단어가 튀어나온다.

"사는 건 뭐…… 비교적 단순하죠. 대구에서 태어났으니까. 대구…… 사실은 이전부터 있던 대구 지역이라고 해야 할까요? 구도심. 아주 구도심에서 태어난 사람이라서요. 그렇게 태어나서 계속 대구에서 살았습니다. 그 다음에 특별할 거 없이 다 평범하죠."

심지어 중학생 시절 외환위기를 겪으면서 집이 어려워진 것조차도 대부분의 평범한 사람들이 겪은 일로 서사한다.

"호황기에 집이 커졌다가 IMF 때 쫄딱 망하고 이런 건 기본적인 거라서."

하지만 외환위기로 인한 가족의 곤궁함은 진욱에게 사회에 대한 궁금증을 갖게 만들었다. 사업을 하던 아버지는 외환위기 이전에도 몇 번 사업이 망하기는 했지만 금방 다시 일어섰다. 외환위기 전까지는 방이 8개나 되는 집에서 살았다. 하지만 외환위기 때는 그야말로 쫄딱 망했다. 단칸방으로 이사했다. 형과 누나가 학교를 졸업하고 직장을 다녀도 삶이 좀체 나아지지 않았다. 아버지, 어머니, 형, 누나가 모두 일을 해도 빚을 갚기가 힘들었다. 방세를 감당 못해 쫓기듯 1년마다 이사를 다녔다. 이러한 집안의 곤궁함은 세상에 대한 궁금증을 낳았다.

"왜 사람들은 그렇게 사는가. 왜 이거는 이렇게 되는가. 그런 궁금증이…… IMF는 나쁜 거라고 하는데 그러면 나쁜 거를 정부는 왜 받는가. 이런 것도 궁금하잖아요."

답을 찾기 위해 닥치는 대로 책을 읽었다.

"둘러싼 것들이 궁금했고. 그래서 막 그래서 역사도 보게 되고, 뭐 그때 물리학 책도 봤어요. 교양 물리학 책 이런 거. 아인슈타인도 보고 특정 장르를 가리진 않았어요." 고등학교에 올라가서는 학교 수업보다는 독서 서클에 빠져 살았다. 당시에는 정부가 학생들의 동아리 활동을 권장하는 정책을 펴고 있었다. 대구 시내 여러 학교 학생들이 주말만 되면 모여 독서토론회를 열었다. 정부에서 야자(야간 자율학습)도 폐지해서 3시 40분에 수업을 마치고 집에 갔다. 시간이 남아돌았다. 여고를 찾아다니며 독서토론회를 열었다.

"서클 활동이라 하면…… 그 주말에 토론회를 열거든요. 토론회 방이 열리면 어떤 책에서 그 토론회에 가서 이야기를 하는 거고. 그리고 이제 큰 행사 그게 보통 거의 매주 있고요. 그게 없는 주는 보통 남학생들은 욕심이 여고생, 여고 서클이랑 만나가지고 우리가 이건 심도 깊게 집중적으로 토론해보자. 두 서클만 집중토론 이런 게 있거든요. 말로는 집중토론이긴 한데 그런 것도 있었고."

재밌게 책 읽고 토론하고 글 쓰는 사람이 되고 싶었다. 김남주의 시집 《나의 칼 나의 피》와 같이 남들이 안 읽는 책을 읽었다. 선생님이 어려우니 그런 시는 읽지 말라고 했다. 어렵다고 하니 더 오기가 생겼다. 책 한 권을 다 읽고 친구들과 논쟁을 벌였다.

"10대에는 글 잘 쓰는, 글 잘 쓰는 카사노바 이런 느낌, 그렇게…… 근데 글 써보니까 크게 뭐 재능이 있는 거 같지도 않고. 그때는 독서토론 하면 이렇게 글 써서 제출하고 자료집 만들고 이런 것들이 있거든요. 시도 쓰고. 네, 잘 쓰면 인기가 좋잖아요."

그때는 자신이 애들보다 잘 쓴다고 생각했는데 밖에 나와 다른 학교 학생들을 만나보니 그렇지 않다는 걸 알게 됐다.

"아, 이건 나의 길이 아니다."

그럼에도 세상에 대한 궁금증은 가시지 않았다.

"사람은 무슨 생각을 하고 살까? 이 세계는 뭘까?"

도망치는 삶

A대학 인문학부에 입학했다. 고려대 조치원 캠퍼스 문예창작과와 서울외대 철학과에도 지원했지만 모두 떨어졌다. 고등학교 시절 독서 서클을 쫓아다니느라 제대로 공부를 안 해 수능 점수가 좋질 않았다. 대학에 들어가보니 다들 엠티를 가고 동아리 활동을 했다. 고등학교 때 이미 다 경험한 터라 시시하게 보였다.

"1학년 때는 술만 먹고 놀고 수업도 거의 안 드가고 그냥 학교만, 술 먹고 도서관 가 있거나 아님 그 전날 술을 많이 먹어서 과방에 자고 있거나. 셋 중에 하나여서 학점도 별로 안 좋았거든요."

푸코의 《광기의 역사》를 읽었다. 뭔가 흥미롭긴 한데 이해가 전혀 안 됐다. 이해도 못하면서 오기가 생겨 끝까지 다 읽었다. 하지만 결국 포기했다.

"아, 이거는 사람이 읽는 게 아니야. 사람이 읽는 건 아니고 이거를 읽는 건 이상한 거야."

책을 반납했다. 아는 신학과 조교가 가지고 있는 책이 눈에 들어왔다. 헤게모니에 관한 책이었다.

"아, 헤게모니 신기하네."

선배에게 책을 빌려 무슨 뜻인 줄도 모르고 읽었다. 페미니즘에 관한 책도 읽었다.

"페미니즘 이런 거 공부 한번, 그니까 완벽한 페미니즘은 아니고 페미니즘을 해석한 이게 있는데 보통 공부하다가……"

이것도 그만두었다. 한 교수가 주최하는 정신분석학 세미나에도 한동안 쫓아다녔다.

수업은 거의 나가지 않았다. 어느새 1학년이 끝나 있었다. 철학과에 들어갔다. 당시 학부제에서 철학과는 항상 미달이었기 때문에 성적이 낮은 진욱도 쉽게 들어갈 수 있었다. 2학년이 돼서도 비슷한 대학 생활을 계속하다가 어느 날 촛불집회에 나가게 됐다.

"맨날 술 먹고 뻗고 술 먹고 뻗고 하다가 하반기 되니까 학교에 이제 뭐 사회적인 포스터 붙고 이래가지고. 촛불집회였나? 그래서 그때 그런 거 한번 나가기 시작…… 나가보기도 하고."

당시 미군 장갑차에 여중생 두 명이 깔려 죽는 사건이 발생해 촛불집회가 열릴 때였다.

"2학년 때 들어와서 촛불집회 하고 이렇게 하면서 이제 많은 사람들을 만나더라고요. 뭐 해보자, 해보지 않을래? 하면서 그래서 그때는 저는 뭐…… 일단은 할 수 있으면 다 했어요."

집회도 잘 따라다니고 농활에도 참석했다. 운동권 선배에게서 제안이 들어왔다. 부총학생회장에 출마할 생각이 없냐고. 당혹스러웠다.

"저는 원래 제가 잘 그런 거, 잘 알지도 못한 상태였어요. 잘 알지도 못하는 상황이지만 그러니까 저는 같이 데모하는 게 좋은 거예요. 뭘 하는 걸 좋아하는 거예요. 이거 재밌고 이런 거지. 이거를 내가 한국 사회를 구체적으로 바꿔야 돼 그런 게 아니에요."

가만히 있다가는 원하지도 않는데 떠밀려서 부총학생회장으로 출마할 판이었다. 빠져나갈 묘안을 짰다.

"빨리 도망가야겠다. 그때 이제 원래는 학교에 계속 등록 상태이기 때문에 일부러 빠져나오게 신청해서 아, 영장 나왔다 하면서 나 이제 군대 갈 거라고 그렇게."

재빨리 입대 지원서를 냈다. 2학년을 마치고 군대에 갔다. 최전방 강원도 철원이었다. 가보니 대학을 안 나온 사람이 절반 이상이었다.

"우리가 생각하는 대학 진학률 80프로가 가지만 대학 생활 하는 사람은 50프로도 안 되겠구나. 그런 걸 좀 깨달았어요."

대학교 다니다 온 사람조차도 소위 스카이 대학 등 좋은 대학에 다니는 사람은 없었다. 위험한 최전방 지뢰지대라 좋은 대학 출신은 어떻게든 다 빠져나간 모양이었다. 그래서 그런지 다들 가정 상황이 좋질 않았다.

"집에 가면 동생들 먹여 살려야 하는데 어떻게 먹여 살려야 할지 모르겠다, 이런 고민하는 사람도 보고. 사실 그전까지 그런 사람들은 책에서 보는 존재들이잖아요. 내 주변에 딱히 어렵다고 해도 내가 동생 먹여 살려야 해 이런 사람은 없잖아요. 부모님이 좀 못 사시거나 부모님 한 분 안 계셔서 홀어머니 밑에 있어서 그렇지 자기가 집안 경제를 책임지고 이런 사람 못 봤는데. 실제로 그런 사람 너무 많고 그런 것들이 좀 군대에서는 충격, 사실 좀 아…… 생각보다 이게 계층별 차이가 엄청나구나."

군대에서도 책 읽기는 계속되었다. 니체의 힘의 의지에 관한 책을 읽었다.

"이해는 잘 안 되는데 힘의 의지는 이해가 되더라고요. 힘이 있어야 한다, 힘이 있으면."

인도철학과 박사 과정을 다니다 온 간부가 있어 인도철학에 관한 책도 읽었다. 간부가 말했다.

"야, 인도철학을 공부해야 해, 이러면서 서양철학이 뭐 있냐 이러면서. 그러면서 뭐라고 했더라? 합리론이나 경험론 16, 17세기잖아. 야, 인도에서는 7, 8세기에 끝났어."

뭘 공부하면 되냐고 묻자 영어로 된 산스크리트어 교재를 내밀었다. 한 자도 읽을 수가 없었다. 그만두었다.

제대 후 3학년으로 바로 복학했다. 인터넷으로 옷을 팔고 배송하는 알바를 하고 있는데 함께 학생운동을 했던 선배들한테 전화가 왔다.

"만나자 그래서, 술 사준다니까 간다고 했는데. 아, 이제 네가 이걸 좀 맡아서 해야겠다. 그래도 네가 학번도 적당하고 군대도 갔다 왔고 네가 이것저것 이해하는 것도 빠르고 하니 네가 해야 하지 않겠냐."

평범하게 살고 싶었지만 같이 어울릴 수밖에 없었다. FTA 반대 집회도 가고 평택 미군기지 반대운동 집회에도 갔다. 하지만 "특별하게 사회가 바뀌는 것 같지도 않고" 해서 한 학기 만에 다시 휴학했다.

중국 남서부를 48일 동안 배낭여행으로 다녀왔다. 경비는 아홉 살 많은 형에게 빌려달라고 했다.

"경비는 빌려달라 그랬죠, 우리 형한테. 갚아줄 테니까. 난 지금 빨리 가야겠다. 난 너무나 가고 싶다. 안 가면 미칠 것 같다. 그래서 안 가면 학교도 못 다니겠다."

풍족했던 청소년기를 보낸 형은 외환위기 이후 어려운 청소년기를 보낸 진욱에게 마음의 짐이 있었다. 여행 경비를 선뜻 내주었다. 여행 계획을 대충 세우고 자유롭게 떠돌아다녔다.

"애매한데 물론 출발 때 계획은 이 도시 유명하대 가보자. 근데 지금 있는 도시가 너무 좋은 거예요. 거기 가지 말고 여기서 놀자, 여기서 놀아야겠다. 여기서 놀고 그래가지고, 그니까 계획이라는 게 있긴 하지만 그 계획대로 움직이는 건 아니어서 계획을 수정한 거죠. 여기가 좋으니까."

다시 복학했다. 이제 학교 공부를 제대로 해보자는 생각이 들었다. 사회 활동 안 하고 수업을 충실히 들었더니 학점이 4.3이 나와 처음으로 장학금도 탔다. 하지만 학년이 올라갈수록 미래가 불투명했다. 지금까지 공부를 안 했으니까 대학원에 가자는 생각이 들었다. 사회학과 대학원에 입학했다. 철학은 너무 추상적이어서 현실 해명성이 떨어지는 것 같았다. 반대로 사회학은 재미있고 현실 해명성이 있어 보였다.

"사회학 만한 게 없다고 생각해요…… 인간 행동을 이해하거나 행동할 때 인간의 이기심으로 설명할 수도 있고 인간의 문화적 양식으로 설명할 수도 있고 경제적 양식으로 설명할 수도 있고. 아님 이 갈등적 구조 안에서, 구조적인 대립적인 구조 안에서 하는 양식도 설명하고 이러니까. 그래서 저는 그게 더 설득력 있다고 생각이 든 거예요."

하지만 공부하기가 너무 힘들었다. 지도교수는 매일 아침 10시까지 나와서 대학원생 연구실에서 공부하라고 했다. 자유롭게 살다가 갑자기 책상 앞에 앉아 하루 종일 책만 읽고 있으려니 미칠 것 같았다.

"아무래도 액티브한 스타일이 있으니까. 책상에 앉아 있는 게 너무 힘든 거죠. 앉아 있는 게. 가끔씩 나가서 이렇게 좀 액티브하게 해줘야 하는데, 그런 거. 근데 뭐 그러니까 가끔 풀어주고…… 완전 액티브한 건 아닌데. 그래도 액티브한 성향이 있는데 80프로는 액티브 안 한데 20프로 액티브한데 이 20프로가 사라지니까."

글을 써가도 지도교수가 이거 고쳐라 저거 고쳐라 가혹하게 지적했다. 더 이상 견디기 힘들었다. 도망치듯 대학원을 뛰쳐나왔다.

직장과 결혼

대구의 한 시민단체에서 활동가를 모집한다는 공고를 보고 원서를 냈다. 대구에는 청년 활동가가 적어서 그런지 바로 들어갈 수 있었다. 한 달에 80만 원을 받고 하루에 10~11시간 일하는 활동가 생활을 시작했다. 학자금 대출금 60만 원을 갚고 나면 쓸 돈이 없었다. 그나마 부모님과 함께 살아 주거비는 들지 않았다. 차비라도 아끼려고 걸어서 출퇴근했다. 6개월 정도 일하니 최저임금인 110만 원 정도를 받을 수 있었다.

여자친구를 사귀게 됐다. 대학 선배와 술자리를 하다가 나중에 동석한 여자였다. 이야기를 나눠보니 쪽방 거주민 지원 단체에서 일하고 있었다. 빈곤층을 문학 교육을 통해 치료하는 일이었다. 서로 말이 잘 통했다. 만난 지 2~3년 만에 결혼했다. 결혼할 때도 형한테 도움을 받았다. 처갓집에서도 얼마 정도 보태주었다. 일하는 곳에 걸어 다닐 수 있을 정도의 거리에 집을 샀다.

"집은 또 저희 형한테 얻었죠. 형이 얼마 있냐고 해서 4,000만 달라고 해서 4,000만 원 받았고. 그래가지고 처갓집에서 2,000만 원 주셔서 6,000만 원 가지고 전세 알아보는데 전세도 너무 비싼 거예요. 너무 오를 때라서.

알아보러 갔는데 전세가 1억 3,000인데 매매가 1억 4,000인 거예요. 그러면 내가 1,000만 원 더 대출받아서 사야겠다, 그렇게 해서 샀어요."

형한테 도움받을 때 미안하지 않았느냐고 하자 장손이니까 당연히 해줘야 하는 거 아니냐며 반문했다.

"그 정도는 이때까지 깽값 같은 거죠, 일종의. 그래서 크게 미안하다고 생각해본 적 없습니다. 그리고 (형은) 실제로도 부채에 대한 자괴감을 계속 가지고 있어요, 사실은. 자기 누릴 수 있는 거 다 누렸거든요. 부모님이 해주는 거 다 누렸거든요. 나는 중간에 홀라당 망했기 때문에 부모님 식당 일도 도와주고 고3 때도 알바하고 이랬기 때문에."

진욱은 어려서부터 장손인 형이 특별 대우를 받는 것을 보고 자랐다. 질투 같은 것을 느꼈다.

"질투 이런 게 조금. 왜 저 사람은 저거 주고 나한테는 해주지 않고. 이게 딱 할아버지 옆에서 밥 먹을 수 있는 손자, 할아버지 옆에서 밥 먹을 수 있는. 저는 저 밑에서 밥 먹는 손자거든요. 그, 사람 대우가 달라요. 삼촌들도 형이 화를 내잖아요, 삼촌 앞에서. 삼촌들 아무 말 못해. 말릴 수는 있어도 혼을 내지는 못해요. 나는 화를 내면 이 새끼 이렇게 되는 거죠."

현재 진욱은 150만 원 정도의 최저임금을 받으며 일하고 있다. 아내는 그보다 더 번다. 빠듯하긴 하지만 둘이 살기에는 그다지 어려움이 없다. 아기도 태어났다. 결혼하기 전 자유롭게 살던 때와 비교하면 여행도 마음대로 못 가고 해서 가끔 답답하긴 하지만 참을 만하다.

새로운 미적 체험

좋은 삶이 무엇이냐고 물었다.

"제가 하고 싶은 거 하는 삶이 제일 좋은 거 같아요. 그게 윤리적인 관점이 있겠죠. 그 안에서 윤리적인 거. 하면 안 된다 이런 게 있으니까. 나로서 있는 삶. 그게 제일 좋은 거 같아요. 제가 지금 경제적으로 힘들어도 제가 지금까지 사는 이유는 내 하고 싶은 일 하면서 사니까 즐겁잖아요."

진욱은 선호의 언어를 통해 좋은 삶을 정의한다. 그렇다면 진욱이 선호하는 것은 무엇인가? 그건 어떤 추상적인 가치가 아니다. 구체적인 어떤 특이한 물건이나 미적 체험이다. 예쁜 체스나 남미 독재자 게임 같은 것을 가지고 싶다.

"대구에서 살면서 내가 나로서 있을 수 있는 게 안 채워지는 부분은 분명히 있어요. 뭐…… 예를 들어서 특정한 물건을 파는 가게가 있는데 그건 대구에 없어요. 부산이나 가야 되는데 부산쯤 되면 그나마 괜찮아요. 부산쯤 되면 가까운데 저기 뭐 서울 동네 어디 망원동 이쪽에 가면…… 체스 예쁜 거 파는 데 있어요. 대구 지역에는 없거든요, 그런 거 파는 곳. 그런 거 사고 싶은데 그나마 부산 그니까 거리가 너무 머니까 짜증나고 이럴 때 있고. 아니면 또 이제 그런 게 있어요. 독재자 게임, 남미의 독재자라고 해서 나를 운영하는 게임이 있어요. 이런 거 서울에서 하거든요. 대구에서는 그 게임하는 사람이 잘 없어요."

맛있는 고깃집을 원정 다니며 먹어보고 싶고, 사진전도 구경하러 가고 싶다. 그런데 대구에는 이런 것들이 별로 없다. 그럴 때는 좀 짜증이 난다.

최종적으로 진욱은 술 먹는 책방을 운영하고 싶다.

"저도 하다가 그만두면 소소한 술 먹는 책방 같은 거 만들고 싶어요. 술 먹는 책방. 책도 있고 술도. 술 안 쏟아지게 해서 조명해서 술 먹을 수 있게 그렇게 한번 책방을 만들고 싶다…… 무슨 이벤트도 많이 하고 싶고 그래요. 그래서 금요일 밤이나 이런 때는 심야 영업하면서 오늘 밤새도록 3시까지 보다 가세요, 마시다 가세요. 그렇게 좀 하고 싶고."

진욱은 이러한 좋은 삶을 추구할 때 자신의 자아를 일종의 쾌락주의적 개인주의 언어로 정의한다. 지구라는 혹성에 임무를 받고 파견 왔다가 다시 고향별로 돌아갔을 때 어떻게 보고할 것이냐고 물었다.

"잘 놀다 왔는데요. 인간은 잉여로워야 된다고 생각해요. 그렇기 때문에 저는 노는 게 제 임무라고 생각하고 최대한 노는 시간을 많이 가지고 진짜 많이 놀았으면 잘 놀았다고 하고. 생각보다 별로 못 놀았어요. 저는 즐거움 이런 게 좋습니다."

진욱은 자신의 자아를 기업가, 생존주의자, 가족주의자로 정의하지 않는다. 자신이 주관적으로 느끼는 체험의 미적 감성으로 자신의 자아를 정의한다. 살아오면서 가장 즐거운 체험이 무엇이었냐고 물었다.

"수박 먹으면서 선풍기 틀어놓고 테레비 보는 거. 아무 생각 없이 오롯이 그냥 내가 하는 행위에 집중할 수 있던 거. 뭐라 하는 사람 없이 더운 거 해소되고 내가 퍼먹는 행위와 보는 행위에 동시에 집중할 수 있는 거."

여기에서는 성찰적 겸연쩍음이나 성찰적 수치심 같은 에토스는 끼어들기 힘들다. 느슨한 관여가 가져다주는 헐거운 일상의 즐거움. 또는 관광지에서 맛보는 한가한 여유로움. 의무로 해야만 하는 일에서 풀려난 삶이 가져다주는 감각적 즐거움. 이 모든 것은 장기간 헌신하지 않고도 즐길 수 있는 감각적 체험이다. 오히려 오래 하면 즐거움이 사라진다.

진욱은 목적 수단 범주를 통해 자신의 행위를 구성하지 않는다. 그렇다고 해서 가족이나 친구가 행하는 습속을 따라 하는 것도 아니다. 오히려 새로운 미적 체험을 시도하려고 한다. 줄곧 새로운 책을 읽고 학생운동을 하고 여행을 가는 것도 모두 이러한 미적 즐거움을 얻기 위한 것이다. 하지만 즐거운 감각은 반복되거나 깊이 들어가면 쾌감의 강도가 줄어든다. 그럴 때마다 진욱은 새로운 것을 추구한다. 시민운동을 하고 있는 지금도 그렇다. 집회를 할 때 공공기관 외벽에 증강현실을 보여주는 새로운 시도를 해보자고 주장한다.

"아직까지는 대중화된 장르가 아니라서 장비들이 복잡한 게 있어서 그게 서울에서도 안 해본 거예요, 안 해본 건데, 내가 해보자고 한 건데. 그건 서울에서도 안 하는 거지 이렇게 말을 해요."

09 "집에 있는 게 좋았어요"

자괴감

영수는 B대학을 졸업하고 대학원에 들어왔다가 그만두고 현재는 어머니와 함께 편의점을 운영하고 있다. 영수는 지금까지 살아온 삶을 이야기해 달라고 하자 '자괴감'이란 용어로 시작한다.

"저는 일단 대학원 석사 과정까지는 갔었는데 제가 공부를 열심히 안 한 것도 있고…… 제가 과제를 제대로 못해내서 그게 너무 자괴감이 컸거든요. 도중에 나오게 됐는데."

대학원을 1년 다니다 그만두고 나와보니 뭐 하나 할 것이 없었다. 취업을 하려고 해도 대학 다니면서 쌓아놓은 스펙도 없고 그렇다고 해외 봉사 활동이라도 갔다 왔는가 하면 그렇지도 않다. 이력서에 한 줄 적을 것이 없었다. 공무원이나 돼볼까 해서 1년 정도 공부하다가 그마저도 그만두었다.

"내가 이렇게 열심히 하지도 않았는데 이걸 한다고 되는 걸까 싶기도 하고. 그리고 다른 수험생들도 그렇게 공부를 되게 잘하는데, 약간 좀 자괴감 많이 들고 안 될 것 같애 이러면서 제가 포기해봤고."

도대체 어떤 삶을 살아왔기에 몇 분 남짓 이야기하는 동안 자괴감이란 단어를 두 번이나 쓰는 걸까? 영수는 자신이 어릴 때부터 많이 소극적이었다고 말한다.

"초등학생 이전부터도 그랬던 것 같은데. 그냥 잘 울고 애들하고 좀 안 어울리고 그냥 애들 막 나가서 같이 운동하고 하는데 저는 그게 싫었어요. 집에 있는 게 좋았어요. 그니까 자연스럽게 그냥 아, 나는 소극적이고, 외향적인 성격이 아니고. 약간 좀 조용한 게 좋았거든요."

그럼 무엇을 하고 어린 시절을 보냈을까?

"그냥 혼자 멍 때리고 아니면 게임하거나 책은 보더래도 공부 책은 안 보고 그렇게 보냈어요."

영수는 자신은 꿈 같은 게 없었다고 한다. 굳이 말하라면 "그냥 삶으로서 꿈 같은 거라면 소박하게 산다거나"라고 말할 수는 있다. 직업으로는 초등학교 때 뭣도 모르고 경찰이나 화가가 되고 싶기는 했었다.

"그랬었는데 그래도 재능이 있고 공부도 좀 되는 상태여야지 계속 이어질 수 있는 거고."

중학교 때부터는 무슨 직업을 가질 거니 물으면 대답을 하지 못했다. 고등학교 때부터는 무슨 직업을 가질 거냐고 물으면 스트레스를 받았다. 마지못해 공무원이 되고 싶다고 답했다. 공무원도 사실 부모님이 바라는 것이었다.

"부모님 같은 경우에는 안정되게 생활하길 바라죠, 공무원 해서. 공무원밖에 없다, 니는. 그나마 제일 할 수 있는 게 공무원이다. 니는 운동도 못하제. 그나마 공부 이런 걸 해야 된다. 이런 이야기를 하셨고."

고등학교도 부모가 강권해서 인문계로 갔다.

"인문계 못 가면 낙오하는 거처럼 다들 얘기하는 거죠. 부모님도 못 가면 안 된다. 이래 해서 인문계, 마침 성적도 되니까 왔고."

대학교에 입학할 때는 나중에 취업이 잘되는 학과를 가야 하는데 공부를 못해서 성적에 맞춰 B대학교 사회과학부에 들어왔다.

"그냥 성적 맞춰서 왔는데 사회학, 그때 임시분반으로 사회학과를 왔어요. 사회학과 왔는데 공부가 재밌는 것 같았거든요. 원래는 사회복지 쪽으로 가려고 했는데. 학부제였었거든요. 왔다가 분반으로 사회학 갈려서. 사회학 재밌는 것 같아서 이제 결정하게 됐고."

사회학은 살아오면서 처음으로 공부하고 싶은 마음이 들게 한 재미있는 학문이었다. 수업을 열심히 따라갔다. 좋은 성적을 받았다. 난생 처음 장학금도 받았다. 교수가 지도하는 공부 모임에도 들어갔다.

"1학년이었는데 교수님 따로…… 면담을 신청해주셔서 제가 갔는데 지금 학술 모임이 있다. 너도 한번 같이 공부해봤으면 좋겠다 해서 들어갔거든요. 그때 마침 멤버도 다들 잘하시는 분들이었고. 일단 해보겠습니다 해서 갔는데."

당시 하버마스의 《의사소통행위이론》을 읽었는데 이해가 전혀 안 됐다. 하지만 공부 모임에 발제를 해야 해서 무조건 읽어야 했다. 이해가 안 되면 암기를 했다. 어떻게든 해냈다.

"약간 암기식으로 했었어요. 아, 그때 토하는 줄 알았어요. 방학 때 계속 읽었어요. 그때는 밑줄 긋고 써가면서 했던 것 같은데. 나중에 되니까 그냥 밑줄 긋고 외우기 바빴던 것 같애요."

학과를 사회학과로 결정한 후 남들처럼 1학년 마치고 군대에 갔다. 공익으로 집 근처에 있는 동사무소에 다녔다. 처음에는 일을 잘 못한다고 혼도 났지만, 나중에는 그런대로 괜찮아졌다. 2년 복무하고 바로 2학년에 복학했다. 취업을 위한 스펙 쌓기나 알바 하나 하지 않고 학교 수업에만 충실했다. 좋은 학점을 받았다. 공부 모임에서는 이제 선배 역할을 맡았다. 4학년이 되자 자연스럽게 진로가 대학원으로 맞춰졌다. 교수가 권하기도 했지만 스스로 더 공부하고 싶기도 했다. 부모님은 반대하는 대신에 말했다.

"공무원 해라, 대학원보다."

하지만 영수는 끝까지 밀고 나갔다. 아버지가 건축업으로 어느 정도 성공했기 때문에 학비는 그다지 걱정하지 않았다.

"다행히 집에 아버지께서 노가다로 자수성가하셔서 돈 문제로 쪼달리거나 그런 건 없거든요."

그래도 집에 손 벌리지 않으려고 조교를 하면서 대학원에 다녔다. 문제는 공부였다. 영어로 된 논문을 전혀 읽을 수가 없었다. 이제 와 영어를 공부해서 읽을 수도 없고 자괴감이 밀려왔다. 한글 논문도 마찬가지였다. 책을 읽는 것과 달리 논문은 한 줄 한 줄 읽을 때마다 이해하기조차 어려웠다. 새삼 생각해보니 학점을 잘 받은 것도 진짜 잘 이해해서 그렇게 된 게 아닌 것 같았다.

"원래 실력은 그까지 나오면 안 되는데 그냥 교수님들 원하는 대답을 잘 썼던 것 같아요. 암기 약간 벼락치기 비슷하게 해가꼬 그것만 잘 받고."

기초가 안 되어 있다는 걸 빼저리게 느꼈다. 1학기 때에는 어떻게든 했는데, 2학기가 끝날 때에는 기말 리포트조차 낼 수가 없었다.

"그냥 준비도 안 됐었고, 뭔가 주제가 정해지면 거기서 살 덧붙여서 또 리포트 한 개 내고 리포트 한 개 쓰고 하는데, 그거 자체가 준비도 안 되어 있었던 것 같습니다. 공부하는 것도 하루하루 힘들었고."

자퇴하겠다고 지도교수를 찾아갔다. 지도교수는 말렸다. 일단 휴학하고 더 생각해보라고. 휴학했다, 다시 돌아가지 않을 것을 알면서.

집 밖의 험한 세상

대학원을 그만두고 나오니 할 게 없었다. 대학 성적만 좋을 뿐 취업을 위해 쌓아놓은 스펙이 하나도 없었다. 회사에 지원 서류를 낼 엄두도 내지 못했다. 집에만 있자니 부모님 눈치가 보였다. 돈이라도 벌자 해서 전라도로 다시마 농사를 지으러 갔다.

"다시마 해서 밭에 널고 그거 잠깐 도왔는데 너무 힘이 들어가지고…… 진짜 하루에 다섯 시간 자고 쉰다고 쉬는 게, 톱질하는 게 쉬는 거예요. 그거 말고 밥 먹는 것도 20분 만에 하고 나머지 다 일하는 시간이고."

원래는 한 달 일하고 수익이 나는 것에 따라 어느 정도 비율을 배당받기로 했다. 그러나 2주도 못 버티고 도망치듯 나왔다. 한동안 집에 있다가 이번에는 알바를 하기 위해 서울로 갔다.

"일단 돈도 벌고 싶고 경험은, 어차피 경력 쌓은 건 없는데 돈이라도 많이 벌어 밑천 삼아서 뭐 가게라도 열면 다행이겠다 싶어서. 마침 아는 애가 그건 경력 같은 거 안 봐요 해서 갔는데."

술집 알바였다, 웨이터.

"웨이터인데 원래 손님들 이케 좀 기분 맞춰주고 술 서빙하고 아가씨들 맞춰주고 그런 거거든요."

웨이터는 월급 대신 팁을 받았다. 손님들 기분 맞춰주고 팁을 많이 받는 것이 웨이터의 능력이었다. 사장은 영수가 초보라 믿지 못하겠다며 월급을 주겠다고 했다. 팁 대신 월급 130만 원을 받기로 했다. 하루 열두 시간씩 2개월을 일했는데 첫 달만 월급을 주고 다음 달은 모른 체했다. 그러고선 해고를 했다.

"그냥 쫓아내는 것도 그냥 너 며칠 뒤부터 나오지 마. 그래가꼬 쫓겨나다시피 했는데. 돈도 안 주시고."

당시 한 달에 주거비만 50~60만 원 나가는 고시텔에 살고 있었다. 돈을 안 주니까 대구에도 내려가지 못했다. 돈을 받기 위해 고시텔에서 2주를 더 버텼다. 결국 노동법 위반으로 노동부에 진정서를 내고 돈을 못 받은 채 대구로 내려왔다. 재판을 통해 결국 나중에 돈을 받았다.

"교통비 이런 거 다 따져보면 남는 거는 별로 없기는 한데. 그냥 인생 경험 했다고 생각해요."

영수는 다시금 깨우친다. 결국 집 밖으로 나가는 것이 아니었어. 영수는 집 밖으로 나가면 무시당하고 차별받는다는 것을 안다. 초등학교 때부터 그랬다. 몸도 왜소하고.

"학교 가면…… 왜소하고 하니까 애들이 막 놀려대고 구타까지. 그니까 폭행 정도까지는 아닌데 약간 놀림감?"

그럴수록 친구들과 일상적인 대화도 안 하고 내리 잠만 잤다. "하는 짓도 좀 찐따 같고 하니까" 친구들로부터 소외를 당했다. 그나마 말을 하고 지내는 친구도 소수의 외톨이들이었다.

"아주 옛날부터 초등학생 때부터 그런 성향이 있었던 것 같아요. 초등학생 때 고집불통이라고. 수업 듣기 싫다고 선생님 계신데 그냥 바로 집에 가뿌고. 중간에 그래서 다시 학교 끌려가고, 잠도 그냥 일부러 자고 선생님들도 막 뭐라 카고 안 좋았는데."

얼굴도 비호감이고.

"지금도 아는 동생하고 얘기해보면 형은 좀 특이하게 생겼어요. 턱도 이렇게 생겼고. 뭔가 좀 호감 가는 얼굴형이 아니에요. 뭐 이런 식으로 이야기를 하거든요."

대학 시절 그 흔한 알바 한 번 안 했다. 아니 못했다. 왜소한 체구에 비호감 얼굴, 거기다가 '찐따' 같은 행동. 누가 써주겠는가?

"알바도 당장 서류 내면은 전화라도 와야 되는데 전화도 안 되고. 그때 면접 보는데 아, 이런 성격이면 안 되는데요 하면서 바로 안 되고. 그런 게 너무 많아가꼬."

해외여행이나 어학연수는 자신이 없어 시도도 안 해봤다. 처음으로 모험을 걸어본 것이 대학원 입학이었다.

"약간 모험이었어요…… 할 수 있겠지, 그런 것도 약간 있었고."

하지만 이마저도 잘 안 됐다. 서울 올라가 웨이터를 해본 것도 일종의 모험을 해본 것이었다. 이것도 역시 잘 안 됐다.

"웨이터도 모험해봐라 해서 한번 해본 거거든요. 그랬고. 역시 안 맞았던 것 같아요."

다시 집으로

한 4~5년 동안 집에서 빈둥거리며 지냈다. 시간 때우는 것도 보통 일이 아니었겠다고 하자 씩 웃는다.

"컴퓨터 게임을 할 수도 있고 티비 볼 수도 있고 잠을 잘 수도 있고 책만 내내 볼 수도 있고. 그카다가 이제 뭐 도저히 못 보시니까 부모님이 그냥 내 하는 일이나 따라 해라 그래서 일 도와드리고 그렇게……"

하지만 이것도 1~2년이지 마냥 집에서 그러고만 지낼 수는 없었다. 집에서 공무원 시험을 종용했다. 눈치가 보여 1년 동안 공무원 시험 준비를 했다. 하지만 뜻도 의지도 없는 시험 공부가 제대로 될 리 없었다. 포기하고 다시 집에서 게임하며 놀았다. 보다 못해 부모님이 편의점을 차려주었다.

“직업도 못 구하고 그냥 집에서 빈둥거리니까 이거 해가꼬 니 알아서 해라. 그냥 차려주신 거 받은 거예요.”

원래는 안 한다고 했다. 너무 힘들다고. 하지만 부모님이 어디서 듣고 왔는지 편의점 사업이 괜찮다며 계약까지 해왔다. 건물 분양받느라 6억 원을 대출받고, 편의점 시설 꾸미는 데 몇 천만 원이 들었다. 2주 동안 본사에서 교육받고 편의점을 시작했다.

어머니와 둘이서 2교대로 일한다. 영수가 저녁 8시 40분쯤에 편의점에 출근하면, 어머니는 그때서야 집으로 간다. 영수는 다음날 낮 12시까지, 어머니가 다시 출근할 때까지 일한다. 잠도 못 자며 죽어라 일만 한다. 하지만 수중에 떨어지는 돈은 그리 많지 않다. 매달 대출금을 갚느라 120만 원씩 꼬박꼬박 은행에 내야 한다.

“순수익은 510 정도 하거든요. 근데 120 정도 빼면은 300 얼마고 어머니 저랑 둘이서 일하니까 나누기 2 하면은 200 좀 안 되고, 안 되게.”

편의점을 시작한 지 이제 석 달이 조금 지났지만 고생한 것에 비해 매상이 오르지 않는다. 이대로 계속할 수 있을지 자신이 없다. 하지만 부모님 보기가 민망해서 어쩔 수 없다. 그나마 아버지가 경제적 능력이 있어서 차려준 건데 열심히 해보려고 한다.

본능에 충실한 삶

영수는 가치 있는 삶이 무엇이냐고 묻자 의외로 바로 답한다.

“남들도 열심히 도와주면서 살 수 있는, 그니까 저도 부족한 거 없이 살면 제일 좋겠는데 그거는 역시 살면서 100퍼센트 어려운 것 같고 서로서로 도와가면서 그런 보람도 느끼면서 사는 게 제일 맞는 것 같습니다.”

어떻게 이런 가치관을 가지게 되었을까? 자라면서 소외당한 경험도 있지만 가장 결정적으로 영향을 준 것은 장애를 가진 연년생 누나의 삶이다.

"누나는 일단 장애인이고 철이 없어요. 누난데 누나 같은 생각 안 들고 동생 같거든요. 그래가꼬 어릴 때도 좀 진짜 누나는 제대로 왕따…… 아이고 괴롭힘을 많이 당해가꼬 부모님이 막 출동해가꼬 막 가해 학생 혼내고 그런 적도 있었구요. 솔직히 저보다 좀 많이 못해요."

그런 누나가 지금 복지관에서 도우미로 일하고 있다. 영수가 대학에 들어가 민주주의와 사회운동 같은 단어를 들었을 때 가슴이 뛰었던 것은 다 이런 이유 때문이다.

"그니까 민주주의나 사회운동 이런 거 들으면 기분이 좋았거든요. 그 막 여러 낱말이나 단어들이 있는데 거기서 꽂힌다고 해야 되나? 막 끌리는 그런 단어가 민주주의 이런 거였거든요."

누나처럼 장애를 가진 소수자가 겪는 차별이 없는 세상을 꿈꾸었던 것이다. 그래서 사회학을 공부하고 싶었다. 하지만 기초가 안 되어 있다보니 공부가 너무 힘들었다. 지도교수도 이것을 알았는지 순수 학문보다는 시민단체에 들어가 활동할 수 있는 주제를 잡아서 공부하라고 일렀다. 하지만 내성적인 성격에 이마저도 맞지 않았다. 오히려 잘할 수 있는 것은 다른 데 있었다.

"지금 일베 얘기 나오잖아요. 연구해오라 하면 인터넷 뒤져서 찾고 할 수 있어요. 요새 트렌드가 뭔지, 다른 흐름은 무엇인지 알아낼 수 있어요. 근데 시민단체 안에 들어가서 연구하라 하면 그건 잘 못하겠어요."

어릴 때부터 방 안에서 채팅을 하며 살았기 때문에 인터넷 쪽은 익숙했다. 하지만 지도교수에게는 이런 것을 공부하고 싶다고 말을 꺼내지 못했다.

그렇다고 영수가 자신의 가치를 포기한 것은 아니다. 당장 자신이 성취할 수 있는 것처럼 보이는 일을 목적으로 설정한다.

"근데 현실이 좀 먼 것 같고, 제 입 풀칠하는 것부터가. 연애도 전혀 안 되고 아버지도 계속 선 보라고, 선 얘기도 하시고. 근데 제가 그런 능력이 아직 외모 같은 것도 안 되고, 뭔가 공부를 잘한 것도 아니고, 돈이 많이 있는 것도 아니고 뭔가가 내세울 수 있는 기술이 있는 것도 아니고 하니까 많이 어려운 것 같고요. 당장은 저 자리 잡는 게 제일 중요한 것 같아요. 자리 잡고 나면은 그때 이제 어려운 사람들 보면 도와주면서 너도 딴 사람 보면 도와주면서 좀 살아라 이렇게 할 수 있으면 좋겠습니다."

부모가 원하는 것은 영수가 남들처럼 결혼해서 평범하게 제 몫 하며 사는 것이다. 영수도 그러고 싶다. 하지만 당장 그럴 수가 없다.

"하고 싶어도 당장 여건이 안 되니까요."

결혼해서 힘을 합쳐 편의점을 같이 하면 되지 않느냐고 물었더니 가부장 언어를 써서 답한다.

"적어도 저는 먹여 살릴 능력은 돼야 된다고 생각하거든요. 암만 못해도. 기술을 갖고 있든, 던져놨는데 거기서 뭔가 살아날 수 있는 그 정도는 있어야지 결혼할 수, 뭐 자격은 된다고 생각하거든요. 저는 가진 게 없거든요."

영수는 자신의 자아를 가족 밖 경쟁의 장에 놓지 않는다.

"좀 남들은 되게 경쟁적으로 살려는 말도 하고 모습도 보이는 것 같은데 저는 그런 건 지양해야 되지 않나 싶기도 하고."

영수에게 경쟁이란 남을 착취해서 자신의 이득을 취하는 비윤리적 행위처럼 보인다. 자신은 그런 삶을 살고 싶지 않다.

"다른 점포 사장님들은 알바 월급 최저시급 다 맞춰주면 힘들다 이렇게 얘기하는데 저는 그래도, 최저는 맞춰줘야지 하면서 버티고 있거든요. 다른 분들 보면 5,000원씩 주고 일을 시키더라고요. 저는 그렇게까지 못할 것 같아요. 막 적어도 그 정도의 양심은 지켜야 되지 않을까. 남들보다 약간 조금 더 생각하게 되는 것 같아요."

이렇게 경쟁 밖에 자신을 놓는 것은 언뜻 윤리적 결단인 것처럼 보인다. 하지만 자세히 보면 경쟁을 통해 한 번도 제대로 성공해본 적이 없기 때문에 그런 것이다. 집 밖에 나가 경쟁을 하면 항상 실패가 뒤따른다. 그러다 보니 집 밖의 다른 사람들과 경쟁은커녕 만남조차도 기피한다. 방 안에 틀어박혀 게임을 한다. 그것도 남들이 안 하는 비주류 게임을 한다.

"저는 일부러 남들이 안 하는 게임들만 찾아다녔어요. 사람들 많은 데 가면 피곤해요. 그니까 적은 데서 혼자 막 하는 게 편했거든요. 소수 아니면 소규모 사람들하고 하는 게 저도 편하고."

중학교 때 게임을 통해 만난 사람들이 평생의 친구다.

"그냥 게임 친목 모임인데 중학교 때 만났는데 아직까지 연락을 계속 하고 지내고 있어요."

이러한 소수들끼리는 경쟁하지 않는다. 가족처럼 지낸다.

영수는 목적 수단 범주를 통해 자신의 행위를 조직하지 않는다. 그렇다고 주변 사람들의 습속을 따라 행위하는 것도 아니다. 또한 자기가 잘하는 것을 하는 것도 아니다. 애초에 잘하는 것도 딱히 없다. 그저 어릴 때부터 몸에 밴 성향을 따라 살아간다.

"그냥 본성이 게을러서요."

그 본성이란 무엇인가?

"머리 쓰는 것도 아니고 일단 해야지 카면서 그냥 하는 것 같아요."

공무원 시험 준비할 때도 몸에 밴 성향을 따라 한다. 왜 공무원 시험이 잘 안 됐냐고 묻자 답한다.

"그냥 기초도 안 되어 있고 엉덩이도 계속 붙일 자신도 없고 해서. 내가 한다고 잘될까? 이런 것도 없고……"

만약 삶을 다 살고 나서 돌이켜본다면 어떻게 평가할 것 같으냐고 물었다.

"그냥 본능에 충실한 삶이었던 것 같기도 하고."

10 "아직까지는 그 끝에 도달하지 못했다는 느낌?"

종교와 공부

미영은 A대학 정치외교학과를 나와 여러 직업과 학업을 병행하다가 현재 직장을 다니면서 대학원 박사 과정 입학을 앞두고 있다. 자신의 삶을 돌아보며 지금까지 어떠한 삶을 살아왔는지 말해달라고 했다. 대학원 박사 과정에 들어가려고 결심한 이유부터 털어놓는다.

"종교적인 이유로 공부를 하고 싶단 생각이 되게 많이 있었어요. 그니까 이렇게 신학적인 것들로…… 근데 그거를 가족, 부모님이 안 해주시니까."

공부가 핵심적인 단어로 떠오른다. 원래는 신학을 공부해서 목회자가 되고 싶었는데 집에서 반대했다. 그래서 신학교를 가지 못하고 여러 직장을 다니게 되었다. 그런데 주변 사람들은 자꾸 공부를 하라고 권유한다.

"미영 선생님은 공부하는 게 되게 어울려. 또는 막 그런 학자의 길을 가면 참 좋겠어. 그런 말들을 자꾸 들으면서 저도 이제 자꾸 더 배우고 싶은 그것과 딱 합쳐지면서 그런 행동을 이제 하게 된 것 같고."

미영이 공부를 하고 싶다고 생각하게 된 것은 어릴 때 교회에서 새로운 것을 배우는 것이 즐겁다고 느끼면서부터다. 초등학교 5학년 때 친구들이 동네 교회에 같이 가자고 했을 때 처음에는 싫다고 했다. 집에서 텔레비전 보고 있는 게 더 좋을 때였다. 하지만 학년이 올라가면서 달라졌다.

"고학년 되면서는 교회 가는 게 재밌는 거예요. 거기 가서 말씀 듣고 하는 것들도 재밌고. 이렇게 뭔가 계속 배우는 거 자체에 즐거움이 있었던 거 같아요."

예체능은 이것저것 해봐도 재능이 없는 것 같다고 느꼈지만, 공부는 재밌는 걸 보니 할 수 있다고 여겨졌다. 아버지가 교회에 다니지 말라고 말렸지만 아랑곳 않고 즐겁게 교회에 갔다. 나중에는 이러한 즐거움을 여러 사람들에게 가르쳐주는 목회자나 선교사가 되고 싶었다. 신학대학을 가고자 했다. 하지만 자신이 다니는 교파에서는 여자를 목회자로 세우지 않았다. 집에서 반대했다. 거기 나와서 뭐할 거냐고. 집에서 경제적으로 지원해주지 않는다고 해서 포기했다. 대신 정치외교학과를 선택했다. 선교사도 외국에 나가는 것이니 마찬가지 아닌가 생각했다.

"이제 선교사가 되고 싶은데 어떻게 하고 싶은가 했을 때 간호사가 돼서 가는 방법도 있고, 뭐. 그때는 제 수준을 아직 잘 파악을 못한 거죠. 정치외교학과라는 곳에 가면 배워서 할 수 있겠다, 생각했었고……"

무엇보다도 A대학 정치외교학과가 들어가기에 점수가 맞았다. 대학에 들어가보니 주변엔 온통 공무원이 되려고 준비하는 사람들만 있었다. 하지만 공무원은 하고 싶지 않았다.

"주변에서 뭐…… 공무원 된다고 했을 때 공무원은 하기 싫었어요. 왜냐하면 이 사람들은 그 조직 안에서만 하고 능동적으로 행동하지 않으니까."

좀 더 영향력 있는 사람이 되고 싶어 외교관이 되기로 했다. 선교사나 외교관이나 외국에 나가는 것은 마찬가지라고 생각했다. 이왕이면 더 영향력 있는 사람이 되어 외국에 나가자고 생각했다.

정치외교학은 공부하니 재밌었다. 3학년을 마치고 휴학했다. 중국에 가서 1년 동안 중국어를 공부할 참이었다. 원래는 일본어를 공부하려고 했다. 그런데 수업에 들어가보니 이미 다 일본어를 어느 정도 공부한 학생들이었다. 좌절감만 맛보았다. 그때 학과 교수가 방학 중에 중국어를 가르쳐준다기에 중국으로 건너가 배웠다. 재밌었다. 중국학과와 중어중문학과 수업을 들었다. 국제센터에서 1년간 보내주는 중국 어학연수도 갔다. 북한 사람, 아프리카 사람, 러시아 사람을 만나 함께 중국어를 공부했다. 재밌었다. 더 있었으면 했지만 그럴 수는 없었다.

복학하고 미래에 대한 불안이 찾아왔다. 주변에서 하듯 공무원 시험을 쳐봤다. 외무고시도 봤다. 하지만 진짜 되려고 한 것은 아니다. 시험 보면 자극을 받는다고 해서 한번 해본 것이다.

"치고 나면 자극이 된다고 이야기해줘서 공부도 책 사서 막 하고. 주변에 선배님들 중에 공무원 준비하는 선배님들도 있으니까 물어보고. 어떤 책이 좋아요? 그러면 책 사고 보기도 하고 강좌 들어가기도 하고."

예상대로 다 떨어졌다. 자극은 되었지만 공부를 계속할 수는 없었다. 아버지가 고향 김천에 일자리를 잡아놓았기 때문이었다.

일과 공부

김천으로 와서 새마을금고에 다녔다. 가보니 여자 고졸 선배가 있었다. 사고의 범위가 달랐다.

"처음에는 내 가방에 필통이 들어 있는 걸 너무 신기해하는 거예요. 이거 왜 가지고 다녀요? 자기가 생각하기에는 필요 없다고 생각한 거죠. 도서관에도 간다, 토요일 같은 경우 일찍 마치면 거기 갈 거다, 같이 갈래? 이렇게 하면은 아, 그런 데도 가요? 막 이렇게 범위가 다른 것도 있었고."

고졸 선배가 통장 정리하는 법을 가르쳐주었다. 몇 번이나 들어도 잘 이해가 안 됐다. 실수를 거듭한 끝에 겨우 알게 되었다. 이게 정말 재밌는 일인가 하는 회의가 들었다. 한번은 새마을금고가 사회에 기여할 수 있는 방안을 만들어서 제안해보라고 했다. 제안했더니 바로 퇴짜를 맞았다.

"문화센터를 하면 사람들도 많이 오고 가고, 공간 활용하기에도 좋고, 뭘 가르쳐주는…… 제가 뭘 배우고 싶으니까. 뭘 가르쳐주는 강좌를 열어도 좋고 사람들이 모이면 좋겠어요. 그랬을 때 그건 아직 먼 이야기라고 그런 이야기도 하시고."

결정적으로 사람들이 너무나 수전노 같았다. 단돈 몇 십 원, 몇 백 원만 안 맞아도 새로 다 계산해야 했다. 회의감이 들었다.

"아, 이거 재미없는 것 같아. 또는 아, 나 이거 뭐 하고 있지?"

잠시도 더 있고 싶지 않았다. 임금은 나름대로 괜찮았지만 견디기 힘들었다. 대구에 있다가 소도시로 와서 더 그런가 생각했다.

"대구에 있다가 내려오니까 너무 답답한 거예요. 대구에서 특별한 활동을 한 것도 아니고, 그런데 김천에 갔을 때 생활하는 거 자체가 너무 재미도 없고 심심하고 답답하고 이거에 대해서 즐거움이 없는 거죠."

3~4개월 다니다 새마을금고를 그만두었다. 마침 유치원에서 영어를 가르쳐보지 않겠냐는 제안이 들어왔다. 교회 언니들과 집사님들이 소개해주었다. 재밌을 것 같았다. 회사에 소속되어 어린이집으로 파견 나가 영어를 가르치는 일이었다. 일이 연속성은 없었지만 시간 대비 수입이 괜찮았다. 아침에 반짝 해서 200만 원 정도 받았고, 오후에는 시간을 활용할 수 있어 좋았다. 당시 중국어 붐이 일던 때여서 영어에 중국어를 접목해서 가르쳤다. 중국에서 1년간 연수한 것이 큰 도움이 되었다.

1~2년 일을 하다보니 공부에 대한 열망이 일었다. 신학을 공부할까 했는데 집에서 반대해 포기했다. 아이들을 가르치면서는 항상 유아교육학을 전공하지 않았다는 것이 마음에 걸렸다. 전문가가 아니라는 생각이 들었기 때문이다. 그럼 어떻게 전문성을 획득할 수 있지? 우선 숲 교육에 관련된 공부를 했다.

"숲! 아이들이 자연에 나가서 배우고 하는 걸 책을 사서 배우고. 부산대 교수님이 강의한다고 해서 수업을 들어봤어요. 나중에 아이들한테 가르치니 너무 재미있어 하는 거예요. 자기가 직접 탐험하고 이런 것들."

유아교육학과를 들어가려고 했다. 우연히 학교에서 만난 학과 교수에게 상담했다. 이미 보육교사를 하고 있는데 뭣 하러 돈과 시간을 들여서 다시 유아교육학과를 가냐며 말렸다. 그때는 유아교육학과를 나와야만 유치원에 갈 수 있다는 걸 몰랐다. 보육교사는 어린이집만 들어갈 수 있을 뿐이었는데.

나만의 특화된 전문성을 찾고 싶었다. 다문화를 공부하기 위해 정책대학원에 들어갔다. 아이들을 가르치다보니 앞으로 다문화 자녀가 많아질 거라는 생각이 들었기 때문이다. 학비를 마련하기 위해 어린이집을 계속 다니면서 밤에는 정책대학원에서 공부를 했다. 배우다보니 한국어 교육이 필요하다는 걸 알게 됐다. 굳이 외국에 선교사로 나갈 필요가 있나. 이미 우리 안에 다문화 가정이 많은데. 사이버대학에 들어가서 2년 동안 공부하고 한국어 교사 자격증을 땄다. 5학기 대학원을 마칠 무렵 다니던 어린이집이 어려워졌다. 마침 교회 어린이집을 운영하고 있던 정책대학원 학생이 같이 일해보지 않겠냐고 제안했다. 직장을 옮겼다.

가보니 빈곤한 지역이라 그런지 상황이 열악했다.

"갔는데 무법천지인 줄 알았어요. 환경 자체가 너무 안 좋기 때문에 아이들이 통제가 안 되고. 음식을 줘도 감사해하기보다는 부정적으로 말해요. 그런 언어들을 써요. 딱 주는 순간, 받는 순간 안 먹으면 안 돼요? 자기의 뭔가, 권리를 행사하는 듯한."

사회복지에 대한 관심이 생겼다. 사회복지사 양성원에 등록했다. 벌써 내년 봄이면 졸업이다. 교회 어린이집을 계속 다니고 있는데 주변에서 자꾸 공부를 더 하라고 권한다.

"주변에서 계속 공부 좀 더 하지 더 하지 더 늦기 전에 하지, 그것도 있고. 주변에 선생님들과 대학원 선생님들, 그리고 어린이집 선생님들도 그렇고. 선생님은 여기 있을 게 아니다 공부를 더 해라 조금 더 해서 이 아이들을 어떻게 할 건지 정책적으로 이야기 좀 해줘라 이런 이야기도 막 하면서."

A대학 일반대학원 박사 과정에 들어가 다문화를 더 공부하기로 했다. 어린이집을 그만두었다.

"근데 학교 공부를 하면서 이거를 하려니까 애들한테도 미안한 거예요. 내가 공부에다가 신경을 쓰면서 애네들을 똑같이 신경 써줄 수 있겠나?"

공부만 하고 싶었지만 돈이 필요했다. 면목이 없어 부모에게 기댈 수 없었다. 다른 직업을 찾았다. 집집마다 방문해서 아이들을 가르치는 직업이다.

여행과 공부

미영은 대학을 졸업하고 13년 동안 직장 생활을 해왔다. 결혼을 하지 않고 부모와 함께 사니 주거비 걱정도 없고 해서 돈을 많이 모았겠다고 물었다.

"돈이 하나도 없어요. 그래서 그 생각도 있어요. 아, 나 돈 다 어떻게 썼을까……"

오히려 빚이 좀 있다. 교회에 헌금을 했다. 계속 공부를 했기 때문에 학비로도 돈이 많이 들어갔다. 무엇보다도 여행을 많이 갔다.

"근데 하여튼 저한테 거의 다 많이 투자는 된 것 같아요. 여행을 가고. 여행은 여기저기 좀 많이 갔어요. 중국에 한참 많이 갔고요. 그때는 중국 가면 기분 되게 좋았어요. 중국을 다녀오고 나서 여러 번 가고 또 선교하러도 같이 가고. 중국에 가고 그다음 대만에 가고 일본에도 가고 유럽도 가고. 다 혼자는 아니었던 거 같아요. 짝꿍 맞춰서 가고 베트남도 가고 캄보디아도 가고."

미영은 틈만 나면 여행을 갔다. 뭔가 새로운 체험을 하는 것이 너무 재밌었다. 이런 체험은 대학에 가기 위해 아버지와 함께 대구에 왔을 때 처음 해보았다. 충격이었다.

"늘 살아오면서 저는 계속 소도시에, 김천이라는 작은 도시에 살면서 이제 그냥 편안하게 지냈고. 그다음에 어릴 때부터는 늘 착한 아이."

소도시에서 아버지의 보호 아래에서 평안하게 살던 착한 아이는 아버지의 품을 벗어나는 체험이 재밌다는 것을 알게 됐다. 대학교 오리엔테이션 때는 혼자 대구로 왔다.

"부모님은 지역을 넘어가는 거에 대해서 또 여자아이니까 걱정이 되게 크셨거든요. 아빠는 처음 딸을 혼자 보내본 거예요. 기차도 혼자 태워 보내고 하니까 하루 종일 걱정하고 있었던 거예요. 그런 것들이 아빠에겐 크게 자리 잡고 있었던 거죠. 아직도 나한텐 어린애인데 그렇게 다니고 그러니까."

중국으로 1년간 어학연수를 갈 때도 여자 혼자 간다고 부모님이 굉장히 걱정했다. 부모님은 강하게 나가는 척하지만 결국 미영이 원하는 걸 다 들어준다. 대학에 입학할 때도 김천에 있는 대학 간호학과를 가라고 했지만 듣지 않았다.

"내가 그럴려고 공부한 줄 알어? 그럴 거면 나 그냥 학교 정규수업 마치면 집에 가고 하지 왜 이거 해? 그렇게 되게 짜증 섞인 그런 대답을 했어요."

새마을금고를 그만둘 때도, 대학원에 들어간다고 했을 때도 처음에는 못마땅해했지만 결국 미영의 손을 들어주었다.

여행은 바로 이러한 '집'으로부터 일시적인 일탈이다. 사실 여행이나 공부나 똑같은 것이다. 집으로부터 잠시 벗어나와 즐겁고 재밌는 생활을 하는 것이다. 가정주부로 살고 있는 고등학교 친구가 말한다.

"너랑 이야기하면 참 좋아. 이번에는 어디 갔다 왔는데 하고 이야기하면. 책 이야기하는 거 되게 좋아하고."

하지만 이 모든 것은 사실 집이 있기 때문에 가능한 일이다. 여행을 마치고 언제나 돌아갈 수 있는 집. 집에서는 또 다른 '집'을 마련하라고 다그친다.

"결론은 늘 결혼이에요. 지금 이제 늘 그 화두가 결혼이다보니 결혼을 해야 되겠나 이렇게도 되지만, 이야기를 하다보면 끝에는 결혼을 해야 될텐데."

조율사

가치 있는 삶이 무엇이냐고 물었다. 10초 동안 답을 못하더니 말한다.

"가치 있는 삶은 제가 사회적으로 뭔가 기여할 수 있는 게 가치 있는 삶."

이런 생각은 종교로부터 왔다. '집'을 중심으로 여러 가지 즐거운 일을 하고 있지만, 결코 가족주의 언어를 써서 가치 있는 삶을 정의하지 않는다. 대신 종교 언어를 쓴다. 기독교가 가르쳐주었다.

"인간은 다 죄를 짓는다. 사람이 선할 수 없고 선하려고 하지만 악한 면들이 있고."

이 가르침을 남들에게도 알려주고 싶다.

"모든 사람들이 다 죄인이다 악한 사람이다라는 것을 깨닫게 하면 서로가 서로를 심하게 비판하지도 않을 거고."

하지만 "인간은 구원할 수 없다는 것"을 잘 알고 있다.

미영은 자신의 자아를 좀 더 일반화된 타자인 사회 안에 넣으려고 한다. 호네트의 용어를 빌려 말하면, 자신이 속한 가치 공동체 안에서 자신만의 고유한 방식으로 그 가치에 헌신하고자 한다. 인정의 가장 높은 단계인 연대를 추구하는 것이다. 미영에게 자신이 속한다고 느끼는 가치 공동체는 종교 공동체다. 그렇다면 종교 공동체 안에 들어가서 종교적 가치를 추구하며 살아가야 한다. 하지만 그렇게 하지 않는다. 우선 인정의 두 번째 단계인 권리 인정을 충분히 획득하지 못했다고 느끼기 때문이다. 권리 인정은 사회에서 남들과 동등한 권리와 의무를 지닌 존재가 될 때 획득된다. 가족을 벗어나와 사회로 나가는 첫 번째 관문은 학교다. 학교에서는 공부를 잘해야 인정받는다. 그런데 미영은 항상 이 인정이 부족하다고 느낀다. 그런데 정책대학원을 졸업할 때 상을 받았다.

"대학원 졸업할 때는 졸업식장에 처음 갔었거든요. 나는 열심히 안 했는데 상을 주셨어요. 어, 뭐지?"

이러한 경험은 박사 과정을 밟아 또다시 졸업식장에서 상을 받고 싶다는 생각이 들게 했다. 석사 졸업 후 일을 하면서도 이 생각이 떠나지 않았다. 박사 과정에 들어가려는 이유다.

"대학원 석사들도 있고 박사들도 있고 했는데 박사 중에서 상 받는 사람들, 학술지에 글을 올려서 일등을 받은 사람이라고 소개해서, 나도 이거 마치면서 일등 한번 해봐야지 이런 생각도 해보고. 또 나만의 이론도 한번 내보고 싶은 욕심도 가지는. 내가 뭔가 또 힘낼 수 있게 하는 계기가 되는 거기도 하니까. 그 자체가."

사회에 기여할 수 있는 가치 있는 삶을 살기 위해서는 전문성이 필요하다는 것을 느낀다. 그래서 미영은 전문성을 얻기 위해서 계속 공부한다. 언뜻 보면 목적 수단 범주를 통해 합리적인 선택을 하는 것 같다. 하지만 전문성을 얻기 위해 하는 공부를 스스로 선택하지 못하고 주변의 말에 의존한다. 문제는 주변 사람들이 모두 유사 가족과 같다는 거다. 가족은 경쟁은 멀리하고 작은 성취에도 지나치게 축하를 해준다. 미영은 이를 따라 계속해서 공부를 선택하지만, 항상 쉽게 성취할 수 있는 공부를 선택한다. 자신도 이를 잘 안다.

"이게 정말 끝까지 하는 게 아니라 적당히 한다는, 어떤 일을 할 때 여기가 끝이라고 하면 거기 가기 전까지만 하는…… 그래서 확실한 효과를 내기가 힘든 것 같아요."

미영은 연주는 안 하면서 언젠가 연주할 때를 위해 악기를 조율만 하고 있는 아마추어 연주자 같다.

"그니까 늘…… 그냥…… 그 끝…… 뭐 한 가지에 끝을 못 본 거에 대한 그런 시도인 것 같아요. 이렇게 공부하는 것들도 어…… 아직까지는 그 끝에 도달하지 못했다는 느낌?"

일반대학 박사 과정이 마지막 조율이 되어 진짜 연주할 날이 올까?

11 “공부하다보면 또 일하러 가야 되고”

집

영재는 B대학을 졸업하고 현재 대학원에 재학 중이다. 살아온 삶을 이야기해달라고 하자 다른 지방대생들과 마찬가지로 ‘평범’이란 단어를 쓴다.

“다른 사람들이랑 똑같이 그냥 평범하게…… 삶의 틀을 짜본다면 처음에는 이런 것 같다. 그 와중에 좀…… 색다른 경험을 한 거는 지금 당장은 생각이 안 나는데…… 어…… 지금 당장은 생각이 안 나요. 다른 사람들과 똑같이 그냥…… 평범하게 보이는 듯한 삶……”

하지만 곧 자신은 스스로 평범하다고 생각하는데 남들이 자신을 특이하게 바라본다고 털어놓는다. 어릴 때 엄마가 없으면 심하게 울곤 했다. 세 살 때 동생이 태어나서 어머니가 병원에 가는 바람에 아버지가 집에서 병원까지 영재를 데리고 다녀야 했다. 남들이 보면 유괴당하는 줄 알 정도로 길에서 심하게 울었다. 유치원에 가서도 툭하면 울었다. 초등학교 4학년 때 1박 2일로 수련회를 갔는데 그때도 막 울었다.

이렇듯 어머니와 너무 밀착되어 있어서 그런지 학교 끝나면 바로 집에 와서 계속 있었다. 학교에 가서도 친구들과 잘 어울리지 못했다. 친구들은 끼리끼리 무리를 지어 다녔다.

“저는 초등학교 때부터 특이했는지 어느 무리에도 못 꼈어요. 노는 친구들에도 못 끼고 공부 좀 하고 이런 거 하는 애들 축에도 못 끼고…… 전 좀 특이 케이스였어요.”

자연스럽게 자신처럼 소외된 몇몇 하고만 어울리게 되었다. 다른 친구들은 그들을 ‘찌질이’라 부르면서 왜 그런 애들과 노냐고 놀렸다. 그래서인지 이상하게 소외된 사람들에게 봉사하면서 살고 싶은 꿈이 생겼다. 친구들이 이상하게 봤다.

"물론 애들은 이상하게 봤죠. 그게 꿈이 되냐? 너 어떻게 먹고살래? 이런 얘기가 많이 나왔거든요. 그때 근데 뭐⋯⋯ 먹고살겠다 그거보다는 꿈이 그거였다 그런 거지, 그걸로 먹고살겠다는 생각은 없었거든요. 먹고사는 거는 그때 가서 어떻게 해결되겠지 그렇게 생각했고⋯⋯"

FM

이런 삶은 고등학교 생활로까지 이어졌다. 고등학교 때는 공부를 열심히 했다.

"학교 생활도 FM대로 한다, 이런 얘기를 많이 들었거든요. 규칙 잘 지키고 선생님 말 잘 듣고. 그러다보니까 선생님들이 저 굉장히 좋아했어요."

그런데 아무리 공부를 해도 성적이 생각만큼 오르지 않았다.

"공부 열심히 하려 했고 FM대로 하려고 했고 선생님 말씀 잘 듣고 그랬는데 정작 공부는 엉망이었어요. 간단히 말하면 이런 사람이었어요. 공부 열심히 하고 선생님 말 잘 듣는데 공부는 잘 못하는 학생. 열심히 하는데 못하는 학생 몇 명 있는데 제가 그중에 한명이었어요. 진짜 저 나름대로 열심히 한다고 했는데 점수는 정말 안 나오더라고요."

자기보다 열심히 공부도 안 하는데 성적이 잘 나오는 친구들이 있었다.

"저 그때 굉장히 억울해가지고 그냥 공부하지 말까, 이 생각도 한 번 한 적 있어요. 그런데 제가 이미 그때 습관이 몸에 배어 있어서, FM 습관이 몸에 배어 있어서 그렇겐 못하겠고 일탈은 또 못하겠더라고요."

공부는 못한다 해도 착하게는 살아야겠다고 다짐했다.

수시 전형으로 B대학 사회과학부에 입학했다. 아버지와 어머니가 다 준비를 해주었다.

"학교 수시 전형 같은 거 어느 학과는 몇 등급 이런 거. 그때 아버지 어머니께서 학교에서 야자 끝나고 보면 항상 그거 보고 계셨어요. 대학 보낼려고. 그래서 목록을 뽑았는데 열 개 정도 되더라고요. 그래서 휴일에 특히 토요일, 일요일 날 진짜 거의 전국을 다 돌아다녔어요. 서울 쪽 경기 쪽도 가고 충청도도 가고 대구 쪽 여기도 오고. 그리고 부산 쪽에 면접 보러 돌아다니는 거. 새벽같이 출발해서 간 적도 있고."

B대학에 들어와 1학년을 사회학과 분반에서 보냈다. 친구들과 선배가 좋아 자연스레 2학년 올라갈 때 사회학과를 선택했다. 그때 아버지한테 엄청나게 잔소리를 들었다. 왜 취업에 상관없는 학과를 선택하냐고.

"학창 시절에 저 반항끼 일체 안 느꼈거든요. 애초에 혼도 많이 안 났어요. FM대로 해가지고. 근데 이때 와서 너 왜 사회학과 선택하냐고. 전 이렇게 얘기했어요. 내가 선택한 건데 왜? 아버지는 에이, 사회복지학과 선택하지 이렇게 얘기하니까, 아, 내가 가고 싶어서 가겠다는데 왜? 일단락됐어요."

2학년 1학기를 마치고 군대에 갔다. 고향인 창원에서 훈련을 끝내고 자대 배치 받으려 버스를 타고 나오는데 멀리 창원역이 보였다.

"그때 제가 울컥했던 게 창원역 가는 길에 창원에 홈플러스가 하나 있는데, 거기가 저희 아버지 어머니랑 제가 자주 가던 곳인데 그게 보이니까 하…… 집 생각이 딱 나더라고요. 게다가 창원역도 저희 집이랑 멀지도 않으니까."

다행히도 집과 가까운 대구에 배치되었다. 군 생활하면서 평생 들을 욕을 다 먹었다.

"제가 FM대로 하는 걸 좋아했는데 저 나름대로 FM대로 하려고 했는데 거기서는 정해진 FM대로 하는 방법이 있어요. 그러다보니까 저는 그걸 처음에 못 맞춰가지고 혼 엄청 났어요."

군대에서 관심병사가 됐다.

"제가 어리버리해서 그렇다기보다는 저는 FM대로 한다 쳐도 제 방식대로 하는 걸 좀 선호했거든요. 그렇다보니까 그 습관이 아직 남아 있는 거예요. 정해진 FM 방식이 있는데 저는 제 방식대로 하려다보니까."

예를 들면 이렇다. 부대에 기독교 맹신자인 중령이 있었다. 일요일만 되면 기독교 행사에 불려 다녔다. 가기 싫은 선임들이 후임들을 임의로 뽑아 교회에 보냈다. 영재도 당연히 뽑혔다. 믿지도 않는데 교회는 왜 가냐고 버텼다. 선임들한테 불려가서 엄청 혼났다. 바로 위 선임은 욕을 하며 난리 쳤다.

"그때 결국 안 갔어요."

할 수 없이 다른 선임이 영재 대신 교회에 갔다. 그렇다고 영재가 선임들을 골탕 먹이려고 일부러 안 간 것은 아니다. 수요일에 자대 배치 받았는데 일요일에 바로 교회에 가라고 강요하니 꼭 가야 하는지 몰랐던 것뿐이다. 소위 말해 분위기 파악이 안 됐던 것이다. 그 이후로는 계속 교회에 갔다.

후임이 안 들어와 6개월 동안 막내 노릇을 했다. 뭐든지 앞장서서 다해야 했다. 앞으로 선임이 되면 후임들에게 절대로 이렇게 하지 않겠다고 결심했다. 드디어 후임들이 들어왔다.

"제가 선임이 됐을 때는 막내한테 모든 걸, 이런 걸 해야 된다 이렇게 안 해야지라고 생각했거든요. 그런데 제가 선임들이 하는 걸 똑같이 하는 거예요. 저도 모르게…… 욕은 안 했는데 막 너는 이렇게 해야 된다 하고…… 똑같이 하고 있는 거예요. 지금 생각해보면…… 그렇게 하지 말아야겠다라고 생각한 제가 그렇게 하고 있는 걸 보니까…… 군대란 사회가 진짜 이런 데 엄청난 힘을 가지고 있다. 진짜 정해진 길대로 안 가면 조금이라도 삐끗하면 바로 그냥."

혹한기 훈련을 하다 인대를 다쳐 9개월 만에 제대했다.

이야기의 힘

무릎 수술을 하고 회복을 위해 1년간 집에서 쉬었다. 공무원 시험 준비를 했다. 어차피 쉬는 거니 공무원 공부나 하라고 집에서 말했기 때문이다. 또다시 FM대로 시험 공부를 했다. 고등학교 때 그랬듯이 이해가 안 돼도 무조건 외웠다. 잘될 리가 없었다. 떨어졌다. 어차피 붙는다는 생각을 안 했다.

"사실상 보여주기식 공부였거든요. 솔직히 전 합격할 거란 생각은 안 했어요. 그냥 1년 동안 집에 혼자 멀뚱멀뚱 있는 것보단 뭔가 하는 걸 보여주는 게 낫다, 그냥 보여주기식 공부였어요."

2학년 2학기에 복학했다. 돌아와보니 아는 친구가 한 명도 없었다. 군대에서 하도 사람들에 치여서인지 친구를 새로 사귀고 싶은 마음도 생기지 않았다.

"군대에서 원하지 않아도 사람들에게 계속 치이다보니까 생각이 완전히 바뀌었어요. 이때부터 극단적으로 바뀐 게 나 혼자 있는 시간은 반드시 필요하다 그때부터 그 생각을 가지게 됐고…… 그러다보니까 하루에 특정 시간은 나 혼자 있어야 한다 이 생각이 박혀버렸어요."

기숙사에 들어갔다. 수업과 기숙사만 줄기차게 오고 가며 지냈다. 암기식으로 계속 공부했다. 고등학교 때로 돌아간 것 같았다. 그런데 FM대로 했더니 고등학교 때와는 달리 성적이 잘 나왔다. 이게 대학인가 싶었다. 교양 과목으로 다문화 수업을 들었는데 재밌었다.

"저 진짜 예상 문제를 적어가면서 교수님 수업 내용을 적어가면서 열심히 공부했어요. 뭔가 신선한 것 같다면서. 이런 사회도 있구나 신선하다 이래서 열심히 해서 시험 치고 A+ 자랑스럽게 받고 그때부터 다문화에 관심을 갖게 됐는데."

4학년 2학기 때 문화인류학개론 수업을 들었다. 다문화에 관심이 있던 차에 외국인 인터뷰를 하는 과제가 있었기 때문이다. 조선족을 한 명 인터뷰해서 나름 논문 형식을 갖춰 글을 썼다. 쓰니까 이상하게도 써졌다. 교수도 잘 썼다고 했다. 이거다 싶었다. 대학원에 가서 다문화를 공부하자.

대학원을 가겠다고 집에 말했다.

"처음엔 반대하셨죠. 대학원 들어오는 다른 애들 부모님들도 반대 무지하게 했을 거예요. 저희 어머니께서도 반대를 하셨죠. 너 거기 가서 뭐할래? 공부? 공부보다 취업하는 게 낫지 않겠나?"

교수와 상담을 했다. 마침 대학원생을 지원하는 장학금 프로그램이 있으니 들어오라고 했다. 집에다 장학금을 받고 대학원에 가게 됐다고 설득 아닌 설득을 했다. 하도 강경하게 밀어붙이니 허락해주었다. 대학원에 들어갔다. 선배들이 다들 뛰어나 보였다. 주눅이 들었다.

"저도 처음에…… 와 무섭다 이런 거였구나. 생각보다 너무 큰 거예요. 근데 다행인 건 도망가고 싶단 생각은 안 했어요. 그래서 일단은 해보자 이런 시각에서 했는데 1학기 때 부담이 되는 거예요. 하필이면 제 주변에 있는 선배들이 너무 정말 잘하는 거예요."

또 FM대로 무작정 읽고 외우고 무진장 공부했다. 하지만 소용이 없었다.

"진짜 읽어도 이해 안 되고 읽어도 내가 이걸 읽는 건가 안 읽는 건가…… 이 생각이 들 정도로…… 제가 이해하는 걸 좋아한다고 했잖아요. 근데 이해가 안 돼요. 그때 굉장히 답답해요."

밤에 잠도 안 왔다. 두 학기를 그렇게 보냈다. 그러다 3학기 때 질적방법론 수업을 들었다. 학부 4학년 때 문화인류학개론 수업 들었던 것이 떠올랐다. 다시 공부에 대한 열망이 솟아났다.

"그때 질적방법론을 하면서. 여러 가지 인터뷰를 이렇게 했고 이걸 많이 접했는데, 이런 이야기에서 나오는 힘이 확 느껴지고 그때 마음먹었죠. 이걸 해서 학생들이랑 인터뷰를 해보자."

질적방법론을 활용해 석사 논문을 쓰자고 결심했다. 인터뷰를 해나갔다.

"인터뷰를 하다보니까 제가 모르는 얘기가 나오는 거예요. 제 입장에서는 평범한 아이들의 이야기 있잖아요. 저는 특이하다는 걸 알고 있으니까…… 특이한 제가 모르는 평범한 아이들. 나름대로 평범한 축에 속하는 아이들의 일상…… 그 속에서도 특이한 게 있다. 그 아이들만의 이야기가 있다. 그 얘기 들으면서 이야기에 이런 힘이 있다, 뼈저리게 느꼈죠."

지방대 학생들의 이야기를 분석해서 석사 논문을 완성했다.

"논문 쓰고 이제 논문 끝나고…… 정말 기분 좋았죠. 이제 그리고 내 이름으로 된 업적이 나왔다. 굉장히 뿌듯했었죠."

석사를 마치고 박사 과정 두 학기가 지날 무렵 대학원 지원 프로그램이 끊겼다. 중간 점검에서 그만 탈락하고 만 것이다. 앞이 깜깜했다. 고민을 하다가 조교 일을 하기로 했다. 지금까지 일을 해서 임금을 받아본 적이 없었다. 비록 학생 신분의 조교이긴 하지만 내 힘으로 일해서 돈을 벌어보자는 생각도 있었다.

조교와 교수

좋은 삶이 무엇인지 말해달라고 했다. 하나의 가치를 말하지 않고 상황마다 다르다고 말한다.

"상황에 따라서 이때는 좋은 삶이 이거다. 예를 들면 제가 사회학에 지금 입문했잖아요. 사회학에 들어왔으니까 여기에서 좋은 삶은 사회학 공부 열심히 해서 내 얘기를 살 수 있는 삶. 사회학을 통해서 자기 이야기를 이끌어낼 수 있는 삶 그리고 그런 삶을 좋은 삶이라 하고 가족 공동체에 있을 때는 가족과의 화목함. 화목한 가정, 친밀한 가족 생활 이게 좋은 삶이고. 친구들과 있을 때는 친구들과 어울리면서 친구들과…… 그런 게 좋은 삶인 것 같아요."

지금 영재는 공부를 해야 하는 상황이다. 우선은 배웠으니 한번 가르쳐보고 싶다. 대학원에 새로 입학한 후배들과 스터디 모임을 하고 있다. 말이 스터디지 사실상 영재가 가르치고 있는 셈이다. 그러다보니 준비를 엄청나게 해야 한다. 그런데 재밌다.

영재는 자신의 자아를 가족 안에 넣어 살다가 이제는 학문의 세계 안에 넣어 살려고 한다. 자기 세계에 갇혀 지내던 영재를 사회 밖으로 데리고 나온 것은 다름 아닌 사회학이다.

"이런 절 변화시킨 게 사회학이에요. 이건 제가 자신 있게 얘기할 수 있어요."

영재는 공부를 계속해서 교수가 되고 싶다. 그런데 집에서 발목을 잡는다.

"어머니께서 한번 그런 얘길 하셨어요. 전화할 때마다 거의 그런 얘기 하세요. 뭐 어디 알아봐야지. 그래서 제가 그냥 교수님이랑 다른 분들한테 들은 얘기를 해요. 뭐 당장 한다면 사회연구소에 취직해서 할 수 있다. 제일 그래도 잘나가는 것은 교수다. 제가 맨 마지막에 끝내는 말은 항상 그거예요. 나의 최선의 길은 교수다. 어머니는 근데 걱정부터 하세요. 그게 쉽냐 하면서 쉬우면 왜 해? 전 이렇게 얘기하거든요. 안 쉬우면…… 쉬운 것보단 안 쉬운 거 하는 게 더 낫다 전 이렇게 생각하거든요."

영재는 알려는 의지, 하려는 의지가 있는데 부모가 의심쩍어 한다. 지방대 대학원을 나와서 무슨 교수가 될 수 있냐고 말한다. 일종의 성찰적 겸연쩍음을 부모가 가지고 있는 것이다. 지방대가 한국 사회에서 어떤 위치를 차지하는지 너무나 잘 알고 있기 때문이다. 해도 안 된다, 지방대생은. 영재는 이제 부모를 설득하기 위해 유학에 대해 말한다.

"아! 그리고 최근에 또 둘러댈 게 생긴 게 유학! 얘기 딱 하거든요. 나 이런 쪽으로 갈 것 같다 하면서. 그러면 어머니께서 유학하는 건 좋은데 너무 공부 쪽으로 가는 거 아니냐면서. 그때 전 얘기하죠. 공부를 해야 내가 갈 수 있다면서 그런 쪽으로 공부가 직업이다 이런 얘기를 해요. 그러다보니까 어머니께서…… 아, 근데 어머니께선 그런 게 있어요. 직업을 가지는 게 좋겠다, 이런 생각을 계속 하세요. 공부도 좋은데 일단 직업을 가져서 해라."

그렇다면 영재는 교수가 되기 위해 목적 수단 범주를 통해 살아가고 있는가? 영재도 지방대 박사가 교수가 되기 힘든 현실을 잘 안다. 그래서 유학 얘기도 꺼낸 것이다. 그렇다면 유학을 가기 위해 준비를 열심히 해야 할 것이다. 무엇보다도 어학 공부를 강도 높게 해야 한다. 일정 점수를 받지 못하면 신청조차도 할 수가 없다. 이렇게 잘 알면서도 어학 공부에 몰입하지 못한다.

"정말 안타깝게도 핑계 같지만, 조교 때문에…… 지금…… 사회학 공부도 하기가, 조교 하면서 하기가 이상하게 힘들더라고요. 조교가 힘든 건 아닌데 계속 일을 주다보니까…… 공부하다보면 또 일하러 가야 되고 공부하다보면 일하러 가야 되고. 어느 날은 진짜 한 번씩 큰일을 해야 할 때가 많은데 그때는 하루 종일 조교 일만 해야 되고 그런 일이 많이 생겨서."

2장

서울로 간 지방대 졸업생

01 “새벽 3시에 전화해요”

느슨한 관여

봉석은 C대학 석사 과정을 마치고 서울에 있는 리서치 회사에 다니고 있다. 지금까지 살아온 삶에 대해 말해달라고 하자, 대뜸 시골에서 자란 평범한 어린 시절부터 이야기를 꺼낸다.

“그냥 시골에서 자라서, 정말 깡시골에서 자라서 그냥 자연을 열심히 뛰어다니는 아이로 성장을 했죠. 반에서는 만약에 정원이 40명이라면 한 15등 정도? 15등 정도. 그냥 일부 평범한?”

시골도 그냥 시골이 아닌 깡시골에서 평범하게 살았다. 키가 커서 농구를 열심히 하고 기독교 집안이라서 교회를 열심히 다녔다. 그렇다고 전문적인 농구 선수를 준비하거나 열렬한 기독교 신자였던 것은 아니다. 아주 모범생도 아니고 그렇다고 문제아도 아니었다.

“주변 친구들이 약간 학교 입장에서 보면 문제아라고 할 수 있는 친구. 왜냐면 운동하러, 운동을 같이 하던 친구들이었으니까. 있지마는 그 친구들과 뭐, 담배는 안 피웠지만 술도 마시고 그렇게 했지마는 그렇다고 너무 타락, 본드 부는 그런? 아 본드 부는 친구도 있었던 거 같고. 나쁜 친구도, 돈 뺏고 그런 친구들도 많은데.”

그렇게 깡시골에서 평범하게 살던 봉석은 수능을 보고 “대구라는 큰 도시”로 이주해온다. “S대 갈 성적, 실력은 안 되고 수도권은 안 되고 그렇다고 B대 가기는 좀 글코” 해서 성적에 맞춰 C대학에 들어왔다. 원래는 사회복지학과에 가려고 했다.

“사회복지는 교회 다닐 때 한창 신앙심이 충만할 때여서. 그런 것들이 작용을, 그러고 또 사회복지라는 게 취업은 또 잘된다라는 그런 것들이 있었으니까.”

봉석이 입학하던 2000년에는 학부제를 할 때인데 공교롭게도 사회학과 분반에 배치되었다. 원래는 기숙사에 들어가려고 했으나 성적이 되질 않아 떨어졌다. 학교 뒤쪽의 오래된 동네에 혼자 살 방을 구했다. 당시에 대구에 아무도 아는 사람이 없었기 때문이다. 하지만 그곳은 학생들이 거의 살지 않는 지역이었다. 홀로 학교를 다니다가 그 지역에 살던 사회학과 1년 선배 치환을 만났다.

"이제 연고도 없고 친구도 없고 막 하고 있는데 주말에 농구나 할까 싶어서 학교 나와서 공 던지고 있었는데 그때 99학번 형들이, 치환이 형이 학교에 있다가 저 혼자 노는 거 보고 있으니까 뭐 하냐고. 그냥 있다 하니까, 뭐 할 일 없냐, 할 일 없다 그러니까 같이 가자 그때부터 같이 생활하게 된 거죠."

봉석은 자기 방을 두고 치환의 자취방에서 한 학기를 먹고 자고 같이 지냈다. 당시 대학에는 운동권 문화가 살아 있었지만 봉석은 "학생운동을 또 열심히 참여하지는 않고 옆에 방관자처럼 있었고, 필요하다면 같이 동원해서 나가는 정도"였다. 대신 치환을 비롯한 술 마시고 노는 선배들과 함께 생활했다.

"치환이 형이 또 99학번 친구들이 많으니까 거기가 아지트인 거예요. 형들도 맨날 이제 동문들끼리 술 먹다가 치환이 형 집에 가서 다 같이 자고 마지막에 술 마시고. 그렇게 처음 시작한 거죠. 바깥 생활을."

당시 99학번 선배들은 군대 갈 날을 기다리고 있던 상태라 대학 생활을 마치 시한부 인생처럼 먹고 마시며 주구장창 놀고 있었다. 봉석도 이들과 어울려 1년을 보냈다. 당시에는 대학 엠티를 2박 3일 동안 갔다. 그곳에서 하늘 같은 선배들을 만났다.

"엠티는 저희 때는 2박 3일을 갔어요. 지리산으로 2박 3일을 갔어요. 진짜 충격이었죠. 그때, 엠티를 가면 이제 94학번, 92학번…… 엄청난 선배죠. 진짜 우리 1학년 때 하늘 같은 대선배님들이죠. 지금처럼 게임을 하거나 그런 분위기는 아니었으니까 둘러앉아서 얘기하고. 네, 그때만 하더라도 그런 분위기였죠. 대신 술을 엄청 많이 먹었죠. 네, 그때 술을 거의 이틀치를 준비해갔는데 첫날 다 마시고 둘째 날 다시 사오고. 그런 식으로 하고…… 음, 선배들이 좋았던 거 같아요."

그렇게 사회학과 선배들과 친해지고 나니, 애초에 사회복지학과에 가려던 생각이 다 없어졌다. 선배들이 좋아 사회학과로 전공을 정했다. 하지만 선배들과 즐거운 시간은 마냥 지속될 수 없었다. 2학년 선배들은 하나둘씩 군대를 가고, 고학번 선배들은 모두 졸업을 했기 때문이다. 하지만 생활패턴은 바뀌지 않았다. 동기 자취방을 아지트 삼아 지냈다. 동기들과는 1학년을 같이 지내 이미 절친이 되어 있었다. 동기들과 친해지라고 선배들이 자리를 마련해주어 1학년 때에만 동기끼리 엠티를 8~9번을 갔던 터였다. 또다시 술 마시고 노는 일상이 반복되었다. 동기들과 투룸을 얻어 같이 살았다. 그곳이 새로운 아지트가 되었다.

"맨날 집에 가보면은 주인도 없는데 사람 들어와 있고, 너 누구냐 그러면은 누구 후배라 그러고. 술만 취하면 누굴 데리고 와 던져놓는 거예요, 일단. 신입생들, 신입생들도 막 취하고 인사불성이고 그러면 다 집에 갖다 처넣는 그런 아지트였죠. 뭐 맨날 마지막까지 집에 와서 술 먹고 그리고 휴가 나온 선배들도 다 우리 집에서 자고."

그러는 사이 동기들도 하나씩 군대로 떠났다. 2학년 마치고 봉석도 군대에 갔다. 6개월 동안 집 근처 군청에서 공익으로 근무했다. 별 특별한 일 없이 시간을 보내다 때가 되어 공익 근무를 마치고 3학년에 복학했다. 그 이후도 똑같았다. 복학한 선배들과 맨날 술 마시러 다녔다. 더 나아가 이젠 자신이 복학생 선배가 되어 신입생 후배들을 데리고 다니며 술을 마셨다. 그러는 사이 점점 학년이 올라갔다. 다들 취업을 걱정하는 분위기였다. 봉석도 나름 취업 준비를 해야 할 것 같았다.

"그래도 저 나름대로 준비한다고 생각했던 것들이 사회조사분석사도 따고 그다음에 학교에서 했던 마케팅관리사라고 하는 게 있어요. 마케팅관리사도 하고 나름 한 줄, 한 줄 채우기 위해서 그래도 했던 것 같아요. 어학이나 이런 것들은 없지만."

그러다가 덜컥 졸업을 했다. 앞이 막막했다. 사회복지사 학원에 등록했다. 3개월 정도 학원을 다니고 시험을 쳤다. 떨어졌다. 집에서는 공무원을 하라고 했다. 하지만 공익 근무 시절 공무원의 모습을 많이 봤다.

"아저씨들이 너무 놀고 있는 거예요. 아무것도 안 하고, 너무 무료한 그런 느낌이고 그래서 공무원도 하고 싶은 생각이 없어졌어요."

대학원 입학

학교에서 연변과학기술대학교와 공동으로 운영하는 프로그램에 지원해 거기서 여름방학을 보냈다. 8월에 한국에 돌아왔더니 대학원 선배가 조교 일을 하면서 대학원에 다니는 것이 어떠냐고 제안했다. 대안이 없었다. 대학원에 들어가 조교 일을 했다. 투룸에 살던 후배 집에 들어가 같이 살았다. 다시 대학 생활과 같은 날들이 지속되었다. 대학원 공부는 뒷전이었다. 어차피 공부하러 온 것이 아니라, 취직하기 전 잠시 시간을 유예하는 것에 불과한 것이었으니까. 조교 장학금을 받아서 등록금을 내고 하니 어느 정도 생활이 되었다. 대학원 1년은 금방 지나갔다. 마음이 조급해졌다. 서울에 있는 여러 리서치 회사에 이력서를 냈다. 조그만 리서치 회사에 취업했다. 하지만 단 두 달을 버티지 못하고 다시 학교로 돌아왔다.

"서울에 있는데 되게 조그마한, 직원 한 다섯 명 정도 있는 컨설팅 회사에서 오라고 하더라고요. 근데 거기도 지금 생각해보니 가보니까 사장이 되게 괴팍했거든요. 제 앞에 있는 선생님도 일주일 만에 그만두고 나갔다고 하더라고요. 너무 일도 많이 시키고 사장도 괴팍하고. 고생 많이 했죠. 두 달 동안."

취업을 하더라도 대학원은 마무리 짓자는 생각이 들었다. 지도교수와 함께 논문에 매달렸다. 자료 찾고, 스터디 하고, 또 자료 찾고 스터디 하고.

인생에서 처음으로 단기간에 한 가지 일에 몰입했다. 논문을 마무리하던 즈음에는 아예 교수 연구실로 아침마다 출근을 하다시피 했다. 그곳에서 지도교수와 함께 자료를 코딩하고, 해석하고, 이야기를 만들어보았다. 반복, 또 반복. 처음에는 가능할까 싶었던 논문의 형체가 서서히 드러나기 시작했다. 다른 한편 그럴수록 사회학 이론에 대한 지식이 너무나 부족하다는 걸 깨달았다. 자료를 코딩까지는 하겠는데, 이것을 어떻게 해석하고 또 새로운 이야기를 만들어내야 할지 갑갑했다. 지도교수의 안내를 따라 논문과 관련된 사회학 이론을 공부했다. 지도교수는 이론이 안내하는 경험 연구를 강조했다. 사회학 이론과 경험 자료 사이를 수도 없이 반복해서 오고 갔다. 드디어, 논문을 완성했다.

빡빡한 관여

논문을 다 쓴 후 봉석은 지도교수의 추천으로 서울에 있는 리서치 회사에 들어갔다. 서울에 오자마자 삶이 빡빡하다는 것을 느꼈다.

"시간이요. 시간의 흐름이 제일 차이가 많이 나더라고요. 속도. 속도라는 개념. 사람들이 약속을 분 단위로 하는 거예요. 우리는 뭐 언제 만나면 될까요? 하면은 5시에 만나면 되지. 여기는 5시 15분에 만나시죠. 분 단위로. 그리고 걸어 다니는 사람이 없고 다 뛰어 다니고. 그니까 대구에서 엄청나게 느슨하게 있는 분위기와 다르게 엄청 뭔가가 급박하게 돌아가는 느낌들?"

서울은 속도 사회, 그 자체였다.

"그때 당시에는 일도 잘 모르고 어떻게 흐름으로 이어가는지도 모르고 다른 부서랑 협업을 해야 되는 상황이고. 근데 또 사장은 성격이 급해서 못 기다려주는 거예요. 오늘 조사 끝나면 내일 분석해서 내일 보고서가 나와도 되는데 굳이 오늘 밤에 달라는 거예요. 그런 것들이 많이 있죠."

사장은 집에 돌아가서도 보고서를 기다린다. 봉석은 퇴근도 못하고 새벽까지 보고서를 작성한다.

"새벽 3시에 전화해요. 다 했습니다 하고 보내드리고."

사장은 잠도 안 자나?

"자고 있다가 깨서 다시 보는 거죠."

봉석은 이 모든 것을 버텨냈다. 대학원에서 논문까지 써본 사람인데 이까짓 보고서쯤이야 하는 생각이 들었다.

"물론 대학원 다닐 때보다는 편하다는…… 아니 그렇게 어려운 대학원 다닐 때 고차원적인 논문 쓸 때처럼 그때 한창 그런 저의 폼이라고 해야 하나? 학문적으로 그런 것들이 올라와 있을 때여서, 네네. 처음 쓰는 보고서였는데 클라이언트 쪽에서도 그렇게 성과가 나쁘지 않아서. 첫 단추는 제법 잘 끼웠죠."

서울에 오자마자 인터뷰하러 다니고 보고서를 써야 했는데 대학원에서 질적방법론과 양적방법론을 배운 것이 큰 도움이 됐다.

"엄청 논리적인 사고를 요하는 작업들이거든요. 그리고 뭔가를 빨리 만들어야 되는 것들인데. 제가 양적방법론, 질적방법론 공부했었잖아요. 그런 것들이 많이 도움되죠. 저는 제가 봤을 때 저랑 같이 진입했던 사람보다 일을 빨리 배우고 빨리 하고 빨리 성장한 케이스죠. 그래서 이전에 팀장님도 너는 신입인데 대리 같았다고 대리 같은 신입."

하지만 일을 너무 많이 했다. 수당도 주지 않는 야근을 밥 먹듯이 했고 주말에도 나와 일을 했다.

"한 3년 동안은 일 많이 했죠. 그때 소원이 9시쯤에만 집에 갔으면 좋겠다. 주말도 출근하고. 왜냐하면 일이 절대적 양이 많아가지고."

그래도 이 모든 것을 버텼다. 워낙 사람을 좋아하는 봉석이기에 가능했다.

"그나마 직장 생활 재밌었던 거는 리서치 회사라는 게 젊은 조직이었거든요. 그때 당시 팀이었던 사람들이 저랑 나이가 똑같고 한 살 어리거나 두 살 어리거나 그렇게 크루들이 다 그렇게 동년배여서 다들 일 많고 10시 나 11시 돼서 마치면 술이나 먹고 들어가자고. 그때 늦게 마쳐도 술 먹고 다니고 그런 것들이 재밌었죠. 그때 일하면서."

중간에 직장을 옮기기는 했지만, 현재 봉석은 리서치 회사에서 팀장급으로 일하면서 어느 정도 저축하며 살 여유가 된다. 결혼까지는 몰라도 혼자 살기에는 큰 무리가 없다. 하지만 앞으로가 문제다. 나이가 들고 경력이 올라갈수록 지방대생이 지닌 사회자본의 한계를 느낀다.

"앞으로는 좀 걱정이 되는 게 뭐냐면 스카이나 아니면 서울 출신의 서울에 있는 좋은 대학교 나온 사람들을 보면 걔네 친구들이 이제 클라이언트 회사 쪽에 가 있을 확률들이 큰 거잖아요. 그니까 나중에 이 사람들이 성장해서 팀장급이 됐을 때 영업으로 활동하는 것들을 해야 되는데, 그런 부분에서 지방 출신에서는 조금 무리, 제 입장에서는 서울에서 소개를 받을 수 있는 그런 라인 자체들이 없다보니까 그런 부분에서 불이익이 있다라고 생각이 들지마는……"

작은 바람

봉석은 좋은 삶이 무엇인지 얘기해보라는 말에 더듬거린다.

"좋은 삶이요? 좋은 삶은 어려운 질문…… 그냥 이상향으로 생각해봤을 때 이상적으로 봤을 때 가족들끼리 모여서 사는 그런, 내가 좋아하는 것들 하면서 살 수 있는…… 중요한 건 내가 좋아하는 게 뭔지 잘 모르겠어요. 내가 좋아하는 것을 시행할 수 있는 삶이 좋은 삶이라고 생각을 해요."

전형적인 지방대생처럼 가족주의 언어와 선호의 언어를 섞어서 좋은 삶을 정의한다. 결혼을 하지 않은 봉석에게 가족은 고향에 있는 어머니와 누나다. 얼마 전 누나가 엄마를 모시고 해외여행을 다녀왔다. 엄마가 너무나 좋아하셨다. 자신도 그렇게 하고 싶다.

"그런 모습을 보면서 가족들끼리 그렇게 즐겁게 해줄 수 있는 것들을 해줄 수 있는 사람, 가족들과 함께할 수 있는 사람이란 것들이 가장 행복한 삶이 아닐까라는 생각도 들거든요. 근데 마냥 여행만 다닐 수는 없잖아요. 돈이란 것들을 벌어야 되고 돈이란 것들을 벌기 위해서 서울 같은 데서 생활을 해야 되는, 또 그런 일이란 것들에 함몰돼서 가족들을 챙길 수 없는……"

하지만 자신이 무엇을 선호하는지 30대 중반이 된 나이에도 아직 잘 모르겠다. 하지만 분명한 것은 있다.

"좋아하는 사람들하고 맛있는 거 먹고, 제가 좋아하는 맛있는 거 먹고 그냥 스트레스 받지 않고 사는 삶이 좋은 삶이라고 생각하는데, 근데 그것과 오늘 일이라는 게 양립할 수 없는 것인 것을 아니까 너무 슬픈 거죠."

30대 중후반이면 보통 결혼해서 새롭게 구성된 자신의 가족을 중심으로 살아가기 마련이다. 하지만 봉석은 몇 년 전부터 사귀어온 여자친구가 있는데도 결혼을 아직 생각하지 않는다. 대구에서 직장을 다니는 스물아홉 살인 여자친구가 서른두 살이 되면 결혼하자고 해서다.

"제가 나이 드는 건 생각도 안 하고. 아니 근데 모르겠어요. 그러니까 푸시를 하면 충분히 할 순 있죠. 근데 니가 서른두 살에 하고 싶다고 하더라도 나는 내년에 결혼해야 되니까 못 기다려준다고 푸시를 해서 헤어지든 만나든 결론을 내릴 순 있을 것 같은데, 아직까지 서로가 그런 부분에 대해서는 3년을 만났지마는 그런 얘기들을 안 해봤어요, 결혼에 대해서."

하지만 다행이다. 정작 지금 결혼을 해도 서울에서 살 수가 없다. 우선 주택비가 마련되지 않는다. 그렇다고 일자리가 없는 대구에 내려갈 수도 없는 일이다.

봉석이 좋은 삶을 추구하는 방식은 일종의 성찰적 겸연쩍음의 에토스를 토대로 한다. 가족과 함께 좋은 것 먹으면서 사는 삶이 진정 좋은 삶이라고 한다면 여자친구에게도 자세히 말을 해야 한다. 하지만 결코 먼저 말을 꺼내지 않는다. 그렇게 되면 현실과 마주할 것이고, 이는 슬픈 일이 되고 말

것이다.

"제가 서울에서 살자고 하기도 대구에 내려가자고 하기도 그렇고…… 시골에 내려가면, 내가 이 직업을 포기하고 집에 가업을 잇기 위해서 내려간다고 하면, 그건 되게 애매하고. 결혼에 대해서 구체화가 되면 뭔가, 결혼 아직 그런 거에 대해서 서로서로가 얘길 안 하고 있어서. 모르겠어요. 제가 그런 얘기를 안 하니까 안 하는 건지, 안 물어보는 건지. 그런 부분에선 서로 맞는 거죠. 왜냐면 서울에 친한 사람들이 있는데 그 사람들은 여자친구가 계속 그런 얘기를 한대요. 자기한테 한대요. 언제쯤 했으면 좋겠고 막 그런 얘기를 한대요. 그래서 그 형도 저랑 비슷하게 부양할 능력이 없다. 근데 올해 연말에 결혼을 한대요. 하도 여자 쪽에서 푸시가 오니까. 근데 제 쪽에서는 그런 푸시가 없으니까. 만약 푸시가 온다고 하면 저도 비혼주의는 아니니까."

이런 상황을 고향의 어머니에게도 말해야 하지만 그렇게 하지 않는다.

"일부러 제 친구들한테도 집에 가서 엄마한테 여자친구 있다는 말 절대 하지 말라고 해요. 몰라요. 엄마가 아는지 모르겠는데 친구들한테는, 제 친구들은 다 봤었거든요. 얘기하지 말라고. 얘기하면 바로 장가간다고. 맨날 하는 얘기가 장가가라고."

봉석은 자신이 처한 세팅이 느슨한지 빡빡한지 가늠한 후 자신의 행위를 구성한다. 느슨한 세팅에서는 습속에 따라 행위한다. 그러면서 이렇게 계속 느슨하게 살 수 없다는 것을 알고 서울로 이주한다. 빡빡한 세팅에서는 그에 맞춰 행위를 구성한다. 하지만 목적 수단 범주를 통해 자기계발에 적극적으로 나서지는 않는다. 행복한 가족을 꾸리려면 돈을 벌어야 하고, 돈을 벌려면 좋은 직업을 가져야 하고, 그러려면 시장 가치를 높이기 위해 자기계발에 나서야 할 것이다. 맛있는 음식을 먹고, 여행을 가고. 그런 것을 좋아하지만, 그것을 직업으로 삼아 돈을 벌 수 없다. 목적은 있지만, 이를 성취할 합리적 수단을 적극적으로 계발하지 않는다. 대신 말한다.

"크게, 크게 바라는 건 없어요, 좋은 삶이라는 것들을 생각해봤을 때."

02 “남의 시선을 맞춰주는 게 저의 잣대라고 생각했거든요”

삶의 분기점

수용은 B대학을 나와 서울에 있는 한 대학병원에 행정직으로 취직해서 다니고 있다. 살아온 삶을 이야기해달라고 하자 어떤 한 지점을 삶의 분기점으로 나눠 이야기한다.

“사실은 고등학교까지만 하더라도 잘 몰랐죠. 제 인생의 방향이라든지 어떤 걸 해야 되는지 모르고. 우물 안 개구리처럼 뭐 S대만 가도 되겠다, 이런 관점에서 세상을 바라보니까 그것도 못 가게 됐죠, 결과적으로. 그런 식으로 경험이 많이 부족하다고 생각하고 세상을 바라보는 시선이 좁았어요.”

B대학에 들어가서 좋은 친구를 많이 사귀고 함께 즐겁게 놀기도 했다. 하지만 너 나 할 것 없이 좁은 세계에 갇혀 있다보니까 서로 자극이 되지 않았다.

“B대가 너무 좁은 학교이기도 하고 주변에 있는 애들이라 해봤자 비슷한 사람이고 그래서 자극을 줄 수가 있는 뭔가가 없었죠.”

군대에 가서도 그랬고 갔다 와서도 별반 다를 게 없었다. 기존의 삶에 안주했다. 하지만 호주에 어학연수를 가서 삶의 전환점을 맞았다.

“세상은 넓기도 넓고 똑똑한 사람도 많고, 해야 될 것도 많고, 하고 싶은 걸 하기 위해서는 많은 노력이 필요하다는 걸 그때 스물네 살 돼서 알았던 거 같아요. 그때부터 이제 나름 여러 가지 준비도 하고 했었지만 사실 많이 늦었죠.”

공기업 취업을 준비하기 시작했다. 그런데 공교롭게도 이명박 정부로 바뀐 이후 공기업에서 사람을 아예 안 뽑았다. 절망감이 밀려왔다. 그러다가 공기업 취업을 같이 준비하던 친구가 서울에 있는 D대학병원에서 행정직을 뽑으니 거기에 지원해보자고 했다. 공기업은 아니지만 안정성이 있다고 했다. 열심히 준비해서 시험에 붙었다.

부모에게 빌린 돈으로 서울에서 전셋집을 얻었다. 1년 정도 회사를 다니다가 6년 동안 사귀던 여자친구와 결혼했다. 곧 아이가 태어났다. 뭔가 더 공부해야 할 것 같았다. 보건대학원에 들어갔다. 병원 행정 일에 도움이 될까 해서였다. 하지만 다녀보니 별 신통치 않았다. 나온다고 해도 크게 달라질 게 없을 것 같았다. 한 학기만 다니고 그만두었다. 이제 회사 다닌 지 7~8년 되니까 중간 선임 정도가 되었다. 팀장이 되려면 시험을 봐야 한다. 붙으려면 영어 공부를 열심히 해야 한다.

지방대생과 공기업

그렇다면 호주에 가서 무엇을 느꼈기에 인생의 전환점이 되었는가? 일단 세상이 넓다는 것을 알게 됐다. 대구에서 살아온 지금까지의 삶이 너무나 좁아 보였다.

"그때 서울도 한 번밖에 안 가봤어요. 뭐 원서 내러 고등학교 때 한 번 가보고 서울도 제대로 경험 못했었죠. 그만큼 큰 도시를 경험했던 게 어떻게 보면 호주 시드니가 처음이었거든요. 그러면서 좀 물리적으로 충격이 컸던 거 같아요."

지금까지 살아온 삶을 돌아보게 되었다. 줄곧 친구들과 놀기만 하고 지냈다. 대학교 때 술을 마실 수 있게 된 것과 여자친구를 사귄 것 빼고는 고등학교 때와 달라진 건 거의 없었다.

"노는 거에 고등학교 때도 크게 공부를 많이 안 했었고요. 그다음에 고등학교 졸업 후 대학교 와서도 크게 공부를 안 했던 거 같아요. 초반에 그러면서 달라진 거는 뭐 단순한 이제 놀이 문화가 친구들하고 히히덕거리고 게임만 하던 놀이에서 대학교 와서 여자를 만나고 술을 마시고 이렇게 바뀌었을 뿐이지…… 여전했던 거 같아요. 자극이 없었던 거 같아요. 누구한테 말은 많이 들었죠. 열심히 해라, 공부 열심히 해라, 열심히 살아라 했지만 제가 물리적으로 강하게 충격을 받을 수 있는 그런 일은 뭐."

호주에서 돌아온 이후 스펙 쌓기에 몰입했다. 토익을 공부하고 회계학과 경제학 수업을 들었다. 토익 점수를 900점 이상 끌어올렸다. 기업에 원서를 냈다. 다 떨어졌다. 지방대 출신이라 서류 전형부터 안 됐다.

"일반 기업은 다 서류에서 떨어져요. 일반 기업은 제가 토익도 930~940이 됐는데 그런 거 다 필요 없어요. 안 되더라고요."

공무원을 해볼까 하다가 그만두었다. 따분해서 적성에 안 맞을 것 같았다. 목표를 공기업으로 바꾸었다. 사기업은 지방대생을 1차 서류 심사에서 다 걸러내지만 공기업은 그나마 시험을 보게는 해준다.

"미래를 대비한다면 학벌을 최대한 보지 않는 직장을 선택해야 한다. 그건 뭘까. 그게 공기업? 나름 중요하게 직원을 뽑지 않을까."

수용은 처음에는 대구에 있는 공기업을 가려고 했다. 지방대생을 많이 뽑으니 지방대생이라고 차별하지는 않을 것 같았다. 지원했다가 무수히 떨어졌다. 1차에서 떨어질 때도 있고 2차에서 안 될 때도 있었다. 한 번은 임원 면접까지 갔다. 결국은 안 됐다.

"1차 떨어질 때도 있고 2차 떨어질 때도 있고 면접에서 떨어질 때도 있고. 2차는 대부분 그런 거죠, 토론 면접 같은 거 그런 거였고. 마지막 면접은 이제 임원 면접인데 한 번은 가봤고. 공기업은 시험은 치게 해주거든요. 그래서 이제 시험 치고 떨어지죠."

좌절감이 왔다.

"그때 엄청 떨어졌어요. 끝도 없이 떨어졌어요. 시험을 끝도 없이 떨어지고 A공기업에서 최종까지 갔다가 떨어지고 막 떨어지는 거예요. 제 인생에서 너무 힘들더라고요."

손에 아무것도 쥐지 못한 채 2월에 졸업을 했다. 최종 면접에서 안 되니 어찌할 바를 몰랐다. 그때 같이 공부하던 친구가 서울에 있는 D대학병원에서 사람을 뽑는다고 알려줬다. 집 가까이에 있는 S대학 도서관에 다니면서 죽어라 공부만 했다. 다행히 8월에 드디어 최종 시험에 합격했다.

승진과 낙하산

D대학병원은 전체 직원이 7,000명이나 되었다. 하지만 의사, 간호사, 조무사를 빼면 행정직은 150명 정도밖에 안 된다. 규모가 작다보니 위계질서도 크게 없어 눈치 보지 않고 생활할 수 있었다.

"저희 병원이 교수님들이 있긴 하지만 되게 수직적인 관계가 아니에요. 왜냐하면 병원에서 경영하는 교수님들이 막 60대죠. 할아버지 교수님들이 있고 그다음에 팀장님 같은 분들이 있고, 젊은 팀장님들이 있고. 그다음 다 직원이에요. 그러니까 수직 관계가 없잖아요. 대리, 과장, 부장 이런 게 아니라 평사원, 팀장, 과장, 교수 이런 식으로 끝나버리니까. 수평적인 관계라고 해야 하나."

지방 출신이라 잘 적응할 수 있을까 걱정했지만 다행히 대구 출신 선배도 있어 가족처럼 잘 지냈다. 그 선배를 중심으로 다섯 명이 어울려 즐거운 서울 생활을 시작했다. 좁은 대구에만 있다가 서울에 오니 미술관이나 카페도 많아 즐거웠다. 직장인 밴드도 결성해서 재밌게 놀았다.

"그때 직장인 밴드 되게 인기가 많아서 뭐 기타 사서 회사 사람들이랑 직장인 밴드도 만들어서 한 반년 정도 기타도 배우러 다니고 모임도 하고 그랬어요."

병원 입사 후 1년 만에 결혼을 했다. 벌어둔 돈은 없었지만 부모님과 여자친구의 도움으로 집을 마련할 수 있었다.

"집사람이 번 돈이 7,000만 원 있었고 부모님이 한 1억 부쳐주고 1억 대출받고 그렇게. 그래도 아파트 못 사고 빌라를 전세로."

외곽으로 가면 더 좋은 집을 얻을 수 있었지만 병원 가까운 시내에 집을 얻었다. 출퇴근하기도 쉽고 무엇보다 주말마다 미술관을 갈 수 있어서 좋았다.

아내는 전업주부 생활을 시작했다. 서울에서 지방대 출신 여자가 할 일을 찾기는 쉽지 않았다. 곧 출산을 했다. 생활이 아이 중심으로 돌아가기 시작했다. 직장인 밴드도 그만두고 주말에 미술관 가는 일도 힘들어졌다. 보통의 결혼이 그렇듯, 아내와 사소한 다툼이 잦아졌다. 연애할 때는 잘 몰랐는데 같이 살아보니 달라도 너무 달랐다.

"너무 다르더라고요, 저랑. 하나부터 열까지 제가 왼쪽으로 가자 하면 집사람은 오른쪽으로 가자 하고. 근데 7년을 만났기 때문에 그럴지 몰랐는데 이런 모습을 보면서 정말 다르구나, 집사람 맞춰줘야지. 집사람 행복이 나의 행복이다 생각하고 나는 오른쪽으로 가려고 해도 왼쪽으로 틀어야지."

이렇듯 수용은 서울에 올라와서 안정된 직장과 평범한 결혼 생활을 모두 이룬 듯하다. 하지만 속내를 들여다보면 그리 좋은 것만은 아니다. 대놓고 차별하는 것은 아니지만, 지방대 졸업생이라고 은근히 소외시키는 게 있다.

"막 고대 나온 애들이나 연대 나온 애들 뭐 서울대 나왔다 그런 사람들은…… 예산을 다룬다거나 핵심 부서 그런 데에 가고 저같이 좀 지방에서 오는 애들은 주변 부서에 많이 넣죠. 저도 지금은 정보화실이라고 IT 기획 부서에 있거든요. 좀 생뚱맞잖아요. 왜냐하면 병원은 전산직은 아웃소싱…… 외주로 되어 있으니까 인력을 관리해야 되잖아요. 관리하고 계약하고 그다음에 병원에 IT 전략을 짜야 하니까. 그런 업무를 하려면 사무직이 필요하니까 제가 있는 건데, 대부분 주요 부서는 아니죠."

수용은 곧 승진을 앞두고 있다. 5급으로 입사해 4급으로 한 번 승진한 적이 있다. 이 승진은 누구나 정해진 기간이 지나면 하는 것이다. 하지만 이번 승진은 다르다. 3급이 되면 파트장이나 팀장이 되는 것이다. 토익 시험은 필수고 회계학이나 행정학 중 하나를 골라 시험을 봐야 한다. 열심히 하면 붙을 수 있다고 생각한다. 하지만 문제는 80퍼센트를 차지하는 면접이다. 시험 성적이야 객관적으로 드러나지만, 면접은 주관적인 거라 아무리 잘한다고 해도 결과를 낙관할 수 없다.

사실 지금까지 지방대생으로 살아온 것을 생각하면 이번 면접에서도 떨어질 거란 생각을 하고 있다.

"어떻게 보면 실패를 많이 해서, 합격보다는 불합격이 많았기 때문에 불합격에 너무 적응되어 있는 거 같아요…… 저도 뭐 면접, 이번에 승진 시험이면 떨어지지 않겠나 생각은 하고 있어요."

보통 마흔 살까지 승진을 못하면 더 이상 못하는 거다. 세 번까지는 시험을 칠 수 있는데, 현재 30대 후반으로 접어드는 수용은 자신이 없다. 설사 이번에 운이 좋아 승진을 한다 해도 더 이상은 올라가지 못할 거라는 것을 잘 안다. 병원에 워낙 낙하산이 많기 때문이다.

"근데 뭐 병원이나 다른 공기업은 또 마찬가지일 것 같은데 어차피 낙하산이 되게 많잖아요…… 아무리 올라가도 저희는 없는데 위 꼭대기는 다 낙하산…… 그러다보니까 올라갈 수 있는 게 한계가 있잖아요. 그리고 학벌 좋은 애들도 많으니까 저도 팀장이 될 수 있을까."

수용은 60세가 정년이지만 지금 다니고 있는 직장을 계속 다닐 생각은 없다. 낙하산도 낙하산이지만 지방대 출신이라 좋은 부서에 갈 수 없고 그러다보니 승진하기도 어렵다.

"좋은 부서 사람들이 승진이 잘되거든요. 근데 좋은 부서를 가려면 학벌이 좋아야 하고 거기서도 좋게 인정받아야 하고. 근데 그래봤자 그렇게 올라가도 젤 높은 사람이 처장이라는 건데 처장은 하나밖에 없다는 거죠. 그 아래에 부장이 있고. 내가 볼 때는 되게 인원은 적지만 올라갈 수 있는 단계는, 모든 회사가 그렇지만 되게 극소수죠. 그래서 이제 미래를 준비해야 하죠."

요리를 배워 40대 후반쯤에는 음식점을 열고 싶다. 아니면 커피숍을 좋아하니 그것도 괜찮다. 사실 호주에 있을 때 제빵 기술을 배워 호주에 남고 싶었다. 3년을 공부해야 한다고 하니 집에서 극심하게 반대해 포기할 수밖에 없었다. 현재 아내도 쓸데없는 생각 말고 직장에 꼭 붙어 있으라고 다그친다.

자식이 행복했으면 좋겠다

좋은 삶이 어떤 것인지 말해달라고 했다. 어릴 때는 좋은 삶이 무엇인지 묻지도 않았고, 커가면서는 여자친구 사귀게 잘생겼으면 좋겠다 정도로 생각하고 있었다. 하지만 호주에 가서 생활하며 처음으로 이게 좋은 삶이구나 느꼈다.

"아주 구닥다리 100만 원짜리 차를 사서 한 바퀴 돌았어요. 그걸 3~4개월 하고 애들레이드 해변에 싸구려 방을 잡아가지고 거기서 살았죠. 살면서 아침이면 나와서 해변 뛰고. 바로 나가면 해변이에요. 그 해변 뛰고 스타벅스 앉아서 커피 마시면서 컴퓨터로 이것저것 검색하고 그렇게 살았어요. 점심때는 도서관 가서 책도 좀 읽고 공부도 좀 하다가 저녁때는, 뭐 그때 친했던 친구가 애들레이드에서 알바했었어요, 한식당에서. 그런데 앉아 있고 그랬고. 그냥 행복한 순간이었죠."

수용은 근본적인 가치론적 질문을 던지지 않는다. 대신 미적 감흥을 누리면서 살아가는 삶이 좋다고 느낀다. 하지만 이제는 가족 중심으로 좋은 삶의 모습을 바꿀 수밖에 없다.

"나의 욕구만 충족시키는 게 좋은 삶이었는데 이젠 누군가의 행복까지도 고려해야 하는 게 좋은 삶의 기준이 된 거 같아요. 그러면서 요즘은 좋은 삶이라는 건 그냥 자식이 행복했으면 좋겠다는 거. 그러고 자식이 저와 다르게 좀 처음부터 세상을 보는 시각을 키워서 하고 싶은 거 많이 했으면 좋겠다는 거."

수용은 자신의 자아를 개인에서 가족으로 바꾸고 있는 중이다.

"제가 어릴 때는 저 혼자 있었잖아요. 부모님의 자식이라고는 하지만 역할이 나, 나만 있었는데 뭐 책임을 맡으면서 누군가의 친구이기도 하고 누군가의 제자이기도 하고 누군가의 남자친구이기도 하고 하다가 이제 그런 관계가 복잡하게 얽히는 거예요. 집사람한테는 남편이고 장인 장모님 생기고 누군가의 아들이기도 하고 누군가의 아빠이기도 하는 거예요."

성공한 직장인으로 자신의 자아를 정의할 수도 있을 텐데 그렇게 하지 않는다. 직장에서 아무리 노력해도 지방대 졸업생이라 올라가는 데에는 한계가 있다는 것을 잘 알기 때문이다.

수용은 일종의 성찰적 겸연쩍음의 에토스를 가지고 있다. 사실 결혼하면 행복한 가정도 꾸리면서 미적 감흥을 만끽할 수 있는 삶을 살 줄 알았다.

"내가 뭐 좋은 거 마르크스가 말한 것처럼 퇴직하고 나서, 퇴근하고 나서 창가에 앉아서 책을 보는 그런 삶? 그런 삶을 꿈꾸면서 노동은 하나의 수단에 불과하지 나의 목적은 아니라는 생각."

그런데 서울에서 혼자 벌어서 이런 삶을 살 수는 없다. 하지만 어쩔 수 없다. 그건 사실 내가 다 어릴 때 막 살았기 때문이다.

"안타깝지만 자기 나름대로 생각하기에는 사실 그런 생각이 들면 고등학교 때부터 열심히 했어야 했는데 그런 모든 게 바꿀 수 없는 과거가 이렇게 있어서…… 미래를 준비한다고 과거를 바꿀 수는 없잖아요."

사실 수용은 가족적 자아를 가지고 살면 경쟁에서 낙오된다는 것을 잘 알고 있다. 집을 나와 홀로 큰 세계에 나가는 체험을 해야만 삶을 치열하게 살 의지가 생긴다는 것을 잘 안다. 수용은 후배들에게 어떤 충고를 해주고 싶으냐는 물음에 가족 안에 머무는 것이 문제라고 정확히 지적한다.

"저는 여행을 많이 하라고 세상을, 자기들이 배낭여행이든 뭐든 대학교 때 무조건 많이 갔다 오라고. 이렇게 세상을 한번 바로 볼 수 있는 기회가 주어져야 되는데 애들이 부모님 밑에서 그렇게 실패해도 딱 감싸주는 누군가가 있다보니까 못 벗어나는 게 아닌가."

이걸 뻔히 알면서도 자신이 자꾸 가족 안에 함몰되는 것 같아 불안하다. 그렇다고 해서 사실 가족적 자아로 잘 살아가고 있지도 못하다.

"저라는 사람은 집사람 말로는 착한 척하는 사람. 그리고 뭐 아들 입장에서는 나쁜 아빠, 맨날 뭐 하지 마라 하니까."

수용이 정말 원하는 것은 미적 감흥을 누리며 사는 것이지만 가족을 꾸린 후 이것이 불가능하다는 것을 알게 됐다. 그런데도 가족의 기대에 부응해서 살아야 한다.

"남들이 줏대 없다 하겠지만 저는 남의 시선을 맞춰주는 게 저의 줏대라고 생각했거든요."

이렇게 사는 삶이 진정할 수는 없을 터. 아내가 착한 척하는 사람이라고 꼬집는 이유가 여기에 있다.

수용은 다른 지방대생들과 달리 목적 수단 범주를 통해 서울에 있는 대학병원에 취직했다. 그런 점에서 지역에 남은 대부분의 지방대생들과 분명히 다르다. 스펙을 쌓고 성취를 이뤘다. 하지만 생존주의자가 되지는 않는다. 안정된 직장 덕분이기도 하지만 더 경쟁해봐야 높은 곳으로 갈 수 없다는 것을 잘 알고 있기 때문이다. 이때 수용은 사회학에서 배운 언어를 사용해 이 현실을 규정한다.

"신자유주의나 이런 세상에서 노동이 대개 가치 노동을 통해서 뭔가를 이룩할 수 있다는 꿈을 심어주잖아요. 그다음 하나의 나의 목표를 이룰 수 있는 수단으로서 굉장한 역할을 한다고 믿고 있지만 저는 그거를 환상이라고 생각하거든요. 노동은 자본가들이 만들어내서 열심히 일하도록 만들어내는 것뿐이지 정말 노동을 통해서 개인이, 몇 명은 모르겠지만 대다수 개인이 노동을 가지고 뭔가 어떤 새로운 성취를 이룰 수 있을까 그런 생각…… 자본주의 사회의 대중매체가 만드는 하나의 이데올로기라는 생각이 드는데 그렇기 때문에 저도 노동을 통해서 뭔가를 크게 막 이루고 싶다는 생각은 옛날부터 없었어요. 그건 환상이라고 생각했어요."

03 "진입 장벽이 정말 낮아요"

방송작가의 꿈

성심은 B대학을 나와 서울로 가서 방송작가 일을 하고 있다. 자신의 삶에 대해 말해달라고 하자 다른 지방대 졸업생들과 달리 대뜸 꿈부터 이야기한다. 중학교 때부터 막연하게 방송작가가 되는 꿈을 꾸었다. 연예인을 좋아했다. 좋아하는 연예인을 만나려면 어쨌든 방송국에 가야 하는 거 아닌가 생각했다. 연예인을 좋아하고 친구들이 재밌는 애라고 해줘서 예능이 자신에게 맞을 거라 생각했다. 그런데 이상하게도 사회성 짙은 다큐멘터리에 더 끌렸다.

"그때 MBC 다큐멘터리에서 치킨집 아저씨들, 자영업자들 이야기하는데 그게 치킨의 사회학인가 그런 비슷한 책 같은 거였는데. 그냥 그 자영업자들이 어떻게 왜 몰리고 있는지 그런 다큐였는데 어릴 때 그게 너무 재밌었나봐요."

예능보다 시사다큐를 좋아하게 된 것은 집안 분위기 탓도 있었다. 아버지가 뉴스를 좋아해서 덩달아 같이 보게 됐다. 근데 재밌었다.

"아빠가 항상 티비를, 뉴스를 되게 좋아하잖아요. 어르신들이 8시 뉴스하고 9시 뉴스를 항상 틀어놓으셨어요. 그런 거 보니까 사회적인 것도 많이는 알지 못하지만 자연스럽게…… 그렇게 자연스럽게 됐죠. 뉴스도 많이 보고 해서 이거 재밌겠다 그런 생각이 얼핏 들었어요."

고등학교 때 공부를 썩 잘하는 아이가 아니었는데 유독 사회 과목은 잘했다.

"이상하게 제가 단순하고 허접한데 그냥 사회, 정치가 좋았어요, 사회. 전반적인 과목은 그냥 근현대사부터 해서 사회문화, 도덕, 경제 이런 점수들은 그냥 진짜 평균대였거든요. 수학은 밑에서 완전 그냥 바닥을 끌고 있는데 (사회 과목은) 항상 1, 2등을 받았거든요. 1등도 받고 반에서. 아 재밌네 하고."

성심은 수도권에 있는 대학으로 진학하려고 했다. 어차피 방송작가를 하려면 나중에 서울로 올라가야 하는데 미리 갔으면 해서다. 방송과 관련된 극작가 관련 학과를 가려고 했다.

"집에서 당연히 반대를 하죠. 그냥 올라가려고 하니 뭐…… 집도 그렇고 다 나가는 돈이고 그러니까. 거기서 사느니 대구에서 있기를 바라서 그냥 저도 금방 쉽게 파악을 한 거예요, 주변 상황을……"

집이 넉넉하지 않은 성심은 수도권 대학으로 가는 것을 포기했다. 돈도 돈이지만 여자가 혼자 서울로 올라간다는 것을 집에서 허락해주지 않았다.

여자가 집 밖에 나가는 것을 꺼리는 문화는 고등학교 때도 있었다. 여고를 다녔는데, 성적이 아무리 좋은 학생도 지역에 있는 국립대 정도만 생각하지 서울로 올라갈 생각은 하지 않았다. 선생님들이 질책했던 말이 생각난다.

"선생님이 아직도 기억이 나는 게, 아니 너희들은 왜 밖으로 나가는 걸 무서워하냐. 좀 나가면 더 넓은 그게 있을 텐데. 스스로 왜 안주하냐. 그렇게 화를 내셨던 게 아직도 얼핏 기억이 나요."

이런 분위기 속에 성심은 대구 B대학에 들어가게 된다. 어떤 학과를 갈지 둘러보았다. 글 쓰는 사람이 되려면 문예창작학과를 갈 수도 있었지만 순수문학에 뜻이 있는 게 아니어서 뜻을 접었다. 광고홍보학 같은 경우도 영상을 편집하는 피디를 양성하는 곳이지 방송작가를 키우는 곳이 아니라고 해서 그만두었다. 대신 사회학과를 선택했다. 뭔지 모르지만 그 학과가 사회나 정치에 더 관련이 많을 것 같았다.

"고등학교는 그런 정보를 많이 제공하는 곳도 아니고 그냥 혼자 단순하게 그러면 나 거기 못 가? 그 대학 못 가? 그러면 사회학과 가지 뭐…… 어차피 도움될 거야. 스스로 이렇게 됐었어요. 위로했던 건지 괜찮다고 생각한 건지."

고등학교 때 사회를 잘한 것도 이런 생각을 갖게 했다.

준비

성심은 방송작가가 되기 위해 대학에서 어떤 준비를 했을까? 1학기 때까지는 집행부 애들이나 선배들과 술 마시며 놀았다.

"집행부하고 애들이랑 술 먹고 그냥 진짜 평범했던 그런 생활인 것 같아요."

재밌었지만 지금 생각해보면 마셔도 너무 마셨다. 수업도 제대로 들어가지 않았다. 성적이 바닥을 기었다. 2학년이 되자 정신이 번쩍 들었다. 이대로 가다가는 아무것도 될 것 같지 않았다. 사회학 공부를 했다. 사회성 짙은 주제가 재밌었다. 앞으로 다큐멘터리 방송작가를 하는 데 도움이 될 것 같았다.

"저는 전공을 열심히 하는 게 그거라고 생각했어요."

사회학 공부를 열심히 했다. 하지만 흔히 말하는 스펙은 하나도 쌓지 않았다. 나는 어차피 글 쓰면서 살 사람인데 그딴 게 뭐 필요하냐는 생각이었다. 자격증은 하나도 안 땄고, 해외연수는 물론 학과 활동 이외의 대외 활동을 아예 안 했다. 무엇보다도 토익 공부를 안 했다. 막말로 신발 사이즈만도 못한 토익 점수를 받았다.

"제가 영어를 완전 놨었거든요. B대 애들 말하는 게 발 사이즈 같은 토익 점수."

한글로 글 쓸 사람이 토익 공부는 해서 뭐하나 싶었다. 다른 한편으로는 두려움도 있었다. 사회학과에 외국인 교수가 있었지만 친구들이 같이 스터디 하자고 해도 피하기만 했다.

"원어민 교수님 왔었잖아요. 그때 스터디 했었는데 같이 하자고 막 계속했었는데 나는 안 할 거야. 영어 무서웠거든요. 영어도 무섭고 필요 없어.

나 방송작가 할 거야. 너희끼리 가 하면서."

그러다가 서울로 진출하는 데 관심을 가진 친구들과 어울리게 됐다. 친구들이 서울로 취업박람회도 가고 공모전에도 출품하는 걸 보고 자극이 되었다. 그때 다짐했다.

"저는 방송작가가 꿈이니까, 서울에서 일을 해야겠다 생각을 했어요. 무조건 갈 거다."

4학년 때 MBC 방송아카데미에서 개최하는 취업설명회를 듣기 위해 서울까지 갔다. 이후 대학을 졸업하고 서울로 올라가 방송아카데미에 들어가기로 결정했다. 말이 아카데미지 사실 학원이었다. 3개월 수료 과정인데 무려 375만 원이나 했다. 수중에 돈이 없었다. 공장에서 알바를 시작했다. 공장 알바는 자신 있었다. 3학년 때 휴학하고 한 1년 정도 LED 부품 조립 공장에 다닌 적이 있었기 때문이다. 하루 종일 서서 부품 조립을 반복하는 단순 작업이었지만 열 시간 정도 일하면 한 달에 170만 원 정도를 벌 수 있었다. 이번에도 몇 개월 바짝 일해서 돈을 모았다.

"알바 뛰었거든요. 그때는 주야 2교대를 해서 진짜 살도 쏙 빠지고 잠도 진짜 여섯 시간? 일곱 시간 잤나?"

집에서도 200만 원 정도 도움을 주었다. 서울로 올라와 방송아카데미에 등록했다.

고단한 서울살이

서울살이는 고됐다. 무엇보다도 거주가 불안했다. 먼저 와 있던 친구 집에 일단 잠자리를 마련했다.

"이제 그때 제가 주거가 불안정한 상태에서 그냥 무턱대고 들어온 거였거든요. 그래서 한 달은 친구 집에서 같이 살고 돈 좀 주고. 근데 그 친구가 갑자기 이제 서울살이에 너무 환멸을 느껴서 대구에서 공기업 준비를 하겠다며, 고향에 너무 돌아가고 싶다 해서…… 그 친구는 이제 1년 다 채우고 돌아가는 시기여서."

할 수 없이 학원 근처에 있는 고시원을 잡았다. 한 달 정도 고시원에서 살고 있는데 인턴 때문에 서울로 올라와 있던 고등학교 친구와 연락이 닿았다. 그 친구도 잠실 근처 고시원에서 살고 있었다. 같이 합치자고 했다.

"한 달도 안 돼서 또 제 고등학교 친구 한 명이 인턴 때문에 여기 올라왔는데 걔도 고시원에서 살면서 너무 우울하다는 거예요. 자기는 혼자 살기에는 성격도 내성적이고 집값이 너무 비싸다, 고시텔. 걔는 잠실이었는데도 한 50만 원 가까이 되니까…… 인턴 일 해봤자 100만 원, 120만 원 뭐 이 정도니까 비싸다 해서 그럼 우리 같이 살자 하고."

3개월 동안 학원을 다니며 교육을 마치고 바로 한 방송 외주 제작사에 취업했다. 회사 근처로 고시텔을 옮겼다. 돈을 아끼려고 친구와 함께 이층 침대가 있는 2인실을 구했다. 햇볕도 제대로 안 드는 열악한 곳이었다. 한 달 정도 살았다. 친구가 더 이상 못 버티겠다고 말했다.

"지금 생각해보면 어떻게 살았는지 모르겠는데 한 달 정도 살았는데 근데 이 친구가 또 약간 내성적이고 차분한 성격이고 그랬는데 같이 살면 행복할 줄 알았는데 너무 우울한 거예요. 방이…… 방도 너무 조그마하고. 그 친구는 야행성이고 인턴 끝나고 취업 준비하려고 했는데 그게 잘 안 되죠. 솔직히 친구는 공부를 잘하고 자신의 그거를 잘하는데 대외 활동을 거의 안 한 거예요. 친구도 취업이 잘 생각보다 안 됐다고. 서울 나가면 뭐 방세에다가 생활비에다가 그거 다 돈이니까. 그래서 친구도 또 내려가려고 하는 거예요."

친구는 결국 대구로 내려갔다. 다시 방값이 더 싼 1인실로 옮겨야 할 형편이었다. 이때 6개월 전 먼저 이 회사에 취직해 있던 대구 출신 동생이 함께 살자고 했다. 고시텔이 질렸다며 집을 구했으니 함께 살자고 했다.

"월세 25만 원에 화장실이 분리되어 있고 조용하다, 괜찮다 해서 확인도 안 하고 바로 갔거든요. 근데 너무 낡은 거예요. 너무 낡은데 그때는 그냥 가까운 게 최고여서 한 달 이상 두 달 살았는데, 저는 근데 그때 만족하고 살았거든요."

수습 3개월 동안 한 달에 120만 원을 받았는데 이 정도면 방세를 충당하고 어떻게든 버틸 수는 있을 것 같았다. 하지만 대구 동생도 오래 버티지 못하고 3개월 지나 일을 그만두었다. 또 이사를 가야 했다. 마침 같은 학원을 나와 방송국에서 작가로 일하고 있는 언니가 함께 살자고 했다. 월세 50만 원의 원룸이었다. 보증금은 이미 자신이 냈으니 월세 30만 원만 내고 같이 살자고 했다. 또 이사했다. 1년도 안 돼 네 번을 이사한 것이다.

일도 생각보다 너무나 힘들었다. 사실 학원 안 갔어도 취직하는 데는 문제가 없는 것이었다.

"솔직히 그 아카데미 안 갔어도 됐긴 됐어요. 할 수는 있었어요. 앞에 먼저 와 있는 친구, S대생 친구가 걔는 아카데미 앞 기수로 됐었는데 안 들어가고 취업을 한 케이스거든요."

막내 작가를 하겠다고 하면 외주 회사는 무조건 받아주는 형편이었다.

"진입 장벽이 정말 낮아요. 왜냐하면 힘들어서 금방 관두거든요. 너무 힘들어서 빨리 나가고 임금도 솔직히 최저 시급도 못 받는 거니까. 진입 장벽은 정말 낮아요."

학원이 그나마 가치가 있는 건 다양한 인맥을 만들었다는 것이다. 대개 지방에서 올라온 처지다보니 금방 친해졌다. 졸업하고도 단톡방을 만들어 일하면서 힘든 점을 토로하기도 하고 일 관련해서 정보도 주고받았다.

외주 제작사는 진입이 쉬운 만큼 치러야 하는 대가는 가혹했다. 밤에 주로 작업을 하다보니 출근은 다른 데보다 늦어 10시 30분 정도에 한다. 막내 작가라 주로 하는 일은 자료 조사하고 장소와 사람을 섭외하는 거였다. 일은 주로 2개월이나 3개월 주기로 이뤄지다보니 한두 달은 상대적으로 여유롭다. 그 이후로는 밤을 새워 일한다.

"자료 조사할 때 빡시다가 섭외하면 그냥 평일 놀러 가다가 2~3주 전부터 이제 주말 출근을 하면서 점점 다가올수록 밤을 새는 거죠. 밤을 새고 이제 한 잠, 한 두세 시간 네 시간 두세 시간 이렇게 자고 끝 하면 일주일 정도 휴가를 주세요. 진짜 우리 연락하지 말자 해서 일주일 동안 친구들 만나고 대구 내려와도 되고 좀 쉬고. 다시 하면 새 아이템 찾으며 그래도 주 5일 출근하고 또 바빠지면 다시."

이런 일을 반복하다보니 글을 쓰러 갔는데도 정작 지금까지 단 한 번도 글 쓸 기회를 갖지 못했다. 1년 8개월을 버티며 일을 하다보니 건강이 많이 나빠졌다.

"지금은 건강이 다 망가졌어요. 제가 약 되게 좋아하거든요, 제가 약쟁이라고 비타민이랑 막 쟁여놓고 있어요. 면역력이 약해서."

이렇게 고단한 서울살이를 하고 있지만 성심은 고향인 대구로 내려갈 생각이 전혀 없다.

"대구에 내려가고 싶다는 생각은 없어요. 왜냐하면 대구에서 제가 할 수 있는 일이 별로 없어요. 제가 하고 싶은 일을 할 수 있는 인프라가 거의 없고. 있어도 대구 MBC나 그 정도 지역 방송국이고. 제가 따논 스펙도 아니고. 대구에 있는 애들 보면 직업이 그렇게 다양한 것 같지도 않고. 물론 다른 그런 가치를 선택한 애들이겠지만. 그래도 저는 제가 할 수 있는 일을 고민해봤자 경리밖에 뭐 되겠어? 이 생각밖에 없는 거예요."

어찌저찌 살았던 삶

좋은 삶이 무엇이냐고 물었다.

"저요? (10초 동안 정적) 잠을 잘 때 눕기 전에 걱정이 없는 삶? 왜냐하면 하루하루가 섭외가 안 돼서 너무 초조해가지고 뭐 하면 잘 때도 한 번 생각을 하거든요. 아, 이거 어떡하지? 그거에 대해서 좀, 제가 좀 이 일에 익숙해져서 그럴 수도 있지만 아니면 상황이 너무 불안정한 상황이니까. 그게 뭐 경제적인 부분이든 제 일적으로도 너무 불안하니까. 다음날에 걱정이 없는 삶이었으면 좋겠다. 내일 걱정이 없는? 일단은……"

성심은 막내 작가로서 하루하루의 삶이 너무나 힘들다보니 긍정적인 언어로 좋은 삶을 정의하지 못한다. 대신 내일 걱정이 없는 삶이라는 부정적인 언어로 말한다. 그렇다고 내일 걱정 없는 삶을 꿈꾸자고 서울에 온 것은 아니다. 실제로 생각하는 좋은 삶이 있다. 그것은 가족을 벗어나 혼자 독립적인 삶을 사는 것이다.

"그냥 자유롭게 일 좀 열심히 하다가 그래도 자기 일에 능숙하고 자기 일에 커리어도 쌓으면서 그냥 자기 혼자 독립적으로 살 수 있는 삶이었으면 좋겠다."

성심이 가족에게 크게 기대하지도 않고 또 엄청난 도덕적 짐을 지니고 있는 것도 아니다. 홀로 서울 올라가 고생하는 딸을 보고도 부모는 별말 하지 않는다.

"근데 별말 안 하셨어요. 그냥 하고 싶으면 해야지. 왜냐하면 크게 서포트를 받지 않았거든요. 저는 제가 오고 싶어서 온 것이기 때문에 내 돈으로 내가 하겠다, 내 빚이면 내 빚으로 할게 해서 특별히…… 그래도 뭐 어른들이 보시기엔 방송작가 한다, 이런 게 있으니까 좋아하시는 것 같아요. 크게 기대 없으실 거예요."

지방에서 가족은 구성원들이 서로 큰 기대를 하지 않는다. 부모는 자녀가 그저 평범한 아이라는 것을 잘 안다. 자녀 역시 부모가 자신의 꿈을 적극적으로 밀어주고 뒷받침해주지 못할 거라는 걸 안다. 서로 기대를 낮춘다. 그러다보니 말 그대로 평범한 존재로서 지금까지 살아온 방식으로 살아가게 된다. 학과 친구들도 마찬가지다. 서로 가족 같은 작은 공동체를 구성해서 그 안에서만 논다.

"사회학과는 작으니까 가족 같은 그런 게 있잖아요. 저는 거기에 너무 쉽게 취했던 것 같아요. 지금 젤 후회하는 게 1학년 때 선배들과 술 너무 많이 마신 거."

성심은 자신의 자아를 가족 밖으로 끌고 나와 방송작가로 설정한다.

그러다보니 그 세계에서 인정을 추구한다.

"글을 잘 쓰는 작가가 되고 싶어요. 그냥 재라면 그래도 글을 잘 써. 나레이션을 잘 써. 이런 작가? 왜냐면 주변에서 피디님이 있으니까 다른 작가님들 이야기 많이 하시거든요. 아 걔는 진짜 별로야. 막 가끔씩 작가 욕을 해요. 저희도 피디 욕을 하는데 그런 사람이 되고 싶지 않아요. 걍 나왔을 때 아 걔는 잘해 하는 사람이 되고 싶어요."

하지만 스스로는 엄청나게 성공한 작가가 되리라고 생각하지 않는다.

"제 스스로도 그냥 그럭저럭 쓰네, 그 정도가 되고 싶습니다."

성심은 목적 수단 범주를 통해 삶을 조직해오지 않았다. 더 열심히 했어야 했다는 것을 깨달은 지금도 막연하다. 저임금에 장시간 노동하는 현재의 일이 미래의 성공을 가져오는 최적의 수단이라고 생각하지도 않는다.

"뭐 지금 와서 제가 창조적으로 뭘 할 수 있다고 생각하지는 않아요. 그런 기회도 없고."

그저 이 일을 계속하다보면 10년 후쯤에는 메인 작가가 되어 경제적 독립성과 안정성을 가질 수 있을 거라고 믿고 싶어 한다. 현재 메인 작가도 지방대를 나와 이런 과정을 10년 이상 겪고 그렇게 된 것이다. 이건 지방대생이기에 어차피 겪어야 할 일일 뿐이야.

"그렇게 믿고 싶습니다."

이런 믿음이 강해서일까? 대학 시절로 다시 돌아간다 해도 방송작가를 계속 준비할 것이라고 말한다. 그럼에도 얘기한다.

"꿈인지도 모르는데 그냥 가는 거예요."

삶을 다 살고 자신의 삶을 돌아본다면 어떤 삶이라고 평가할 것이냐고 물었다.

"어찌저찌 살았던 삶. 네, 그냥 어찌저찌 살았던 삶."

장기적인 삶의 목적을 두고 이를 합리적인 최적의 수단을 통해 추구한 삶은 아닐 거라고 이야기한다.

04 "나만의 방이 있어야 되는데"

중간에 끼인 사람

채린은 C대학 졸업 후 서울의 광고 회사에 취업해서 다니고 있다. 지금까지 살아온 삶에 대해 말해달라고 하자 어느 시점부터 말해야 되냐고 되묻는다. 본인이 알아서 선택해 서사를 만들어가라고 주문하자, 삼남매 중 중간으로 살아온 자신의 어린 시절부터 얘기를 꺼낸다.

"제가 어렸을 때 기억은…… 뭔가 뺏기고 내 께 없는 거예요. 언니한테 물려받고, 동생은 새 거 사주고 나는 약간 그런 거 있잖아요, 도태되고 혼자. 그래서 언니한테 항상 뭐 물려받고 나는 뭐 그런 게 있어서 내 께 뭔가 강한 게 있으면 좋겠다. 소유욕 그런 게 항상 잠재되어, 내재되어 있었어요."

채린은 대부분의 지방대생과 달리 자신을 평범한 사람이라고 정의하지 않는다. 대신 중간에서 치이면서 살아가다보니 소유욕 강하고 하고 싶은 것을 꼭 해야 하는 사람으로 자신의 자아를 연출해서 보여준다. 가족주의 언어보다는 선호의 언어를 통해 자아를 정의하는 것이다.

"내가 나중에 뭐를 해도 나는 이거는 꼭 하고 싶다라는 그런 게 되게 강하게 된 것 같아요. 그래서 내가 무슨 꿈이 있으면 이런 걸 꼭 이루고 싶고, 내가 이런 건 꼭 잘하고 싶고 그런 게 강하게 생겨난 것 같아요."

하지만 집이 보수적이다보니 부모님은 하려는 일마다 반대를 하고 사전에 할 일을 다 정해주었다.

"대학교 가는 것도 그렇고 뭐든지 제가 하는 거에 대해서 경로를 다 정해주시는 거예요."

채린은 대학에 편입하기 전에 2년제 간호전문대학을 다녔다. 가고 싶지 않았지만 부모님이 사전에 결정해서 밀어붙였다.

"아, 그때도 부모님이 선택을 해주셨어요. 너 여기 가라, 병원 취직해라 그렇게 된 거예요. 나는 너무 가기 싫은데."

애초에 4년제 대학을 갔으면 될 것 아니냐는 말에 성적이 되질 않아 갈 수 없었다고 말한다. 고등학교 때 공부를 아예 하지 않았다. 입시 공부가 무의미하다고 여겼기 때문에 느슨한 관여 정도가 아니라 관여 자체를 안 했다.

"고등학교 때 그게 저는 너무 싫었어요. 맨날 야자를 하고 아침에 왜 그렇게 일찍 등교를 하고. 모르겠어요, 제가 한국 교육 방침에 안 맞았는지 모르겠는데 저는 이해가 안 되는 거예요. 왜 맨날 학교랑 입시학원이랑 똑같은데 입시학원을 보내고 학교를 또 가는 거잖아요. 그게 너무 이해가 안 되는 거예요. 그래서 맨날 독서실 끊어놓고 오락실 가고 그랬어요."

중학교 때는 그래도 반에서 상위권에 들기도 했는데 고등학교 때 아예 공부를 안 했다. 하고 싶은 일을 하지 못하게 막는 부모에 대한 반항심 때문이기도 했다. 고등학교 때 우연히 디지털 카메라를 얻게 되어 사진에 취미를 붙였다. 한국예술종합학교에서 주최하는 사진 공모전에 출품해서 선발이 되었다. 서울로 가려니까 부모님이 반대를 했다.

"고등학교 때 제가 사진에 관심이 있어서 무슨 한예종 공모를 넣었는데 그게 된 거예요. 선발이 돼서 서울로 올라와라 이렇게 된 거예요. 그래서 엄마한테 말씀드렸어요. 집에 부모님한테 엄마 나 이렇게 돼서 이런 일이 있었다. 서울로 가봐야 돼. 딱 잘라서 무시를 하시는 거예요. 필요 없다고. 너무 서러워서 며칠 동안 밤에 계속 울었어요."

이렇듯 가족으로부터 인정을 받지 못한 채린은 학교에서도 인정을 추구하지 않았다. 부모가 정해주는 대로 간호전문대학에 들어갔다. 얼마 다니지도 않아 바로 알아차렸다. 자신과 맞지 않다는 것을. 첫 엠티 갔을 때다.

"엠티 때…… 그때 막 야간 학생들도 같이 왔는데, 야간 학생들이 다 아재들인 거예요. 저는 좀 충격이었어요. 아재들이 막 오는 거예요. 일하시다가 그냥 오셔가지고 막 하는데, 저는 좀 충격이었어요. 내가 생각하는 엠티는 대학생들끼리 게임하고 그런 건데 저희가 막 시중 들고 있는 거예요.

아재들의 시중을 막 들고 있어, 놀아야 되는데. 거기서 충격 띵 받은 거예요."

이건 아니라는 생각이 들었다. 벗어나야겠다는 결정적인 생각은 원무과 실습에서였다.

"원무과 실습이었는데 똑같은 일만 계속 반복하는 거예요. 약 처방전 이거 하고 있고, 도장 찍고 너무 관료화된 틀이 저한테 안 맞는 거예요."

사회학

단순 반복적인 일이 자신과 맞지 않다는 것을 깨달은 순간 "아, 나는 여기서 벗어나고 싶다"는 생각이 들었다. 4년제 대학에 편입하자고 결심했다. 학과 공부에 몰두했다.

"그때는 4년제 편입을 해야겠구나, 목표가 생긴 거예요. 그래서 막 파고들었죠."

2년 내내 학과 수석을 독차지하고 장학금을 받았다. 졸업 후 C대학 사회학과로 편입했다. 원래는 광고홍보학과를 가려고 했지만 부모님이 반대를 했다. 나와봐야 미래가 없다는 이유 때문이었다. 무슨 과를 갈까 고민하다가 사회학과를 지원했다. 막연히 사회를 알아야 한다는 생각이 있었다. 편입을 반대하던 부모님도 사회학과라니까 받아들였다. 나와서 공무원 하면 된다고 생각한 것이다.

"부모님이 사회학과 가서, 부모님은 아무것도 모르시니까, 사회학과 가서 공무원 준비해라 이렇게 된 거예요."

하지만 애초부터 알았다. 자신에게 단순한 일을 반복하는 공무원이 안 맞는다는 것을. 뭔지도 모르고 사회학과에 들어갔다.

"근데 갔는데 생각보다 저는 재밌었어요. 아, 이런 게 있고 좀 되게 다양한 그런 거를 많이 배우고."

사회학은 무엇보다도 왜 공부를 해야 하는지 알게 해주었다. 남이 정해놓은 것을 그저 단순 반복적으로 따라 하는 것이 아니라 스스로 질문해야 한다.

"터닝 포인트. 그전은 제가 막 고등학교 때 공부를 하는데 왜 공부를 해야 되는지 모르겠다고 말씀드렸잖아요. 근데 여기 딱 와서 사회학 공부를 하고 나니까 그런 거에 대해서 스스로 질문을 던지고 대답을 하고 생각하는 힘이 길러졌어요. 논문을 읽고 수업을 들으면서 스스로 생각을 하고 그런 걸 생각하는 힘을 키웠던 것 같아요."

친구들의 인정도 있었다.

"그래서 막 친구들이 그러는 거예요. 오랜만에 만났는데 야, 너 사회학과 가고 좀 달라진 것 같다 말을 하는 거예요. 너 좀 생각하는 게 좀 달라지고 너의 터닝 포인트 같다. 잘 간 것 같다. 자기 동생한테도 추천을 해주고 싶다. 그렇게 말을 하는 거예요. 사회학을 배우게 되면서 그런 거에 관심을 갖게 됐어요. 책이나, 이건 왜 그렇고 이거는 왜 그렇고 이런 식으로 그런 분야에 대해서 관심을 많이 가지게 됐어요."

스펙 쌓기

사회학을 공부하면서도 관심 있었던 광고홍보학과를 부전공했다. 스펙 쌓기에도 나섰다. 한 기업이 주최하는 마케팅 활동에 지원하여 서울에서 '서울 애들'과 어울린 것이 계기가 됐다.

"그게 본사가 서울이니까 서울에 와야 되는 상황이었어요. 정기적으로 한 달에 두 번 정도는 서울을 오가야 됐어요. 그때 느낀 게 서울 대학생들끼리 같이하는 거죠. 되게 막 진취적으로 애들이 뭐를 하려 그러고 그러는 게 저는 아, 서울 애들한테 지기 싫어. 이게 생긴 거예요."

채린은 인생에서 처음으로 제대로 된 경쟁에 몰입했다. 회사가 대학생들을 팀으로 나누어 경쟁을 시켰기 때문이다.

"되게 하고 싶은 분야에 대해서 전문성이라는 게 그때는 그게 이렇게 보이는 거예요. 그리고 알게 모르게 같은 팀인데도 경쟁심 같은 거 있잖아요. 그런 게 막 눈에 보이는 거예요. 같은 팀인데, 우리는 같은 팀이라서 이걸 만들어서 다른 팀이랑 경쟁을 해야 되는데 같은 팀끼리 그러고 있고…… 암튼 되게 막 ppt를 하는데 그때는 막 전문가들 앞에서 하는 거였어요. 발표를 되게 전문가스럽게 잘하는 거예요. 그 본사의 과장님이 인정을 할 정도로 잘하는 거예요. 그래서 결국에 걘 롯데에 취직했어요. 그걸 보니까 나도 가서 전문성을 키워야겠다. 그전에 내가 어느 정도 기본 토대를 만들어야겠다. 이런 생각이 들어서……"

대구에 내려와서 유명 강사가 가르치는 학원에 들어가 토익 강의를 들었다. 계속 매달려 토익 800점을 넘기고 학교에서 마련해준 취업 스터디 모임에 들어갔다. '짱짱한 사람들'이 진짜 많았다. 회계학 자격증, 정보처리 자격증, 토익 900점, 토스[TOEIC Speaking] 6단계, 다양한 수상 경력, 학과 수석. 당시 채린은 워드 1급, 모스 자격증, CS[Customer Satisfaction] 강사 자격증 세 개를 가지고 있는 자신이 초라해 보였다. 기죽지 않고 이들과 함께 취업 스터디 모임을 지속적으로 가졌다. 어느 정도 스펙을 쌓았다 싶을 때부터 지원서를 썼다. 100군데 넘게 지원한 끝에 서울 강남에 있는 탑급에 속하는 광고 회사에 마침내 취업했다.

처음 3개월 동안 인턴으로 일했다. 정규직으로 전환되는 중대한 기로에 섰다. 이사 앞에서 ppt 발표를 했다.

"이사님이랑 정규직 전환될 때 면담했는데 이사님이 말씀하시기를 자기가 보기에는 낭찬 그린 모습이 눈에 많이 띄었고 그런 거에 대해서 가능성 같은 게 보였다라고 말씀해주셨어요. ppt라는 게 기획, 그런 과정들을 만들어가지고 했거든요. 거기서도 그냥 너의 생각이랑 개성이 돋보였다라고 말씀해주셨어요."

드디어 자신의 개성을 인정받아 정규직으로 전환됐다. 졸업 후 편지한 장 써놓고 무작정 서울로 올라와 드디어 일자리를 잡은 것이다. 이제 "생활할 수 있는 만큼의 저축도 하면서 생활할 수 있는" 여력이 생겼다.

집 밖으로, 더 글로벌하게

좋은 삶, 가치 있는 삶이 무엇이냐고 물었다. 반문한다.

"제가 하고 싶은 거 하면서 자유롭게 사는 삶이, 이런 구조적인 틀에 너무 갇혀 있지 않게 내가 하고 싶은 거 하면서 자유롭게 좀 행복하게 사는 삶?"

하고 싶은 거, 자유, 행복이라는 세 가지 핵심 단어가 나온다. 먼저 하고 싶은 거는 무엇이냐는 말에 글로벌한 광고 마케팅이라고 말한다. 그냥 마케팅이 아니라 '글로벌한' 마케팅? 이유는 아무리 독특한 아이디어를 내고 광고 시안을 만들어도 사전에 잘려버리거나, 운 좋게 올라가더라도 광고주에게 퇴짜를 맞는다.

"근데 위로 올라가면 갈수록 할 수 있는 범위가 넓어지니까 영역이 없어지고 그런 거를 자유롭게 누릴 수 있으니까 글로벌하게."

결국 '글로벌'이란 말은 자유롭게 창작하고 싶다는 말의 또 다른 표현이었다. 자유? 이는 자아의 문제와 연결된다. 채린에게 중요한 것은 가족과 학교 밖을 넘어 나만의 자아를 찾는 것이다. 자아는 무엇보다도 자신만의 '방'을 갖는 것이 중요하다. 어린 시절 체험으로부터 이런 생각이 들었다.

"사람이 자아가 정상적으로 형성이 되려면 나만의 방이 있어야 되는데 각자의 방이 있어야 되는데 저는 없는 거예요. 저는 언니 방에 얹혀…… 언니 방에 있다가 언니 방에서 자는데 언니랑 싸우면 너 나가! 이러는 거예요. 동생 방에 가면 언니 나가! 이렇게 되는 거예요. 저는 갈 데가 없는 거예요. 거실에서 자고 있고. 그래서 저는 집에서 어렸을 때 성장기에 도대체 나의 정체성은 어디에 있는 걸까. 나만의 그런 게 있었으면 좋겠다. 엄마 아빠가 언니, 동생을 챙기면 저는 무조건 그게 없는 거예요. 저는 집에서 나란 존재는 어디 있는 건가."

집에서 자신의 자아를 찾지 못하자, 채린은 집 밖에서 자신의 자아를 찾으려 노력한다. 고등학교 때 한국예술종합학교 사진 공모전에 사진을 출품하고, 전문대학 시절 해외 봉사 활동 신청도 한다. 하지만 집에서 모두 반대해서 뜻을 이룰 수 없었다.

"근데 집에서 반대하는 거예요. 위험해. 이렇게 된 거예요."

부모가 볼 때 집 밖은 여자에게 위험하다. 그러니 집 밖으로 나가지 말라고 계속 다그친다. 채린은 집 밖으로 나가려면 돈이 필요하다는 것을 알게 됐다. 돈이 있으려면 취업을 해야 하고, 취업을 하려면 스펙을 쌓아야 한다.

그런 채린은 행복한가? 행복이 무엇인가? 채린에게는 자신이 원하는 바를 이루면서 사는 것이 행복이라 생각한다. 채린에게는 행복은 미래의 성취에 있다.

"제가 미래에 그런 생각을 하잖아요. 나는 이런 걸 이루고 싶어. 이런 걸 하고 싶어. 근데 그거를 이뤘을 때 이루고 난 후에 나의 모습이랑 내가 예전에 아, 이러고 싶다 그런 걸 생각했는데 내가 지금 이걸 하고 있잖아요. 그런 걸 이뤄나갈 때 행복하다고. 그래서 결국엔 아, 사람이 생각한 대로 되는구나. 좋은 생각을 해야겠다."

이러한 채린의 로망스 서사는 '복학왕'으로 대표되는 지방대생의 가족주의 서사와는 분명 다르다. 채린도 이를 분명 인식하고 있다.

"'복학왕'은 그냥 한곳에 그냥 머무는 것 같아요. 안정적이고 평안하고 아무런 변화 없이 그 순간에 머무른다면 저는 계속해서 끊임없이 뭔가 변화를 추구하고 다르게 어딘가에 가고 싶은 그런 갈망에서 새로운 삶을 갈망하는 것 같아요."

채린에게는 성찰적 겸연쩍음 대신에 성찰적 오기가 있다. 성찰적 겸연쩍음은 주변 사람들을 중심으로 자신을 평가할 때 나오는 감정이다. 채린은 신경 써야 할 주변 사람이 없다. 믿을 건 자신밖에 없다. 가족도 친구도 나의 길을 만들어줄 수는 없다. 심지어 학교마저도. 학교 취업지원센터에 면담을 갔다.

"취업 스터디 그런 데에서 면담을 하잖아요. 면담을 하면 비웃는 거예요. 서울을 간다고 하면은 허황된 꿈을 갖고 있다고. 이러면서 웃고 C대 사회학과라고 웃고 막 비웃는 거예요. 저는 거기서 열받는 거예요. 거기서 아, 취업센터에서 애들 격려를 안 해주고 이러고 있구나. 그리고 다른 어른들도 서울은 무슨 서울이냐, 이러고 있고. 근데 저는 약간 제가 행동으로 그거를 증명해 보이고 싶은 거죠. 오기가 생기는 거예요."

이러한 오기는 지방대생은 안 된다는 일반화된 편견을 깨부수겠다는 결기로 나타난다. 서울에 살면서 지방대생이라는 낙인을 의식하지 않느냐는 질문에 강하게 응대한다.

"전혀 그런 생각 없고 만약에 그런 생각을 갖고 있는 사람이 있다면 제가 이런 모습을 통해서 증명하고 그런 건 일반화의 오류라는 걸 보여주고 싶어요."

앞에서 보았듯이 채린은 습속을 따르기보다는 목적 수단 도식을 통해 끊임없이 자기계발에 나선다. 왜? 그건 알지 않으려는 의지 대신 알려는 의지가 강하기 때문이다.

"그거(알려는 의지)를 통해서 저를 찾았다, 나를 찾았다라는 그런 기분을 느꼈어요."

구미에서 자라다 대구에 오고 다시 서울로 오니 점점 더 자신의 자아가 넓어지는 것을 느낀다.

"저는 생활하면서 느낀 게 구미가 촌이잖아요. 대구를 왔어요. 와, 진짜. 그때는 진짜 촌 애니까. 와, 이제 넓고 좋다. 이렇게 생각을 했어요. 그러고 나서 이제 대구 2년제 있다가 4년제 갔는데 와, 넓다. 그리고 서울에 올라왔어요. 더 큰 세상이 있는 거예요. 와, 내가 지금까지 본 거는 아무것도 아니다. 점점 커지는 게 스스로 느껴지는 거예요. 그러고 나서 서울에서 몇 년 생활하고 구미를 딱 내려가면 평화로운 거예요. 혼자 상상을 해요. 서울에 있다가 밑에서 다시 일을 하게 된다면 어떨까? 생각을 하면 시시한 거예요. 이제 눈이 높아져서 못 올 것 같다. 이런 생각밖에 안 들어요. 스스로 느껴지는 거죠. 내가 더 큰 세상을 갔을 때 이것보다 더 큰 세상이 있구나. 그리고 딱 올라갔을 때 아, 이것보다 더 큰 세상이 있구나. 이게 점점 올라가는 걸 스스로 깨달은 게 있으니까 더 큰 세상을 바라보는 게 아닐까."

채린은 이제 지금 직장도 좁게 느껴진다고 한다. 더 글로벌하게 나가고 싶다. 채린은 또다시 스펙 쌓기에 나서고 있다.

3장

서울 갔다 되돌아온 지방대 졸업생

01 "또 난 안 되겠다 싶어가지고"

진로 고민

지혜는 B대학을 졸업하고 서울에 취업했다 그만두고 대구에 내려와 공무원 시험 준비를 하고 있다. 지금까지 어떤 삶을 살아왔는지 말해보라고 하자 대뜸 고등학교 3학년 시절 진로 고민부터 털어놓는다.

"내가 뭘 하면서 이 사회에서 일원으로 살아갈까 그런 고민을 되게 많이 했던 거 같아요."

대학 들어온 후 진로 관련해서 정보를 찾고 주변 사람들도 만나 이야기를 들었다. 기자나 에디터를 해야겠다는 생각이 들었다. 친구들이 글 잘 쓴다고 칭찬해준 것이 계기가 됐다.

"미니홈피에, SNS에 글을 한 번 올렸는데 친구가 재밌다는 글 한마디에 약간 자신감을 얻어서. 쓸데없죠.(웃음) 그래가지고 그럼 글을 한번 해보자. 그게 어떤 글이 됐든 간에 글이라는 걸로 어떤 밥벌이를 해보자라고 했는데."

3학년 때 서울의 한 대형 언론사에서 개최하는 특강을 들으러 갔다. 일주일 동안 각 지역에서 온 대학생들과 함께 활동하면서 언론이 무엇인지 기자는 어떤 삶을 사는지 체험하는 프로그램이었다. 자극을 받기보다는 위축됐다.

"근데 그때 저는 그 일주일 동안 경험하면서 특강을 듣고 뭐 앞에 나가서 활동도 하고 이런 건데 하다보니까 아…… 이건 아닌 것 같다, 나랑. 약간 그런 생각이 들더라고요. 근데 좀 제가 약간 편견일 수도 있는데 그런 대형 언론사라고 하면 스펙이 뛰어나야 하고 일단 학력이…… 그니까 학교가 좋아야 된다는. 저는 그게 있었거든요, 사실…… 그니까 내 자신을 보니까 약간 아 나는 안 될 것 같아. 거기 온 사람들만 봐도 스카이 대고 일단 그런 실력이 기본적으로 갖춰져 있잖아요."

이제라도 시작할 수는 있겠지만, 워낙 출발부터가 다르니까 한계가 분명 있을 것 같았다. 대형 언론사 기자보다는 잡지 기자나 에디터로 목표를 낮췄다. 잡지사는 사진과 글이랑 적절히 섞어 딱딱하지 않게 쓸 수 있을 것 같았다.

"여기는 자유롭게 글을 쓸 수 있겠다 해서 준비"했다. 사실은 어릴 때부터 자유롭게 글 쓰는 작가가 되고 싶었다. 하지만 엄마가 돈벌이가 안 된다고 반대했다.

"어릴 때 꿈은 그냥…… 크게 생각 없었던 것 같아요, 그냥…… 그런 걸 했어요. 교내에서 글짓기하면 상을 타고 해서 아 작가, 소설 쓰는 작가 하고 싶었는데. 엄마가 작가는 돈벌이가 안 된다.(웃음) 어린 마음에 되게 상처를 받아서."

자유롭게 글을 쓰고 싶지만 소설가는 될 수 없고, 그렇다고 대형 언론사 기자도 가망이 없다면 나만의 특화된 진로를 찾자. 잡지사 기자나 에디터가 되자. 드디어 삶의 진로를 찾은 것 같았다. 사실 고등학교 때부터 진로 고민을 계속했다. 왜 해야 되는지도 모르는 입시 교육을 계속 받다보니 공부에 흥미가 없었고 성적도 안 좋았다. 그나마 중학교 때는 공부를 잘했다. 주변 친구들이 다 열심히 공부하는 분위기라서 같이 다니다보니 공부를 열심히 하게 됐다. 성적도 잘 나왔다. 좋았다. 하지만 고등학교 올라갈 때가 되니까 친구들이 각자 외고나 집 근처 학교로 뿔뿔이 흩어졌다. 지혜는 일반고가 아니라 즐겁게 지낼 수 있는 요리 고등학교에 가고 싶었다. 어머니가 또 반대했다.

"중학교 때는 요리 고등학교로 진학하고 싶었어요. 요리를 좋아하고 계속 이걸 해보고 싶다 해가지고. 근데 또 엄마가 반대를."

공부를 해서 공무원이 되라고 말한다. 공부, 공부, 공부! 언니 두 명은 모두 공부를 잘했다. 어머니는 언니들처럼 공부를 열심히 해서 공무원이 되기를 바랐다. 자신은 언니들과 다른데 자꾸 공부하라고 하니 너무 싫었다.

나만의 길을 가고 싶었다. 근데 그것이 뭔지를 몰랐다. 그저 글 쓰는 사람이 되고 싶었다. 근데 엄마는 밥벌이를 걱정한다. 그렇다면 글 써서 밥벌이할 수 있는 직업은? 잡지사 기자나 에디터, 바로 그거다.

꿈을 좇아 서울로

주변 친구들은 지역에서 공무원 아니면 은행이나 공사 취업을 준비하느라 바빴다. 걔들은 꿈이 없다고 은연중에 무시했다. 나는 다르다. 나는 꿈이 있다.

"일단 서울로 가자. 무조건 서울로 가자, 그냥."

잡지사는 상시 채용이라서 사실 지원만 하면 채용될 수 있는 구조였다. 워낙 임금이 적다보니 상대적으로 들어가기가 쉬웠다. 하지만 더 나은 기회를 얻고자 한국잡지협회가 지원하는 프로그램을 이수했다. 사실 이를 빌미로 서울에 갈 참이었다. 집에서 처음에는 반대했지만 결국에는 들어주었다.

"그때 준비할 때는 아버지도 걱정하셨는데. 엄마는 항상 시종일관 공무원 하기를 바랐고. 아빠는 그래도 공무원보다도 네가 하고 싶은 게 있으니까 서울에서 한번 생활을 해봐도 도움이 될 것 같다 해서 보증금도 해주시고 약간 그런 게 있었거든요."

서울로 가니 우선 주거가 문제였다. 집에서 일단 보증금을 대주긴 했어도 월세가 만만치 않았다. 여자 혼자 살다보니 집을 구하는 것도 안전을 먼저 고려해야 했다. 집세가 싼 곳은 살 수가 없었다.

"제가 남자였다면 진짜 허름한 데 골목길에 살아도 되겠는데. 그런 것도 여자라서 약간 좀 더 밝고 넓은 데를 선택할 수밖에 없는 거고. 오피스텔도 가보고 뭐 해봤는데 오피스텔은 재정적으로 부담이 되고. 제가 그렇게 많은 돈을 버는 것도 아닌데 좀 비교적 괜찮은 데는 다 60만 원이고."

그중 제일 싼 곳을 골라 방을 얻었다. 출퇴근하며 한국잡지협회 프로그램에서 훈련을 받았다. 가보니 다양한 사람들이 있었다. 사법고시 4년 동안 준비하다 안 돼서 온 법대 졸업생, 임용고시 준비하다가 포기하고 온 사범대 졸업생, 자신처럼 이것저것 진로를 고민하다 온 친구들. 지금까지 비슷한 사람들하고만 매일 지내다가 새로운 사람들을 만나니 세상도 넓어지는 것 같고 자극도 많이 받았다. 협회를 통해서 IT, 패션, 음악, 사진과 같은 전문 잡지사에 면접 기회를 얻을 수 있었다. 오기 잘했다는 생각이 들었다. 면접을 통해 한 IT 전문 잡지사에 취업했다.

"제가 가고 싶은 데는 아니지만 면접을 보고 제 나름대로 선택을 해서 조금 안정적인 회사를 선택했어요."

IT에 문외한이라 원래 목표했던 곳은 아니었지만 보수도 괜찮고 일도 그다지 힘들지 않을 것 같았다. 다른 잡지사는 일 엄청 시키고 88만 원도 안 주는 곳이 많은데 그에 비하면 훨씬 좋지 않은가. 젊은 애들은 돈을 조금 받더라도 패션이나 뷰티 같은 쪽에 가서 경력을 쌓기도 하지만, 자신은 그럴 나이는 아닌 것 같았다. 대학 때 휴학을 길게 하다보니 어느새 나이가 많이 든 것 같아서 조바심이 들었다. 실제로 회사에 들어가보니 일이 그렇게 힘든 것은 아니었다. 하지만 전문 분야가 아니다보니 어떤 한계 같은 것이 느껴졌다. 일을 새로 배운다는 마음으로 버텼다. 하지만 자기가 쓰고 싶은 대로 자유롭게 글을 못 쓴다는 것이 견디기 힘들었다.

"제가 마음대로 이렇게 좀 글 스타일을 바꿀려고 해도 그 안에 있는 그런 게 있잖아요. 지금까지 해오던 잡지만의 스타일이 있으니까. 그래서 미래 고민을 안 할 수가 없더라고요."

나이 든 사람들이 주가 되다보니 뭔가 회사가 새로운 것을 시도하지 않고 활력이 없었다. 이대로 계속 살 수 있을까 고민이 되었다. 9개월 만에 직장을 그만두었다. 나갈 때 누군가 말한다.

"너 근데 어딜 가도 이만 한 직장 없어."

한 달 정도 집에서 쉬다가 음악 잡지사로 직장을 바꿨다. 9개월 일한 것은 경력으로 쳐주지 않아 신입으로 다시 들어갔다. 메이저급은 아니지만 대학교 때부터 평소 즐겨 봤던 잡지였다. 인터뷰 내용이 좋았던 걸로 기억한다. 여기서 일하면 실력을 쌓을 수 있을 것 같았다. 하지만 아니었다. 근무 환경이 훨씬 열악했다. 보수도 낮았고, 무엇보다도 음악 잡지라서 젊은 애들의 트렌디한 감각을 반영해야 하는데 따라가는 것조차 힘들었다. 트렌드를 선도하는 건 둘째 치고 최소한 뒤처지지 않기 위해서는 항상 남들과 비교해서 경쟁을 해야 했다. 그게 너무나 힘들게 다가왔다. 새로운 안을 내면 그 취향이 시장에서 지닌 강점이 뭐냐고 따져 물었다.

"너무 취향에 집착하는 거 있잖아요. 나는 이제 상대방과 편집장한테 이걸 설득을 해야 하는 거예요. 왜냐면 그 사람들은 돈이 되는 걸로 기사를 내야 하니까 일단은 팔리는 잡지를 만들어야 하는데, 제가 이런 걸 제안하면 이제 왜 그런 걸 좋아하냐는 식으로. 약간 그런 것도 조금. 아…… 자기가 좋아하는 게 호불호가 명확해야지 여기 이곳에서는 계속 자기를 어필해 나갈 수 있겠구나. 이런 생각을 하니 또 난 안 되겠다 싶어가지고."

퇴근도 공식적으로 시간 맞춰서 일찍 할 수 있었지만 실상은 그렇지 못했다. 퇴근을 해도 한 게 아니었다.

"사실 일찍 가라고는 하는데 끊임없이 아이템을 생각해야 하기 때문에 집에 가서도 자료 서칭하고. 인터뷰 대상들이 그전에는 기업 임원직들을 취재했다면 여기는 연예인들을 대상으로 해서. 연예인이라서 연예인 스케줄에 항상 맞춰야 하고 뭐 계속 그 사람이 뭐 했는지 다 자료 조사해야 하고, 거기에 맞춰서 인터뷰 질문지 짜야 하고. 그런 일들이 연속이 되다보니까. 이게 사실 우리는 뭐 10시에 출근해서 너가 가고 싶을 때 가도 돼 이렇게 말을 하지만 사실상 어디 가서도 일을 해, 약간 이런 거거든요. 암묵적인."

월급을 워낙 적게 받다보니 생활하기가 어려웠다. 월세 60만 원에 공과금까지 내면 밥 먹는 돈도 아껴야 했다.

"쇼핑은 뭐 못하고 밥도 거의 편의점으로 많이. 제가 인생 최대로 편의점 밥을 많이 먹은 게 그 시기예요. 그래서 속도 되게 안 좋았고 그랬던 거 같아요."

스트레스를 워낙 받다보니 몸도 아파왔다. 더 이상 견디기 힘들었다. 4개월 만에 그만두고 대구로 돌아왔다.

공무원 시험

지혜는 현재 부모님 집에서 공무원이 되려고 준비하고 있다. 대구에서는 다른 할 것이 별로 없었다. 서울로 올라간 것도 애초에 대구에는 갈 만한 잡지사가 없었기 때문이다. 대구에서 할 수 있는 일이라곤 공무원밖에 없는 것 같았다. 그렇게나 거부하던 공무원 하라는 어머니 말을 결국 따라야 해서 자괴감이 들기도 한다.

"공무원은 사실은 엄마가 예전부터 한번 해봤으면 생각했지만 안 하다가 (여러) 일을 겪고 나니 하고 싶더라고요. 거기에 사실 또 계속 강요를 했다면 또 사실 지금도 강요하고 있어요. 제가 알아서 잘할 텐데. 그냥 또 약간 엄마가 얄미울 때가 있어요, 엄마의 말에 순응했다는 거에서 약간 화가 나고. 그렇게 비칠까봐."

그렇다고 공무원이 돼서 뭔가 뜻하는 바를 하겠다는 생각은 없다. 서울에서 워낙 불안정하게 살다보니 안정되게 살고 싶다는 마음이 컸다.

"그냥 지금은 이제 공무원을 준비하고 있는데. 사실 이것도 제가 앞으로 뭘 해야겠다, 뭐 그런 일들로 시작하는 건 아니고. 안정적으로 하고 싶었어요."

대학 때는 공무원 시험 준비를 하는 친구들을 보면 꿈이 없이 안정만 추구하는 애들이라고 깔봤는데 자신도 별반 다르지 않다는 걸 깨달았다. 공무원이 되는 것 말고 다른 사기업을 가려 해도 스펙이 없었다.

"나도 뭐 별반 다르지 않구나. 특별하지 않구나. 보통인 사람인데. 그래서 제가 지금 이 스펙을 가지고, 사실 제 영어 성적도 만료돼서 없고 워드 자격증 하나밖에 없거든요? 컴활 자격증도 없어요, 남들 다 따는."

잡지사 기자가 될 거라는 생각으로 자격증 하나 따놓지 않았다. 내 꿈에 무슨 자격증이 필요할까. 지금 생각하면 너무 후회가 된다. 지방대 간판을 가지고는 실제 할 수 있는 일이 없다. 공무원 시험 준비한다고 하면 사람들 시선이 별로 안 좋은 것도 안다. 하지만 요즘 같은 시대에 공무원 시험이야말로 가장 공정하다는 생각이 든다.

"공무원을 한다고 하면 안 좋게 보는 시선이 많아요. 맞잖아요. 공부해서 몇 점 점수 더 받고 해서 누구는 합격하고 누구는 떨어지는 그건데. 근데 또 반대로 생각하면, 대한민국에서 이렇게 객관적으로 자기 실력대로 될 수 있는 건 이거밖에 없다고 생각하거든요."

아프지 말고 행복하자

좋은 삶이 무엇이냐고 물었다. 계속 고민 중이라고 말한다. 2년 전만 해도 꿈을 좇는 것이 좋은 삶이라고 생각했는데 이제는 아니다.

"실패 아닌 실패를 경험하고 나니까 자기 객관화도 하게 되고 그런 걸 좀 더 생각해보면 제가 생각하기에는 그냥…… 추상적이긴 한데 그냥…… 건강하고 행복한 게 최고인 것 같아요."

자이언티 노래처럼 아프지 말고 행복하자는 것이 좋은 삶으로 다시 정의된다. 서울에서 가혹한 노동에 시달리면서 몸이 아픈 것을 경험해서 그렇다.

지혜는 자신의 자아를 성공하는 사람으로 정의하지 않는다. 직장에 들어간 후 자신이 성공을 목적으로 사는 사람이 아니라는 것을 깨달았기 때문이다. 음악 잡지사에서 보면 다들 성공하려고 애를 쓰고 있었다.

"내가 이걸 해서 뭘 얻고자 할까? 성공? 잘나가는 에디터? 방송 출연 많이 하는? 주변에 지금까지 에디터 하시는 분들 이야기를 들어보면 그런 욕심이 있더라고요. 티는 안 내는데 많은 사람들이 뭐 자기 글을 읽어주기를 바라고 잘나가는, 소위 방송 출연하는 그런 에디터나 기자가 되고 싶어하더라고요. 저는 생각해보니까 그런 의도로 시작한 건 아닌 것 같아요."

말은 이렇게 하지만 사실 경쟁에서 승리할 자신이 없기 때문이다. 지방대를 나온 사람은 결코 경쟁에서 승리할 수 없다는 성찰적 겸연쩍음이 강하다.

"한국은 학교가 제일 중요하다. 솔직히 스카이 대 나온 애들이랑 지방대 나온 애들이랑 봤을 때, 어쨌든 고등학교 때 물론 뭐 부모 빽이 있을 수도 있고 가정 안에 그런 거 다 차치하고 나서도, 어쨌든 노력을 더 한 거잖아요. 우리 잘 때 공부하고 뭔가 더 투자를 했으니까 그런 결과가 나온 거잖아요. 한국에서는 어쩔 수 없이 그게 말이 좀…… 그렇지만 어쩔 수 없는 것 같아요."

언뜻 보면 지방대생 현실을 인정하고 밑에서부터 차근차근 성실하게 일하자고 하는 것 같다.

"밑에서 시작할 수밖에 없는 거 같아요. 저도 안 되니까, 이 스펙으로는 좋은 데 못 가니까 일단은 돈을 적게 받고 일단 경험을 좋은 자산이라 생각하고 그냥 밑바닥부터 다들 이제. 더 밑에서 차근차근 잘해야겠다는 게 저희 잡지사 분야에서는 강한 것 같아요. 밑에서 시작하자. 밑에서 계속 몸값을 올리자."

하지만 이마저도 오래 버티지 못한다. 좋아하는 일을 할 수 있을 줄 알고 들어갔는데, 막상 엉뚱한 일을 하고 있으니 성실하게 일을 할 수가 없다. 고등학교 때 하기 싫어했던 야간 자율학습을 성실하게 하는 것과 무엇이 다른가. 스트레스를 너무 많이 받아 건강이 나빠지고 있다는 것을 느낀다. 그만둔다. 왜? 돌아갈 집이 있기 때문이다. 돌아가면 아버지와 어머니가 공무원 시험 준비하는 동안 보호해준다. 이를 잘 알기 때문에 생존 경쟁에서 벗어나 집으로 다시 돌아온다.

지혜는 잡지사 기자의 꿈을 이룬다고 하면서도 목적 수단 범주를 통해 자신의 삶을 구성하지 않았다. 일단 대학을 다니면서 스펙을 전혀 쌓지 않았다.

"사실 잡지사 가는 게 명확하다보니까. 난 거기 가야 돼. 이게 너무 명확하다보니까 상대적으로 스펙을, 누구나 기본적으로 쌓아야 하는 7대 스펙을 좀 많이 안 했…… 소홀히 했죠. 왜냐면 굳이 그게 없어도 있어도 난 잡지사를, 내가 했던 그동안의 경험들을 풀어내서 이력서를 쓰고 자기소개서를 쓰고, 해왔던 포트폴리오를 다듬어서 그 사람들에게 보여주면 되는 거니까."

스펙을 쌓지 않아도 잡지사 기자라는 꿈을 이뤘다. 너무 낮은 목적을 설정하다보니 합리적인 최적의 수단을 사용하지 않아도 목적을 성취할 수 있었다. 그런데 막상 잡지사 기자가 되고 보니 자기가 원하는 삶이 아니라는 것을 깨닫게 되었다.

"그냥 단순히 사람들을 만나고, 그 사람들이 살아가는 이야기들을 어떤 식으로 살아왔고, 그런 것들을 자기가 홍보하고 싶은 것들과 결합을 해서 하는 그런 것들에 관심이 있었는데, 이게 끝이 없을 것 같더라고요. 내가 뭘 위해서 해야 하나?"

02 "갑인 경우가 되게 많거든요"

늦은 후회

형식은 C대학을 졸업하고 서울에 취업했다가 그만두고 대구에 내려와 경찰공무원을 하고 있다. 지금까지 살아온 삶에 대해 이야기해달라고 했더니, 다시 삶을 살면 어떨까 한다.

"어…… 우선은 어디서부터 시작해야 될지 잘 모르겠는데. 우선 저는 만약에 다시 산다고 하면.(웃음) 다시 사는 것부터 시작해야 될 것 같은데. 조금 더 예전에 그 소위 조금 더 높은 직군에, 뭐 어떤 직업군을 가질 수 있는 그런 학력이나 이런 게 됐으면. 조금 더 노력해서 좀 더 나은 쪽으로 직장을 구하거나 그랬으면 좋지 않았을까 하는 생각이 많이 드는데."

형식은 경북 시골에서 태어나 고등학교 때까지 그곳에서 자랐다. 비교적 공부를 잘하는 아이들이 모여 있는 고등학교에 들어갔지만 공부를 열심히 하지 않았다. 그렇다고 아주 안 한 것은 아니다. 언어 관련 과목은 재미를 붙이고 했지만, 이상하게 수학은 아무리 해도 되지가 않았다. 잘하기는커녕 남들만큼도 못했다. 공부에 흥미를 잃었다. 친구들은 공부 열심히 해서 서울대도 가고 했지만 형식은 성적이 중간 정도밖에 안 됐다.

"저는 보통이었던 것 같아요. 그래도 뭐 공부 잘하는 친구들은 서울대도, 저희 학교에서도 많이 갔었거든요. 그래서 뭐 저는 중간 정도?"

처음에는 A대학 화학과에 들어갔다. 어릴 때 꿈이 과학자여서 화학과가 잘 맞을 줄 알았다. 그런데 과학보다 수학 공부를 더 많이 해야 했다. 공부를 해도 안 됐다. 좌절했다. 1학년을 마치고 자퇴했다. 잠시 방황하다 1년 동안 다시 수능 공부를 해서 점수에 맞춰 C대학 사회과학부에 들어왔다. 공교롭게도 사회학과 분반에 배치되었다. 동기들보다 나이가 두 살 많아 다소 껄끄러울 줄 알았는데 의외로 그렇지 않았다.

"어…… 그냥 뭐 사회학과 자체가 그때도 되게 가족 같은 분위기여서 선배들도 잘해주고 별로 그런 거 느낀 적은 없어요. 동기들도 형이라 불러주고. 관계는 거의 친구처럼 지내고."

2학년 1학기를 마치고 군대 가기 전까지 동기와 선배와 줄기차게 놀았다. 술 마시고 당구 치고 게임하고 엠티 가고. 그래도 그때만 해도 아직 대학 문화가 살아 있었다.

"사회학과는 되게 그 당시 사회문제에 대해서 많이 생각하고 토론하고 그랬었거든요. 우선 엠티 가면 초저녁에는 사회문제나 이런 거에 대해서 같이 토론하고 그다음에 뭐 골든벨 이런 거 사회문제 내면 맞추고 일등 하는 사람은 상품권. 그다음에는 술 먹고."

물론 짝짓기 게임도 하긴 했지만 다른 과에 비해서는 덜했다.

1학년 때에는 누나와 함께 자취를 했다. 가끔 선배나 동기 자취방에서 밤새 놀다 거기서 자기도 했다. 2학년이 돼서 홀로 자취할 때는 서로의 자취방을 놀이 아지트로 활용했다. 그러다 군대에 갔다. 고향이 워낙 촌이라 일반병으로 받아줄 수 없다며 상근예비역으로 보냈다. 집에서 출퇴근했다. 시골이라 별 할 일도 없고 해서 순탄한 군 생활을 보냈다.

제대해서 복학한 후에도 생활 패턴은 크게 달라지지 않았다. 학과 친구들과 계속 어울려 지냈다. 3학년이 되자 스펙이니 자기계발이니 하는 소리가 여기저기서 들려오기 시작했다. 불안한 마음이 들었다. 마침 캐나다에 있는 지인이 취업 비자를 내줄 테니 일하러 오라고 했다. 3학년 1학기를 마치고 휴학했다. 어학연수 겸 캐나다로 떠났다. 무역 회사에서 일한다고 들었는데 실제로는 다이소 같은 곳에서 물건 파는 일이었다.

"그 맨날 하우 머치? 맨날 뭐 했던 얘기만 하고. 6개월 동안 영어 자체가 늘지가 않는 거예요. 뭐 오는 사람들도 뭐 이거 얼마냐, 아니면 이거 좀 찾아줘, 그거 거기 있다, 그거 얼마냐 이러니까 일하는 문을 열고 밖에 나가면 제가 바보가 되는 거예요."

6개월 일하다 한국으로 들어왔다. 이번에는 유학 비자를 끊어 캐나다로 갔다. 어학원에서 영어를 공부했다. 학원에만 있다보니 캐나다 사람을 만날 일이 별로 없었다. 한국 학생이 제일 많았고, 일본 학생, 중국 학생, 멕시코 학생 순이었다. 나름 영어 공부를 열심히 해서 테솔 자격증까지 땄다. 취업에 도움이 될까 해서다. 나중에 알게 됐지만 별 소용이 없었다.

"근데 한국 와서는 아무짝에도 쓸모가 없더라고요. 우선은 테솔 자격증 자체가 캠브리지 아니면 뭐 미국 유명한 대학교에서 따야지만 한국에서 경쟁력이 있었고 저는 어학원에서 딴 테솔 자격증이라서……"

실제로 한국에서 면접 볼 때 면접관은 테솔 자격증이 뭔지도 몰랐다.

영어로 애들 가르치는 자격증이라고 알려주니 피식 말한다.

"그러면 왜 그걸 하지 왜 여기를 왔냐."

그때부터 이력서에 아예 쓰지 않았다. 그때 내가 왜 그랬을까? 이제 와서 때늦은 후회를 한다.

"지금 와서는 만약 제가 돌아갈 수 있다면 기를 쓰고 해보고 싶은 마음이 있어요."

뒤늦은 몰입

대학 생활을 막 한 대가는 참혹했다. 졸업 5개월 후 분당에 있는 제약회사에 영업 사원으로 들어갔다. 첫 연봉 치고는 괜찮았다. 3,800만 원 정도 받았다. 대구에서는 그런 연봉을 주는 회사를 찾기 힘들다. 돈만 보고 갔다. 4개월 정도 연수를 받고 신약이 출시돼자 바로 영업하러 의사들을 만나고 다녔다. 엄청난 스트레스였다.

"의사들이었는데 그 사람들하고 이제 계속했었죠. 좋은 분들도 있었지만 또 아닌 분도 있었거든요. 그래가꼬, 사람 만나는 관계 자체가 되게 스트레스 많이 쌓였습니다."

소위 말하는 갑질을 엄청 당했다.

"졸업 후에도 직장 다니다보니까 이게 왜 요즘 보면 갑질, 갑을 그런 거 많잖아요. 근데 학교를 나와서 사회를 가니까 갑을병정이 다 정해져 있어요. 그래서 뭐 제가 회사에서는 무조건 을이었어요."

회사에서는 더 많은 매출을 올리라고 계속 압박했다. 한 3년 동안 죽어라 일만 했다. 그나마 버틸 수 있었던 건 좋은 팀장을 만나서였다. 그랬던 팀장이 회사를 그만두었다.

"그 당시에 저희 팀장님이 되게 좋으신 분이었는데 회사에서 매출이 잘 안 나온다고 쫓겨나다시피 하셨어요. 그걸 보고 나니까 아, 못 다니겠다.

언젠간 쫓겨날 수 있겠다.(웃음) 그래서 빨리 진로를 바꿔야 되겠다 싶어서."

결국 회사를 그만두었다. 대구로 다시 돌아왔다. 나이가 벌써 30대 초반이었다. 이 나이에 어디 새로 들어가 일할 자신이 없었다. 어디를 가도 갑을병정이 정해져 있기는 다 똑같을 것 같았다. 공무원이 유일한 대안처럼 여겨졌다. 그때 마침 한창 경찰공무원을 많이 뽑는다고 했다. 한 10개월 동안 죽어라 시험 공부만 했다.

"우선은 뭐 딴 것보다 저는 그냥 도서관 제일 일찍 가서 제일 마지막에 나오자. 이 생각 했었거든요. 아침 한 6시 반, 7시 가서…… 도서관이 한 10시나 12시쯤 문 닫았거든요. 그래서 거의. 아, 근데 무조건 10시에 나왔어요. 왜냐하면 잠을 안 자니까 공부가 잘 안 되더라고요."

지금까지 적당하게 살다가 왜 그렇게나 시험 공부에 몰입하게 되었을까?

"우선 저는 첫 번째는 돈이요. 정말 진짜 돈 아끼기 위해서 집에서 도시락 싸서 다니고 그렇게 그 정도로 했었는데. 근데 이제 돈을 안 벌고 돈을 쓰다보니까 돈이 정말 한도 끝도 없이 나가는 거예요. 뭐 방세도 줘야 되고 전기세도 내야 되고 이러다보니까. 제가 만약 1,000만 원이 있었으면 한 달이 지나면 900만 원. 계속 이런 거예요. 나중 되니까 10개월쯤 되니까 얼마 남지 않은 거예요. 아, 이거는 진짜 부모님하고 여자친구한테도 또 얘기를 안 했었거든요. 그래서 암튼 경제적으로 쪼들린 게 제일 심했어요. 아, 빨리 합격해야지 살겠지. 아니면 저기 뭐 낙동강 가서 뛰어내려야지.(웃음) 그래서 절실함이 있었죠."

공부하면서 깨달았다. 공무원 시험 공부라는 것은 생활을 들쑥날쑥하게 해서는 절대 붙을 수 없다는 것을. "이거 좋다고 이거 했다가 딴 사람이 좋다고 저거 했다가"는 실패하기 십상이다. 반복되는 삶을 지속적으로 할 수 있는 사람이라야만 공무원 시험에 붙을 수 있다. 그리고 자신이 진정 원해서 해야지 남들 한다고 따라 했다가는 반드시 실패한다. 하지만 정말 중요한 것은 운이다.

"정말 운도 따라줘야지, 그것도 정말 느꼈는데. 공무원은 운도 50퍼센트?(웃음) 제 친구도 검찰직이랑 법원직 공부를 노량진에서 한 6년? 7년? 했었거든요. 근데 결국에는 포기하고 집에 내려와서 아버지가 그 송어, 치어 있잖아요. 새끼 기르는 일하시는 데 물려받았거든요. 제 친구도 개도 되게 똑똑해요. 똑똑하고 한데 그렇게 시험에 안 되더라고요. 보니까 그 시험, 모든 시험이 다 그렇겠지만 운도 정말 중요한 것 같아요."

운이 좋았는지 붙었다. 드디어 경찰공무원이 되었다. 좋았다. 무엇보다도 자신이 갑의 위치에 서게 되었다는 것이.

"그래도 경찰 되고 나서는 을도 된 적이 있지만 그래도 갑인 경우가 되게 많거든요. 그래서 사람을 만나도 제가 막 먼저 수그러들고 아님 뭐 고개 숙이고 할 일이 별로 없어요."

스트레스 없는 삶

공무원 시험 합격한 후 사귀고 있던 여자친구와 1년 정도 있다 결혼을 했다. 집 장만은 부모님이 80퍼센트 정도 도와줬다. 직장 생활을 하면서 모아놓은 돈은 시험 공부를 하며 거의 다 써서 남은 돈이 별로 없었기 때문이다. 대구는 상대적으로 집값이 저렴해서 집을 구하는 데에는 큰 무리가 없었다.

"아무래도 제 동기들도 보면 서울에서 일하는 애들이 많은데, 서울에서는 공무원 되기가 팍팍하다고. 물가도 비싸고 우선 집 문제가 해결이 안 되니까. 만약에 저도 서울에 있었으면 아직 장가를 못 갔을 수도 있을 거예요. 근데 그래도 대구여서. 그때는 집값이 좀 쌌었거든요."

공무원이 된 이후 가장 큰 변화는 스트레스가 거의 없다는 점이다.

"뭐 월급 꼬박꼬박 나오고.(웃음) 사실 미래에 대한 생각이나 걱정은 많이 없어요. 지금에서는 왜냐면 이전 회사 다닐 때는 미래에 대한 생각으로 스트레스 많이 받았거든요. 근데 지금은 근무 시간, 퇴근만 하면 스트레스가 거의 없으니까."

미래를 향해 성장하기 위해서는 현재를 목적 수단 범주를 통해 조직해야 하는데, 이것을 계속할 수는 없는 노릇이다. 공무원 시험은 바로 인생에서 목적 수단 범주를 통해 삶을 조직하는 마지막 시도다. 극한의 몰입을 통해 이 관문만 넘으면 이제 스트레스 없는 삶이 정년 65세까지 쭉 펼쳐진다. 공무원 되고 얼마 동안까지도 그렇게 생각했다. 하지만 3년 정도 지난 지금에 오니 다시 스트레스가 쌓인다. 승진을 위해 시험을 봐야 한다. 더 큰 문제는 아무리 올라가도 한계가 있다는 점이다. 경찰공무원 안에도 갑과 을이 있었다.

"근데 경찰도 가보면 경찰대 출신도 있고 경찰 간부생 출신도 있고 그런 게 많아요. 그런 거 보면 아직 저보다 나이가 어린데도 높은 계급을 달고 있는 사람들 보면 뭐 아무래도 갑을이 좀 정해지죠. 그런 걸 보고 또 이런저런 사람들 만나보니까 아무래도 공부 잘했던 사람들은 아무래도 좀 갑 쪽에 서 있는 것 같더라고요."

더 젊었더라면 경찰대는 못 가더라도 경찰 간부생이나 일반직 7급을 준비해서 도전했을 것이다. 하지만 나이도 많고 아내도 있고 하니 새로 시도할 수도 없다. 미래가 안정된 것 같기는 한데 답답하다. 주변을 둘러보았다. 다들 재테크에 열심이었다. 여유 시간이 많아서였다.

"공무원도 재테크를 정말 많이 하거든요. 왜냐하면 일반 기업 직장인들보다 사실 시간이 많아요. 시간이 많고 정해진 시간에 퇴근하고. 6시 이후에 퇴근해서 자기계발하는 사람들이 정말 많아요. 그러다보면 주위에서도 진짜 아파트 한 네다섯 채 갖고 있는 사람도 봤거든요."

정신이 번쩍 들었다. 가지고 있는 돈을 부동산에 투자했다. 한 몇 년 있으면 집도 한 채 더 장만할 수 있을 것 같다. 그러다보니 현재 저축은 못하고 있다. 대출금 갚는 데 다 들어가기 때문이다. 아직 아이가 없으니 돈이 당장

급한 것은 아니다. 아내도 은행에 다니고 있어 둘만 살면 크게 돈 걱정이 없다. 하지만 결혼은 둘만의 일이 아니다. 돌봐야 할 가족이 배로 늘었다.

"결혼을 하고 보니까 이제 와이프하고 저하고만 생각해야 되는 게 아니고 양가도 생각을 해야 되더라고요. 그러다보니까 이 돈이라는 자체가 사실 되게 안 좋은 쪽으로 갈 수도 있는데. 그거 때문에 또 되게 불화가 생기고 이런 거 자체가 되게 싫더라고요. 그런 건 없었지만, 아직까지."

사업을 하고 싶다. 애견 미용 사업. 현재 대구에는 많이 없어 시작하면 잘될 것 같다. 돈을 많이 번다고 들었다. 공무원이라 자신이 직접 할 수 없으니 아내 명의로 했으면 한다.

"개 미용하는 거 좀 배워가꼬 저는 또 사업을 하고 싶거든요. 공무원이 사업은 못하지만 이제 와이프 명의로 해가꼬 사업을 해보고 싶어서. 아직 대구 쪽은 그게 없더라고요. 그래서 인제 그 쪽에서 한번 그 기술을 배워보고 싶고."

이것은 현재 소망이고 확실한 것은 안정된 미래가 보장되어 있다는 사실이다. 65세 정년까지 한 30년 남았는데, 계속 일할 거니까 연금을 많이 받을 게 확실하다. 주변에 25년 일하고 정년한 사람을 보니 월 700만 원씩 받고 있었다.

"가정하고 그 정도 되면 뭐 대구에서 사는 데는 큰 지장이 없다."

마지막 꿈

좋은 삶이 무엇이냐고 물었다.

"사실 저는 제일 하고 싶은 게 돈도 좀 많이 벌어보고 싶어요. 사실 저는 캐나다 갔을 때 되게 서러웠거든요. 그니까 뭐 어학원을 갔어도 아니면 제가 일하고 있을 때도 몇몇 친구들을 좀 사귀었어요. 근데 사귀면서 대부분 서울권에서 그래도 좀 돈 있는 애들이 부모님 지원받아서 어학연수 왔고 그런 데서…… 저는 소외감을 많이 느꼈거든요. 나중에 제가 혹시 만약에 남에게 조금 베풀 만한 그게 된다면 공부는 하고 싶은데 못하는 애들을 조금 도와주고 싶은 게 제일 마지막 꿈인데. 그때는 남한테 좀 도움 되는 삶을 살면 조금 가치 있게 사는 삶이 아닐까 생각합니다."

형식은 시골에서 자라다보니까 외부에 대한 정보를 거의 얻을 수 없었다. 그나마 대구로 와서 좀 더 넓은 세계를 접했다. 하지만 소외감을 느낄 정도는 아니었다. C대학에 있는 선후배와 동기도 모두 가족 같은 비슷한 사람들이었다. 소외를 당하거나 차별을 경험하지 않았다. 하지만 캐나다에 가서는 확실히 깨달았다. 수도권에서 온 부유한 집안의 자제들이 유학을 온다는 것을. 직장에서도 역시 깨닫는다. 지방대 출신이라서 이렇게 악을 쓰고 살아도 바닥을 기는구나. 누가 이런 현실을 좀 더 일찍 알려주었다면 학생 때 공부 안 하고 놀기만 하지 않았을 텐데. 이런 경험을 후배들에게 알려주고 싶다. 돈도 많이 벌어 후배들을 지원하고 싶다.

형식은 자신의 자아를 유사 가족 안에 넣어 살아간다. 하지만 졸업하고서는 생존주의자로 내몰린다. 생존 경쟁에서 벗어나는 길을 모색한다. 그것은 안정된 공무원이다. 여기까지는 대부분의 지방대생의 행로와 비슷하다. 다른 건 지방대생이라 어차피 난 해도 안 될 거라는 패배감과 제대로 해보지도 않고 포기하는 성찰적 겸연쩍음에서 벗어났다는 점이다. 대신 절실함과 단기간 극도의 몰입을 통해 공무원 시험을 통과한다. 경쟁에서 한 번 이기자, 이제 형식은 다시 가족적 자아로 자신을 정의하기 시작한다.

형식은 줄곧 주변의 습속을 따라 삶을 살았다. 그러다가 직장 생활을 하면서 자신의 삶이 실패했다는 것을 깨닫는다. 그 원인은 무엇인가?

"생각은 하는데 행동으로 못 옮기는 게. 행동으로 옮겼어도 지속적으로 못했던 게."

이후 형식은 목적 수단 범주를 통해 자신의 삶을 조직한다. 가족 및 유사 가족과 단절하고 오로지 홀로 공부에만 몰입했다. 그 결과 지방대생이 그렇게나 원하는 공무원이 되었다. 결혼을 통해 자신만의 새로운 가족을 꾸렸다. 이제 대학 동창들과 계 모임도 갖는다.

"한 달에 2만 원씩, 그리고 1년에 한 번씩 1박 2일로 놀러도 가고. 그다음에 한 1년에 두 번 정도 만나거든요. 술자리도 한번씩 하고. 그다음에 경조사 이런 거 있으면 계 모임 타이틀로 해서 축의금도 내고, 조의금도."

다시 유사 가족의 품으로 되돌아왔다. 경제적 안정과 가족의 행복 모두를 가진 듯하다. 앞으로 쭈욱 이렇게 몇 십 년 살다보면 아마도 대구 서문시장에서 흔히 마주칠 수 있는 토박이 아재처럼 되어 있을지도 모른다.

4장

적당주의 집단 스타일의 생명력

01 가족주의 언어와 선호의 언어

가족의 행복

지방대 졸업생은 지방대 재학생과 마찬가지로 가족의 행복을 가치로 설정한다. 가족의 행복이란 생존 유지에 필요한 생필품이 온전히 갖추어지고 몸도 아프지 않은 안락한 상태를 뜻한다. 이 역시 지방대 재학생과 마찬가지로 가족이나 유사 가족으로부터 자연스럽게 주어졌다. 주어진 상황에 느슨하게 관여하면서 가족의 행복을 추구할 수 있다. 목적 수단 범주를 통해 일상을 체계적으로 조직하지 않아도 주변의 습속을 따라 살아가면 가족의 행복을 얻을 수 있다.

지방대 재학생에게 가족은 자기가 태어나 자란 지향 가족[1]이다. 부모에게 효도하는 것이 가족의 행복으로 가는 길이다. 효도의 실제 내용은 부모처럼 평범한 가족을 꾸려 행복하게 사는 것이다. 지방대 졸업생의 경우도 다르지 않다. 다만 결혼하지 않은 경우와 결혼한 경우 상황이 갈린다.

결혼하지 않은 경우는 어서 결혼해서 행복하게 사는 모습을 부모에게 보여주어야 한다는 압박에 시달린다. 여전히 부모가 구성한 가부장적 핵가족을 모델로 하여 가족의 구성과 행복을 꿈꾼다. 하지만 중산층 모델인 가부장적 핵가족을 경제적 능력도 안 되면서 따라 하려니 여의치가 않다. 대학 연구소에서 비정규직으로 일하는 인식이 대표적인 사례다. 인식은 여자친구에게 전적으로 헌신하지만 막상 결혼하자는 말을 못하고 떠나보낸다. 가부장의 능력을 갖추지 못했음을 알고 스스로 물러난 것이다. 새로 사귀고 있는 여자친구도 마찬가지다. 객관적인 현실이 따라주지 않는데도 계속해서 가부장의 언어를 통해 삶을 살아가니 행복한 결말을 지을 수가 없다. 여기에서 빠져나가게 해줄 다른 언어도 없다.

결혼한 경우는 자신이 새로 구성한 생식 가족[2]을 중심으로 행복을 꿈꾼다. 부모에게 효도하는 것보다는 좋은 부부관계를 유지하고 자녀를 낳아 잘 양육하는 것이 가족 행복의 우선순위다. 철민은 가족을 경제적으로 잘 부양하는 가부장의 삶을 좋은 삶으로 정의한다. 어릴 때에는 가족을 부양하기 위해 애쓰는 아버지를 돕는 사람이 되고 싶었다. 자동차 부품을 공급하는 3차 벤더 사를 하는 아버지는 항상 하청 일에 시달리면서도 돈은 많이 벌지 못했다. 나라도 열심히 공부해 큰 자동차 부품 회사에 들어가서 아버지를 도와주자고 결심한다. 열심히 스펙을 쌓은 결과 괜찮은 직장도 들어가고 결혼도 한다. 나중에는 공장을 운영하는 경영자가 된다. 두 명의 자녀도 둔다. 이제 부양가족을 안 굶길 정도로 가부장의 능력을 갖췄다며 자부심을 표출한다.

형식은 30대 중반까지 가족의 행복을 이루기 위해 사회에 나가 고군분투한다. 결국 포기하고 고향으로 돌아와 경찰공무원 시험에 합격한 이후 이를 이룰 수 있게 된다. 가족이나 유사 가족이 안내하는 길을 따라 가족주의 언어로 삶을 살았지만 세상이 이를 쉽게 허락하지 않았다. 그래도 계속해서 가족주의 언어로 살아갔다. 다만 수단을 바꾸었다. 공무원 시험에 붙기 위해 단기간 극심한 자기계발에 몰입했다. 성공했다. 이제 다시 가족주의 언어로 살아가도 큰 어려움이 없다. 65세까지 정년이 보장되어 있어 가족을 경제적으로 부양할 수 있다. 가부장의 꿈을 이루었다.

경택은 가족주의 언어에 회의를 느껴 집을 뛰쳐나와 종교 언어로 살아보려다가 다시 가족주의 언어로 삶을 살면서 가족의 행복을 되찾았다. 문제의 발단은 누나의 자살이었다. 가족은 글을 쓰며 살아가고 싶은 누나의 선호의 언어를 인정하지 않았다. 가부장적 가족주의 언어에서는 여자에게 할당된 것은 간호사와 같이 남을 돌보는 노동을 하는 것이다. 여자 따위가 감히 글을 쓰며 탁월성을 추구하면서 살아갈 수 없는 것이다. 경택은 누나를 죽음으로 몰고 간 가부장적 가족주의 언어에 분노하고 절망했다. 가부장적 가족주의 언어를 버리고 종교 언어를 선택해서 살아가보려고 했다. 그러나 이것도 여의치 않았다. 가족을 떠나니 당장 생계가 막막했다. 먹고살려고 죽어라 노동했다. 성실성을 인정받아 살길이 열렸다. 지금의 아내를 만나 가정을 꾸렸다. 이제 비교적 안정된 직장을 잡고 가부장의 삶을 살아가면서 다시 마음의 평안을 되찾았다.

가족의 행복과 개인의 선호의 병치

지방대 졸업생은 지방대 재학생과 마찬가지로 선호의 언어 또한 사용한다. 자기가 하고 싶은 것을 하면서 사는 것을 좋은 삶으로 설정한다. 이것은 가족이나 유사 가족으로부터 자연스럽게 주어진 것이 아니다. 오히려 자신이 스스로 만든 것이다. 지방대 재학생의 경우 자기가 선호하는 삶을 살아가는 것이 좋은 삶이라고 하면서도 정작 자기가 무엇을 선호하는지 잘 모른다. 아직 어리다보니 대학 생활 중 알바나 해외여행 등을 통해 잠시 가족이나 유사 가족 밖으로 나갔을 뿐이다. 거기에서 재미와 즐거움을 느꼈다. 자신이 선호하는 것이 바로 이처럼 실제 해보면 재밌고 즐거운 감정을 가져다주는 일이라는 것을 어렴풋이 느낄 뿐이다. 이렇게 분명하지 않다보니 가족의 기대와 압박이 오면 선호의 언어를 바로 접고 가족주의 언어로 되돌아간다.

지방대 졸업생의 경우는 다르다. 대학 졸업 후 짧게는 5년, 길게는 10년 이상 사회생활을 하면서 자신이 무엇을 선호하는지 시험해볼 기회가 있었다. 그런 점에서 선호의 언어가 가족주의 언어에 완전히 포획되지 않는다. 선호의 언어는 이중의 의미를 지닌다. 스스로 자율적으로 선택해서 하는 것 그리고 적당히 관여해서 즐거운 것. 지방대 졸업생에게는 가족주의 언어와 선호의 언어는 병치, 양자택일, 상호 침투라는 세 가지 방식으로 관계를 맺는다.

가족주의 언어와 선호의 언어가 단순히 '병치'되는 경우에는 가족의 행복도 추구하고 자신이 하고 싶은 일도 하는 것 둘 다 가능하다. 나와 가족 '우리' 모두가 행복할 수 있다. 하지만 때로는 둘이 모순과 갈등의 상태에 놓일 수 있다. 이럴 때는 둘의 갈등을 완전히 해결하는 전략을 취하지 않는다. 어떨 때는 가족주의 언어를 우선하고 어떤 때는 선호의 언어를 앞세운다. 갈등을 해소하는 대신 둘이 충돌하는 것을 임시방편으로 피하고자 한다. 그러다가 모순과 갈등이 극에 달하면 선호의 언어를 버리고 결국 가족주의 언어로 되돌아가거나 계속해서 선호의 언어를 붙잡고 고군분투한다.

가족의 행복과 개인의 선호가 거의 모순과 갈등 없이 단순 병치되는 대표적인 사례는 진희다. 사회복지사로 일하고 있는 진희는 대학 시절 사회복지관에서 프로그램을 기획하고 진행하면서 재미를 느꼈다. 이것이 내가 좋아하는 일이라는 것을 알게 됐다. 선호의 언어를 따라가니 인생이 술술 풀렸다. 대학 졸업하기도 전에 취업이 되어 지금까지 쭉 한곳에서 일하고 있다. 그동안 결혼도 하고 집도 장만하고 아이도 낳고 승진도 했다. 육아와 일을 동시에 하려니 힘에 부쳤다. 하지만 무엇을 선택할까 고민할 필요가 없었다. 시어머니가 아이들을 키워줬다. 아이들이 조금 큰 후부터는 동네 친구들과 어울리며 노니까 손이 그다지 많이 가지 않았다. 평일에는 직장에 나가 일에 몰두하고 주말에는 애들을 전담해서 돌봤다. 평일에는 선호의 언어를 통해 일의 의미를 찾고, 주말에는 가족주의 언어를 통해 육아의 의미를 얻었다. 자신이 선호하는 일에 전문성을 키우기 위해 대학원에도 진학했다. 집안일을 시어머니가 대신 해주었음은 물론이다. 어차피 효도 차원에서 시어머니에게 용돈을 드려야 하는데, 이에 조금 더 얹어서 육아 비용 명목으로 돈을 드린다. 맞벌이를 하다보니 이 정도는 지불할 능력이 있다. 두 가지 일을 동시에 하다보니 가끔 힘에 부친다는 생각이 들기는 하지만 현재 행복하다.

가족의 행복 선택

가족주의 언어와 선호의 언어가 항상 이렇게 조화롭게 병치되는 것만은 아니다. 둘 사이에 모순과 갈등이 본격화되면 어느 하나를 선택할 수밖에 없는 처지로 몰린다. 두 언어의 충돌 속에서 가족주의 언어로 되돌아간 경우는 영수, 지혜, 혜영, 수용이다.

영수는 장애를 가진 누나를 보면서 어려운 사람을 도와주며 살아가겠다는 가치를 설정한다. 가족 안에서 출현한 이러한 가치는 가족 안에만 머물러 있는 영수에게는 도저히 성취할 수 없는 이상일 뿐이다. 가족으로부터 벗어나 전문성을 갖춘 능력이 있는 사람이 되어야만 남을 돕는 활동을 할 수 있다. 대학 졸업 무렵 영수는 사회학이라는 학문을 통해 드디어 가족 밖으로 나온다. 처음으로 자기가 하고 싶은 일이 생긴 것이다. 사회학 공부에 매달렸다. 하지만 가족주의 습속으로 살아오던 영수가 이를 잘하기는 어려웠다. 영어가 안 될 뿐만 아니라 한글로 된 책마저도 읽어도 무슨 뜻인지 이해가 되지 않았다. 암기하듯이 공부를 했지만 중고등학교 때와 마찬가지로 안 됐다. 처음 공부할 때는 재밌었는데 깊이 들어가려 하니 고통스러웠다. 학문의 탁월성을 추구해야 한다는 선호의 언어가 누나와 같은 어려운 사람을 도와야겠다는 가족주의 언어와 융합되기 어려운 지경에 이르렀다. 선호의 언어로 계속 살아가야 하느냐 아니면 가족주의 언어로 되돌아가야 하느냐의 기로에 섰다. 결국 가족주의 언어로 되돌아갔다. 영수는 현재 부모님이 차려준 편의점을 운영하며 산다.

지혜는 자신이 선호하는 잡지사 에디터의 꿈을 꾸며 살았다. 어릴 때 친구들로부터 글을 잘 쓴다는 인정을 받은 후부터 글 쓰는 것이 즐거웠다. 즐거운 글쓰기를 하면서 삶을 살고 싶었다. 하지만 집에서 공무원이 되라고 압박했다. 글 쓰는 일을 해서는 안정된 가족을 꾸리고 살아갈 수 없다는 게 이유였다. 지혜는 가족주의 언어를 뚫고 서울로 올라가 잡지사에 취업한다. 하지만 그렇게나 바라던 일이었지만 글을 쓰는 것이 전혀 즐겁지 않았다.

선호의 언어를 따라 삶을 구성했는데 그 결과 마주한 건 괴로움이다. 이 길로 계속 가다가는 고통 속에서 살아갈 것 같다. 선호의 언어를 버리고 다시 가족주의 언어를 선택한다. 지금은 공무원 시험을 준비하며 안정된 미래의 삶을 꿈꾸고 있다.

혜영은 글 쓰며 사는 것을 가치 있는 삶이라 생각한다. 대학 내내 글 쓰는 친구들과 어울려 지냈다. 자신이 선호하는 일을 친구들과 어울려 하니 너무 좋았다. 하지만 학교 밖을 나와 직장을 가니 상황이 완전히 바뀌었다. 장시간 노동에 잡일까지 도맡아 하다보니 글을 쓰며 사는 것은 꿈도 못 꾸었다. 직장을 그만두고 글 쓰는 일에만 몰두하고 싶었다. 하지만 지금까지 지원해준 부모님을 볼 면목이 없다. 다시 글 쓰는 일을 하고 싶지만 지원하는 곳마다 모두 떨어진다. 절망스러운 상황이다. 취업할 수도 없고 그렇다고 언제 당선될지도 모르는 신춘문예에만 매달릴 수도 없는 노릇이다. 이때 남자친구가 결혼하자고 조른다. 잠시 고민하다가 어차피 이 남자와 결혼할 거 좀 빨리 하면 어떠냐는 생각으로 결혼을 한다. 둘만의 행복한 결혼 생활을 꿈꾸었지만 시어머니와의 갈등으로 그 삶도 평탄치가 않다.

수용은 여행하며 즐겁게 살고 싶다. 호주에 가서 처음으로 자신이 여행처럼 뭔가 새로운 세계를 체험하며 사는 것을 좋아한다는 것을 알게 되었다. 이런 삶을 살려면 경제적으로 독립해야 한다는 생각이 들었다. 열심히 준비해서 서울에 있는 대학병원에 취업한다. 거의 공기업과 같은 안정된 직장이다. 생활에 여유가 있다보니 미술관도 가고 자전거 동호회와 직장인 밴드 활동도 한다. 대학 때부터 사귀던 여자친구가 결혼하자고 한다. 여자친구는 나이가 있으니 더 이상 기다릴 수 없다고 한다. 결혼했다. 결혼 생활을 하다보니 여행도 마음대로 못 가고 좋아하던 취미 생활에도 제약이 생긴다. 아이가 태어난 후부터는 더욱 심해졌다. 아내와 같이 살아보니 연애 때와 달리 모든 면에서 맞지 않는 사람이라는 것을 깨닫는다. 어딘가 멀리 떠나고 싶지만 그럴 수가 없다. 직장에서 승진 시험도 준비해야 한다. 가부장의 무거운 짐이 느껴진다.

선호의 언어 선택

봉석, 성심, 영재, 채린, 미영, 민주는 가족주의 언어와 선호의 언어의 갈등 속에서 결국 선호의 언어를 선택한다. 봉석이 생각하는 좋은 삶은 한마디로 말해 누나와 어머니를 모시고 해외여행을 가는 것이다. 가족과 함께 새로운 세계를 체험하는 즐거움을 누리는 것. 이렇게 되기 위해서는 전문직이 되어 안정된 수입을 보장받아야 한다. 리서치 회사에 들어가는 것을 자신이 선호하는 일로 선택한 봉석은 서울로 올라갔다. 하지만 기다리고 있는 것은 고된 노동이다. 리서치는 예상과 달리 전문직이 아니었다. 낮과 밤을 안 가리고 시간을 투자해야 하는 막일과 비슷했다. 봉석은 고된 노동을 이겨내고 지금은 어느 정도 인정받아 팀장급으로 일하고 있다. 이를 버티게 해준 것은 틈만 나면 떠난 해외여행이다. 회사를 휴직하고 남미로 여러 달 동안 여행도 했다. 고향으로 돌아가 어머니와 누나 식구와 함께 사는 것도 고려해봤지만, 결국 다시 다른 리서치 회사에 취직을 했다. 결혼은 아직 구체적으로 생각하고 있지 않다. 경제적 능력도 그렇고 더 중요하게는 혼자 여행 다니며 사는 자유로운 삶이 더 좋기 때문이다.

서울로 올라가 방송작가의 길을 가고 있는 성심은 가족 밖의 독립적인 삶을 자신의 가치로 설정한다. 하지만 지방대 졸업생이 서울에서 취업해 자립할 수 있는 길은 너무나 힘이 든다. 치열한 생존 경쟁을 견뎌내야만 한다. 막내 작가여서 글을 쓰는 대신 섭외 및 온갖 잡일을 해야 한다. 임금이 너무 적어 주거비를 감당하기 힘들다. 하지만 대구로 돌아갈 생각은 하지 않는다. 막상 돌아가도 하고 싶은 일이 대구에는 없기 때문이다. 부모는 성심의 속사정도 모르면서 방송작가를 한다고 자랑스러워한다. 서울에 올라가 전문직이 되어 살고 있는 것으로 여기기 때문이다. 성심은 결혼은커녕 연애도 하지 못한다. 시간이 없기도 하고 아직 결혼 생활을 할 준비가 안 되어 있다고 생각한다. 그렇다고 비혼주의자는 아니지만 직장 생활과 결혼 중 선택하라면 직장 생활을 선택할 것이다. 그래서 언젠가는 가고 싶을 때 마음대로 해외여행을 갈 수 있을 정도로 성공하고 싶다.

영재는 대학교 4학년 때까지 온전히 가족주의 언어로 살았다. 자신이 뭘 선호하는지도 모른 채 집에서 원하는 대로 하고 살았다. 특히 어머니와 너무 밀착된 삶을 살다보니 가족 밖으로 나가는 것을 생각조차 하지 못했다. 그러다가 사회학을 만났다. 드디어 자신이 스스로 하고 싶은 일이 생겼다. 대학원에 들어가겠다고 집에 말했다. 반대가 심했지만, 난생 처음으로 가족주의 언어를 뚫고 선호의 언어를 따라 대학원에 들어갔다. 국가에서 지원하는 장학금을 받으면서 석사 과정을 다녔다. 쓰고 싶은 논문 주제도 정해 석사 논문을 완성했다. 집에서 할 만큼 했으니 이제 취업하라고 압박한다. 그러나 다시 선호의 언어를 따라 박사 과정에 들어간다. 장학금이 끊겼다. 할 수 없이 집의 경제적 부담을 덜어주기 위해 조교 일을 시작했다. 공부와 조교 일 두 가지를 다하기가 너무 힘에 부친다. 벌써 박사 과정 수료가 다가온다. 집에서 아니나 다를까 또다시 취업 압박이 들어온다. 유학을 가겠다고 집에 말했다. 또 역시 반대한다. 일단 지금은 주어진 조교 일에나 충실해야겠다.

채린은 간호전문대학에 들어갈 때까지 가족주의 언어로 살았다. 하지만 행복하지 않았다. 삼남매 중 둘째이다보니 자신만의 방이 없었다. 가족을 위해 희생해야 했다. 집에서 여자로서 살길을 알려주었다. 간호사와 같이 돌봄 노동을 하며 살아가는 길. 불만이 있었지만 별 생각 없이 간호전문대학에 들어갔다. 하지만 전문대학의 참담한 실상을 경험한 후 이렇게 살 수 없다는 생각이 들었다. 열심히 공부해서 일반대학에 편입했다. 어릴 때부터 사진 찍는 것을 좋아했던 터라, 미적 감성이 필요한 일을 해야겠다고 생각하고 광고 회사에 들어갈 준비를 한다. 대학 때 스펙을 열심히 쌓았다. 졸업 후 서울에 있는 회사에 취직하기 위해 집에 허락도 안 받고 서울로 갔다. 일종의 가출이다. 열심히 구직 활동을 한 끝에 서울의 한 광고 회사에 취직했다. 감성을 살려 광고를 제작했다. 회사에서 인정을 해주어 정직원이 되었다. 채린은 지금 하는 일이 좋다. 자유롭게 자기가 느끼는 대로 광고를 제작할 수 있어서다. 기회가 되면 외국으로도 진출하고 싶다. 비혼주의자는 아니지만, 결혼보다는 나만의 일이 더 좋다.

미영은 종교 언어를 사용해서 자신이 사회에 기여하는 사람이 되었으면 좋겠다고 말한다. 하지만 실제로는 집에서 독립하고 싶다는 생각을 다르게 표현한 것일 뿐이다. 어릴 때부터 아버지의 과보호를 받으며 자랐다. 뭐든 중요한 기로에 서면 아버지가 결정해서 이끌어주었다. 좋았지만 한편으로는 벗어나고 싶었다. 대학 때 처음으로 아버지의 품에서 벗어나 고향 김천을 떠나 대도시 대구로 왔다. 집에서는 김천에 있는 간호전문대를 가라고 했지만 말을 듣지 않았다. 대학 생활을 이것저것 체험하며 즐겁게 보냈다. 졸업하니 다시 고향으로 되돌아가야 했다. 아버지가 이미 직장을 마련해놓고 있었다. 얼마 다니다 그만두었다. 반복적인 일이 싫었다. 뭔가 공부를 해야겠다고 생각했다. 그러려면 돈이 있어야 했다. 학교에 다닐 수 있을 정도로 시간을 마음대로 조절할 수 있는 일을 찾았다. 어린이집 일을 하며 공부를 하고 틈만 나면 해외여행을 갔다. 공부를 하나 마치면 다른 공부를 시작했다. 결혼은 별 생각이 없다. 공부로 끝장을 내보자는 생각에 일반대학원 박사 과정에 들어가려고 한다.

민주는 대학에 들어가 학생운동을 하기 전까지는 평범한 가정에서 평범한 아이로 컸다. 아버지는 전형적인 대구 남자로 보수적이었고, 어머니도 이에 못지않았다. 대학에 들어가 학생운동을 하면서 친구와 교수로부터 인정을 받은 후 줄곧 운동에 헌신했다. 그러다보니 집과 마찰이 많았다. 대학 졸업 후에는 학생운동을 지원하는 활동을 했다. 자신의 활동으로 학생들이 좀 더 자주적인 모습으로 변해가는 모습에 행복을 느꼈다. 그럴수록 집과의 마찰은 더 심해졌다. 하지만 대놓고 싸울 수는 없었다. 경제적 독립을 못 이루어서 여전히 부모와 한집에 살아야 하기 때문이다. 지인들로부터 받는 작은 후원금을 모아 최소한의 소비만 하며 산다. 하지만 예쁘게 꾸미고 살고 싶다. 싼 옷이라도 스타일 있게 입으려고 노력한다. 결혼도 하고 싶다. 하지만 연애 한번 제대로 한 적이 없다.

가족의 행복과 개인의 선호의 상호 침투

가족주의 언어와 선호의 언어가 상호 침투할 때에는 시너지 효과를 낳는다. 때로는 가족주의 언어를 선호의 언어 안에 넣어 해석한다. 어떨 때는 선호의 언어를 가족주의 언어 안에 집어넣어 해석한다. 이런 과정에서 둘이 하나로 결합해 더 큰 공동체의 언어로 나아간다. 선호의 언어가 개인의 자유와 자율성을 의미한다면, 가족주의 언어는 구성원들 사이의 연대를 뜻한다. 지방대 졸업생은 개인의 자유와 자율성이 좁은 가족주의 언어 안에서는 온전히 성취될 수 없다는 것을 깨닫는다. 개인의 자유와 자율성을 보장해줄 수 있는 더 큰 공동체를 꿈꾸게 된다. 개인의 자유와 자율성이 공동체의 연대와 닮아가고, 공동체의 연대는 개인의 자유와 자율성을 담보한다. 서로 보강한다. 이 경우 지방대 졸업생은 개인의 선호와 가족의 행복을 넘어선 더 큰 공동체를 염두에 두고 좋은 삶을 기획하게 된다.

여기에 해당되는 대표적인 사례는 진욱과 병기다. 시민단체에서 상근 활동가로 일하고 있는 진욱은 급여가 적고 일이 힘들어도 즐겁다. 자기가 하고 싶은 일을 하고 있기 때문이다. 이는 무엇보다도 아내의 이해가 있기 때문에 가능하다. 쪽방 거주민 지원 단체에서 일하는 아내는 진욱의 활동을 적극 지지해준다. 진욱도 아내와 아이에게 잘한다. 진욱이 활동가로 일하게 된 계기는 어릴 때 외환위기로 집안이 갑자기 어려워진 것을 체험했기 때문이다. 아버지와 형과 누나가 아무리 열심히 일을 해도 가난을 벗어나기 어려웠다. 궁금했다. 세상이 도대체 어떻기에 잘살던 집이 한순간에 몰락하고, 벗어나려고 온 가족이 발버둥 쳐도 거꾸러지기만 하는지 알고 싶었다. 책을 읽었다. 닥치는 대로. 재밌었다. 책을 읽으면서 즐거운 삶을 살고 싶었다. 틈이 날 때마다 해외여행을 갔다. 재밌었다. 일도 재밌게 할 수 있으면 좋겠다. 시민단체에서 활동가로 일하면 재밌게 할 수 있다. 자기가 하고 싶은 활동을 기획해서 실행할 수 있다. 즐거운 이유다. 워낙 박봉이라 젊은 활동가들이 오질 않아 그 안에서 진욱이 독보적인 존재다.

병기는 가족과 친구는 물론 사회로부터도 인정받는 삶을 살고 싶다. 어릴 때는 가족과 학교 모두로부터 인정을 받지 못했다. 폭력 속에서 살았다. 결국 고등학교를 자퇴했다. 주유소 알바를 하면서 힘들게 번 돈으로 고등학교에 다니고 있는 친구들을 만나 맛있는 것을 사주었다. 친구를 따라 직업군인이 되려 했으나 여의치 않아 일반병으로 군대에 갔다. 강한 위계질서 때문에 고통스러웠다. 제대 무렵 간호조무사로 일하고 있던 여자친구를 사귀게 됐다. 부모를 여의고 거의 소녀가장으로 살아온 친구였다. 마음이 잘 통했다. 여자친구와 누나의 도움으로 뒤늦게 대학에 들어갔다. 나이 어린 선후배에게 아낌없이 베풀었다. 이를 인정받아 학생회장까지 했다. 나름 재밌는 대학 생활을 하다보니 스펙을 하나도 안 쌓았다. 돈은 신경 안 쓰고 하고 싶은 사회적 기업에 들어갔다. 취업 1년 만에 결혼했다. 아버지 집에 들어가게 되니 주거비 부담이 없어졌다. 박봉이지만 아내도 벌고 하니 그런대로 생활이 가능하다. 아내는 병기가 하는 일을 존중해준다. 병기는 현재 다니던 사회적 기업의 총책임자나 마찬가지다. 열심히 일해 지역에 기여하는 사회적 기업으로 키울 생각이다.

진욱과 병기 모두 가족의 행복과 개인의 선호를 충족시키며 살 수 있는 것은 무엇보다도 아내가 이해와 헌신으로 뒷받침해준 덕분이다. 또한 둘 다 가부장의 권위를 애초부터 내려놓았기 때문에 가능한 일이다. 사실 진욱과 병기는 상식적인 수준에서 볼 때 결혼할 수 있는 상황 자체가 안 된다. 지금 버는 돈으로는 아내를 부양하기는커녕 혼자 살기도 버겁다. 그런데도 아내가 이를 다 알면서도 결혼을 해주었다. 진욱과 병기는 이런 상황을 잘 안다. 아내를 전적으로 지원할 능력도 없으면서 가부장의 권위를 내세우다가는 아내를 고통에 빠뜨릴 뿐만 아니라 자신도 힘들어질 것이다. 진욱과 병기는 가부장의 권위를 내려놓음으로써 어느 정도 가족 공동체의 삶으로부터 자유를 얻는다.

02 보수주의적 가족주의와 나르시시즘적 개인주의의 불안한 동거

이렇듯 지방대 졸업생은 지방대 재학생과 마찬가지로 가족주의 언어와 선호의 언어를 이용해 자신의 삶을 의미있게 만든다. 하지만 어느 정도 차이가 보인다. 지방대 재학생은 가족주의 언어와 선호의 언어를 써서 가족의 행복을 가치로 구성한다. 좋은 삶이란 자신이 하고 싶은 일을 하면서 사는 것인데, 무엇을 하고 싶은 줄 모른다. 그러면서 평범한 가족을 꾸려서 행복하게 오래 사는 것이 좋은 삶이라고 말한다. 여기에서는 가족주의 언어와 선호의 언어가 서로 충돌하지 않고 잘 조화되는 것처럼 보인다. 선호의 언어가 불분명하고 결국 가족주의 언어에 의해 포획되기 때문이다. 이는 자신의 좋은 삶을 가족 밖의 세상에서 경쟁하지 않는 것으로 본다는 점에서 '보수주의적 가족주의'라 부를 수 있을 것이다. 자신의 삶을 경쟁 밖에 놓고 가족 안에서 자신이 선호하는 것을 하면서 가족 성원들과 행복하게 살고자 한다.

지방대 졸업생의 서사는 가족주의 언어와 선호의 언어가 불안한 동거 상태를 유지하고 있다. 그 이유는 졸업한 후 살아가면서 자신이 무엇을 선호하는지 더 분명하게 인식하게 되기 때문이다. 하고 싶은 일의 종류는 달라도 하나같이 '사치'를 누리고 싶어 한다. 이를 이해하기 위해서는 근대 쾌락주의의 특징을 사치에서 잡아낸 캠벨의 논의가 필요하다. 캠벨은 사치 개념을 둘로 나눈다. 우선 "'사치'는 어떤 의미에서는 여분의 물건으로, 욕망하는 어떤 것을 계속해서 더 추가로 욕구하는 것을 뜻한다."[3] 여기에서 사치는 생물학적 필요가 다 충족되었음에도 만족하지 않고 또 다른 어떤 대상을 계속 욕구하는 것을 의미한다. 생물학적 욕구를 채워줄 수 있는 더 많은 대상을 가질수록 사치를 부리는 것이 된다.

캠벨의 두 번째 사치 개념은 사치스러운 대상을 추구하기보다 특정 활동을 통해 얻는 감각적·쾌락적 경험을 추구하는 것을 말한다. "예컨대 온탕에서 '사치 부린다는 것'은 호화로운 감각적·쾌락적 경험과 평범하고 유쾌하지 못한 경험을 대비시키고 있는 것이다. 누군가가 여러 사람들이 보는 앞에서 또는 좀 더 은유적으로 표현하자면 뭇사람들의 찬사를 받으며 '사치를 부릴' 때에도, 이와 유사한 대비가 적용된다. 각각의 경우에서 공통된 특징은 어떤 경험이 갖는 쾌락적 차원을 향유한다는 것이다."[4] 여기에서 사치는 특정의 대상에 묶여 있지 않다. 어떤 생물학적 필요를 충족시켜 줄 특정 대상을 가지고 있지 않다 해도, 어떤 활동을 통해 감각적인 쾌락을 누리면 그것으로 족하다. 예를 들어 산속에서 홀로 살면서 생필품의 부족으로 고통을 받으면서도, 자연 속에서 감각적인 쾌락을 즐기고 있다면 이는 사치스러운 삶이라 말할 수 있다.

지방대 졸업생은 위 두 가지 사치 개념 중 감각적·쾌락적 경험을 추구한다. 그중에서도 남이 보든 말든 상관없이 자신이 내적으로 느낄 수 있는 감각적·쾌락적 경험을 좇는다. 여행, 공부, 동호회 활동, 사회운동 등 활동은 다양한 것처럼 보이지만 사실상 모두 감각적·쾌락적 경험을 추구한다. 이 점에서 지방대 졸업생의 사치에 대한 추구는 리포베츠키의 '나르시시즘적 개인주의narcissistic individualism'를 떠올리게 한다.[5] 이제 개인은 체면이나 지위 경합을 위해 남의 이목을 신경 쓰고 그들로부터 인정을 추구하기보다는 새로운 것을 체험하는 것에서 즐거움을 찾는다. 내면에서의 개인적인 감성과 환희를 추구하는 것이다. "현대에는 참신한 형태의 사치, 감정적이고 실험적이며 심성화한 사치가 나타나는 것을 목격할 수 있다. 이러한 사치들은 사회적인 연극적 성격보다 내면적 감성을 우위에 두도록 바꿨다."[6]

이는 타자를 지향하는 기존의 세계와 분명 다른 것이다. 베블런의 경우 개인은 타자들에 대한 '시샘 어린 비교invidious comparison'를 통해 자신을 바라보고 더 나은 지위를 차지하기 위해 경합을 벌인다고 본다.[7] 부르디외의 경우도 사람들이 계급에 따라 다른 물건들을 사용함으로써 사회구조 내 자신의 위치를 드러낸다고 말한다. 다른 계급의 사람들은 서로 경쟁적으로 되고, 물건은 그런 경쟁에서 무기가 된다.[8] 고프먼[9]의 세계에서도 사람들은 타자 앞에서 자아를 연출하며 서로의 성스러운 자아를 인정받기 위해 연극을 벌인다.

지방대 졸업생의 사치 추구는 한국 사회가 타자 중심의 인정 추구의 세계에서 개인 중심의 감각적·쾌락적 경험 추구의 세계로 이동하고 있음을 어느 정도 보여준다. 어차피 타자들 사이에서 인정을 추구해봐야 인정받기가 힘들다. 그럴 바에야 나만의 감각적·쾌락적 경험을 추구하겠다. 사치란 지방대 재학생이 가족주의 언어를 쓰면서도 가끔씩 내뱉는 선호의 언어가 뜻하는 바가 무엇인지 정확히 알려준다. 하고 싶은 거 하면서 사는 것이 좋은 삶이라고 말하면서도 정작 무엇을 하고 싶냐고 물으면 답을 하지 못했던 것은 선호하는 것이 어떤 구체적인 형태를 지닌 대상이 아니라 감각적·쾌락적 경험이었기 때문이다. 사실 이런 경향은 서울에서 더 강하고 광범하게 나타난다. 이것이 지방에서도 어느 정도 나타나고 있는 것으로 볼 수 있다.

지방대 졸업생에게는 가족의 인정을 추구하는 집단주의와 자신의 감각적·쾌락적 경험을 추구하는 개인주의가 혼재되어 있다. 이를 '보수주의적 가족주의'와 '나르시시즘적 개인주의'의 불안한 동거라고 말하면 될까? 가족주의가 보수주의적인 이유는 가족 또는 유사 가족의 인정을 추구하다 보면 자연스럽게 그들의 요구에 순응하게 되기 때문이다. 자꾸 주변을 둘러보게 되고, 나 자신을 그들의 기대에 맞추게 된다. 문제는 기대가 매우 낮다는 점이다. 큰 거 바라지 말고 작은 거에 만족하며 살아가자고 서로 북돋운다. 기대가 워낙 낮다보니 충족시키는 것이 그다지 어렵지 않다. 끼리끼리 어울릴 때는 행복한 거 같다. 하지만 가끔씩 나 자신만의 방이 필요하다고 느낀다. 이때 나르시시즘적 개인주의가 등장한다. 남의 판단이나 의견에 신경 쓰지 않고 내 안에서 느끼는 감각적·쾌락적 경험을 추구한다. 자존, 공존, 성공, 탁월성 이 모든 것은 나에게 감각적·쾌락적 경험을 가져다주지 않으면 사실상 별 의미가 없는 것이다. 자존, 공존, 성공, 탁월성을 이룬 것처럼 보이는 지방대 졸업생이 계속해서 뭔가 다른 즐거운 체험을 꿈꾸는 이유다.

그렇다면 지방대 졸업생의 가치는 보수주의적 가족주의와 나르시시즘적 개인주의 사이에서 동요하고 있다고 볼 수 있다. 어떨 때는 보수주의적 가족주의의 길로 가다가, 이게 숨이 막히면 자존, 공존, 성공, 탁월성 같은 용어를 빌려 가족을 벗어나려고 한다. 가끔 이러한 벗어남이 성공을 한다 해도 뭔가 새로운 체험에 대한 갈망은 계속된다. 그럼에도 나르시시즘적 개인주의로 완전히 건너가지 못한다. 왜 그럴까? 물론 지방대생이 독립할 수 없도록 강제하는 사회구조적 힘이 있다. 지방에는 일자리가 부족하기에 주거 독립을 이루기 어렵다. 그럼에도 불구하고 지방대 졸업생을 집 안에 붙들어 매는 문화 구조에 주목할 필요가 있다. 지방대 졸업생 특유의 집단 스타일을 살펴봐야 하는 이유다.

03 적당주의의 진화

근접성에 의한 결집

지방대 졸업생은 여러 가치를 말한다. 앞에서 다룬 여섯 명의 지방대 재학생과 확실히 다르다. 이는 물론 졸업 후 삶의 행로가 어느 정도 진행되었기 때문이다. 하지만 가치를 추구하는 집단 스타일은 놀라울 정도로 유사하다. 적당주의가 바로 그것이다. 적당주의 집단 스타일은 미래 지향적인 공동체 대신에 그저 함께하고 어울리는 공동체를 만든다. 이는 마페졸리의 표현을 빌리면 근접성에 의한 결집이다. "근접성(뒤섞임)이 있기에, 같은 영토(실제적이든 상징적이든)를 나누고 있기에, 공동체적 관념과 그에 동반되는 윤리가 태어난다."[10] 근접성에 의한 결집에서는 나르시시즘적 개인주의가 발달해 나오기 힘들다. 주변의 요구에 우선 맞춰야 하기 때문이다.

적당주의 윤리는 초중고 시절에도 있었지만 적당한 수능 성적을 가진 유사한 학생들이 함께 생활하는 대학에 들어와 더욱 견고해진다. 공간적으로는 학교와 자취방에서 가깝게 어울리면서, 상징적으로는 경쟁에서 밀린 지방대생이라는 정체성 안에서 서로 뒤섞인다. 이러한 근접한 공간 안에서 매일같이 어울려 다니면서 공동의 삶과 체험을 나눠 갖는다. 핵심은 뭐든지 설렁설렁 적당하게 하라는 윤리다. 적당주의 윤리는 칸트의 정언명령처럼 "선험적으로 이론화된 윤리가 아니라, 날마다 집합적 감정과 정서의 도가니 역할을 하는 윤리"[11]다. 다시 말해 적당주의 윤리는 "주어진 영토 위에서 그럭저럭 서로 어울리게 해주고 서로를 자연적 환경에 적응하도록 해주는 것으로서의 윤리"[12]다.

이는 '인서울 대학교'의 개인주의 성향과는 확연히 다른 것이다. 인서울 대학교 국어국문과를 졸업한 김송희는 다음과 같이 털어놓는다. "4년 동안 동기 MT는 한 번도 없었다. 마음 맞는 친구들 서넛끼리 수업을 듣고 밥을 먹었고, 학과 40명이 다 같이 으쌰으쌰 하는 일은 거의 없었다. 그게 특별히 문제가 된다고도 생각하지 않았고 지금도 마찬가지다. 우리는 모두 개인주의자들이었고, 돌아가며 휴학을 했고, 타과 복수 전공을 하느라 바빴다."[13] 언뜻 아웃사이더를 자처한 영재 또는 인식과 비슷해 보일 수도 있다. 하지만 영재와 인식은 자발적인 개인주의자라기보다는 근접성에 의한 결집에서조차 소외된 인물이다.

지방에서의 적당주의

지역에 남은 지방대 졸업생은 졸업해서 사회에 진출하고도 여전히 적당주의 집단 스타일로 살아가려고 한다. 하지만 학교 밖 세상은 그렇게 호락호락하지 않다. 모든 에너지를 쏟아 헌신하지 않으면 생존하기 어려운 상황이다. 이 경우 지방대 졸업생은 두 가지 행로를 보인다. 먼저 적당주의 집단 스타일을 실천하며 살아갈 수 있는 세팅을 찾는다. 다음으로는 적당주의를 잠시 접고 특유의 성실성으로 문제 상황을 타개해간다.

첫 번째의 경우 직장을 구할 때 나타난다. 일자리를 구할 때 적당주의 집단 스타일로 살아갈 수 있는 곳을 선택한다. 사회복지 법인, 영어학원, 대학 연구소, 사회적 기업, 시민단체가 그 예다. 그런 곳에서는 적당주의 집단 스타일이 어느 정도 통용된다. 지역에 있는 지방대생 대부분은 공무원이 되어 저녁 있는 삶을 살고 싶어 한다. 상황에 적당히 관여하면서 살 수 있다고 여기기 때문이다. 하지만 진입 장벽을 넘어서기 위해서는 적당하게 공부해서는 안 된다. 단기간에 엄청나게 몰입해야 하는데, 이것을 하지 못한다. 그래서 말로는 '공무원, 공무원' 하지만 실상 공무원이 되는 경우는 드물다. 하지만 일단 이것을 넘어서면 적당주의로 살아갈 수 있다. 실제로 경찰공무원이 된 형식은 그런 삶을 누리고 있다. 물론 공무원이 되기 전에 서울로 올라가 혹독한 노동을 경험한 후 적당주의 집단 스타일대로 살아갈 수 있는 유일한 길이 공무원이라는 걸 뒤늦게 깨닫고 단기간에 죽어라 공부해서 성과를 낸 덕분이다.

사회적 기업에 들어가 일하고 있는 병기는 평생 적당주의 집단 스타일을 실천하며 살아왔다. 검정고시를 볼 때도 적당하게 했는데 붙었다. 대학 시험도 적당하게 공부했는데 또 붙었다. 직장에 들어갈 때도 아무런 스펙이 없었는데 그냥 붙었다. 물론 모두 강한 성과를 요구하지 않는 상황이기 때문에 가능했다. 사회적 기업에서도 적당하게 일하며 살아간다. 실질적인 책임자이기 때문에 하고 싶은 사업도 프로그램을 짜서 하면 되고, 시간도 마음대로 조절할 수 있다. 이러한 적당주의를 실천해도 살아갈 수 있는 이유는 집에서 뒷받침해주기 때문이다. 아버지 집에 살기에 주거비 걱정이 없고 아내가 직장을 다니면서 병기보다 더 많이 벌기에 경제적 압박도 그리 크지 않다. 크게 성공하는 것은 아니지만 적당하게 살기에는 무리가 없다.

사회복지 법인에서 일하는 진희도 비슷하다. 대학 생활을 적당하게 하며 스펙 하나 쌓지 않았는데 바로 취업이 됐다. 어려운 사람을 돕는 프로그램을 직접 만들고 실행하는 일이 즐거웠다. 매번 성장해야 하는 일이 아니라 적당하게 즐기면서 할 수 있는 일이기 때문이다. 한곳에서 꾸준히 일을 하다보니 책임자급으로 성장했다. 직장 생활에 여유가 생기고 하고 싶은 공부도 할 수 있다. 이제 평생교육원에서 강의도 한다. 이 모든 것 역시 가족의 뒷받침이 있어 가능했다. 시어머니가 육아를 전담해준다. 남편과는 주말부부로 지내기 때문에 가사노동에 시달릴 일이 별로 없다. 남편의 수입도 괜찮아서 시어머니에게 양육비를 지불해도 생활이 가능하다. 지역이라 집값도 싼 데다가 결혼할 때 양가에서 지원을 해줘서 집을 장만하는 것도 어렵지 않았다.

시민단체에서 활동하고 있는 진욱은 살아오면서 모든 일을 적당하게 하며 즐기기를 좋아했다. 주변에서 상황에 몰입하라고 압박하면 그럴 때마다 그만두고 여행을 떠났다. 돌아와서는 적당하게 관여하며 살아갈 수 있는 일을 찾았다. 대학원에 간 것도 적당하게 즐거울 줄 알고 그렇게 한 것이다. 하지만 지도교수가 공부에 더욱 몰입하라고 압박하자 그만두었다. 시민단체에 들어갔다. 워낙 박봉이다보니 일하러 오는 젊은이가 거의 없다. 조금만 일해도 바로 책임자급으로 대우받는다. 하고 싶은 사업이 있으면 자신이 기획해서 실행하면 된다. 성과가 안 나온다고 해도 압박할 윗사람이 없다. 어차피 공익을 위해 헌신하는 일인데 누가 사기업처럼 성과를 내라고 압박을 할 것인가? 진욱의 이러한 삶이 가능한 것도 역시 집의 뒷받침이 있기 때문에 가능하다. 장남인 형이 집을 구해주었고, 아내도 직장을 다니며 돈을 벌어온다. 잘사는 것은 아니지만 적당히 살아가기에는 부족함이 없다.

학생운동을 하다 현재 시민운동을 하고 있는 민주 역시 이와 비슷하다. 민주는 낮은 데서 빛도 명예도 없이 지원하는 역할을 주로 한다. 대학 시절 학생운동을 할 때 부총학생회장을 한 것도 선배의 강요 아닌 강요에 따른 것이지 자신이 주도적으로 상황을 만든 것은 아니다. 너무나 평범한 덕분에 학교의 요주의 인물로 찍히지 않아 부총학생회장 감으로 선택된 것이다. 상황을 주도하려면 엄청난 노력과 책임이 뒤따른다. 상황에 몰입해야 하는 것이다. 하지만 이는 힘든 일이다. 살아오면서 제대로 상황에 몰입해본 경험이 거의 없기 때문이다. 현재도 인권운동을 하는 시민단체에 속해 있다. 민주가 이렇게 시민운동을 할 수 있는 것은 가족 내지는 유사 가족의 뒷받침이 있기 때문이다. 우선 부모와 함께 살기 때문에 주거비와 식비를 걱정할 필요가 없다. 용돈은 지인들이 조금씩 후원금을 보내와서 쓰고 있다. 최소한의 소비만 하면 사는 데에는 그다지 지장이 없다. 하지만 언제까지 이렇게 살 수는 없는 노릇이다. 결혼해서 독립하면 좋겠는데 지금까지 제대로 된 연애를 못해봤다.

미영은 대학 졸업 후 13년 동안 일, 공부, 여행을 반복하며 지냈다. 이 세 가지가 모두 가능한 이유는 우선 시간을 여유롭게 쓸 수 있기 때문이다. 어린이집이나 일반 가정집에 파견 나가는 영어 교사를 하기 때문에 일이 끝나면 나름 여유롭다. 남은 시간에 공부를 할 수 있다. 그것도 적당하게 해도 모두 성취를 이룰 수 있는 상대적으로 쉬운 공부다. 숲 해설 강사나 한국어 강사는 조금만 노력해도 자격증을 딸 수 있다. 정책대학원 또한 설렁설렁 공부해도, 논문을 쓰지 않아도 석사학위를 받을 수 있다. 상황이 조금 빡빡하다 느껴지면 바로 해외여행을 떠난다. 한마디로 미영은 자꾸 미래로 지연되는 삶을 살아가고 있다. 뭐든지 적당하게 해서 적당한 성과를 올릴 수 있는 일을 계속하면서 틈만 나면 여행을 가기 때문이다. 이렇게 여러 일을 모두 적당하게 행하면서 살 수 있는 것은 가족의 뒷받침 덕분이다. 부모와 함께 살다보니 주거비와 식비가 해결된다. 조금만 벌어도 공부도 하고 여행도 갈 수 있다. 집에서는 어서 선을 봐서 결혼하라고 재촉하지만 당장 그럴 마음은 없다. 일반대학원에 들어가 진짜 공부를 제대로 해볼 생각이다.

인식은 적당주의를 실천하며 살아갈 수 있다고 여겨 대학 연구소에 들어갔다. 처음 들어갔을 때에는 강압적으로 일을 시키는 소장 때문에 힘들었지만, 소장이 바뀌고 난 후부터는 스트레스가 거의 없다. 돈만 조금 더 받으면 딱 좋을 것 같다. 여유 있는 시간이 생겨 연애를 할 수 있었다. 사정을 잘 모르는 교회 여자 후배가 대학 연구소에 다닌다고 인식을 좋게 본 것이다. 인식은 박봉에다 비정규직인 직장을 다니면서 두 번의 연애를 즐길 수 있었다. 이것이 가능했던 이유는 집의 지원이 있었기 때문이다. 부모와 함께 살기에 주거비와 식비가 해결된다. 적은 돈이지만 꾸준히 모아 차를 사서 여자친구와 놀러 다닐 수 있었다. 하지만 결혼이라는 결정적인 선택을 해야 할 시기가 오면 뒤로 물러난다. 이 월급으로 가정을 꾸리고 살 자신이 없다. 그러니 어쩌랴. 이렇게 사는 수밖에. 최근 인식은 적당주의로 살아가는 삶이 위기에 처한 것을 느꼈다. 연구소장이 바뀌면서 일에 몰입하라는 압박을 받고 있기 때문이다. 더 늦기 전에 서울로 올라가 공무원 시험을 준비할까 생각 중이다.

이러한 사례가 보여주듯, 지방에서는 적당주의를 실천하며 살아가도 큰 무리가 없다. 이런 삶이 가능한 가장 결정적인 이유는 가족의 뒷받침이 있기 때문이다. 부모와 함께 살면 주거비와 식비가 해결된다. 결혼해서 독립한다고 해도 수도권보다 싼 주거비가 이점으로 작용한다. 부모가 어느 정도 집값을 마련해준다. 그 돈과 은행 융자 조금만 받으면 지역에서는 주거 문제를 해결할 수 있다. 결혼한 경우는 맞벌이를 하기 때문에 경제적으로 어느 정도 독립할 수 있다. 적당주의의 삶이 가능한 또 다른 이유는 다니고 있는 직장이 성과를 내라고 압박하는 곳이 아니라는 데 있다. 적당하게 관여하면서 일을 해도 누가 강하게 압박을 가하지 않는다. 지방대 졸업생은 이런 데를 어떻게 알고 잘 찾아 들어간다.

하지만 지방에서도 일반 노동시장에 들어가면 적당주의 집단 스타일로 살아갈 수가 없다. 지방의 노동시장은 서울보다 더 열악하다. 우선 대구 경북 지역에서는 5인 미만 소규모 사업체에 취업하는 비율이 수도권이나 전국 평균보다 높다. 부가가치생산성이나 노동생산성이 높은 관리직, 전문직, 사무직종 취업자의 구성비도 수도권에 비해 낮다. 반면에 부가가치생산성이나 노동생산성이 낮은 농림어업직과 단순노무직(기계 장치 조립 조작직)

취업자의 구성비는 수도권보다 높다.[14] 이렇듯 수도권에 비해 대구 경북 지역은 소규모 사업체들이 많아 노동환경이 열악할 뿐만 아니라 노동생산성이 낮은 업종이 주가 되다보니 전반적으로 임금도 낮다. 이런 상황에서 지방대생은 특유의 성찰적 겸연쩍음을 통해 스스로 눈높이를 낮춘다. 나는 지방대 나왔으니까 이런 데서 출발하는 거라고 당연하게 여기고 취직을 한다. 그런데 막상 노동시장에 들어가보면 상상을 못할 정도로 사정이 열악하다는 것을 깨닫는다. 이제는 지금까지 해온 것처럼 적당주의로 살아갈 수가 없다. 성실성을 발휘해서 몸으로 때워야 한다. 그렇게 할 수 없으면 그만둘 수밖에 없다.

혜영은 사보를 만드는 회사에 들어가 글 쓰면서 적당하게 즐겁게 일하면서 살 줄 알았다. 회사 규모가 작아 다들 가족처럼 잘 지내리라 여겼다. 하지만 들어가보니 열악한 노동환경, 장시간 노동, 저임금이 기다리고 있었다. 더욱 견디기 힘든 것은 모든 일에 몰입하도록 강요하는 회사 분위기다. 아침에 제일 먼저 출근해 회사 문을 열고, 청소 다 해놓고, 모든 전화를 다 받고, 밥을 짓고 설거지하고, 야근을 해야 했다. 자신이 존중할 수 없는 상황에 몰입하라고 요구하니 도저히 견딜 수 없다. 그렇다고 적당주의 스타일로 직장 생활을 할 수도 없다. 회사의 문화가 워낙 조직 위계를 강조하고 있어 적당하게 할 수도 없다. 일도 가르쳐주지 않고 무조건 알아서 열심히 하라고 다그친다. 하지만 아무리 열심히 일해도 성과가 나는 일이 아니다.

압박을 견디다 못해 혜영은 직장을 그만둔다. 아무리 상황에 몰입해도 성공은커녕 생존 자체가 힘들다. 엄혹한 현실을 피해 결혼한다. 혜영은 결혼 생활을 적당주의 집단 스타일로 살아갈 줄 알았다. 실제로 남편과 둘만의 사이에서는 적당주의 집단 스타일을 가지고 결혼 생활을 해나가는 데 아무 문제가 없다. 하지만 시댁이 관여하기 시작하면서 문제는 달라진다. 지방에서 결혼은 두 성인남녀의 결합으로 끝나는 것이 아니다. 관여해야 할 새로운 가족이 생기기 때문이다. 시부모에 대한 도덕적 의무를 떠안게 된다. 시도 때도 없이 전화를 해서 안부를 물어야 하고, 생일날 선물을 사야 하고, 명절과 제사에 가서 가사노동에 힘써야 한다. 집에서 놀면서 자기 아들 등골을 빼먹는다는 시어머니의 눈총에 눈치가 이만저만이 아니다. 신춘문예에 등단하기 위해 글 쓰는 데 몰입해야 하는데 당선된다는 보장도 없어 마음이 초조하고 불안하다.

경택은 벼랑 끝에 몰려 특유의 성실함으로 상황을 타개하는 경우다. 어릴 때 누나의 죽음을 목격한 경택은 부조리한 상황을 설명해줄 수 있는 종교 언어를 따라 살아간다. 그것에 몰두하다보니 일상생활이 안 될 정도였다. 군대를 가는 동안 잠시 종교 언어에서 빠져나온 후 복학했다. 그런 뒤 지방대생 특유의 적당주의를 실천하며 친구들과 즐거운 대학 생활을 보냈다. 그러다보니 스펙을 제대로 쌓지 못하고 졸업하게 되었다. 교수의 권유로 연구소의 비정규직으로 들어가 일을 시작했다. 대학원도 다니면서 편하게 일할 수 있다고 해서 들어갔는데 막상 들어가보니 영 딴판이었다. 연구소가 설립된 지 얼마 안 되다보니 할 일이 태산 같았다. 잠도 제대로 못 자가며 일했고, 갈수록 몸과 마음은 고갈되어갔다. 연구소를 그만두고 먹고살려고 우유와 신문 배달을 시작했다. 성실하게 일을 하니 주변에서 보기 드문 청년이라고 소문이 자자해졌다. 주변의 도움으로 영업직 직장을 잡아 성실하게 일을 해서 인정받았다. 식자재를 납품하던 어린이집에서 여교사를 만나 결혼도 했다. 새로 직장을 구해야 했을 때에도 마침 대기업 식자재 회사가 영업직을 구한다고 하는데 특채로 뽑혀 잘 다니고 있다. 죽으라는 법은 없나보다. 무조건 성실하게 일했더니 실타래가 하나씩 풀렸다.

영재는 항상 FM대로 하려고 노력해왔다. 정해진 매뉴얼을 이해하려고 노력하는 대신 그것을 암기해서 정해진 그대로 실행하려고 했다. 하고 싶지는 않지만 반드시 해야만 한다면 FM대로 하는 게 뒤탈이 없을 것 같았다. 고등학교 때 공부를 그렇게 했다. 수학 같은 경우는 아무리 공부해도 이해가 되지 않았다. 그냥 기계적으로 암기해서 문제를 풀었다. 그러다보니 성적이 제대로 나오지 않았다. 하지만 밑바닥은 아니고 중간쯤은 되었다. 대학에 들어와서도 똑같이 생활했다. 주어진 상황에 FM대로 하자. 당연히 공부가 즐겁지 않았다. 그러다가 이주자를 인터뷰하는 과제를 하면서 드디어 처음으로 하고 싶은 일이 생겼다. 이건 FM대로 하지 않아도 되었다. 내가 연구 목적을 설정하고 질문을 만들어서 인터뷰하고 그 자료를 해석해서 내 스타일대로 글을 쓰면 된다. 대학원에 들어갔다. 질적방법론을 활용해서 석사 논문을 썼다. 즐거웠고 성취감도 느꼈다. 하지만 집에서 취업하라고 압박을 한다. 경제적 부담 때문에 조교 일을 시작했다. 조교는 좋아서 하는 일이 아니다. 다시 FM대로 하는 게 시작됐다. 9시 출근 5시 퇴근. 상황이 이러니 공부에 몰두할 수가 없다.

서울에서의 적당주의

지방대생이 서울로 가게 되면 집단 스타일이 다르다는 것을 바로 알아차리게 된다. 사람들이 일에 고도로 몰입할 뿐만 아니라 빨리빨리 진행한다. 이러한 집단 스타일은 적당주의에 비교해서 '몰입주의'라 부를 만한 것이다. 몰입주의 집단 스타일에서 집단 경계는 소위 스카이 대학을 나온 사람들을 긍정적 준거로 해서 만들어진다. 고등학교 때 모두 공부를 열심히 해서 성공한 사람들이라고 스스로를 정의한다. 노력하면 성공한다는 것이 집단 경계를 유지하게 만든다. 집단 유대는 모든 상황에 빡빡하게 철저히 관여하는 것을 서로의 의무로 받아들임으로써 유지된다. 자신이 들어간 세팅에 모든 인지적 정서적 에너지를 쏟아부으라는 규범적 요구를 서로 부과하고 이를 잘 지킨다. 말하기 규범은 문제를 발견하는 즉시 서로 말하고 해결책을 찾는 것이다. 자신의 자아를 끊임없이 변화와 혁신의 대상으로 놓기 위해서는 말을 통해 자신을 온전히 드러내야 한다.

지방대 졸업생이 서울로 세팅을 옮겼을 때 제일 먼저 닥치는 곤란한 문제가 바로 이러한 윤리의 차이이다. 직장에서 처음 목격한 몰입주의 집단 스타일에 충격을 받는다. 모두 성공을 위해 자기 일에 헌신을 다해 몰입하고 있는 것처럼 보인다. 그래서 자기도 일에 몰입해보려고 시도한다. 하지만 곧 깨닫는다. 그들도 성공주의자가 아니라 생존주의자라는 사실을. 그들도 스카이 대학을 나오지 않았다. 만약 그랬다면 이렇게 작은 회사에 들어오지 않고 대기업에 갔을 것이다. 그냥 서울 또는 수도권에 있는 '그저 그런' 대학을 나온 사람들이다. 가만히 보니 저들도 성공을 위해 살고 있는 것은 아니다. 생존하기 위해 발버둥을 치고 있을 뿐이다. 그럼 나는 뭔가? 나는 스카이 대학은커녕 수도권 대학도 못 나온 지방대 출신 아닌가? 나는 어떻게 살아가야 하는가?

채린처럼 몰입주의의 길을 걸어가는 경우도 있다. 비록 지방대 출신이지만 창의력을 발휘해서 일에 몰입하면 성공할 수 있다고 믿는다. 창의력과 독특성을 강조하는 광고 회사라 가능하다. 2년제 간호전문대학 출신이 4년제 지방대학에 편입해서 열심히 일해 서울 강남 테헤란로에 있는 중견 광고 회사에 취업을 했다. 이거야말로 독특한 성공 스토리 아닌가? 채린은 자신의 자아를 끊임없이 혁신하는 기업가로 설정하고 일에 몰입해서 살아간다.

하지만 대부분 이런 몰입주의의 길을 갈 수가 없다. 몰입주의를 실천하려면 성공의 가능성이 보여야 한다. 작은 회사에 다니고 있는 사람들은 직장에서 성공할 가능성을 매우 낮게 본다. 먹고살기 위해 할 수 없이 다니는 것이다. 이런 생존주의 환경 속에서 지방대 졸업생은 적응한다. 이대로 고향으로 되돌아갈 수는 없기 때문이다. 부모에게 면목이 없는 일이다. 뭔가 이루어야 한다는 강박을 느낀다. 남아서 버텨야 한다. 몰입주의를 따라한다. 몰입주의는 원래는 하기 싫은 일을 억지로 하는 게 아니다. 좋아서 빠져드는 것이다. 그래야 성공한다. 그런데 좋아하지도 않는 것에 미친 듯 빠져드는 것은 어려운 일이다. 몰입주의를 흉내 낼 수밖에 없다. 그렇게 되면 생존주의자가 된다. 흉내 내거나 하는 척해서는 결코 승자가 될 수 없다.

수용은 대학 졸업 후 단기간에 시험 공부에 몰입해서 서울에 있는 한 대학병원에 행정직으로 들어가는 데 성공한다. 거의 준공기업이어서 고용의 안정성이 보장되어 있다. 이제 다시 적당주의를 통해 살아갈 수 있는 길이 열렸다. 대학 생활과 마찬가지로 소집단을 구성해서 시간이 날 때마다 어울려 취미 활동을 하며 같이 즐겼다. 그러는 중에 결혼도 하고 애도 낳았다. 아내는 전업주부로 육아와 가사노동을 전담했다. 어느 정도 애들이 크고 난 후 직장을 잡으려 해도 쉽지 않았다. 현재 아내는 병원 연구비를 관리하는 비정규직 자리를 잡아 겨우 일을 시작했다. 수용은 점점 가부장의 무게를 느낀다. 주거비가 너무 비싸 빚을 많이 진 상태다. 승진을 해야 하는데 지방대 출신이라 한계가 있다. 더군다나 낙하산 인사가 계속 이어져 올라갈 자리도 얼마 없다. 직장 일에 몰입하려고 해도 중요한 업무를 맡기지 않는다. 적당주의로 살아갈 수밖에 없는 객관적 조건이 마련된 셈이다. 수용은 이런 식으로 계속 살아갈 자신이 없다. 언젠가는 병원을 그만두고 음식점이나 커피숍을 운영하고 싶다.

봉석은 스펙을 전혀 쌓지 않은 상태에서 서울에 있는 리서치 회사에 들어갔다. 그나마 대학원을 다니면서 논문을 직접 써본 것이 일을 하는 데 도움이 되었다. 처음에는 몰입주의를 실천하듯이 일을 했다. 하지만 아무리 일에 몰입해도 저임금과 장시간의 노동을 벗어날 길이 보이지 않았다. 그나마 동료들이 있어 버틸 수 있었다. 직장 안에서도 그 나름대로 근접성에 의한 결집이 있다. 일이 끝나고 술자리를 하면서 나름의 지역적 윤리를 만들어낸다. 하지만 그 모든 것은 몰입주의 윤리를 실천하고 난 이후에 서로를 힐링하는 집합 의례이다. 그래도 상황이 더 이상 나아질 기미가 안 보이자 일을 그만두었다. 여러 달 남미 여행을 갔다. 돌아와서 잠시 구미에서 사업을 하는 매형 친구 밑에서 일했다. 사업이 잘되지 않았다. 원래 일하던 직장으로 되돌아갔다. 다시 고단한 일과가 시작되었다. 그때 같이 일하던 한 선배가 작은 회사를 차렸다. 같이 일하자고 권했다. 작은 회사지만 그곳에 가면 거의 팀장급으로 일할 수 있을 것 같았다. 그곳으로 옮겼다. 팀장급으로 일을 하지만 이제 영업을 뛰는 게 중요하다는 것을 알게 되었다. 지방대 출신이라 사회자본이 부족하다는 것을 절실하게 느낀다. 이대로 계속 적당주의로 살아야 할 것인지 아니면 고향으로 돌아갈 것인지 고민 중이다.

방송작가의 길을 가는 성심은 적당주의로 살아가고 싶어도 그렇게 할 수가 없다. 외주 제작사의 막내 작가라서 온갖 궂은일을 도맡아 해야 하기 때문이다. 적당하게 했다가는 일이 진행 자체가 안 된다. 원하지 않아도 상황에 고도로 몰입해야 한다. 그러다보니 몸도 망가지고 정신은 피폐해져 간다. 글을 쓰며 살아가면 즐거울 줄 알았다. 즐겁게 지냈던 대학 생활이 그립다. 그때는 친구들끼리 눈만 마주쳐도 술이나 차를 마시러 가서 놀았다. 즐겁고 재밌었다. 모든 일을 적당하게 관여하면서 새로운 것을 계속 해나가면 인생이 즐겁고 재미있다는 것을 새삼 깨닫는다. 하지만 당장 이런 삶을 살 수는 없다. 성실하게 버티자. 그러다보면 언젠가 즐기면서 글 쓰는 날이 올 것이다.

이렇게 적당주의를 같이 실천할 수 있는 집단을 찾지 못하거나 성실하게 버티지 못하게 되면 지방으로 내려온다. 형식과 지혜가 바로 이런 사례다. 둘 다 지방으로 내려와 적당주의로 살아갈 수 있는 길을 모색한다. 그것은 바로 공무원이 되는 것이다. 형식은 몰입주의를 독하게 단기간 실천함으로써 공무원이 되는 데 성공한다. 성공의 열매는 달콤하다. 적당주의를 실천하면서 가족의 행복을 추구하며 살아갈 수 있게 되었다. 지혜는 이런 성공의 길을 따라 하려 한다. 성공 여부는 단기간에 얼마나 몰입주의를 도구적으로 잘 수행하느냐에 달려 있다.

지금까지 살펴본 것처럼 적당주의는 지방대 졸업생의 행로에 막강한 영향을 휘두른다. 왜 이렇게 적당주의 집단 스타일이 강고하게 지속되면서 지방대 졸업생의 삶을 구조화하는 것일까? 나는 이를 우선 지방대 졸업생들의 사회자본과 문화자본이 빈약하다는 것으로 설명해보려고 한다. 부모에게 거액의 자산을 물려받은 '금수저'가 아닌 이상 대부분의 청년에게 제일 부족한 것은 경제자본이다. 문제는 지방대 졸업생은 경제자본이 부족한 것은 말할 것도 없고, 사회자본과 문화자본이 형편없다는 사실이다. 자본으로 전환되지 않는 사회관계에 몰두하고, 돈이 안 되는 문화 활동에 빠져든다.

04 확장성 없는 사회자본

지방대생에게는 사회자본이 절대적으로 제한되어 있다. 사회자본은 분석적으로 세 차원으로 나눌 수 있다. 첫째는 호혜성의 규범과 신뢰를 핵으로 하는 정서적 연결망이다. 둘째는 기본적으로 인지적인 성격을 지닌 사회적 연결망이다. 사회적 연결망은 유대의 강도에 따라 강한 유대의 형태와 약한 유대의 형태로 나뉜다. 마지막으로 사회자본의 작동 결과 나오는 기능적 효과다. 사회자본은 개인의 실체적 속성이라기보다는 관계의 발현적 속성이기 때문에 그 기능적 효과를 보고 파악해야 한다.[15] 지방대 졸업생의 사회자본은 한마디로 말해 가족 내지는 유사 가족의 성격을 지닌다.

정서적 연결망

호혜성의 규범에서는 "교환의 각 당사자가 상대방으로부터 얻은 것을 되갚아야 할 '의무'와 자신이 베푼 것을 되돌려 받아야 할 '권리' 모두를 가지고 있다. 따라서 주고받는 교환의 성공 여부는 상대방의 호혜적인 행위에 달려 있다. 나는 '권리'만을 요구하고 상대방에게는 '의무'만을 기대하는 경우, 또 그 반대의 경우도, 진정한 의미의 호혜성이라 할 수 없다. 한 사람이 '권리'만을 지니고 다른 한 사람은 '의무'만을 지니는 경우, 그것은 호혜성이라기보다는 상보성complementarity이라 할 수 있다. 다시 말해 각 당사자가 권리와 의무를 모두 가지고 있어야 진정으로 호혜성이라 할 수 있다."[16]

지방대 졸업생은 가족 내지는 유사 가족 안에서 통용되는 호혜성의 규범을 지니고 있다. 이는 어찌 보면 일반화된 호혜성의 규범의 특성을 지닌다. 일반화된 호혜성에서는 베푼 사람이 그 대가를 바로 되돌려 받을 것을 기대하지 않는다. 그 기한이 따로 정해져 있지 않아도 언젠가는 되돌려 받을 것이라는 강한 믿음을 가지고 있다. 기한이 무한정 늘어져도 대놓고 되돌려달라고 강하게 요구하지 않는다. 그렇게 했다가는 오히려 관계가 나빠지거나 심한 경우 아예 관계가 파탄 날 수 있다. 가족끼리는 관계를 완전히 끊을 각오를 하지 않는 한 먼저 대놓고 개인의 이해관계를 추구할 수 없다. 받은 사람은 거꾸로 되도록 빨리 갚고 싶어 한다. 시간뿐만 아니라 양과 질도 따로 명확히 규정되어 있지 않다. 주는 사람은 되도록이면 더 많고 더 좋은 재화와 서비스를 베풀려고 한다. 받는 사람도 받은 것보다 더 많고 더 좋은 재화와 서비스를 되갚으려고 한다. 왜 그럴까? 그건 상대방을 먼저 고려하기 때문이다. 여기에서 재화와 서비스가 순환하는 이유는 경제적인 이유보다는 사회관계가 가하는 도덕적 힘 때문이다.

지방대 졸업생의 정서적 연결망은 또한 배경적 기대를 특징으로 한다. 호혜성이 실제로 작동하기 위해서는 나의 '권리'를 상대방이 자신의 '의무'로 보아 그 의무를 수행할 것이라는 '기대'가 있어야 한다. 상대방 역시 자신의 '권리'를 내가 나의 '의무'로 받아들여 그 의무를 수행할 것이라는 기대가 있어야 한다. 이러한 기대는 교환 당사자들 사이에 당연시될 뿐만 아니라 공유된다. 배경적 기대는 한 집합체의 성원들이 공유하는 상징과 해석틀을 말한다. 이것이 없으면, 행위는 무의미할 뿐만 아니라 해석조차 불가능하다. 다시 말해 행위의 의미가 공동체의 지평 너머에 있다. 이런 상황에서는 다른 방식으로 행동한다는 것은 거의 생각도 못할 일이다.[17]

지방대생의 배경적 기대의 핵심은 서로 크게 기대하지 않는다는 것이다. 이는 무엇보다도 주고받을 재화와 서비스가 그리 많지 않기 때문이다. 부모는 자녀에게 크게 기대하지 않고 자녀 역시 부모에게 크게 바라지 않는다. 부모는 먹고사느라 바빠 자녀를 돌볼 시간 자체가 부족하다. 자녀 역시 부모의 돌봄 없이 방치되어 있다. 그러다보니 서로 기대를 잘 안 하고 한다 해도 기대치가 낮다. 학교 선후배 사이도 마찬가지다. 서로에게 짐이 되지 않으려 노력한다. 어떻게든 즐겁게 잘 어울려야 한다고 여긴다. 지방대 졸업생은 대학에 들어와서 좋은 사람을 많이 만났다고 말한다. 그들과 즐겁게 놀았다고 한다. 문제는 이들이 모두 유사 가족과 같이 끈끈한 정으로 묶인 놀이 공동체와 비슷하다. 놀이는 전혀 심각하지 않고, 승부는 겨뤄지지 않는다. 그냥 주구장창 즐겁게 노는 것이다.

한마디로 말해 지방대 졸업생의 정서적 연결망은 서로에게 부담이 안 되는 작은 기대를 부여하고 받는 것을 의무와 권리로 당연시하는 성격을 지닌다. 상대방이 부여하는 기대 자체가 매우 작으므로 이를 되갚을 때에도 그리 큰 부담이 없다. 바로 갚지 않아도 받은 자는 그다지 큰 부담을 느끼지 않는다. 가족 또는 유사 가족은 무엇보다도 장유유서長幼有序의 규범이 지배한다. 이를 뒤집을 수는 없다. 윗사람이 말하는 것은 무조건 따라야 한다. 그러려면 윗사람이 힘이 있어야 하고 더 베풀어야 한다. 하지만 지방대 졸업생에게 윗사람은 힘이 있는 사람이 아니다. 윗사람도 이것을 잘 안다. 그러니 애초에 권위를 크게 휘두를 생각이 없다. 권위를 휘두르려면 더 많이 베풀어야 하기 때문이다. 이는 부담스러운 일이다. 아랫사람도 뭔가 큰 것을 되갚으려고 하지 않는다. 그렇게 하려면 힘에 부치고 관계가 파탄 날 수 있다.

사회적 연결망

사회적 연결망의 핵심은 행위자들이 그 안에서 자원을 서로 '교환'한다는 것이다. 이 자원은 그들을 하나의 사회적 연결망 안에 서로 연결시킨다. 자원은 재화, 용역, 정보, 위세, 평판, 정서 등 다양할 수 있다. 이 자원은 모두 개인의 속성과 독립된 사회적 연결망 속에 들어 있다. 이 관계와 관련을 맺고 있는 사람들은 모두 유대가 있다고 말할 수 있다. 이 유대는 교환의 빈도, 교환의 주기, 교환 자원의 중첩성, 자원 배분의 대칭성, 연결망의 폐쇄성/확장성, 연결망의 밀도, 성원의 동질성을 따라 강한 유대와 약한 유대로 나뉠 수 있다.[18]

지방대 졸업생은 대학을 다니면서 자기들만의 사회적 연결망 안에서 강한 유대를 쌓는다. 일단 선후배들과 동기들이 자주 만난다. 특히 신입생과 복학생은 집중적으로 만나 선후배의 강한 유대를 쌓는다. 아직 학생이다 보니 사회적 연결망 안에 들어 있는 자원이 매우 한정되어 있다. 정서와 정보가 사회적 연결망 안에서 교환되는 대표적 자원이다.

우선 정서 교환을 통해 강력한 정서적 공동체를 만든다. 함께 술을 마신다. 선배들이 매번 사는 것은 아니지만 그래도 주로 선배들이 산다. 가끔 후배도 이를 되갚는다. 학과 엠티는 물론 동기 엠티, 학회 엠티 등 여러 엠티를 가서 술 마시고 게임하며 정서를 교환한다. 자취방에서 함께 먹고 마시고 자고 뒹굴며 한 가족이 된다. 남자 복학생 선배와 여자 신입생 사이에 CC가 엄청 생긴다.

정보도 주고받는다. 어떤 과목을 들어야 학점을 따기가 쉬운지, 취업하기 위해서는 경영학과 수업을 들어야 한다든지, 또는 아예 경영학을 복수전공해야 한다든지. 어차피 인문사회 관련 학과는 취업과 관련 없으니 전공과목은 졸업에 필요할 정도로만 최소한으로 듣고 나머지는 취업 관련 수업을 골라 들어야 한다는 정보를 준다. 어차피 인문사회과학을 전공한 지방대생은 발로 뛰는 영업직에 취직할 수밖에 없다고 교육한다. 대구에는 취업할 수 있는 곳이 영업을 뛸 회사뿐이라고 가르쳐준다. 여학생은 경리를 하느니 공무원 시험을 보는 게 낫다고 가르친다. 대기업에 안 갈 바에야 스펙은 쌓아봐야 소용없다고 말한다.

교환하는 자원이 정서와 정보로 중첩되어 있다보니, 내가 가지고 있는 것은 상대방도 가지고 있고 그 역도 마찬가지이다. 자원 배분이 대칭적으로 이루어지기 쉽다. 내가 가진 정서를 남도 가지고 있고, 내가 아는 정보를 남도 알고 있다. 정서와 정보가 성원들 사이에 균등하게 배분되어 있다. 또한 연결망 안에 속해 있는 성원들이 거의 모두 서로 잘 알고 있다는 점에서 폐쇄성이 높다. 폐쇄성이 높은 연결망 안에서 서로 밀도 높게 상호작용하며 강력한 응집력을 갖는다. 그 성격상 확장되기가 매우 어렵다. 연결망 안에

속해 있는 사람들은 서로서로 매우 비슷한 사람들이라는 점에서 성원의 동질성도 높다. 이러한 동질적인 연결망을 뚫고 나가기는 매우 힘들다. 채린의 경우가 예외라면 예외다.

기능적 효과

지방대 졸업생은 정서적 연결망과 사회적 연결망이 결합한다 해도 실제 기능적 효과는 잘 나타나지 않는다. 가족이나 유사 가족 밖으로 나가면 별 기능을 못한다. 그럴수록 가족이나 유사 가족 밖으로 나가지 않으려 한다. 대학 다닐 때도 마찬가지다. 자신이 전공하는 학과 밖에 대한 정보가 한정되어 있다. 선배로부터 줄줄이 내려오는 토막 지식을 가지고 막연히 취업이 잘될 것 같은 과목을 듣는다. 하지만 막상 취업을 해보니 그 과목에서 배운 것은 아무런 쓸모가 없다. 처음부터 다시 배워야 한다. 취업 관문의 게이트키퍼 역할을 하는 토익 공부는 소수의 사람을 제외하고는 거의 하지 않는다. 어차피 대기업에 못 들어갈 것이기 때문에 토익 점수 올려놓아 봐야 소용이 없다고 지레 단정한다.

지방대 졸업생의 사회자본은 유사 가족 밖으로 나가지 않도록 하는 데에 강력한 힘을 발휘한다. 하지만 대학을 졸업하면 어쩔 수 없이 유사 가족 밖으로 나가야 한다. 이제 사회와 직접 마주해야 한다. 대학 때 맺은 사회자본이 이를 해결해줄 수는 없다. 그럼에도 유사 가족의 안내를 따라 행로를 잡으려 한다. 그것이 안 되면 유사 가족과 같은 곳에서 일하려고 한다. 다행히 그런 곳을 찾아 취직을 하게 되면 저임금을 받고 장시간 노동에 시달린다. 이때 집이 해결책으로 등장한다. 힘들면 돌아갈 집이 있기 때문이다. 문제가 생기면 바로 집으로 되돌아간다. 기존의 집이든, 아니면 새롭게 형성한 집이든.

비교적 일찍 유사 가족과 단절하고 취업 준비를 해서 직장에 들어간다

해도 지방대 졸업생의 사회자본은 기능적으로 별 효과를 낳지 못한다. 봉석은 리서치 회사에서 팀장급으로 올라가지만 사회자본의 한계 때문에 애를 먹고 있다. 눈을 씻고 찾아봐도 중요한 자리에 앉아 있는 지방대 동문을 만나기가 어렵다. 일감을 따오기 위해 영업을 뛰고 싶어도 발판이 없다. 대학병원에 다니는 수용 역시 승진하는 데 사회자본이 부족해서 애를 먹고 있다. 회사 내에서 끌어줄 동문 선배 하나 제대로 없다. 주요 보직은 스카이대학 출신이 꽉 잡고 있다.

하지만 지방대 졸업생의 사회자본이 지방에서는 긍정적인 효과를 낳을 수도 있다. 매우 낮은 기대를 서로 주고받으면서도 성실하게 서로의 기대를 충족시키며 살아온 것이 힘을 발휘한다. 애초부터 눈높이를 낮추어 남들이 꺼리는 바닥에서 성실하게 삶을 살아간다. 철민과 경택이 이런 사례다. 철민은 지방대에서 갈고닦은 대인관계 맺기 방식을 통해 낯선 땅에 가서도 영업을 잘한다. 처음 보는 사람하고도 농을 주고받으며 금세 친해진다. 진심을 알아챈 주변 사람들이 도움을 준다. 경택은 우유 배달과 신문 배달을 정말 성실하게 실행한다. 요즘 같은 시대에 보기 드문 젊은 사람이라고 주변에 소문이 퍼진다. 뜻하지 않게 여기저기서 도움의 손길을 받는다. 철민과 경택의 사회자본은 결혼을 통해 가장 극적인 기능적 효과를 드러낸다. 서울처럼 3포, 5포, N포가 아니다. 갖춘 것이 별로 없음에도 연애하고, 결혼하고, 애도 낳는다.

05 상징권력 없는 문화자본

부르디외의 문화자본

부르디외는 상이한 계급 배경을 지닌 학생들이 학교 성적에서 차이가 나는 것을 보고 이를 설명하기 위해 경제학으로부터 자본 개념을 빌려왔다.[19] 부르디외는 경제학자들이 교육을 투자 대비 이윤이라는 관점에서 본 것을 중요한 기여라고 인정한다. 하지만 단기 투자의 관점에서만 교육을 본다고 비판하고 좀 더 장기적인 투자의 관점을 취할 필요가 있다고 주장한다. 그렇게 하기 위해서는 가족 내에서 문화자본이 전승되는 과정을 살펴봐야 한다. 개인의 인적 자본으로 간주되는 능력이나 재능은 실상 시간과 문화자본의 생산물인 경우가 많다. 한 학생의 교육의 성과는 그 가족이 이전에 이미 투자했던 문화자본에 달려 있다.

문화자본은 무엇보다도 '체화된' 상태를 지칭한다. 대부분의 문화자본의 속성은 몸과 연결되어 있다. 교양이나 예절과 같은 문화자본을 체화된 상태로 축적하는 것은 주입식 교육과 같은 노동을 필요로 한다. 또한 엄청난 시간 투자가 요구된다. 이는 선물이나 구매를 통해 단박에 획득될 수 있는 것이 아니다. 어릴 때부터 집에서 지속적인 반복 학습과 시간 투자를 통해 몸에 체화되어야 한다. 문화자본이 집에서 세습적으로 전승된다는 말이다. 이는 경제자본처럼 바로 경제 수익으로 전환되지 않지만, 합법적인 능력이라는 상징자본의 성격을 더 강하게 가지게 된다. 교양이나 예절을 체화한 사람의 행위가 더 권위 있고 정당한 것으로 간주된다. 체화된 문화자본이 상징적 구별짓기의 핵심이 되는 이유다. 한 집안에 문화자본을 체화할 수 있는 충분한 여가 시간이 있느냐가 매우 중요하다.

다음으로 부르디외가 구분한 문화자본은 물질적인 대상이나 매체에 '객체화된' 상태를 띤다. 예술품이나 악기가 대표적인 예다. 빼어난 예술품도 경제자본을 가지고 있기만 하면 살 수는 있다. 하지만 이를 제대로 제작하거나 감상하려면 문화자본이 필요하다. 하프와 같은 고가의 악기도 마찬가지다. 돈을 벌어 장만할 수는 있을지 모르나 이를 연주하고 감상하는 것은 또 다른 문제다. 예술품이나 악기를 '소유'한 사람이 이를 '판매'해서 편익을 얻는다면 그는 피지배 집단의 성원으로 간주될 것이다. 반면 그것을 '사용'해서 편익을 얻는 사람이 있다면 그는 지배 집단의 성원으로 분류될 것이다.

부르디외는 또한 '제도화된' 상태의 문화자본에 대해서도 말한다. 학위증과 같은 공식적으로 인증된 제도화된 문화자본은 이를 소유한 사람과 무관하게 그 스스로 존재한다. 만약 어떤 사람이 일류 대학 학위증을 가지고 있으면 실제 그 사람이 어떤 역량이나 재능을 가졌는지 상관하지 않고 그를 높게 평가하기 마련이다. 반대로 아무리 뛰어난 역량이나 재능을 가졌다 하더라도 독학으로 그러한 성취를 이루었다고 한다면 사회적으로 인정받지 못한다. 부르디외는 제도화된 문화자본을 마치 산 자가 애도 의례를 통해 죽은 자를 불러내는 집합적 주술과도 같은 것으로 비유한다. 제도화된 문화자본을 가진 사람은 매번 자신의 역량을 입증하라는 요구를 받지 않는다. 그저 자기가 가진 학위증을 보여주기만 하면 죽은 자가 살아나듯 사회적으로 공인된 온갖 인정이 불려 나온다.

체화된 문화자본

지방대 졸업생은 자라면서 자본으로 전화될 만한 문화 교육을 집에서 거의 받지 못했다. 지방대생의 기대치가 낮은 것은 부모의 기대가 상대적으로 낮기 때문이다. 적극적으로 자녀 교육을 시키지 않는다. 민주는 말한다.

"집에서 좋은 대학 가야 된다 이런 얘길 엄만 한 번도 하신 적 없었던 것 같아요…… 왜 우리 엄마는 그런 얘길 안 했지? 과외를 시키거나 이런 적도…… 평소에는 그만큼 (형편이) 안 됐었던 것도 그렇고…… 그냥 지 알아서 하겠지 그렇게 계속 키웠던 것 같더라고요."

봉석도 말한다.

"저희 집 자체가 어머니 아버지가 다 장사를 하시니까. 옛날로 치면 거의 방목이죠. 알아서 해라, 그런 것들이고. 대신 도덕적인 부분들은 교회에서 섬기는 것들이 일탈은 안 되니까. 공부는 잘하고 싶다 생각은 들었지만 딱히 하지 않는 그런 것들. 만약 요즘처럼 반에서 몇 등 하면 뭘 사준다라고 하는 보상이라든지 뭐라도 있으면 열심히라도 했을 텐데 말씀드렸듯이 학원도 안 다니고 과외도 한 번도 안 받아보고. 그냥 학교 수업만 받고 했는데도 학원 다니고 과외를 받는 애들보다 그래도 제가 공부를 잘했거든요."

인식의 부모는 아들이 인문계 고등학교를 나와 4년제 대학을 나오면 족하다고 생각한다.

"크게 보면 고등학교 진학할 때부터 공부를 그렇게 좋아하는 것도 아닌데 인문계 강요해서 인문계 갔고. 그냥 기술 배워서 하고 싶은데 4년제 원하니까. 4년제 안 나와도 다 할 수 있는 건데 우리 부모님은 왜 그렇게 굳이 4년제 원하셨는지 모르겠지만 왔고."

더 이상 구구절절 다른 사례를 인용할 필요도 없다. 지방대 졸업생은 지역에서는 대충 해도 괜찮다는 소리를 듣고 자랐다. 그러니 기를 쓰고 죽어라 시간을 장기적으로 투자하지 않는다. 문화자본은 다른 자본도 그렇지만 더 장기적으로 훈련을 받아야 쌓을 수 있다. 현재 한국 사회에서 가장 중요한 문화자본 중 하나는 영어다. 문화자본으로서 영어는 어린 시절부터 부모의 재력에 의해 구매되어 긴 학습 시간을 통해 자녀의 몸에 체화되어야 힘을 발휘한다.[20] 어릴 때 외국에 살아본 경험이 있다든지, 하다못해 대학 시절 유학이나 어학연수를 다녀와야 그나마 영어를 습득할 수 있다. 지방대 졸업생에게는 이것이 애초에 없거나 있어도 미약하다. 영어 얘기만 나오면 기겁해서 뒤로 물러나는 이유다. 휴학하는 학생들은 대부분 영어 공부를 핑계로 댄다. 부족한 문화자본을 단기간에 보충해보겠다는 뜻이다. 하지만 문화자본이 하루아침에 쌓일 수는 없다.

체화된 문화자본은 사실상 계급 재생산의 핵심 고리다. 지방대 부모가 자녀에게 낮은 기대를 갖고 교육을 제대로 시키지 않는 것은 지역의 문제라기보다는 계급의 문제다. 2007년 SBS가 창사특집으로 마련한 다큐멘터리 〈침팬지, 사람을 말하다〉에서는 인간 부모와 침팬지 부모의 차이를 설명한다. 인간 부모는 자녀에게 자발적으로 교육을 시킨다. 살아가는 데 필요한 문화자본을 적극적으로 전승한다. 하지만 침팬지는 그렇게 하지 않는다. 그냥 알아서 하라고 내버려둔다. 이러한 진단이 옳다면, 빈곤한 지방대 부모는 자녀에게 문화자본을 전승시키지 않는 침팬지 부모 수준으로 떨어져 있다고 볼 수 있다. 먹고살기 바빠서 그렇기도 하지만, 애초에 물려줄 문화자본 자체도 별로 없다. 그러려면 사교육이라도 시켜야 할 텐데 경제자본이 없다보니 그렇게 할 수도 없다. 자녀에 대한 기대를 낮추는 수밖에 별 도리가 없다. 최고의 기대는 9급 공무원! 이건 문화자본 없이도 단기간의 집중 노력 끝에 붙을 수 있는 대한민국에서 유일하게 공정한 게임이다.

객체화된 문화자본

지방대 졸업생은 객체화된 문화자본을 사용해서 미적 감흥을 느끼고 싶어 한다. 하지만 자라면서 이런 객체화된 문화자본을 사용할 기회를 거의 갖지 못했다. 지방에는 문화 시설이 워낙 열악해서 여간한 노력이 아니면 객체화된 문화자본을 접할 기회조차 갖기 힘들다. 술 마시고, 먹고, 게임할 수 있는 시설만 잔뜩 있다. 이러한 객체화된 문화자본을 사용해서 즐기는 데에는 장시간의 투자가 필요 없다. 단기간에 습득해서 즐길 수 있다. 서울에 직장을 잡은 수용은 주말마다 미술관에 간다. 서울 사람을 만나 이야기해보면 자신의 문화자본이 떨어진다는 것을 느낀다. 어릴 때 미술관을 거의 접하지 못했기 때문이다. 대구에서는 큰 맘 먹어야 미술관에 갈 수 있다. 주변에 별로 없기 때문이다. 하지만 서울에는 조금만 가도 미술관이 넘친다. 진욱도 대구에는 문화 시설이 없다고 불평한다. 뭘 즐기고 싶어도 기반 시설이 너무 없다고 투덜댄다. 그럴수록 뭔가 미적 감흥을 느낄 수 있는 것에 대한 갈망이 더 커지는 것을 느낀다.

그나마 지방대 졸업생이 많이 하는 것이 해외여행이다. 일종의 객체화된 문화자본인 여행하기를 실행하는 것이다. 뭔가 새로운 것을 체험하여 감각을 새롭게 하고자 한다. 낯선 곳에 가서 진기한 음식 맛보는 것이 대표적이다. 한마디로 말해 호사를 누리고자 한다. 여행을 통해 호사를 누릴 수 있는 능력 역시 장기간의 훈련을 통해 쌓이는 것이 아니다. 악기를 연주한다거나 그림을 그리기 위해서는 상당한 시간의 투자가 필요한 것에 비해 그렇다. 미영이 틈만 나면 계속해서 해외여행을 떠나는 이유다. 부족한 경제자본이 압박하는 현실을 벗어나 호사를 누리고자 한다. 이 호사는 자아의 확충을 가져다줄지는 모르겠지만, 결코 경제자본으로 전환될 수 없는 개인의 체험으로 그치기 쉽다.

제도화된 문화자본

지방대 졸업장은 이윤을 낳는 문화자본이기는커녕 오히려 고달프게 짊어져야 할 짐이다. 경제자본으로 전화되지 않을 뿐만 아니라 상징자본의 역할도 전혀 하지 못한다. 지방대 졸업생도 이를 잘 알고 있다. 그래서 대학에 들어올 때부터 소위 취업이 잘되는 학과를 선택하려고 한다. 하지만 사실상 현재 어느 과도 취업이 잘되지 않는다. 지방대 졸업장을 따기 위해 경제자본을 4년 동안 투자했는데 졸업장이 더 많은 경제자본으로 전환되지 않아 문제다. 더 나아가 위세와 사회적 명예와 같은 상징자본이 되기는커녕 오히려 부끄러움만 안겨준다. 이러한 현실 속에서 지방대생은 내내 줄기차게 논다. 어차피 안 될 것을 알기에 좋은 사람들 만난 것, 즉 유사 가족과 같은 사회자본을 쌓은 것으로 만족한다.

그런데도 지방대 졸업생은 경제자본을 투자해서 계속해서 학위를 딴다. 미영이 대표적인 예다. 학위를 디딤돌로 해서 뭔가 더 나은 경제 활동을 할 수 있을 거라 막연히 믿기 때문이다. 하지만 대학 졸업장도 숲 해설 강사 자격증도, 정책대학원 석사학위도, 사회복지사 자격증도 거의 경제자본으로 전환되지 않는다. 경제 언어로 말하면, 희소성이 없기 때문에 시장 가격이 낮아도 너무 낮기 때문이다. 부르디외식으로 말하면, 학문장 안의 내기물이 너무 작아 승리해도 배당금이 너무 적다. 그런 내기를 백날 해봐야, 또 백날 승리해봐야 별 볼일 없다. 뭔가 큰 것에 베팅을 해야 하는데 공부와 일을 병행하다보니 그렇게 되지 않는다.

막상 회사에 취업을 해도 지방대 졸업장은 족쇄가 된다. 서울 소재 대학병원에 취업한 수용은 지방대생이라 중요 업무에서 배제된 채 주변을 떠돌고 있다. 승진도 어렵다. 아무리 승진 시험을 잘 봐도 최종면접에서 붙을 가능성이 매우 적다는 것을 스스로 인지하고 있다. 고등학교 때로 되돌아가고 싶다. 취업 공부한 것처럼 그렇게 한번 수능 시험 공부를 제대로 해서 스카이 대학을 가고 싶다.

현재 대부분의 지방대는 졸업장을 경제자본으로 전환시키려고 안간힘이다. 한목소리로 공무원사관학교를 부르짖고 있다. 하지만 9급 공무원은 굳이 지방대를 나오지 않아도 시험만 잘 보면 될 수 있다. 그러다보니 지방대를 나올 필요가 없다는 자조 섞인 한탄이 터져나온다. 서울 갔다 지방으로 되돌아온 지혜는 말한다.

"사실 저 대학 간다고 했을 때 사실 조금 후회할 때도 있어요. 왜냐하면 그냥 기술을 배워서 기술 쪽으로 했으면 그래도 먹고살지는 않을까, 이런 생각도 해보고. 괜히 대학을 많이 만들어서 다 대학 가는 세상…… (누구나) 대학 가는 상황이잖아요."

경찰공무원이 된 형식도 대학이 공무원 취업에는 하등 쓸모가 없다고 말한다.

"사실 지금 와서 냉정하게 얘기하자고 하면 대학, 경찰행정학과라는 건 무의미하다고 생각하거든요. 그래서 소위 말해서 공무원 사이에서는 무조건 일찍 들어온 사람이 장땡이다."

06 가족 휴먼 다큐멘터리

한정된 문화 코드

결국 지방대 졸업생이 적당주의 집단 스타일을 갖고 살아갈 수밖에 없는 것은 사회자본과 문화자본의 한계 때문이다. 이러한 열악한 객관적 조건은 문화화용 능력의 부족 때문에 더욱 악화된다. 지방대 졸업생의 이야기에 대한 서사 분석을 통해 볼 때 가장 두드러진 점은 서사 능력이 매우 한정되어 있다는 점이다. 인터뷰 맨 처음에 지금까지 자신이 살아온 삶에 대해 이야기해보라고 하면, 대부분 현재의 시점에서 과거의 어떤 사건을 선택해서 이야기를 시작해야 하는지 애를 먹는다. 그러다가 자신의 삶이 평범했다고 말한다. 이후 아주 짤막하게 자신의 삶을 서사한다.

영수는 석사 과정에 들어갔다가 마치지 못하고 뛰쳐나온 것에 대한 자괴감을 먼저 토로한다. 그러더니 대학 때 아무런 스펙을 쌓지 않은 것을 후회한다. 그다음 서울에 웨이터를 하러 갔다가 돈도 제대로 못 받은 이야기를 들려준다. 마지막으로 부모가 편의점을 차려줘서 하고 있다고 이야기의 끝을 맺는다.

진희는 대학에 들어온 것부터 이야기를 시작한다. 사회학과 사회복지학을 복수 전공하고 사진 동아리 활동을 했다. 졸업 후 사회복지관에 취업을 했다. 그 후 결혼했고 지금도 처음 들어간 그 직장을 계속 다니고 있다.

수용은 고등학교 때 우물 안 개구리와 같은 삶을 살았다며 이야기를 시작한다. 대학에 들어가서도 아무런 자극도 안 받고 살았다. 군 제대 후에도 마찬가지였다. 호주에 어학연수를 갔다 오고 나서 세상이 넓다는 것을 느끼고 도전하는 삶을 살아야겠다고 결심했다. 시험 공부 열심히 해서 취업했다. 결혼했다. 직장 생활과 결혼 생활을 병행하려니 힘에 부친다.

영재는 태어나서 고등학교 때까지 고향을 벗어난 적이 없다는 말로 이야기를 시작한다. 그러더니 다른 사람들과 마찬가지로 평범하게 살아왔다고 말한다. 색다른 경험을 한 것이 없다며 이야기를 맺는다.

채린은 삼남매의 중간으로 태어나 모든 것을 양보하며 살아야 했다며 이야기를 시작한다. 집에서 자신이 하고 싶은 일을 다 반대하고 갈 길을 다 정해주었다. 집을 벗어나고 싶었다. 대학 시절 광고 회사에 들어갈 준비를 열심히 해서 졸업한 후 서울에 있는 회사에 취직했다. 돌아보니 꿈꾸는 대로 되는구나 하며 이야기를 맺는다.

형식은 다시 태어나면 좋겠다며 이야기를 시작한다. 사기업에 들어가 먹고살기 위해 고생했다. 좀 더 안정된 삶을 위해 뒤늦게 공무원 시험을 쳐서 붙었다. 결혼했다. 가정을 지켜야 하니 새로운 시도를 하기 힘들다. 조금이라도 더 젊은 나이에 공무원 시험 준비를 안 한 것이 후회스럽다며 이야기를 맺는다.

철민은 대학교 때 술 마시고 놀던 이야기부터 시작한다. 같이 잘 놀던 친구들이 하나둘씩 군대를 갔다. 친구 수용이 복학한 후 사람이 달라져 열심히 공부를 한다. 이걸 보고 자극을 받았다. 열심히 공부를 해서 취업했다.

봉석은 깡시골에서 자랐다는 말로 이야기를 시작한다. 초 · 중 · 고등학교 때 과외도 안 받고 아주 평범하게 살았다. 대학에 들어와서는 당시 운동권 분위기가 있었지만 거리를 두고 지냈다. 졸업 후 1년 정도 있다가 대학원에 진학했다. 대학원을 마치고 서울에서 직장을 잡았지만 계속 다녀야 하는지 걱정하고 있다.

이 모든 경우 지방대 졸업생은 자신의 삶을 몇 분도 안 걸려 서사한다. 삶에 이야깃거리가 없다. 자신의 삶을 왜 평범하다고 먼저 정의했는지 이해가 된다.

이와 달리 좀 더 길게 자신의 삶에 대해 서사하는 경우도 있다. 이 경우 글쓰기, 공부하기, 직장 생활과 같이 현재 자신이 의미 있다고 정의한 사건을 중심으로 서사한다. 그런데 완전히 연대기적으로 서사한다.

왜 그럴까? 그것은 스스로 서사를 만들어 이에 따라 자신의 삶을 살아오지 않았기 때문이다. 주어진 삶에 의문을 던지지 않고 당연시하며 살아왔다. 정해진 사회적 시간의 흐름에 온몸을 맡긴 채 떠내려왔다. 그러다보니 스스로 개인의 독자적인 시간을 구성할 필요가 없었다. 이러한 서사 능력의 한계는 서사의 밑바탕이 되는 문화 코드의 부족과 연결된다. 코드는 공유될 때에만 힘을 발휘한다. 공동의 코드를 공유한 사람들 사이에서만 의미 있는 상호작용이 일어날 수 있다. 지방대 졸업생이 공유한 문화 코드는 대부분 가족주의 코드로 지극히 한정되어 있다. 지방대 졸업생이 공유하는 가족주의 코드의 가장 큰 특징은 가족 밖으로 나갔다가도 바로 집으로 귀환한다는 것이다. 몇몇 경우는 선호의 언어로 자신의 삶을 서사하지만 그러려면 가족 밖으로 나가 경쟁을 벌여야 한다. 채린만 예외로 하고, 대부분 성공을 위한 경쟁이 몸에 안 맞는다. 그러다보니 경쟁이 생존을 위한 것으로 바뀐다. 밖에 나가 생존 경쟁을 하다 지치면 집으로 되돌아온다.

가족 휴먼 다큐멘터리

지방대 졸업생이 구사하는 서사의 장르는 '가족 휴먼 다큐멘터리'라고 부를 만하다. 가족 휴먼 다큐멘터리는 평범한 사람이 지향 가족에서 시작해 생식 가족으로 이동해가는 과정을 소소한 일상생활을 통해 그린다. 주인공은 관객의 눈으로 볼 때 열악한 상황에 처해 있다. 그런데도 절대 남이나 사회를 탓하지 않고 자신에게 모든 책임을 돌린다. 특유의 성실성이라는 개인의 덕성을 통해 모든 어려움을 묵묵히 뚫고 나간다. 놀랍게도 주변에서 도와주는 사람들이 하나둘씩 나타난다. 유사 가족이 형성된다. 그중 가장 도움을 주는 사람이 나타난다. 배우자다. 둘이 가족을 꾸리고 힘을 합쳐 세상의 온갖 풍파를 헤쳐나간다. 이렇듯 가족 휴먼 다큐멘터리는 주인공의 문제 상황이 결국 생식 가족을 구성함으로써 해결되는 것으로 그린다. 반면 생식 가족을 구성하지 못한 경우 어려움이 지속된다. 홀로 지향 가족 밖으로 나가면 문제 상황이 발생하고 지향 가족 안으로 되돌아오면 문제 상황이 해소된다. 그런 점에서 여기에서 휴먼은 '가족인'이다.

이종수는 휴먼 다큐멘터리를 도시화와 산업화의 급속한 진전으로 고향을 상실한 개인들이 가족이나 친구와 같은 사적 관계를 통해 냉혹한 도시 생활을 견디는 이야기로 정의하고 있다.[21] 뛰어나지 않은 평범한 사람이 고향을 떠나 대도시에 나가 고통받다가 가족이나 촌락 공동체에 버금가는 정서적 유대 관계를 통해 이를 이겨나가려고 한다.

이러한 논의는 서울로 간 지방대 졸업생에게는 어느 정도 들어맞는다. 성심은 대구 집을 떠나 서울로 올라가는 순간 어디에도 의지할 데 없는 천애고아가 된다. 지향 가족을 벗어나 서울에서 독립적인 삶을 꿈꾸었지만 마주한 현실은 가혹하기만 하다. 일단 서울의 주거비가 너무나 비싸서 고시원을 전전한다. 그나마 고향 친구들이 힘이 되어준다. 하지만 고향 친구들마저도 고만고만한 경제력을 지녔을 뿐이다. 성심은 집으로부터 지원은 기대하지 못한다. 살아남기 위해 스스로 기대치를 낮추어 진입 장벽이 낮아도 너무나 낮은 막내 작가로 들어간다. 열악한 노동환경과 저임금이 건강을 갉아먹는다. 비혼주의자는 아니지만 살기에 연연하다보니 연애조차 해보지 못한다. 이 시련이 언제 끝날지 앞이 안 보인다. 하지만 지향 가족 안으로 다시 돌아갈 계획은 아직 없다. 돌아가봐야 반겨줄 가족이 있는 것도 아니다. 부모님이 별거 상태에 있기 때문이다. 그래서 성심은 뿌리는 뽑혔지만 실향의식이 없다. 자신을 돌봐줄 가족이 없어 시련은 계속된다.

봉석은 대학 시절부터 지향 가족 밖으로 나와 생활했다. 경북 시골을 떠나 대구에서 생활한 것이다. 하지만 외롭지 않았다. 학교에서 매일같이 뒹굴며 가족처럼 지내는 선후배들이 있었다. 서울로 올라가서야 처음으로 뿌리 뽑힘과 실향의식을 느꼈다. 그럼에도 가족의 경제적 뒷받침이 있어 서울에 전셋집을 마련해 회사에 다녔다. 회사에는 매일 야근을 밥 먹듯이 하는 '크루'가 있었다. 일 마치고 한잔 기울이며 서로를 위로하며 지냈다. 하지만 한 살 두 살 나이가 들어갈수록 외로움을 느낀다. 리서치 회사에서 성공할 길은 잘 안 보이고 그냥 먹고살 정도의 돈만 번다. 몇 년 지나지 않으면 마흔이 다가온다. 고향으로 돌아가 어머니와 누나 가족과 함께 살까 고민해본다. 하지만 고향에 가면 할 일이 없다. 대학원까지 나왔는데 집에서 어머니가 하는 장사를 도우며 살 수는 없는 노릇이다. 대구에서 직장을 다니는 여자친구와 결혼도 생각해보지만 한 가족을 꾸릴 정도로 경제적 능력을 갖추지 못해 이것도 여의치가 않다. 고단한 서울 생활이 어떻게 진행될지 잘 보이지 않는다.

수용의 가족 휴먼 다큐멘터리는 조금 다르게 진행된다. 수용에게 가족은 험한 세상에서 살아갈 수 있도록 정서적 에너지를 주는 최후의 보루가 아니다. 오히려 의무를 지워주는 부담스러운 곳이다. 수용은 대학 시절 호주로 가서 즐거운 체험을 한다. 그 체험은 사실상 가족이 부과하는 기대로부터 벗어나 아무 걱정 없이 여유를 즐겼기 때문에 생긴 것이다. 수용은 이런 삶을 살고자 결심하고 우선 경제적 능력을 갖추고자 스펙 쌓기에 몰입한다. 열심히 노력한 덕분에 서울에 있는 대학병원에 취직을 할 수 있었다. 취업 후 1년간 직장인 밴드와 동호회 활동을 하며 마음껏 여유를 즐겼다. 그러다가 대학 시절부터 사귀던 여자친구와 결혼을 한다. 특별히 계획을 해서 한 것은 아니다. 나이가 들어 자연스럽게 결혼한 것이다. 애도 낳았다. 자신은 정작 가족 밖에 나가 즐거운 체험을 하는 것을 좋아하면서도 주어진 가족인의 삶을 의심 없이 받아들이며 살았다. 문제는 지금부터다. 아내와 마찰이 많아지면서 새로운 휴먼 다큐멘터리가 시작되고 있다.

이런 사례들과 달리 대부분의 지방대 졸업생에게는 공동체 해체와 실향의식으로 휴먼 다큐멘터리를 정의하는 것이 잘 통하지 않는다. 압축적 근대화를 통해 고향을 잃고 가족이 해체되었다는 담론은 서울에서나 통한다. 지방에서는 고향이 상실되지도 않았고 가족 또한 굳건하다. 지방대 졸업생은 지향 가족을 마치 등산이나 탐험을 할 때 근거지로 삼기 위해 설치하는 베이스캠프처럼 활용한다. 밖에 나가 활동하다가 어려움을 겪으면 다시 베이스캠프로 되돌아오면 된다. 심지어 서울로 나갔다가 지쳐 돌아오면 베이스캠프는 사라지지 않고 언제나 그 자리에 굳건히 있다. 지방대 졸업생은 이 베이스캠프를 중심으로 시험 공부도 하고 취직도 하고 결혼도 하면서 가족 휴먼 다큐멘터리를 실천하며 살아가고 있다.

서울로 갔다 지방으로 되돌아온 경우는 가족이 문제의 일반적 해결책이 된다. 지혜는 지향 가족을 벗어나 서울로 올라가는 순간 성심과 유사한 상황에 처한다. 그나마 집에서 도움을 받아 주거를 마련할 수 있었다. 성심이 서울로 올라가는 것을 부모가 애초부터 찬성하고 지원한 것은 아니다. 어릴 때부터 집 밖에 나가려고 하면 그때마다 엄마가 계속 반대를 했다. 서울에 있는 대학에 진학하려고 했을 때 여자가 위험하게 어떻게 혼자 서울로 나가냐며 반대했다. 작가가 되려 했지만 밥 먹고 살기 힘들다고 또 반대했다. 대신 공무원을 하라고 한다. 지혜는 반발심에 자신만의 길을 가자고 결심하고 대학 때부터 잡지사 에디터를 준비한다. 하지만 서울에서 막상 직장에 가보니 자신이 생각하는 좋은 삶이 아니었다. 그곳은 성과를 내기 위해 하기 싫은 일도 해야 하고 남들과 경쟁해야 하는 차가운 세상이었다. 고통에 빠진 지혜는 다시 지향 가족 안으로 되돌아온다. 그렇게나 거부했던 공무원이 되고자 시험 준비를 한다. 물론 지향 가족이 이를 뒷받침해주기 때문에 가능한 일이다.

형식도 지향 가족 밖으로 나가 분당에 가서 온갖 고생을 하다 자신의 생식 가족을 꾸리면서 삶의 안정을 되찾는다. 형식의 삶은 온통 가부장이 될 수 있는 경제 능력을 갖추는 데 맞추어져 있다. 분당으로 올라가 제약 회사 영업사원으로 3년 동안 죽어라 일했지만 성공은커녕 생존에 허덕거렸다. 이대로 가다가는 영원히 생존주의자의 삶에서 못 벗어날 것 같았다. 가족을 꾸리고 여유롭게 살기 위해서는 특단의 대책이 필요했다. 대구로 다시 내려와 공무원 시험에 몰두했다. 3년 동안 벌어놓은 돈을 10개월 만에 다 써버렸다. 그만큼 모아놓은 돈이 없는 것이다. 공무원 시험에 합격하고 결혼을 한다. 부모가 집 장만에 도움을 준다. 형식은 이제 비로소 스트레스 없는 삶을 즐기고 있다. 부동산 투자를 하면서 미래 노후 대책까지 마련하고 있다.

지방에 사는 지방대 졸업생의 경우는 집이 베이스캠프의 역할을 더 충실히 수행한다. 병기는 어릴 때 지향 가족의 돌봄을 거의 받지 못하고 자랐다. 어머니가 사고를 당해 병원에 입원해 있는 동안 거의 돌봄 공백 상태에 내던져진다. 친구들과 어울려 지내다가 사고를 치면 아버지의 폭력이 기다리고 있었다. 학교에 가서도 위계적인 학교 문화 속에서 폭력에 노출된다. 고등학교를 중퇴하고 주유소 알바를 전전하며 희망 없는 삶을 이어나갔다. 하지만 밖으로 떠돌았지만 언제나 돌아갈 집이 있다. 아버지가 반겨주는 것은 아니지만 그래도 돌아오면 받아준다. 이것저것 하다가도 잘 안 되면 집으로 되돌아간다. 이러한 삶은 여자친구를 만나면서 해결책을 찾는다. 소녀가장으로 살아온 여자친구는 병기를 품어준다. 병기는 여자친구와 결혼하면서 비로소 삶이 안정을 찾는다. 어릴 때 어머니의 부재로 생긴 고통이 자신만의 생식 가족을 꾸림으로써 해결된다.

진욱도 마찬가지다. 장남 위주의 가부장적 가족에서 막내로 자라 피해의식이 있다. 형은 항상 모든 것을 누렸는데 자신은 그렇지 않다고 생각한다. 그렇게 잘나가던 집이 한순간에 외환위기로 무너졌다. 온 집안이 애를 써도 다시 일어서기가 힘들었다. 세상에 대해 알고 싶어졌다. 닥치는 대로 책을 읽었다. 하지만 즐거울 때까지만. 조금 깊이 들어가면 재미가 없어진다. 이런 태도는 사실 막내로서 누린 것 없이 살았기 때문에, 자신이 전적으로 책임을 지지 않아도 되기 때문에 생긴 것이다. 대학원에 들어가서도 재미있을 때까지만 하고, 학문으로서 질적인 압박이 오자 그만둔다. 직장도 성과 압박을 가하지 않는 시민단체를 고른다. 이러한 삶을 이해해주는 여자친구를 만나 결혼한다. 형이 장남으로서 신혼집 장만에 도움을 주었다. 이제 진욱은 자신의 생식 가족을 구성함으로써 뭐든지 즐거울 정도로만 관여하며 살 수 있는 길을 마련했다.

경택은 어린 시절 누나의 자살을 목격한 후 고통의 신정론에 빠진다. 이 고통을 어떻게 견뎌야 하는 것인가 질문한다. 사실 이 질문은 누나의 개인의 꿈을 허락하지 않는 가부장적 질서에 대한 도전으로 나아가야 답을 얻을 수 있다. 글 쓰는 사람이 되고 싶은 누나의 꿈을 억압하고 간호사라는 돌봄 노동 직업을 강요하는 가부장제가 사실은 누나를 죽음으로 몰고 간 원흉이다. 가부장제에 의문을 던지려면 집안과 맞서 싸워야 한다. 사회학을 제대로 공부해야 한다. 하지만 경택은 이를 외면하고 종교 언어에 의탁한다. 하지만 이 역시 해결책이 되지 못했다. 결국 아내를 만나 누나의 빈자리가 채워지면서 고단했던 가족 휴먼 다큐멘터리는 완성된다.

영수, 미영, 민주, 진희, 혜영, 철민, 인식도 마찬가지다. 모두 지향 가족을 베이스캠프로 해서 밖에서 활동하다 문제가 생기면 되돌아온다. 영수는 집에서 편의점을 차려주었다. 미영은 틈만 나면 해외여행을 갔다 집으로 돌아온다. 민주는 부모와 함께 살며 사회운동을 한다. 진희는 시어머니의 도움을 받아 일과 가정을 모두 꾸려나간다. 혜영은 글 쓰며 사는 삶을 꿈꾸다 여의치 않자 결혼을 한다. 철민은 직장을 잡고 결혼해서 가부장의 삶을 살아간다. 인식은 비정규직이지만 집이 있기에 연애도 하며 살아간다.

이들 모두는 부부 중심의 가부장적 핵가족을 이상적으로 생각한다. 남편은 생계 부양자이고 아내는 하우스키퍼다. 이것이 가족 휴먼 다큐멘터리가 되는 이유는 지방대생의 능력으로는 부부 중심의 가부장적 핵가족을 꾸릴 수 없다는 데 있다. 남성은 없는 능력에 가부장 노릇하느라 죽어난다. 저임금을 벌충하기 위해 장시간 노동도 마다하지 않는다. 여성은 돌봄 노동도 하며 경제적 능력은 없지만 착한 남편을 도와 노동시장에서 임금 노동도 한다. 겉으로는 평범한 중산층의 가부장적 핵가족의 삶처럼 보인다. 하지만 실상은 청중에게 연민을 불러일으키는 가족 휴먼 다큐멘터리가 펼쳐진다.

물론 채린처럼 로망스 서사를 사용해서 삶을 살아가는 예외적인 경우도 있다. 채린은 베이스캠프 자체를 자신의 삶을 옥죄는 것으로 인식한다. 여자를 집 밖에 나가지 못하게 하는 가부장적 언어를 혐오한다. 그래서 선호의 언어를 통해 베이스캠프 밖으로 나가 자신만의 베이스캠프를 따로 차렸다. 하지만 대부분의 경우 선호의 언어가 가족주의 언어를 넘어서고 있지 못한다. 미적 체험에 대한 열망은 누구나 다 있는데 이를 마음 놓고 표출하지 못하는 것이다. 왜 그럴까? 베이스캠프의 성격, 지방대생 부모 이야기를 탐구해봐야 그 이유를 알 수 있다.

3부

지방대생

부모

이야기

1장

보수주의적 가족주의

지방대생 부모 이야기는 지방대생과 지방대 졸업생에게 나타나는 보수주의적 가족주의의 뿌리가 어디인지 정확히 보여준다. 지방대생 부모는 권위를 지닌 가부장 밑에서 자랐다. 행동할 때 항상 '어른'의 심기를 먼저 살핀다. 가부장과는 상호 공감을 바탕으로 한 쌍방향적 의사소통이 이루어지지 않는다. 토를 달지 말고 무조건 따라야 한다. 가부장은 집안 식구를 먹여 살리기 위해 고된 노동을 성실하게 한다. 그럼에도 실제로는 집안 식구를 풍족하게 먹여 살릴 능력이 부족하다. 정작 고된 노동을 통해 집안 살림을 꾸려나가는 건 가모장 어머니다. 그런데 가모장 역시 가부장의 권위에 눌려 지낸다.

지방대생 부모는 어릴 때부터 이런 모습을 보고 자라면서 가부장제 가치를 몸에 익힌다. 남자는 경제적 능력을 키워 가부장의 길을 가야 한다. 여자는 경제적 능력이 있는 가부장을 만나 결혼해서 집안 살림을 도맡아 해야 한다. 남자나 여자 모두 자신보다는 가족의 행복을 먼저 생각해야 한다. 부모를 공경하고 자녀를 위해 헌신해야 한다. 남편은 부모 앞에서 눈치가 보여 아내를 살갑게 대하지 못한다. 아내 역시 시부모를 봉양하고 자식 키우느라 남편과 소통할 시간이 적다. 독립해서 핵가족을 구성한 경우도 마찬가지다. 남편은 가족을 경제적으로 부양하느라 허리가 휜다. 그럼에도 온전히 가족을 부양할 능력이 부족하다. 이를 보충하기 위해 집안일을 도맡아 하던 아내가 생활전선에 뛰어든다. 일이 두 배로 많아지면서 아내는 실질적인 가모장이 된다.

지방대생 부모에게는 지방대생 졸업생이 지니고 있는 나르시시즘적 개인주의가 거의 보이지 않는다. 인생에서 단 한 번 잠깐 빛났다가 이내 사그라진다. 연애할 때다. 지방대생 부모는 낭만적 사랑을 통해 결혼에 이르렀다. 낭만적 사랑은 한 개인이 집 밖으로 나와 사랑하는 사람을 만나 결혼하고 살아가면서 자신의 자아를 완성하는 근대의 사랑 형식이다.[1] 전통적인 가부장제를 벗어나와 집 밖 세상에서 따로 만난 두 개인은 서로를 탐색하는 과정에서 지금까지 체험하지 못한 개인의 감각과 감정이 솟구쳐오르는 것을 느낀다. 상대방과 '밀당'을 하는 과정에서 행복과 불행, 기쁨과 슬픔, 희열과 분노 등 복합적인 감각과 감정에 휩싸인다. 자신이 무엇을 선호하는 사람인지 처음으로 분명히 자각하기 시작한다. 나르시시즘적 개인주의가 싹트는 것이다. 하지만 실제 결혼 생활에 들어가면 넉넉하지 않은 살림을 꾸리느라 이러한 감각과 감정은 밑바닥으로 가라앉기 시작한다.

01 "글쎄 뭐 공무원 시험 쳐서 걸리면 좋겠지"

모경희는 살아가면서 가치나 목적으로 둔 것이 무엇이냐는 질문에 다음과 같이 답한다.

"좀 어렵다…… 삶의 가치나 목적 나는 살면서 어, 약간 배타적이라 해야 되나 이타적이라 해야 되나, 남한테 이렇게 피해를 주지 않고…… 웬만하면 사람들하고 이렇게 약간 좋게, 좋게 살려는 그런 게 좀 많아. 그래야지 어…… 나한테도 그게 좋지만 나중에 가면 그게 내 자식한테도 그런 기운이 간다고 생각해서 웬만하면 다른 사람들로부터 나로 인해 인상 쓰는 그런 일이 좀 없도록 그렇게 살고 싶고, 사는 게 목적이야."

대인관계를 잘 유지해서 자식에게 해를 끼치지 않도록 하는 것이 삶의 목적이다. 대인관계를 잘 유지한다는 것은 자신을 내세우지 않고 주변에 있는 남을 먼저 배려해서 좋은 평판을 얻는 것이다. 그러면 이 기운이 자녀에게까지 퍼질 것이다. 가치가 가족 안에 머물러 있다.

삶의 목적을 성취할 때 가장 중요한 것은 무엇인가?

"개개인의 마음인 거지 뭐. 모든 일은 마음먹기 달렸다 뭐 그런 것처럼. 자기 마음이 결국은 어, 편안하거나 또는 행복감을 느끼거나 그런 게 중요한 게 아닐까?"

자신을 넘어선 세계와의 관련 속에서 삶의 목적을 설정하지 않고, 모든 것은 마음먹기에 달렸다는 식으로 자신의 주관적 마음 상태로 돌리고 있다.

이렇듯 모경희는 가족을 넘어 유의미한 가치를 설정할 수 있는 언어가 부족하다. 어릴 때는 지향 가족 안에서 부모의 안내를 받아 산다. 자라면서 집안 내에 성 차별이 존재한다는 것을 느낀다. 그럼에도 그렇게 차별받지 않고 살았다고 말한다. 그러나 여고를 졸업하고 대학에 진학할 무렵 비로소 남녀 차별을 확실하게 경험한다.

"내가 아들이었으면 아마 대학교 진학을 했을 거야. 근데 이제 딸이고 보니까. 아래로 동생들도 있고 이제 그런 부분에서는 좀 그렇지만. 음, 어, 시골에서는 딸보다는 아들의 존재가 더 크단 말이야, 어른들한테는."

대학에 보내달라고 떼를 써보기도 했지만 곧 현실을 받아들인다. 고등학교를 졸업하고 군수 공장에 다니다 동네 사람 소개로 남자를 만났다. 첫인상이 좋아 바로 결혼하고 6개월 만에 임신해 전형적인 전업주부의 길로 들어선다. 모경희는 자신만의 생식 가족을 구성하게 되면서, 자녀 중심으로 삶의 가치를 구성해서 살아간다. 그럼에도 자녀에 대한 기대가 크지 않다. 자녀가 어떤 사람이 되었으면 좋겠냐고 물었다.

"항상 미래를 위해서 노력하는 사람이 됐으면 좋겠어. 지금 있는 자리에 만족하지 말고 어, 뭐든지 그 어떤 자리에 있어도 또 다른 (걸) 위해서 노력하는 사람, 그런 사람이 됐으면 좋겠어."

미래를 위해 항상 노력하는 사람이라는 다소 추상적인 언어를 통해 자녀의 좋은 삶을 정의한다. 좀 더 직접적으로 물으니 바로 답이 나온다.

"글쎄 뭐 공무원 시험 쳐서 걸리면 좋겠지."

자녀의 미래에 대해 어머니가 상상할 수 있는 최고로 좋은 삶은 미래를 위해 노력하는 사람이다. 이는 구체적으로 공무원이다. 공무원이라는 미래를 위해 노력하는 자녀가 되기를 바란다. 그렇다고 해서 공무원이 될 수 있는 방법을 자녀에게 세밀하게 가르치고 안내하지는 못한다. 그냥 자녀에게 맡긴다. 사실 자녀가 공무원이 되는 것 자체가 목적이 아니다. 공무원은 결혼해서 자신의 생식 가족을 꾸리고 행복하게 살 수 있는 수단과 같은 것이다.

"자식들이 이제 그때 되면 결혼해 있을 거니까 결혼하고 자식들 키우고 이러면은 이제 일단 자식들 니네들 가족들끼리 먼저 행복하게 사는 게 우선이고. 그리고 이제 부모님들하고도 떨어져 있으니까 전화 자주 하고 시간 되면, 시간 안 돼서 자주 못 와서 (못) 뵙고 그러면 전화라도 자주 하고 그러면 좋지."

그렇다고 해서 모경희가 정치적 의견이 아예 없는 몰정치적 가족인은 아니다. 당장 필요한 국가 정책이 청년 실업, 고령화, 저출산을 해결하는 데 집중해야 한다고 이야기한다.

"많은 청년들이 일자리 때문에 고생을 하고 있는데 그 청년 일자리 문제를 해결해줬으면 좋겠고. 그리고 또 노령 인구가 지금 늘어나고 있는데 그 노령 인구들이 할 수 있는 일자리를 많이 만들어줬으면 좋겠고. 그리고 또 저기 우리나라가 인구 절벽을 겪고 있잖아요. 그 인구 절벽을 어, 벗어날 수 있는 그런 보육 정책? 그런 거를 좀 많이 잘 만들어줬으면 좋겠어요."

지금까지 개별 가족이 사적으로 떠맡았던 과중한 업무를 국가가 공적인 정책으로 시행해야 한다고 분명히 말한다. 하지만 이러한 정치적 의견을 가지고 있음에도 좋은 나라는 철저히 가족주의 언어로 그려진다.

"우리 아이들이 대학을 졸업했는데 취업을 할 수 있을까, 취업하는 데 얼마나 걸릴까, 이런 걱정을 하지 않고. 또는 회사에서도 어느 순간에 명예퇴직을 당하지 않을까, 이런 걱정을 하지 않고. 뭐 그런 여러 가지 그런 걱정들이 없는 그런 나라가, 국민들이 걱정을 하지 않고 마음 편하게 사는 나라가 좋은 나라겠죠."

앞의 세 가지 정책은 당위적 차원에서 말한 것이고, 실제로는 우리 가족이 체감할 수 있는 정책이 좋다.

02 "너가 집안을 이끌어가야 된다"

직업군인으로 살다 전역하고 예비군 중대장을 하는 부영태는 자신보다는 가족의 행복을 최우선으로 해서 살아왔다. 부영태는 3대가 모여 사는 확대 가족에서 3남 2녀 중 장남이자 장손으로 태어났다. 어릴 때부터 할머니와 할아버지 품 안에서 사랑을 듬뿍 받으며 자랐다.

"아빠는 할머니 할아버지 손에서 컸다시피 했어. 할아버지가 소죽을 끓일 때, 아침 새벽에 물 끓이는 데서…… 겨울에, 거기 할아버지 옆에 앉아 있으면 할머니가 막걸리를 따뜻하게 데워서 가져오셔. 그러면 할아버지가 한 잔을 딱 들이키고 나머지를 내가 마시던, 그랬던 기억이 있어."

새벽부터 일하는 할아버지, 따뜻한 막걸리를 가져와 할아버지에게 건네주는 할머니, 막걸리를 다 마시지 않고 장손 마시라고 남겨주는 할아버지. 너도 이걸 마시고 할아버지처럼 열심히 일을 해서 가족을 먹여 살리는 가부장이 되어야 한다. 너는 우리 집안을 대표하는 장손이다. 부영태는 자신이 가족의 대표라는 말을 줄곧 들으며 자랐다. 이는 말로만 그치지 않았다. 실제로 동네에서 부영태는 집안의 대표로 인정받았다. 아들에게 자랑스레 말한다.

"옛날 시골에서는 잔치가 열리면 그릇을 다 가져와서 전체 마을에서 모여 그 그릇을 쓰고 다시 회수해오고, 그러다보면 그릇을 잃어버리는 경우도 생기잖아. 그래서 그릇 밑에 이름을 쓰거나 표시를 하는데, 모든 우리 집 그릇에는 아빠 이름이 다 쓰여 있었어."

어릴 때부터 앞으로 집안을 이끌어갈 대표로 대접받다보니 행동이 조심스러워졌다. 집 밖에 나가 사람을 만날 때도 집을 대표한다는 생각에 항상 조심스럽게 행동했다. 중학교를 졸업한 후 남자는 인문계를 가야 한다고 해서 읍내에 있는 인문계 고등학교에 진학했다. 어느 날 특전사 부대가 지나가는 행렬을 보고 거기에 훅 꽂혔다. 군인이 되어야겠다. 육사를 가고 싶었지만 성적이 안 돼서 지원서를 못 썼다. 대신 지역 대학에 입학했다. 원래는 서울로 진학하고 싶었지만 할머니가 장손이 집에서 멀리 가면 안 된다고 해서 포기했다. 대학에 들어가 ROTC에 지원했다. 기숙사 동기가 여자 친구를 소개해주었다. 고된 군 생활 중에도 어렵게 틈을 내서 연애를 했다. 몇 년간의 애틋한 연애 끝에 중위 때 결혼했다. 결혼 후에는 자기 개인보다는 자녀의 행복을 위해 살았다.

"아빠가 근무를 하거나 훈련을 갔다 밤에 왔을 때 너희들이 자는 모습을 보면서 아, 내가 존재하는 것이 가정 때문이구나. 특히 너희들 때문에 있구나라는 생각을 갖기 시작했지. 그리고 아빠가 군에서 있다가 현역으로 전역해서 예비군 중대장으로 제2의 직업을 가졌는데 그때도 나의 개인적인 것보다는 너희들을 위해서 선택을 하려고 더 생각했지. 왜, 내가 거기서 머물면 너희들을 밀어주지 못하잖아. 그지? 가정도 물론 이루고 있기 때문이기도 하겠지만. 너희들이 학업을 할 때 (가족을) 유지해야 하니까 이 직업을 택한 거야."

03 "바르게 살자"

모인숙은 평소 자신의 가치관이 무엇이냐는 딸의 질문에 다음과 같이 답한다.

"가치관…… 그런 것을 생각을 안 해보고 살아서 잘 모르는데요."

평소 일하면서 이것만은 꼭 지키자고 생각하는 것이 있냐는 거듭된 질문에 마지못해 응한다.

"꼭 지키자…… 바르게 살자. 나 항상 바르게 살자. 항상 그거는 생각하고 살아요."

이유가 뭘까?

"그거는 대한민국 엄마들은 다 그럴 거예요. 자식을 위해서. 내가, 커가는 자식들이 바르게 살아야 되니깐. 엄마가 본보기가 돼야 되니깐."

세 번째 질문에서야 드디어 나온다. 가족주의 언어. 모인숙에게 가족은 누구인가? 모인숙은 고등학교를 졸업하고 대구에서 공장에 다니다가 우연히 들른 신발 가게에서 남편을 만났다.

"아빠가 가게를 했어요. 옛날에 수제화 가게를 했는데 내가 신발을 사러 갔는데 나보고 앉(으라고), 자기가 마음에 드는가 앉아서 커피 한잔하고 가라 케가꼬. 커피 한잔하면서 이런저런 얘기하다가 뭐 전화번호 뭐 주고받고 하다가 그래서 만났어요."

얼마 사귀지도 않고 바로 결혼했다. 어떻게 그렇게 바로 결혼할 수 있었는지 물었다. 사랑의 감정을 말하는 대신 부모에게 잘하는 착한 성품과 어느 정도의 경제력을 꼽는다.

"첫째는 사람이 착하고, 사람이 착하고…… 어…… 그러고…… 음…… 부모한테 참…… 잘하더라고요. 부모한테 잘하는 사람 치고 악한 사람은 없거든요. 그러고 뭐…… 그 당시에는 어…… 가게를 하니깐 돈도 그런대로 벌리고, 먹고사는 데는 아무 지장이 없겠다. 그러고 집도 있고 하니깐 먹고사는 데는 아무 지장이 없겠다 싶어서."

남편과 둘이 살면서 여행도 가고 재밌게 살고 싶었지만 남편 집이 종갓집이라서 시부모님을 모시고 살아야 했다. 제사가 많았다. 처음에는 잘 몰라 제사 준비가 무척 힘들었다. 남편은 시어머니 눈치를 보느라 도와주지도 않았다. 반복 또 반복, 계속하니 손에 익었다.

"첨에는, 첨에는 힘들었어요. 솔직한 말로 첨에는 일도 서투르고 제사 방식도 잘 모르는데 내가 해야 하기 때문에 힘들었는데. 그것도 10년 지나고 20년 지나고 하면 지금은 눈 감고도 다 해요."

두 아이를 출산하고 육아에만 전념하다가 남편의 사업이 여의치 않아 따로 분식점을 차렸다. 대구 경기가 너무 안 좋았다. 시부모님을 모시고 살고 있고 애들도 자꾸 커가는데 남편만 바라볼 수는 없었다. 할 수 있는 것이라고는 제일 잘하는 음식 만들기. 만두와 분식 장사. 성격이 원래 내성적이라 처음에는 손님 대하는 게 너무 힘들었다. 하지만 바뀌었다.

"장사를 오래 하다보니깐 외향적인 성격이 또 많이 나와요. 그리고 나이가 드니깐 또 성격이 괄괄하다고 해야 되나? 사람 상대를 많이 하다보니깐 좀 거칠어져요, 성격이."

남편은 보수적이고 가부장적이어서 대화가 잘 안 됐다. 시대가 변했는데도 하던 방식 그대로 장사를 하려 했다. 바꾸라고 해도 못 바꾼다. 모인숙은 갈수록 삶의 중심이 남편에서 자녀로 옮겨가는 것을 느낀다.

"모든 대한민국의 엄마들이 자식 때문에 산다는 사람들이…… 내 생각에는 아마…… 70프로는 아니겠나 싶어요. 어…… 살다보면 넘하고 넘하고 만난 사이라서 배우자가 그렇게 썩 마음에 맞고 이런 사람들은 극히, 좀 내 생각에는 드물 거예요. 근데 자식이 있으니깐 자식 때문에 사는 사람들이 대한민국에 아마 절반은 안 있겠나 싶어요."

그렇다면 자녀가 어떻게 살기를 바라기에 그렇게나 열심히 살아왔나? 그건 부모와는 다른 삶을 사는 것이다. 먹고사는 문제 때문에 허덕거리며 돈만 따라 사는 것이 아니라 여행도 하며 즐겁게 사는 삶.

"어…… 나하고 또 다른 인생을 사는 사람. 우리처럼 아저씨하고 나처럼 돈에 따라가는 사람 말고 또 뭐 경제력…… 힘든 거 이런 거에서 막 허덕이는 그런 인생 말고. 자기 하고 싶은 거, 어 우리는 외국에 한 번도 못 나가봤는데 말 그대로 이제 외국에…… 해외에 놀러 많이 다니고…… 어…… 돈도 벌으면 좋기는 좋은데…… 자기 돈 버는 만큼 즐기면서 살았으면 좋겠어요."

자기 하고 싶은 거 하면서 사는 삶. 모인숙은 여기에서 선호의 언어를 사용한다. 알고 있다. 자신은 이러한 삶을 살기에는 이미 너무 늦었다는 걸. 요양병원에 있는 시어머니에게 한 달에 병원비만 80만 원씩 들어가기에 단 하루도 쉴 수가 없다. 그럼에도 자녀만은 자신이 선호하는 삶을 살 수 있는 기반을 닦기 위해 오늘도 모인숙은 하루도 쉬지 않고 열심히 살아간다. 나는 시어머니처럼 자녀에게 짐을 지워주는 사람이 되면 안 된다.

04 "장가를 잘 가서 그렇잖아"

부강석은 삶의 가치나 목적이 무엇이냐는 딸의 질문에 가족의 행복이라고 답한다.

"삶의 목적? 행복한 생활. 삶의 가치? 행복 아이가, 행복. 다른 거, 엄마도 그렇게 행복 아이가, 행복."

딸도 결혼해서 행복하게 살면 좋겠다고 말한다.

"행복이 최고지 뭐. 그다음에, 남편? 어떤 가족…… 행복한 가족이지 뭐. 행복하게 살았으면 좋겠다. 그게 다다. 다른 건 없다."

부강석은 살아오면서 특별히 기억나는 일은 없다고 말하면서도 결혼만은 인생에서 결정적인 사건으로 뽑는다. 부강석은 쌀집을 하는 아버지 밑에서 비교적 유복하게 컸다. 장남이라 아버지와 어머니의 사랑을 듬뿍 받았다. 공부도 곧잘 해서 대구 경북 지역의 S대학 행정학과에 수석으로 들어갔다. 당시에는 서울 명문대학에 입학할 게 아니라면 대구 경북 지역에서는 S대학을 가는 것이 당연하게 여겨질 때였다.

평탄할 것 같았던 삶은 졸업한 후 서울에 직장을 잡으면서 뒤틀리기 시작했다. 잘 다니던 직장이 노사 문제로 갈등을 겪으면서 원치 않는 분란에 휘말렸다. 상사가 부당한 청탁을 했는데 이를 거절하지 못하고 들어준 것이 화근이었다. 이것이 문제가 되어 회사에서 한바탕 소동이 벌어졌는데 상사는 모든 책임을 부강석에게 돌렸다. 이에 맞서 싸울 수도 있었지만 더러운 세상 하며 뛰쳐나왔다. 아직은 아니꼬운 세상에 빌붙어 살 정도로 패기가 없지는 않을 나이였다.

하지만 세상은 녹록지 않았다. 새 직장을 구하는 것이 생각보다 쉽지 않았다. 어렵게 다시 들어간 직장은 첫 직장보다 모든 것이 열악했다. 그래도 부당한 요구에 굴복해서 살아가는 것은 아니지 않느냐며 애써 자위했다. 그런데 회사가 망했다. 다시 취업 준비생이 됐다. 이후 이런저런 사정으로 다시 취업하고 퇴사하기를 반복하다가 대구로 돌아왔다. 그러다보니 어느새 서른네 살이 되었다. 손에 쥔 것이 별로 없었다. 친구로부터 사촌 여동생을 소개받았다. S대학 사범대를 나와 기간제 교사와 학원 교사를 하고 있었다. 서른한 살이라 그쪽도 결혼이 많이 늦은 편이었다. 사랑이니 뭐니 따질 때가 아니었다. 우선 결혼했다. 결혼한 후 함께 살아가면서 사랑의 감정이 싹텄다. 사랑을 키워나가며 삶이 이대로 평탄하게 흘러갈 것 같았다.

외환위기가 터졌다. 정리해고를 당했다. 막막했다. 잠시 실의에 빠져 있다가 보험 대리점을 시작했다. 하지만 벌이가 신통치 않았다. 아내도 기간제 교사로 여러 학교를 전전하는 통에 삶이 안정되지 않았다. 큰맘 먹고 벌인 사업인데 빚만 잔뜩 쌓였다. 결혼하느라 빌린 돈까지 있는데 큰일이었다. 그동안 아이는 둘이나 태어났다. 가족을 경제적으로 부양해야 하는데 앞이 보이지 않았다. 한동안 방황했다. 부부 사이도 나빠지기 시작했다. 이혼 소리까지 나왔다. 정신이 번쩍 들었다. 친구가 사장으로 있는 회사에 들어갔다. 자존심을 따질 때가 아니었다.

다행히 교대에 편입해 들어갔던 아내가 초등학교 교사가 되었다. 숨통이 어느 정도 트이는가 싶었는데 친구 회사마저도 망했다. 다시 실업자가 되었다. 뭐든지 해야 했다. 렌트카 영업을 시작했다. 물불 안 가리고 열심히 뛰었다. 최근 들어서야 생활이 어느 정도 안정되었다. 부강석은 거의 20여 년을 자리 잡지 못하고 떠돈 자신을 끝까지 옆에서 지켜준 아내가 너무 고맙다. 어려운 시기를 어떻게 이겨냈냐는 딸의 질문에 다음과 같이 답한다.

"장가를 잘 가서 그렇잖아."

05 "그냥 우연 같지만 다 필연이라는 거지"

모지영은 지금까지 살아온 삶의 가치나 목적에 대해 딸이 묻자 대답을 잘 못한다. 그렇다고 해서 자기가 하고 싶은 일을 하며 살아온 것도 아니라고 말한다. 40대 중반의 비교적 젊은 나이임에도 가치의 언어와 선호의 언어 어느 것으로도 자신의 삶에 대해 이야기하지 못한다. 대신 자신은 주어진 상황에 순응하며 살아왔다고 말한다. 그러다가 1년 전부터 기독교를 믿으면서 삶이 달라졌다고 말한다.

모지영은 경상북도 두메산골에서 3대가 모여 사는 집에서 태어나 자랐다. 위로는 언니와 오빠, 아래로는 여동생과 남동생이 있다. 중간이다보니 독립적인 면이 있는 데다가, 동네에 여자애들이 별로 없어 남자애들과 어울려 놀았더니 어느새 선머슴 아이가 되어 있었다.

"엄마 별명이 선머슴 아였어. 칼싸움하고, 논두렁에서 구르고, 깡통 돌리기…… 쥐불놀이? 그런 거 하고 다니고. 그리고 외할아버지가 농작물을 이것저것, 지금도 마찬가지지만, 토마토, 오이, 참외…… 뭐 이런 거를 막 심었거든. 그래서 나보다 한 살 나이 많은 머시매들, 오빠야들하고 놀아도 대장질하고 그랬어. 그리고 산에 가서 나무 꺾어다가 칼 만들고. 썰매 만들어 타고 그렇게 놀았지. 하여튼 뭐 그렇게 놀았던 거 같아. 그리고 초등학교도 머시매들 많으니까 축구공이나 차고 그랬지. 자유분방하게 살았지……"

이렇게 자유분방하게 살다보니 간섭하는 할아버지, 아버지와 많이 부딪혔다. 특히 고등학교 입학할 무렵 큰 마찰이 있었다. 인문계 고등학교를 가고 싶은데 여자는 무조건 상고를 가야 한다고 우기는 아버지 때문에 할 수 없이 뜻을 접어야 했다. 원망하는 마음이 가슴속에 가득했다. 그러던 어느 날 처연한 모습으로 방 안에 우두커니 앉아 있는 아버지의 모습을 보고 마음이 누그러졌다.

"엄마가 고등학교 때 자취를 했거든. 자취를 하고 주말마다만 집에를 왔다 갔다 했잖아. 근데 고등학교 때 몇 학년인지는 모르겠는데, 가을에 이제 아버지가 썽그런한 방에 머리가 희끗희끗해서 앉아 계시는 걸 딱 봤을 때, 아…… 우리 아버지 너무 안됐다. 그 생각이 딱 드는 거야. 내가 말했잖아. 그런 마음이 들 때 내 마음이 좀 누그러진다고. 용서가 된다고. 그 모습을 딱 봤을 때 마음이 그냥, 다 없어졌어. 아버지에 대한 원망이나 싫은 감정들. 그런 게 다 없어졌어."

할아버지와 아버지라는 가부장 아래에서 자유분방하게 살던 선머슴 아이는 이러한 경험 이후 주어진 현실에 순응하며 살아가는 평범한 여자가 됐다. 상고를 졸업하고, 공장에 취직하고, 그곳에서 만난 남자와 1년 연애 후 스물두 살에 결혼하고, 두 딸 낳고 전업주부로 살다가 남편 벌이가 신통치 않아 노동 현장에 뛰어들어 숨 가쁘게 살았다.

"예전에는 그냥 흘러가는 대로 살았다고 생각하고, 나 자신 없이 내가 누구인지 모르고 그렇게 살았던 거 같아."

10년 이상 내 일이다 생각하고 열심히 다니던 직장에서 밀려났을 때 삶에 위기가 왔다. 지금까지 뭘 위해서 이렇게 열심히 살았을까 회의가 들었다. 그때 기독교를 만났다. 삶에 의미가 생겼다.

"신앙 생활을 한 지가 이제 1년이 됐는데, 신앙 생활을 하다보니까 사람이 어떻게 살아가야 하는지를 알 거 같아. 예전에는 아무…… 저거 없이…… 뭐라고 그럴까. 뭔가 들판을 다녔다고 하면, 여기저기 내가 가고 싶은 데로 살았다고 하면, 지금 같은 경우에는 그냥 길로 가고 있는 느낌? 가야 하는 방향이 정해지는 거지. 삶의 방향이."

모지영은 극심한 사춘기를 보낸 딸에게 다음과 같이 말한다.

"살아가는 거 중에 그냥 하나하나 지나가는 것들이 그냥 우연 같지만 다 필연이라는 거지. 어떤 한 시점에서 이 과정들을 쭉 봤을 때. 그 과정이라고 생각을 해."

06 "자식들 때문에 산다"

부덕영은 삶의 가치가 무엇이냐는 딸의 물음에 답한다.

"열심히 사는 것? 열심히 살았지. 아빤 하루도 안 쉬었잖아."

가치를 물어봤는데 살아가는 삶의 태도를 답한다. 왜 그럴까? 그건 이미 삶의 가치가 주어져 있기 때문이다. 가족을 위해 사는 것.

부덕영은 아버지는 밖에서 일하고 어머니는 안에서 살림하는 전형적인 가부장적 핵가족 안에서 살았다. 위에 형이 둘 있다보니 어머니의 귀여움을 독차지하고 자랐다. 대신 큰형에게 가족의 모든 기대와 지원이 집중됐다. 집안이 넉넉하지도 않았고 또 막내라서 상고에 진학했다. 취업에 도움이 된다는 주산, 기업회계, 상업영어를 배웠다. 상고 졸업 후 바로 생활전선에 뛰어들었다. 현장 근무를 주로 하는 중소기업에 다니다보니 막상 상고 때 배운 게 아무런 쓸모가 없었다.

군대에 들어갔다. 제대를 얼마 앞두고 어머니의 부고를 들었다. 삶에서 처음 느껴보는 극심한 슬픔이었다. 제대하고 집에 한동안 넋 놓고 있다가 일자리를 찾아 외지로 떠났다. 어머니 없는 집에 있기가 힘들었다.

"엄마 돌아가시고 집이 싫었어. 집에 오면 아무도 없으니깐. 그렇지…… 집에 오면 아버지밖에 없는데, 아무도 없고."

서울, 부산 등 일이 있는 곳을 찾아다니다보니 나이가 어느새 서른이 넘었다. 작은형이 친구의 사촌 여동생을 소개해주었다. 스물여섯 살이었다.

"3월에 만나서 4월에 결혼했으니깐 한 달, 보름? 세 번인가 네 번 만나고 결혼했지. 거의 보름 만에."

결혼하기 위해 서울 생활을 청산하고 대구로 내려왔다.

"외할아버지가 멀리 가면 딸을 안 준다고 해서 보따리 싸서 내려왔지."

결혼할 때 양쪽 집에서 도움을 받아 집을 마련했다. 여러 직장을 옮겨다녔다. 회사에 들어가면 항상 파벌이 있었다. 어느 한쪽에 줄을 댈 수밖에 없는 상황이었다. 한번은 줄을 잘못 대서 직장을 그만둬야 했다.

"거기서 여러 사람을 만나게 되는데 똑똑한 사람 편에 줄을 못 섰는 지."

어떨 때는 노사 분규에 휘말려 그만두었다.

"노사 분규가 아주 심했을 때 회사가 문을 못 열고 현장에 가면 현장 직원들이 데모한다고 기계를 다 세우고. 그런 걸 봤을 때 물론 그때는 대화도 안 통했겠지마는 뭐 더 좋은 방법이 있었을 텐데, 기계를 세우고 데모를 하고 그런 것들이 좀 싫었어. 그래서 사표를 던지고 나왔지."

아침에 출근하고 저녁에 퇴근하는 평범한 삶을 살고 싶었다. 하지만 전문성이 떨어져 계속 이직을 할 수밖에 없었다. 현장 근무, 영업직 등 안 해본 일이 거의 없다. 하지만 삶은 계속 위태위태하다. 그사이 아이가 둘이나 태어났다. 책임질 일이 더 많아졌다. 아내도 살림에 보태기 위해 생활전선에 뛰어들었다. 그렇게 하루도 안 쉬고 계속 일을 해왔다. 이 땅에 왜 태어난 것 같으냐는 딸의 질문에 답한다.

"그냥 하늘에서 뚝 떨어진 것 같은데."

죽고 나면 삶은 어떻게 될 것 같은지 물었다.

"한 줌 흙으로 되겠지."

그럼 삶의 의미가 없는 거냐고 또 물었다.

"아무 의미 없겠지."

그럼 왜 사냐고 마지막으로 물었다.

"자식들 때문에 산다."

2장

성찰적
자신감

지방대생 부모는 결혼하기 전에는 지향 가족 안에 자신의 자아를 넣어서 본다. 지향 가족 안에는 경제적 능력은 부족하면서도 권위를 지닌 가부장이 존재한다. 지방대생 부모는 자라면서 이러한 가부장에 대한 양가적인 감정을 가진다. 자신을 온전히 뒷받침해주지도 못하면서 권위를 휘두르는 가부장의 모습에 반항심이 싹튼다. 다른 한편으로는 가족을 먹여 살리느라 고생하는 가부장의 처연한 모습에 연민을 느낀다. 아버지와 달리 좀 더 경제적 능력과 정서적 소통을 갖춘 사람이 되자, 또는 그런 사람을 배우자로 만나자고 다짐한다.

지방대생 부모는 자신의 생식 가족을 구성한 후 가족을 꾸려가면서 가부장을 더욱 잘 이해하게 된다. 자신이 이제 가부장이 되어 살아보니 어려움이 이만저만 아니다. 아내 역시 배우자가 경제적 능력이 있고 정서적 소통 능력도 지닌 남자인 줄 알고 결혼했는데 그게 아니었다. 돈도 제대로 못 벌어오는데 정서적 소통마저도 안 됐다. 가사, 시부모 봉양, 육아에 전념하던 아내가 할 수 없이 생활전선에 뛰어든다. 고생을 함께하면서 남편과 아내는 서로 비슷해져간다. 남편은 좀 더 소통할 수 있는 사람으로 변해간다. 아내는 좀 더 경제적 능력이 있는 사람으로 변해간다. 둘이 중간쯤에서 서로 만나, 이제 정말 비로소 인생의 동반자가 된다.

돌이켜 생각해보면 모든 것이 그런대로 잘되었다. 열심히 산 덕분이다. 이 모든 것을 남의 도움 안 받고 다 내 노력으로 이루었다. 결코 남을 탓하거나 후회하지 않는다. 하지만 이러한 성찰적 자신감은 그 뒤에 성찰적 겸연쩍음을 감추고 있다. 이러한 성찰적 겸연쩍음은 자아를 가족을 넘어 지역에 놓게 되면 성찰적 자괴감으로까지 악화된다. 사실 가족 밖 너머의 세계에는 성찰적 자신감이 통하지 않는다. 거기에는 치열한 생존 경쟁이 벌어지고 있다. 여기에서 살아남기 위해 아등바등 살았다. 그 결과 가족을 유지하고 애들을 키우고 어떻게든 살았다. 후회가 없다. 아, 있기는 있다. 어린 시절 하고 싶은 일이 있었지만 대부분 포기했다. 집안이 가난해서 또는 가부장의 억압 때문에. 하고 싶은 일은 모두 가족 밖에서 이뤄지는데 이를 제대로 시도해보지 못했다. 집안의 뒷받침이 제대로 없었기 때문이다. 그때 내가 하고 싶은 일을 하게 해주었더라면 어땠을까 생각해본다. 나만의 자아가 있는 삶. 그래봐야 크게 달라졌을 것 같지는 않지만……

01 "나는 건강한 거 하나만으로도 만족해"

모경희는 좋은 삶의 기준을 가족으로 두니 자연스럽게 가족적 자아로 자신을 연출한다. 전업주부로 살림하며 살다가 자녀들이 어느 정도 크자 결혼 후 처음으로 가족 밖으로 나온다. 1년 동안 보육교사가 되는 공부를 해서 자격증을 딴 후 8년 전쯤에 어린이집에 들어갔다. 이렇게 집 밖으로 나왔지만, 사실상 하는 일은 지금까지 집에서 해왔던 일이다. 육아.

"어린이집에 일할 때에도 즐거운 일이 많았지. 인제 맨 첨에 일할 때는 막 힘든 것도 있고 그랬는데 점점 일을 하면 할수록 애기들 보는 게, 애기들이 너무 예쁜 거야. 막 그 순수한 눈망울도 예쁘고 꾸미지 않고 하는 행동들도 너무 예쁘고. 애들이 이렇게 생긴 것은 다 다른데 그 예쁜 짓 하는 것도 다 달라. 이 아이는 이런 모습이 예쁘고 저 아이는 저런 모습이 예쁘고. 예쁘지 않은 아이는 한 명도 없어. 진짜 애기들은 너무 예뻐. 진짜 지금도, 지금도 막 어린이집에서 어, 일하는 건 힘들지만 애기들 보는 건 너무 좋아."

이렇듯 자신의 자아를 가족이나 유사 가족 안에 넣다보니 자신의 자아와 도구적 관계를 맺을 수가 없다. 누가 도구적 자아를 가지고 가족을 대하겠는가? 자아의 대화망 안에 들어와 있는 사람은 시부모, 남편, 자녀이고 더 넓혀봐야 어린이집 아이들이다. 몇 년 전부터는 어느 정도 여유 시간이 생겨 어린이집 선생님들과 모임을 갖고 있다. 이들과 대화할 때 자신의 자아를 진정되게 연출해야만 그들과 인정을 주고받을 수 있다. 호네트의 표현을 빌리면, 사랑이라는 인정 형식 속에서 자아를 제출하는 것이다. 이는 매우 성공적이었다. 모경희는 이를 '평범'이란 단어로 표현한다.

"그냥 부모님한테 뭐 사랑도 많이 받은 거 같고. 어, 아빠랑 결혼해서 그래도 그냥 뭐 잘 살은 거 같고. 또 뭐 너도 태어나고 둘째도 태어나고 그래서 아들도 있고 딸도 있고, 특별히 뭐 이렇게 어려운 일이 많았다거나. 힘든 일이 조금씩은 다 있지. 그런 일이 전혀 없을 수는 없잖아. 그냥 봤을 때 뭐 평범하게 산 거 같아."

모임에서는 총무를 맡아 하며 사랑을 톡톡히 받고 있다.

"나의 역할은 마스코트? 내가 있으면 다들 재미있다고 그래."

자신이 이렇게 사람들과 좋게 좋게 지내다보니 자녀들에게도 좋은 기운이 옮겨간다.

"내가 봤을 때는 내 자식들이 그래도 어느 정도는, 그 정도면 어느 정도는 잘 살고 있다고 생각하기 때문에. 뭐 건강하지, 자기 자리에서 자기 일 잘하고 있지, 그래서 그렇다고 믿어. 요즘은 세상이 워낙 그러니까. 그냥 나는 건강한 거 하나만으로도 만족해."

모경희는 이렇듯 자신이 살아온 삶을 되돌아보면서 잘 살아왔다는 자신감을 표출한다. 하지만 이러한 성찰적 자신감은 가족이나 유사 가족 안에서만 가능한 것이다. 가족 밖에 자신의 자아를 놓으면 상황이 달라진다. 만약에 대학에 갔으면 인생이 어떻게 달라졌을 것 같으냐는 질문에 다음과 같이 답한다.

"크게 달라질 건 없을 거 같은데. 그때만 해도 그냥 뭐 이제 대학교를 졸업해도 결혼하면은 거의 뭐 집에서 애기 키우고 집안일 하고 그런 게 보통이었거든. 직장 다니는 그 사람들이 그렇게 많진 않았어. 그니까 전문직 빼고는. 전문직 뭐 의사나, 약사나 이런 사람들이야 계속하지만 다른 사람들은 일을 그렇게 계속하는 사람들이 많이 없었어. 결혼하면 그냥 그만두는 사람들이 많았어."

모경희는 자신이 대학을 갔어도 결국 결혼을 해서 애를 키우며 살았을 거라고 생각한다. 직업을 가져도 의사나 약사 같은 전문직을 했을 거라고 생각하지 않는다. 감히 내가 어떻게 전문직을 할 수 있었겠냐는 성찰적 겸연쩍음이 밑바탕에 깔려 있는 것이다.

02 "후회하지 말자"

부영태는 어릴 때부터 자신의 자아를 가족 안에 두고 사고하는 법을 배웠다. 장손이고 장남이라 어릴 때는 삶이 자신을 중심으로 돌아간다고 느꼈다.

"장손에 장남이라서 할머니 할아버지한테 너무 귀여움을 받고 자라서. 집안의 모든 중심은 나였어. 그래서 내가 몸이 아프면 할머니 할아버지가 모든 것을 제껴두고 내 건강 때문에 걱정을 하고, 그럴 정도였어. 다른 형제들이 있는데 형제들도 제대로 안 챙겨주고 나만 챙겨줘."

집 밖에 나가서도 이 점은 변하지 않았다. 초등학교 다닐 때는 육상선수를 했는데 대회에 나가 2등을 할 정도로 굉장히 우수한 인재였다. 새로운 기록을 내고 하니 교장선생님까지 응원해주고 칭찬도 해주었다. 하지만 살던 시골을 벗어나 시내에 있는 중학교에 올라가니 사정이 달랐다. 거기는 여러 시골에서 우수한 인재들이 모여 경쟁을 벌이는 데였다.

"여러 초등학교가 모인 곳이 중학교야. 그러다보니까 내 위치가 그런 위치가 아닌 거야. 평범한 사람이 되어 있는 모습이야."

유사 가족 안에 자신의 자아를 넣었을 때는 중심인물이었지만, 그 밖을 벗어나 학교 안에 자신의 자아를 넣었을 때는 그저 그런 평범한 아이에 불과했다. 어릴 때부터 집안의 대표로 살아온 터라 충격이 컸다. 자신의 자아를 출중한 육상선수로 계속 놓으려면 엄청난 노력을 해야 한다. 경쟁 속에 자신의 자아를 놓아야 하기 때문이다. 하지만 그렇게 하지 않았다. 주변을 둘러보니 뛰어난 애들이 너무 많았다. 계속 출중한 육상선수라는 자아와 진정된 관계를 맺는다고 해도 승리한다는 보장이 없다. 더군다나 집에서 운동에만 몰두할 수 있도록 지원을 해줘야 하는데 그럴 형편이 못 됐다. 출중한 육상선수라는 자아 이미지와 단절하고 다시 가족적 자아를 되찾는 길을 선택한다. 현실을 받아들이고 육상을 그만두고 평범한 학생처럼 공부를 했다.

그 이후 부영태는 자신의 자아를 가족 밖에 설정한 적이 없다. 군대에 있을 때조차도 부하들을 가족처럼 대했다. 자신이 가부장처럼 솔선수범하면 자녀 같은 부하들이 알아서 따라올 것이라 여겼다.

"나는 리더로서 무조건 우격다짐을 하는 리더보다는 내가 데리고 있는 팀원들의 마음을 움직일 수 있는 리더가 되어야겠다. 그러려면 내가 솔선수범해야 하고, 먼저 나서서 해야 하고, 밑에 팀원들을 아우르는 마음 자세도 필요하고, 그지? 또 그렇게 하려면 배려라는 것을 해야겠구나, 그래야 마음이 움직이지."

부영태가 생각하는 리더의 모델은 집안의 가부장이다. 실제로 이렇게 행동했더니 주위의 평판이 좋았다. 성공한 셈이다. 부영태는 지금까지 자신이 후회 없는 삶을 살아왔다고 자신한다.

"전혀 후회하지 않지. 아빠 모토가 뭐야? 후회하지 말자. 후회하기 전에 심사숙고하고 여러 가지 상황을 비교를 해보고 검토를 해보고 고민을 하지 마. 결정을 했으면 절대로 후회를 하지 마. 후회하지 않기 위해 최선을 다하는 거야. 그 과정에서 힘들고 어렵고 기쁘고 슬픈 것이 많겠지. 하지만 그건 과정이야."

부영태는 어떤 것을 선택하기 전까지는 주변을 살피고 심사숙고하지만 일단 결정하면 후회 없도록 최선을 다해야 한다고 말한다. 그리고 실제로 최선을 다했더니 결과가 다 좋았다. 그 결과란 다름 아닌 가부장의 역할을 충실히 하며 살 수 있었다는 것이다. 해라. 그러면 된다. 이러한 성찰적 자신감이 깊이 배어 있다.

하지만 이러한 성찰적 자신감은 성찰적 겸연쩍음을 숨기고 있다. 육사를 가고 싶었으나 성적이 낮아 못 간 일, 서울로 대학을 가고 싶었으나 집안 반대로 못 간 일. 생각해보면 아쉬운 일이다. 왜 공부를 더 열심히 하지 않았을까? 장손이 집안을 떠나는 것이 정말 안 되는 일이라고 생각했다면 집을 떠나 전국을 떠도는 직업군인의 길은 왜 집안 반대를 뚫고 갔는가? 무엇보다도 경찰을 하고 싶었지만 그 길로 가지 못한 것은 후회된다.

"2학년 때에 만약 ROTC를 생각 안 하고 경찰을 생각해서 그쪽 방향으로 갔다면 지금쯤 경찰을 하지 않았을까 하는 생각이 들어. 그게 좀 후회가 돼."

그러면서도 겸연쩍은 듯 채 말을 맺지 못한다.

"딱히 후회가 되거나……"

03 "후회되는 삶은 없어요"

모인숙은 인터뷰 첫 질문부터 자신의 자아를 엄마로 제출한다. 가족 안에 자신의 자아를 넣지만 아내나 며느리가 아니라 엄마를 제1의 자아로 삼는다. 왜 그럴까? 그건 자식들이 자신처럼 살게 하지 않도록 삶을 살고 있기 때문이다. 경상북도 시골에서 자란 모인숙은 집안 살림이 넉넉하지 않았기 때문에 대학에 진학할 수 없었다. 고등학교를 졸업하자마자 대구에서 대학에 다니는 오빠를 뒷바라지하기 위해 옮겨간다. 그곳에서 공장에 다니며 오빠의 학비를 보탰다.

결혼한 후에는 종갓집 며느리로서 시부모님을 모시느라 자신을 돌보지도 못하고 허겁지겁 바쁜 삶을 살았다. 집을 벗어나와 동창도 만나고 자유롭게 살고 싶지만 그렇게 할 수가 없다.

"내가 사는 게 또 뭐 이리저리 지출이 많다보니깐 가게 문을 그렇다고 닫고 갈 수는 없고. 하는, 주로 하는 일이 거의 다 내가 하는 일이라서 아저씨가 하는 일보다는 내가 하는 일이 많기 때문에 가게 문을 못 닫으니깐 지금 상황에서는 동창회도 못 가고 있어요."

전업주부가 이제는 가부장의 역할까지 떠맡은 형국이 되니 집 밖으로 나서는 것은 꿈도 못 꾼다. 모인숙은 자녀가 이런 삶을 되풀이하는 걸 보고 싶지 않다. 특히 큰딸만큼은 정말 자기가 하고 싶은 일 마음껏 하면서 살게 해주고 싶었다. 자신 있었다. 이렇게 열심히 일하는데 그까짓 것 못할까 싶었다. 그래서 큰딸만큼은 서울로 대학을 보내려 했다. 하지만 결국 대구에 있는 지방대를 보내 속이 상한다.

"우리 큰애 같은 경우에는 돈이 들더라도 서울에 있는 학교를 보내고 싶었는데. 내가 일단 돈 여건도 안 되고, 서울에 아는 사람도 별로 안 되고 해서 못 보냈는데. 정말로 내가 여건이 됐으면 큰애는 서울의 학교로 보내고 싶었는데…… 그게 조금 아쉬워요."

이러다가 큰딸도 자신과 같은 삶을 살까봐 걱정이다. 여기에서 모인숙은 가족을 벗어나 대구 경북 지역을 생각하게 된다.

"애들이 나중에 대학교를 졸업하면 지방대생이라는 것, 취업을 할 때 지방대생이다, 지방대생이다, 그게 제일 걱정이에요. 내가 만약에 서울에 살았으면 서울에 학교를 갔을 텐데 내가 대구에 사니깐. 물론 서울에 있는 학교도 갈 수는 있는데 내가 아무래도 대구에 살아서 근처에 학교를 보내다보니깐 나중에 우리 애들이 취업을 해서 지방대생이다, 뭐 그런 말을 들으면 제일 걱정이지요."

이미 큰딸은 지방대에 들어갔다. 딸을 위해 그렇게나 열심히 살았건만 모든 것이 서울 중심인 한국 사회에서 차별받는 삶이 예정되어 있는 것 같아 불안하다. 왜 지방대를 나오면 자신이 하고 싶은 일을 하며 살 수 없을까? 지방대생으로 서울 대기업에 들어가는 것은 현실적으로 불가능하다는 것을 잘 안다. 지방에는 열악한 중소기업만 있다. 이런 데 들어가서 자신처럼 자녀도 경제적으로 빡빡하게 사는 것을 원치 않는다. 공무원을 하면 좋겠다는 생각이 든다. 하지만 지방에서는 기껏해야 9급 공무원 정도나 할 수 있을 것 같다.

"서울에 있는 학교가 좋고 그런 데 (가야) 일단 대기업을 갈 수 있고 뭐 공무원 시험을 쳐도 서울에 있는 학교 애들은 거의 다 7급을 친다고 하더라고요, 9급이 아니고. 그만큼 머리도 따라주지만은……"

모인숙은 지금까지 힘들게 살았지만 후회는 없다고 말한다. 제사 지내는 것은 힘들었지만 시어머니를 따라 불교를 믿게 되고 스님을 만나 마음의 안정도 찾았다. 삶이란 힘들어도 열심히 살면 반드시 보상이 따른다.

"참 힘들었는데, 사람이 그렇잖아요. 힘든 만큼 얻는 것도 많다고. 어, 인생이 넘들보다 힘들었어요. 다른 엄마들보다 내가…… 참…… 힘들어도 그만큼 내가…… 어…… 지금 내 나이의 50대 아줌마들보다 아마 어…… 아마 마음이 더 안 깊겠나…… 어…… 나는 그렇게 생각해요. 그래서…… 힘든 만큼 사람은 남는 것도 많고 또 힘든 걸 이겨내면 뭐 하나 또 얻으니깐 후회되는 삶은 없어요, 나는."

후회 없다 하면서도 떠듬떠듬 정말 힘들게 서사한다. 성찰적 자신감은 사실 성찰적 겸연쩍음을 감추고 있기 때문이다. 모인숙은 원래 가족적 자아가 아니라 나만의 독자적인 자아를 가지고 살아가고 싶었다. 결혼 전으로 다시 돌아간다면 나만을 위해 맘껏 자유롭게 살고 싶다.

"처녀로 돌아가면 어…… 지금 내 생각에…… 혼자 살고 싶어요. 어, 그래서 옛날 엄마들이 시집은 가도 후회, 안 가도 후회라는데 정말로 혼자 살고 싶어요. 정말 자유롭게. 신랑한테도 안 얽매이고 부모한테도 안 얽매이고 자식한테도 안 얽매이고 그런 인생을 한 번 더 살고 싶어요. 시집, 시집…… 결혼을 안 간다 싶으면…… 결혼 전이다 그러면……"

04 "절대 남 탓하지 않잖아"

부강석은 삶의 가치나 목적이 무엇이냐는 딸의 질문에 엉뚱하게 답한다.

"후회하지 않는다…… 남 탓하지 않는 삶을 살아왔다. 아빠, 그거는 맞다. 절대 남 탓하지 않잖아."

가치나 목적을 물어봤으나, 삶을 살아가는 태도를 조절하는 규범에 대해 말한다. 남을 탓하지 않는다는 말은 모든 책임을 자신에게 돌린다는 말이다. 부강석은 자신의 자아를 보수주의자로 제출한다. 보수주의자는 한마디로 말해 모든 일에 최선을 다하고 그래도 안 되면 그건 남의 탓이 아니라 내 탓이라고 여기는 삶의 태도를 지니고 있는 사람이다.

보수주의자는 개인의 성취에 따라 자원이 차등적으로 배분되어야 한다고 믿는다. 반면 진보주의자는 개인의 성취와 상관없이 자원을 평등하게 분배해야 된다고 주장한다. 진보주의자를 따르면 누가 열심히 일하겠냐고 부강석은 강변한다. 초등학교만 졸업한 사람과 대학교를 졸업한 사람을 똑같이 대우해줄 수는 없다. 대학교 졸업한 사람은 8년 동안 더 배우고 노력했다. 그런 사람을 어떻게 초등학교만 졸업한 사람과 똑같이 대우해야 하는가. 대학을 졸업한 사람은 더 능력이 있다. 초등학교만 졸업하고 사회에 나가 8년 동안 일한 것은 경력으로 여기지도 않는다.

"사람들이 그마 똑같은데 이 사람은 8년 동안 일을 더 했는데 8년 동안 공부한 사람들이랑 돈을 똑같이 줘야 한다고 하잖아. 그러면은 다 이거 할라 카지. 돈이 전부는 아니거든. 일을 할 적에도 지식을 갖춘 사람이 있잖아. 그런 사람이 일을 좀 더 유연하게 잘해. 대부분은 통상적으로. 자기를 좀 더 연마해서 자기계발을 하는 사람도 있는데 대부분은 안 그래요. 조금 더 게으르고 그런 사람이 있지. 안 그런 사람도 있는데 일상적으로 그렇다."

보수주의자는 상황을 탓하지 않는다. 대신 자신의 노력으로 상황을 헤쳐나간다. 열심히 산다. 그러면 상황이 다 극복된다. 남에게 의지하면 안 된다. 이 점에서 부강석은 청년 실업 수당에 대해 매우 부정적이다. 일자리를 줘야지 실업수당을 주면 배가 불러 노력을 안 한다.

"돈을 주면은 인간들이 노력을 덜해요. 다 똑같다. 니도 그렇고 아빠도 그렇고. 돈 주는데 뭐하러 하노."

청년들이 일자리 없다고 아우성치는데 사실 자기가 노력한 거 생각하지 않고 편한 일만 찾기 때문에 벌어진 일이다.

"아, 토익, 토익 300점 맞는데 나는 왜 씨, 대기업 취직 안 되지. 니 같으면 뽑겠나? 안 뽑제? 그럼 영업해봐라. 근데 영업, 자기는 안 한대. 왜 안 하냐…… 니 그러면 판매직 할래? 그것도 안 한다 그래. 근데, 휴대폰 판매하는 데는 갈라 그래, 맞제? 거는 좀 편해 보이잖아. 옷도 깔끔하게 입고. 근데 삽질하라고 하면 또 아무도 안 할라 그래."

상황이 안 맞아도 열심히 하다보면 다른 방법이 보이고 결국 높은 성취를 이룰 수 있다. 이러한 자신감은 사실 직장에 다니면서 고등학교만 나온 상사를 보면서 더 굳어졌다.

"아빠 회사 상사 중에 고졸도 있었어. 아빠 첨에 다니던 회사 아빠 상사가 고졸이야. 야간 고등학교 나왔어."

말단 직원으로 힘든 일부터 시작했지만 인사과장까지 올라갔다. 직장 다니면서 야간대학을 다녀 졸업장을 땄다.

"야간대학을 그때는 그걸 대졸로 인정을 해줬어, 야간대학을. 졸업하면은, 회사 다니면서도 억수로 열심히 살았제, 그자. 그럼 자기가 바뀌잖아, 패턴이. 그럼 조금 더 앞으로 나갈 수 있제? 직장의 승급도 그렇지마는 일도 우예 보면 이런 거라."

이러한 자신감은 자신의 삶을 돌아보면서 나온 것이다. 거의 강제로 회사를 그만두고, 다니던 회사가 문을 닫고, 벌인 사업이 망했을 때도 절대 남 탓하지 않았다. 모든 문제는 나의 노력 부족이라고 생각했다. 그렇게 열심히 살았더니 결국 안정된 가정을 이룰 수 있었다.

"그거 뭐 아빠는 다른 사람들은 쟈 때문이다, 아빠는 그거 안 하잖아. 아빠는 내 탓이라 그러잖아. 내 잘못이라 그러잖아. 그러니까 무사히 넘겼는 거지 뭐. 아, 쪽팔려라 그거 못한다 그거 안 하잖아. 오만 거 다 했잖아."

이렇게 남 탓을 안 하니 자신이 최선을 다해 열심히 사는 방법밖에 없었다. 그렇다고 이를 자랑으로 내세우지는 않는다. 그저 먹고살려고 그렇게 한 것뿐이다.

"방법이 없었다. 다른 거 해서 먹고살아야지. 열심히 했다, 그것도 아니고."

05 "그냥 감사하지"

모지영은 어릴 때 자신의 자아를 자유분방한 선머슴 아이로 정의한다. 하지만 할아버지와 아버지의 강압에 의해 인문계 고등학교를 포기하고 상고로 진학하게 되면서 이러한 자아가 바뀌었다고 말한다. 고등학교 진학 이후부터는 가부장제 아래 여자에게 주어진 길을 별 생각 없이 밟으며 살아갔다. 가부장이 진짜 가부장 역할을 하려면 무엇보다도 가족을 온전히 부양할 수 있는 경제적 능력이 있어야 한다. 하지만 할아버지와 아버지 모두 이런 능력이 없었다. 그럼에도 가족 내에서 절대적인 권위를 앞세운다. 이에 맞서봐야 좌절감만 느낀다. 순응하고 살아가는 것이 문제를 안 일으키는 것이다.

가부장이 경제적 능력이 없으면 여성이 고통받는다. 집안 살림을 도맡아 하는 것은 물론 돈벌이에도 나서야 한다. 결혼한 후 모지영의 삶이 그랬다. 처음에는 결혼이 꿈꾸던 대로 흘러가는 것 같았다.

"엄마가 원하는 남편은 울타리 같은 남편. 드라마에 나오는 남편? 좀 인자하고, 다정하고, 애정이 좀 넘치는 울타리 같은 남편."

경제적 부양 능력과 정서적 소통 능력을 모두 갖춘 남편을 원한다. 그런데 실제 남편은 둘 다 안 된다. 그래도 결혼 초기에는 남편의 경제적 능력이 어느 정도 있었고, 연애할 때처럼 정서적 소통도 이루어졌다. 첫아이를 출산하고 4년 동안 육아를 하며 전업주부로 지냈다. 하지만 둘째 아이를 출산한 후에는 19개월 된 딸을 두고 돈 벌러 나가야 했다. 남편과의 정서적 소통도 점점 힘들어졌다. 한동안 이혼을 심각하게 고민했다. 사는 게 힘에 부쳤다. 둘째 딸이 고등학교를 졸업하면 이혼하려고 했다. 남편에게도 이야기했다.

"나는 사실 둘째 애 고등학교 졸업하면 자기랑 이혼하려고 했다 그러니까 아빠가, 엄마가 그렇게 얘기하니까. 뭐 그냥 얘기했어. 싸운 게 아니라. 그냥 받아들이데. 아빠가 변했잖아. 아빠도 변하고 있잖아. 그러니까 그냥 지금 살고 있겠지. 변하고 있으니까."

회사에 들어가서 내 일이라 생각하고 열심히 일했다. 처음에는 말단 직원에 불과했지만 한식구라 생각하고 열심히 일을 했더니 점점 인정을 받고 나중에는 거의 오너 위치까지 올라갔다. 하지만 진짜 오너는 아니었다. 오너와 충돌이 생겼다.

"엄마는 처음 취업을 했을 때 내 일처럼 했어. 그리고 항상 엄마는 그렇게 생각했거든. 회사에서 같이 일하면 식구야. 밥을 같이 먹는 사람을 식구라고 하잖아. 식구는 가족이야. 그래서 일을 할 때 직장인으로서 월급쟁이로 일을 한 게 아니라 내 것처럼 일을 했다고. 그렇기 때문에 더 욕심을 내서 열심히 했을 거 같아. 내 것처럼 열심히 하다보니까 속이 상하고, 안 되는 게 너무 안됐고. 그런데 내가 그렇게 해주는데 내 위에 오너가 나와 발맞춰서 변화하지 않는다고 그러면, 내가 할 수 있는 부분 이상의 것을 내가 카바를 못하기 때문에 그게 힘든 거지."

집안에서 아무리 열심히 일해도 가부장이 따라주지 않으면 가족 성원은 고통받을 수밖에 없다. 내 가족처럼 생각하고 일하던 회사도 마찬가지다. 10년 동안 일하던 직장을 자의 반 타의 반 그만두었다. 10년 이상을 온

몸 바쳐 내 일처럼 일했는데, 마음이 공허했다. 그때 마침 전도하러 온 사람에게 이끌려 기독교를 믿게 됐다. 그 이후로는 모든 것이 감사의 언어로 바뀌었다.

"그냥 감사하지. 나…… 나…… 같은 입장에, 나를 같이 일하자고 불러줬으니 얼마나 감사해. 그러니까 감사하지. 필요할 때 불러주셨으니까. 그래서 감사하게 생각해."

이렇게 자신의 자아를 기독교 안에 넣기 시작하자 한때는 원망하고 살았던 일들이 이제 되돌아보면 모두 감사한 일뿐이다.

"근데 아빠 덕분에 뭔가 정신적으로 내가 뭔가 더…… 그니까 아빠 덕분에 교회를 가게 됐고…… 아빠 덕분에 돈을 벌러 나갔고. 아빠가 돈을 열심히 잘 벌어왔으면, 뭐 풍족하게 쓸 수 있었으면 돈 벌러 안 갔을 수도 있지. 맞잖아."

지금은 살아온 날들 중 어느 때보다도 좋다. 애들도 다 컸고 나만을 위한 시간이 생겼다. 어릴 때 자유분방하던 선머슴 아이로 되돌아간 듯하다.

"이제 나를 제대로 돌아볼 수 있는 시간이 주어지니까 그것도 좋아. 그래서 지금 이 순간이 좋아. 그래서…… 음…… 뭐랄까. 하루를 잘 살고 싶어. 지금 이 순간. 순간순간을 잘 살고 싶다는 생각을 해."

06 "결과는 무조건 좋을 거야"

부덕영은 자신이 삶을 평범하게 살았다고 말하지만, 사실 불안정한 직업 탓에 우여곡절이 많았다. 그래서 평범하게 사는 것이 좋은 삶이라는 것을 안다. 자녀는 평범한 가정을 꾸려 안정된 직장을 갖고 저녁이 있는 삶을 살아가면 좋겠다.

"그냥 보통 사람 만나서 평범하게 살았으면 좋겠다."

딸이 요즈음은 평범하게 사는 것이 더 힘들다고 되받아치자 주어진 일에 최선을 다하면 평범한 삶을 살 수 있다고 힘주어 말한다. 부덕영은 자녀가 "주어진 일에 최선을 다하고 열심히 사는 사람"이 되면 좋겠다고 말한다. 최선을 다해도 결과가 안 좋게 나오면 어떻게 하냐고 딸이 되물었다.

"그 과정을 통해서 어차피 끝에 가면 결과는 나오니깐. 결과가 짧은 순간에 나오기를 바랄 수는 없지. 어차피 인생은 긴 마라톤 같은 거니깐. 어차피 종착점에 가면은 1등 2등이 가려지니깐. 물론 1등 2등이 중요하진 않지만. 단지 그 마라톤이라는 과정을 겪어가면서 숨이 찰 때 누가 옆에서 물을 주는 사람도 필요하고, 그 물을 마시는 사람도 있지만은 어느 사람이 돼도 다 좋아."

어차피 인생은 긴 마라톤과 같은 것이니까 일희일비하지 말고 최선을 다해야 한다. 최선을 다하는 과정이 중요하지 결과는 상관없다. 정말 결과가 안 좋아도 되냐는 딸의 질문에 단호하게 말한다.

"아니, 아니. 결과는 무조건 좋을 거야. 아빠는 살아보니깐 무조건 좋았어. 뭐 특별하게 결과가 나빴던 적은…… 아빠가 열심히 안 살았을 때? 조금 최선을 다 안 하고 자기 혼자 독단적인 생각을 하고 고집스럽게 일을 했을 때, 주위에 좋은 이야기를 들어보고 일을 해야 하는데 혼자 그럴 때 실패를 했지. 그러고 나선 크게 뭐 어려운 건 없었지."

이러한 자신감은 실제 삶을 살아오면서 체득한 것이다. 어머니의 죽음 이후 집 밖을 떠돌면서 온갖 고생을 했지만 최선을 다하니까 결국 결혼도 하고 애도 낳고 그런대로 잘 살고 있다. 하지만 이러한 성찰적 자신감은 일종의 자괴감을 밑바탕에 깔고 있다.

"살아오면서 세월이 많이 흘렀는데 아빠가 일한 만큼 아빠한테 주어진 환경이나 재산이…… 열심히 일한 거에 비해서 많이 부족하지."

가족적 자아를 가지고 아무리 열심히 일해도 그에 맞는 보상이 잘 이뤄지지 않는다. 여기에서 부덕영은 자신의 자아를 가족을 넘어 지역 안에 넣어본다. 왜 대구 경북은 이렇게 살기 힘든가? 대구 경북 사람이 몰표로 보수 정치인을 당선시켜주었지만 실상 되돌아온 것은 없다.

"최선을 다해 정권을 만들었는데 돌아오는 건 없다는 거지."

문제는 정치다.

"정치를 잘해야 하지. 그니깐 우리가 정권을 만들 때 그 지도자들이 대구에 삼성이라도 유치해놓고 그래야 하는데 예전에 삼성이 대구에 있었는데 다 쫓아보내고 이제 먹고살 게 없잖아."

이렇게 지역적 자아를 가지게 되면 지역 발전을 위한 대안을 모색할 수밖에 없다. 그럼 진보 정치인에게 희망을 거는가? 그건 또 아니다. 진보가 내세우는 분배 정의는 옳은 것이지만, 사실은 그걸로 사람을 현혹시켜 정권을 잡고 이 나라를 북한에 넘겨주려고 하기 때문에 믿을 수가 없다. 대통령 주변에 사상이 불투명한 사람들이 너무 많아 불안하다.

"사상이 문제가 심각하지. 그걸 심각하게 생각 안 하는 사람들이 많은데 사실은 우리나라의, 우리나라는 현재 휴전 상태라는 거지. 전쟁을 하고 중간에 잠시 휴전을 한 상태기 때문에 언제라도 전쟁을 할 수 있는 그런 나라인데 간첩이 많다는 거지, 국내에. 그 사람들을 옹호하는 사람들이 우리가 봐서 주사파에 있는 사람들이 아니냐 싶은 사람이 있지. 그리고 이 사상이라는 게 종교에서 너무 맹목적으로 맹신하다시피 하는 그런 것보다 더 위험한, 집착이 강한 것이 사상인데 그런 사상을 알게 모르게, 적재적소에 그런 사상을 가진 사람들이 많이 있지 않나 싶어. 그래서 이 정권에서 그 사람들을 비호해주고 호응해주는 것이 아니냐."

3장

가족주의 습속

지방대생 부모는 목적 수단 범주를 통해 자신을 계발해서 삶을 살아갈 필요가 없다. 목적 자체가 낮게 설정되기에 굳이 자기계발에 힘쓰지 않고 하던 대로 하더라도 목적을 이룰 수 있다. 가족이나 유사 가족이 당장 쓸 수 있는 연장통이나 레퍼토리를 제공한다. 어떤 문제 상황이 닥칠 때마다 이것들 중 적당한 것을 골라 사용해서 행위를 구성하면 대개 그것이 해소된다. 이러한 행위전략은 이미 잘 짜인 습속으로 주변에 널리 존재하고 있다. 목적과 수단을 선택할 때 가장 중요한 것은 주변과의 관계다. 특히 가부장과의 관계가 제일 중요하다. 자신을 먼저 고려하지 않고 가부장의 말을 따른다.

여기에 젠더별로 차이를 보인다. 남성의 경우 가부장이 될 준비를 하며 산다. 장남인 경우는 집안의 모든 지원을 받아 온 집안의 가부장으로 성장해야 한다. 차남이나 막내인 경우는 가부장의 지원을 기대하지 말고 홀로 일어서 자신만의 생식 가족을 꾸려야 한다. 여성의 경우 한 남성의 아내가 되기 위한 기본 소양을 갖추어야 한다. 상고에 진학해 졸업한 후 몇 년 직장 생활하다 결혼하면 된다. 대학을 가더라도 지방에 있는 대학을 가야 한다. 차남이나 막내, 그리고 여성은 이를 차별이라고 생각하면 안 된다.

남성이나 여성 모두에게 결혼은 모든 문제를 일반적으로 해결하는 레퍼토리다. 남성은 혼자 가부장으로 성장하려고 아무리 노력해도 쉽지가 않다. 여성도 박봉을 받으며 직장 생활을 하는데 너무 고되다. 둘 다 앞길이 잘 안 보인다. 이때 결혼은 남성과 여성 모두의 문제 상황을 일반적으로 해결해준다. 남성은 가부장의 짐을 덜 수 있고, 여성은 아버지 가부장이나 직장 가부장으로부터 독립해서 자신만의 집을 꾸릴 수 있다.

이러한 습속을 따라가면 세상은 너무나 자명해 보인다. 평범한 사람이 되어 살아갈 수 있을 것 같다. 하지만 새로운 가족을 구성해서 살아가는 것은 또 다른 문제의 시작이다. 남편은 이제 경제적 능력을 가지고 아내와 자녀를 지원해야 한다. 아내는 집안 살림을 도맡아 하면서 시부모도 봉양하고 남편 비위도 맞추고 애들도 키워야 한다. 이때 남편이 제대로 경제적 능력을 발휘하지 못하면 가족에 위기가 찾아온다. 제일 나쁜 가부장은 경제적 능력도 없으면서 권위를 휘두르는 자다. 아내는 남편의 부족한 경제적 능력을 채우기 위해 일터로 나간다. 그제야 비로소 자신이 얼마나 좁은 세계에 갇혀 살았는지 깨닫기 시작한다. 가족 밖의 세계에 대해 알려는 의지가 생겨난다. 반대로 남편은 알려는 의지를 접고 가족 안으로 들어오려고 한다.

01 "늘상 그렇게 자라다보니까"

모경희는 좋은 삶을 추구하기 위해 일상생활을 목적 수단 범주를 통해 조직할 필요를 못 느낀다. 여자의 길은 이미 주변에 의해 습속으로 주어져 있다. 그렇다고 어려서부터 여자의 길을 의식하고 이를 따라 산 것은 아니었다. 시골에서 자란 모경희는 초등학교 때까지는 남자애들과 어울려 선머슴 아이처럼 지냈다.

하지만 집에서는 농사일에 바쁜 부모 대신 집안일을 도와야 했다.

"엄마하고 아버지가 농사철이 되면 농사일을 해야 되니까 많이 바쁘셔가지고 내가 막 초등학교 2학년인가 3학년 때 처음으로 밥을 했던 기억이 있어. 커다란 가마솥에 이런 데다가 쌀 씻어가지고 밥 이렇게 한 번 해본 기억이 있어."

여중과 여고를 다니며 여자들의 세계 안에서만 지냈다. 여고 시절은 인생에서 제일 재밌게 지내던 시절이다.

"고교생이니까 쉬는 시간만 되면 맨날 모여가지고 얘기하고 이러다보니까 너무 얘기를 많이 하고 많이 웃고 그러니까. 있잖아, 여기 입, 아귀 여기가, 여기가 막 집에 가면 너무 아픈 거야. 넘 많이 웃고 그래서. 그래서 친구들하고 막 얘기할 때도 오늘은 그만 웃자고 집에 가면 맨날 여기 아프다고 막 그렇게 얘기한 적도 많았어."

여자라고 대학을 보내주지 않을 때, 잠시 습속에 도전한 적이 있다. 하지만 남동생이 두 명이나 있는 상황에서 가정형편을 생각해 더 이상 자기주장만 내세울 수는 없었다.

"불합리하다고 생각했지만 또 막 그거를 떼를 쓸 수가 없는 게 내가 그거를 모르는 것도 아니니까 떼를 쓸 수가 없는 거지. 그리고 이제 늘상 그렇게 자라다보니까 그렇게 해야 되는 건가 보다라고 생각하는 것도 많았어."

여고 졸업 후 군수 공장에서 잠깐 일하다가 남자를 소개받았다. 만난 지 얼마 되지 않아 결혼했다. 이후 모경희는 가족 밖의 재밌는 삶보다는 가족 안의 맏며느리의 성실한 삶으로 들어간다. 가족 밖 학교 생활은 왜 재미있었을까? 그건 어차피 여자라 대학에 갈 것이 아니니 공부에 몰두하지 않아도 되기 때문이다. 어릴 때부터 학원을 다닌다거나 하다못해 학습지를 한다거나 하는 일이 전혀 없었다. 스트레스를 받을 정도로 공부에 몰두할 필요가 없었던 것이다.

"학교 공부에 대한 그런 스트레스는 별로 없었고. 또 뭐 부모님께서 항상 농사일을 하셨으니까. 집에 안 계시니까."

상황에 느슨하게 관여하면 즐겁고 재밌기 마련이다. 하지만 결혼 후 집안일은 느슨하게 관여할 수는 없다. 사력을 다해 빡빡하게 관여해야 한다. 맏며느리가 집안일을 느슨하게 했다가는 당장 사달이 날 것이다.

결혼 후 6개월 동안 애가 안 생겨서 애를 먹었다. 먼저 시집간 친구들은 3개월 안에 다 임신했는데 맏며느리인 자신이 애를 못 가지니 눈치가 이만저만 보이는 게 아니었다.

"아빠가 맏이란 말이야. 그랬는데 내가 이제 맏며느리가 되는 거니까. 맏며느리는 그때만 해도 아들을 이렇게 좀 낳아야 된다는 그런 강박관념이 약간 있었어. 이제 음, 뭐 그 시골에 계시는 할머니나 뭐 다른 사람들이 그거를 그 부분에 대해서는 압박을 하지 않지만, 우리 아줌마들끼리도 모이면 막 아들딸 그런 애기를 했었단 말이야."

아들을 낳았다. 남편이 무척이나 좋아했다.

"진짜 입이 있잖아, 입이 귀에 걸린 거야, 말은 안 하는데. 그래가지고 말은 안 하고 막 웃음을 참을 수가 없나봐. 입이 귀에 걸려가지고. 내가 그렇게 좋냐고 물어봤더니 '어~ 아니다' 말은 그렇게 하지만 진짜 좋긴 좋았나봐."

얼마 안 있어 딸을 낳았다. 아들을 낳고 딸까지 얻으니 기분이 무척 좋았다. 이후 모경희는 육아에 몰두하며 20여 년을 보낸다. 여자의 삶의 행로는 지향 가족에서 시작해서 생식 가족 안에서 완성된다. 그리고 자녀가 어느 정도 성장하자 비로소 집 밖으로 나간다. 어린이집 보육교사로.

02 "할아버지는 항상 일만 하는 사람이었어"

부영태는 목적 수단 도식을 통해 가족의 행복을 위한 실행을 할 필요가 없다. 가부장의 길은 이미 습속으로 주어져 있기 때문이다. 사랑하는 가족을 먹여 살릴 수 있는 경제적 능력이 있는 가부장. 아내에게는 '사랑스러운 남편' 자식에게는 '떳떳한 아버지' 부모에게는 '온 가족이 행복하게 사는 것을 보여드리는' 효자. 이는 거꾸로 다른 가족 성원들의 역할에 대한 기대로 나아간다. 아내는 어떤 사람이어야 하는가?

"일단은 남편만 바라보고, 자식들을 사랑해주고, 가정만을 생각해주는 삶. 현모양처. 또 집안을 잘 꾸려주는, 살림을 잘해주는 부인."

이렇듯 가부장적 핵가족의 규범이 안내하는 습속을 따라 살아가면 된다. 가부장의 습속은 아버지의 삶으로부터 처음 배웠다. 아들에게 할아버지의 삶에 대해 들려준다.

"내 어릴 때 기억은 할아버지는 항상 일만 하는 사람이었어. 우리를 먹여 키우는 사람으로 본 거지."

실제로 초등학교 5학년 때 도덕 수업 시간에 안창호 선생이 효도에 대해 교육하는 내용을 배웠다.

"거기서 불현듯 이러면 안 되겠구나 생각해서 집에 와서 할머니한테 어머니 학교 다녀왔습니다 하고 얘기했어. 그래서 할머니가 갑자기 놀래가지고 나를 한참 쳐다봤어. 그래도 계속 그렇게 불렀어, 어머니 하면서."

아버지는 집안 대사를 결정하는 가부장이다.

"할아버지는 집안의 가장, 집안을 이끌어가는 사람, 모든 것을 대표하는 사람. 할아버지 말 한마디가 집안을 결정하는 거지."

그러나 공무원인 할아버지는 봉급만으로 가족을 먹여 살릴 수가 없었기 때문에 농사도 같이 지었다.

"집안이 어려워서 집안을 부흥시키려고 엄청나게 고생을 하셨어. 그래서 지금의 집도 크게 짓고. 땅도 몇 배로 구매해서 농사도 크게 지으려고 하시고. 막 힘들어하시던 포도 농사를 하셔서 우리를 이렇게 키웠어."

그래도 공무원인 탓에 모든 농사를 다 챙길 수가 없었다. 이때 어머니가 나섰다. 어머니는 집안의 온갖 일을 다 챙기면서 가부장을 보필했다. 사실 농사일이 작다 해도 무척 고되었다.

"대부분의 일은 할머니가 다 하셨지. 할머니가 힘든 일을 다 하셨어."

부영태는 평생 아버지처럼 가족을 먹여 살리기 위해서 일만 했다. 아내는 어머니처럼 애들 보살피고 남편 봉양하는 현모양처 같은 여자를 골랐다. 결혼한 후에는 직장을 그만두도록 했다.

"그때 처음 결혼했을 때 엄마가 직장에 있었어. 근데 엄마가 직장 갔다오면 내가 퇴근하고 오면 안 맞는 시기, 만나지 못하던 시간이 있었어. 아빠는 기다린 적이 있단 말이야. 결혼하려던 목적이 가정에 같이 있어야 되고 기다려주고, 그런 것을 원했는데 이건 아니다라는 생각이 들더라고. 직장을 그만두고 집에 있자, 집에 있어 가사도 하고 했으면 좋겠다. 그래서 못하게 했지. 그래서 엄마도 거기에 수긍을 하고. 그러고 나니까 중대장 하기 위한 특별교육을 받으러 가고 그때부터는 엄마는 직장을 그만두고 가사에만 전담했지."

가부장이 밖에서 일하다 집에 돌아가면 아내는 항상 집에서 기다리다가 반겨주어야 한다. 집! 집에는 항상 아내가 있어야 한다.

03 "어쩌다보니깐 나도"

모인숙은 마지못해 가부장제 습속에 맞추어 살아왔다. 어릴 때 꿈은 의사, 간호사, 디자이너였다. 어머니가 많이 아파 의사가 되어 고쳐주고 싶었다. 간호사는 의사보다는 현실적으로 가능할 것 같아서 하고 싶었다. 디자이너는 학교 다닐 때 옷 같은 것을 만들어보았는데 재주가 있는 것 같아 하고 싶었다. 하지만 이 모든 꿈을 접어야 했다.

"내가 고향이 촌이다보니깐 우리 부모님이 공부를 많이 못 시켜줬어요. 나 바로 위에 오빠다보니깐 오빠를 공부를 많이 시켜줬고. 내가 오빠를 뒷받침을 하다보니깐 공부를 많이 못했어요."

모인숙은 자신의 집이 가부장적이었다고 말한다.

"아, 옛날에요? 내 어렸을 때도 가부장적인 집안이었어요. 아버지가 최고, 엄마는 그 밑에. 아버지 말이 곧 법이었어요. 지금도 우리 애들은 아빠, 아빠 하는데 우리 때는 아버지, 아버지. 아빠라는 말은 절대로 못했어요. 아버지, 아버지, 예, 예. 항상 아버지, 아버지, 예, 예."

가부장제는 옛날의 유물이 아니라 아직도 생생히 살아 있는 현실이다.

"지금도 우리는 아버지라는 말은…… 지금도 우리는 따르고 있어요. 곧 법이에요. 지금도. 친정아버지 말은 지금도 곧 법이에요. 지금도. 절대로 거절하는 것도 없어요. 아직까지도."

하지만 젊은 세대는 그렇게 살면 안 된다고 단호하게 말한다.

"요즘 세대하고는 맞지 않아요. 요즘 세대는 그렇게 살면 안 돼요. 요즘 세대는 애들하고 같이, 같은 생각으로 살도록 같이 해야 되지. 나는 어른인데 이렇게 생각하면 안 돼요. 그렇게 살면 시대에 뒤떨어져요. 그렇게 하면 나중에 애들이 크고 하면 이제는 자꾸 멀어져요. 자식하고 부모하고. 그것이 되도록 이제는 가부장적인 사회는 좀 안 해야 돼, 아빠들이."

말은 이렇게 하면서도 정작 본인은 어렸을 때 아니라고 생각하면서도 가부장 문화를 따랐다.

"내가 사춘기 때 많이 빗나갔었어요. 어, 왜 저러지, 저건 아닌데…… 나도 그때는 생각이 있었으니깐 사춘기 때가 돼서 '어, 이거는 아닌데' 그런 생각을 했었는데. 그래도 그 시대에는 아버지 말은 무조건 따라야 됐어요. 생각은 아닌데…… 하면서도……"

어릴 때 어머니가 말했다. 절대 시부모 있는 데 시집가지 말라고. 시집살이를 호되게 당했던 것이다.

"그랬는데, 어쩌다보니깐 나도 시어머니, 시아버지 모시고 또 제사 다 모시고 살다보니 힘들었어요."

어릴 때 꿈꾸던 가정은 시부모 중심의 확대 가족이 아니라 부부 중심의 핵가족이었다. 그런데 현실은 아니다.

"내가 꿈꾸는 가정은 그게 아니고, 단출한 가정. 여행도 다니고, 노는 날이 되면 여행도 다니고…… 다니고 싶었는데 그와 완전 반대되게 살고 있습니다."

그럼 왜 모인숙은 목적 수단 범주를 통해 자신의 삶을 조직하지 않았을까? 모인숙은 계속해서 자신의 삶이 계획대로 된 것이 아니라 어쩌다보니까 상황이 그렇게 되었다고 이야기한다. 결혼도 계획한 것이 아니라 사귀다가 임신을 하게 되어 같이 살게 되었다. 그런데 남편이 시부모와 같이 살아야만 할 형편이었다. 임신한 상황인데 어쩔 수 없이 같이 살게 됐다. 다른 환경에서 살던 사람들이 한 공간에서 같이 사니 너무 힘들었다. 그것도 시부모에게 일방적으로 맞춰 살아야 했다.

"아빠 몰래 울기도 많이 울었고 혼자서. 그래도 뭐 애기가 있으니깐 애기 보고 또 뭐 견디고…… 뭐…… 그렇게 그렇게…… 세월이 가다보니깐 이렇게 살게 됐어요."

04 "개꼬라지"

부강석은 장남으로 가부장제의 혜택을 누리며 컸다. 넉넉하지 않은 가정형편 탓에 누이들은 모두 대학을 못 갔지만 부강석은 장남이라서 대학에 갈 수 있었다. 사실 IQ테스트에서 150을 받을 만큼 머리도 좋았다. 가정형편상 서울로 가지 못했을 뿐 지역 명문대학 행정학과에 수석으로 들어갈 정도로 공부도 잘했다. 자존감과 자부심이 매우 강했다.

서울에서 직장을 잡으면서 이 모든 것이 한꺼번에 무너졌다. 직장 생활은 사랑을 듬뿍 받던 가정도 아니요, 수재로 통하던 학교도 아니었다. 위아래가 철저히 위계적으로 짜인 냉혹한 관료 조직이었다. 그 안에서 말단 사원은 상사가 부당한 지시를 내려도 거부하지 못하고 그저 따라야만 했다. 부강석은 처음에는 직장은 다 그런가보다 생각하고 따랐다. 하지만 결과가 나쁘게 나오자 상사 대신 모든 책임을 떠맡아야 했다. 구구절절 변명하는 대신 과감하게 회사를 박차고 나왔다.

나와도 금방 다시 좋은 직장 잡고 잘 살 줄 알았다. 하지만 세상이 그리 만만하지 않았다. 이걸 어떻게 극복해야 하나? 부강석은 여기에서 목적 수단 범주를 활용해서 행위를 조직하지 않았다. 당장 먹고살아야 할 판인데 이것저것 계산할 여유가 없었다. 닥치는 대로 일했다. 하지만 되는 일이라곤 없었다. 그때 결혼은 이 모든 문제에 대한 일반적 해결책이 되었다. 아내가 비정규직이기는 하지만 어느 정도 벌어오니 살림을 꾸려나가기에는 문제가 없었다. 하지만 아내는 그것이 아니었다. 더 안정적인 삶을 원했다. 아내는 우여곡절 끝에 교대에 편입해 들어갔다. 가부장으로서 압박이 왔다.

이제 부강석은 가부장의 습속대로 살아갈 수밖에 없는 상황에 몰린다. 사업을 한다. 돈을 많이 벌어 가족을 풍요롭게 부양하는 믿음직한 가부장이 되어야 한다. 하지만 이것마저도 여의치 않았다. 빚만 늘었다. 사업할 체질도 아닌데 괜히 일을 벌인 것 같았다. 마침 아내가 교대를 졸업하고 취업이 되었다. 가부장의 짐이 한시름 덜어졌다. 가부장으로서 마땅히 해야 할 습속에 대한 부담감을 버리자 비로소 마음의 평화가 왔다. 어차피 혼자 벌어서 가족을 부양할 수 없다. 이 사실을 인정하자. 나 대신 아내에게 안정된 직장이 있지 않은가. 풍족하진 못해도 우리 네 식구 사는 데는 아무 문제없다. 친구가 사장으로 있는 회사에 들어가 일했다. 친구 밑으로 들어가는 게 자존심이 허락하지 않았을 텐데 가족을 위해서 그렇게 한 것이냐고 딸이 물었다.

“멋진 이유 없다. 그냥 먹고살아야 된다가 더 앞섰다. 사람들 고상하게 말 많이 하잖아. 그런 거 없다…… 그런 고상한 이유 가지고 살아갈 거 같으면 그런 개꼬라지 잘 안 난다.”

아버지는 고상한 이유가 없다고 했지만 딸은 그렇게 해석하지 않는다.

“결혼 전 자신의 신념을 위해 회사를 박차고 나온 아버지가 친구가 사장으로 있는 회사에 들어가서 사원부터 시작한다는 것은 어쩌면 조금, 자존심이 구겨지는 일이다. 하지만 그것에 굴하지 않고 먹고살기 위해 그 회사에서 일을 했다. 이런 일이 결국은 자신의 책임감이 없다면 굉장히 힘든 일이다. 만약 아버지가 혼자였다면 계속해서 보험 설계사라는 직업을 유지해도 먹고살 만한 상황이었겠지만 결혼을 하면서 상황이 달라졌고, 결국은 그 상황에 대한 책임을 진 것이다. 본인은 거창한 이유가 아니라고 했지만 결국 아버지는 거창한 이유를 가진 가장이 되어 한 가정의 파탄을 막은 것이다. 아버지의 말대로 이런 고상한 이유가 기저에 있었기 때문에 ‘개꼬라지’가 나지 않았던 것이다.”

부강석은 현재 가사 일을 반 정도 맡아 한다. 나머지 반은 딸과 아내가 나눠 한다. 할아버지 할머니 밑에서 장남의 혜택을 누리면서 살았던 부강석이 이렇게 되기까지는 쉬운 일이 아니었을 것이다. 하지만 실질적인 가부장의 역할도 못하면서 가부장의 권위를 휘두르려고만 하면 집안이 행복해질 수 없다는 걸 안다. 그렇게 하다가 이혼 문턱까지 갔던 쓰라린 경험이 알려준 바다. 가부장의 권위를 내려놓고 좀 더 평등하게 부부관계를 유지하니 더 행복하다. 결혼 생활 21년 만에 좋은 아내에 대한 상이 바뀌었다.

"대화가 되는 사람. 일반적인 대화가 아니라 사회문제든 뭐든 전부 다 다양하게. 그냥 일상적인 살아가는 거 말고, 모든 세상의 모든 대화."

05 "참 생각 없이 살았는데"

모지영은 가부장제 아래 여성에게 주어진 삶 속에서 그저 상황이 요구하는 대로 살아왔다. 어릴 때는 남녀 차별을 잘 모를 정도로 남자애들과 같이 어울려 시골에서 자랐다. 집에서도 고등학교 진학할 무렵까지는 큰 차별을 못 느꼈다. 아버지가 여자는 무조건 상고를 가야 한다고 해서 가고 싶은 인문계 고등학교를 못 갔다. 울며불며 저항했지만 결국 아버지의 말을 따를 수밖에 없었다. 고등학교 들어가서는 상고였지만 그 안에 대학 진학을 위한 반이 두 개 있어 학교에서 전과하고 싶은 학생이 있으면 하라고 했다. 해볼까 하다가 그만두었다. 고등학교 3학년 때 큰 이모가 등록금 대줄 테니 공부해보라고 했다.

"근데 그때 큰 이모가 돈을 벌었잖아. 너 대학교 가고 싶으면 공부해라. 내가 등록금 대줄게, 그랬었어. 그래서 잠깐 했었어. 한번 대학교 시험 쳐볼까? 이래가지고 공부를 했었는데 열심히 안 했지. 그 선택의 기회가 왔을 때. 그래서 결국은 안 갔지."

여자에게 주어진 길을 박차고 나갈 의지가 약했다. 어릴 때부터 그런 훈련을 받지 않았으니 당연한 일이다. 상고를 졸업하고는 2년 정도 공장에 다니다가 스물두 살 어린 나이에 결혼했다. 왜 그렇게 일찍 결혼했냐는 딸의 질문에 답한다.

"그때? 일이 하기 싫었으니까 결혼을 했을 거 같아. 일하기 싫은 시점이랑, 같이 방 쓰던 룸메이트 언니와의 트러블도 있었고…… 이래저래 겹쳤던 거 같아."

그럼 도망치듯 결혼한 거냐고 딸이 되묻자 답한다.

"그런 것도 없지 않아 있었던 거 같아. 그 상황에서 좀 벗어나고 싶은."

아홉 살 많은 남편의 목소리가 마음에 들어 결혼했다. 사랑하지도 않는 남자와 어떻게 그렇게나 어린 나이에 결혼할 수 있었느냐는 딸의 물음에 답한다.

"아빠 목소리가 끝내주게 좋아. 니가 몰라서 그런데 진짜야."

그 이후는 출산과 육아를 하는 전형적인 길로 접어든다. 물론 집안 살림도 온통 모지영의 몫이었다. 남편의 경제적 지원 능력이 온전하지는 않았지만, 자신이 일을 해서 부족한 부분은 메울 수 있었다. 10년 동안 다니던 회사에서 거의 강제 퇴사하듯 그만둘 때까지는 가부장제 습속을 따라 여자에게 주어진 행로를 별 의심 없이 쭉 살았다.

"나 자신 없이 내가 누구인지 모르고 그렇게 살았던 거 같아. 내가 뭘 좋아하는지, 내가 원하는 게 뭔지 한 번도 생각해보지 않았던 거 같아. 그게 아마 결혼을 일찍 하고 아기를 일찍 낳고 애만 키우고, 그렇게 살아서 그런지는 모르겠지만. 그렇게 생각했던 것 같아. 내 계발도 없고, 나 자신을 생각해본 적이 없었던 거 같아."

하지만 1년 전 한 판매 회사에 들어가서야 처음으로 지금까지 아무 생각 없이 살았다는 걸 절실히 깨달았다.

"엄마가 작년에 암웨이를 시작했으니까, 마흔네 살이었나 마흔세 살인가 그렇잖아. 그런데 계속 이렇게 그냥 살다가 마흔세 살에 다른 환경에 발을 딱 들였잖아, 어떤 생각이 들었냐 하면, 어? 나 백지네? 내가 너무 백진 거야. 내 스스로 내가 봐도. 나 아는 게 너무 없네?"

가족이나 유사 가족 안에서만 살다보니 자신이 하나도 계발이 안 되고 좁은 세계에 갇혀 살았다는 것을 깨달은 것이다. 사실 예전에 하던 일은 딱히 하고 싶은 것이 아니었는데 어쩌다보니 계속하게 된 것이다. 그러다보니 하는 일에 별 열정도 없이 살아왔다.

"옛날에는 우유부단하고, 생각 없고…… 어, 열정이 없고, 그냥…… 그냥 나 자신 없이, 그냥 생활에. 내 생활에 시간 가는 대로 있어야 할 곳에 있어주고 그냥 그렇게 살았던 것 같아. 그냥 보통 사람으로 살았던 거 같아."

이런 통렬한 깨달음은 암웨이에 들어가 자기계발 교육을 받으면서 생겼다. 이 회사는 긍정적 마인드를 가지고 자기를 계발하라고 다그친다.

"암웨이도 어떻게 보면 자기계발이거든, 자기계발. 자기 성향을 바꾸지 않고 뭔가 나 스스로한테 동기부여를 하지 못하면 할 수 없는 사업이니까. 암웨이는 동기부여에 대해서 굉장히 많이 강조를 해. 왜냐면 내 안에 내 열정이 계속 있어야 하니까."

지금까지는 가부장제 습속 아래 살아서 굳이 목적 수단 범주를 통해 삶을 조직할 필요가 없었다. 하지만 암웨이에서 교육을 받으면서 다짐한다. 이제부터라도 주어진 대로 막 살지 말고 자기계발을 통해 성공하자고.

06 "평범한 삶을 살았지"

부덕영도 자신의 삶을 목적 수단 범주를 통해 구성하지 않는다. 가족주의 습속을 따라 남자가 가야 할 길이 딱 정해져 있었기 때문이다. 막내이기 때문에 앞으로 가부장이 될 큰형을 위해 대학을 포기하고 상고에 가야 했을 때도 의문을 품지 않고 순순히 받아들였다. 고등학교 졸업 후 집을 나와 가족의 도움 없이 혼자 살아갈 길을 찾는 것도 막내로서 당연히 해야 하는 일이었다. 막내가 할 수 있는 일은 혼자 일어서서 자수성가하는 것이다. 물려받은 재산이 없기에 자기 힘으로 벌어 살림을 이루고 재산을 모아야 한다. 결국 돈을 벌어 나만의 생식 가족을 꾸려 살아가는 것이 자연스럽게 주어진 길이다. 젊을 때는 결혼을 하기 위해, 결혼 후에는 가족을 부양하기 위해 당장 할 수 있는 일은 무조건 성실하게 다했다.

부덕영은 목적 수단 범주를 통해 삶을 구성해보려고 딱 한 번 시도한 적이 있다. 직장을 다니면서 상고 출신이라 한계를 느꼈다. 방송통신대학에 입학했다. 직장 생활을 하면서 1년을 다녔다. 하지만 두 가지 일을 동시에 하는 것은 너무 힘들었다. 학교를 그만두었다. 일종의 자기계발에 뛰어들었다가 현실에 굴복한 것이다. 물론 현실이 안 따라줘서 그런 것도 있지만, 그렇게 절실하게 원하지 않은 것 같다.

어떠한 삶을 살아왔냐는 물음에 바로 '평범'이란 단어가 튀어나온다.

"평범한 삶을 살았지."

평범한 게 뭐냐고 다시 물었다.

"일반적으로 보통 사람들이 사는 삶. 그냥 아침에 출근하고 저녁에 퇴근하고…… 결혼을 하고 나서는 가정에 집중하는 것."

그냥 매일매일 주어진 삶을 성실하게 대처하며 살아왔다. 가정을 이루고, 자녀를 낳고, 출퇴근하며 평범하게 살게 되었다. 특별히 따로 자기계발을 하지 않아도 열심히 뛰면 이런 평범한 삶이 가능하다.

이렇게 평범한 삶을 강조하는 아버지를 보고 딸은 뭔지 모를 세대 간의 연대를 느낀다.

"딸과 아버지의 관계에서만 살았던 내가 처음으로 객관적으로 '그'를 바라보았을 때 나는 뭔지 모를 먹먹함이 피어올랐다. 그의 삶이 다사다난했기 때문이라기보다 이 사회에서 살아가는 50대 가장의 삶이 청년들의 삶만큼이나 고단했기 때문이다. 투박한 손에 볼록 나온 배. 아버지였을 땐 운동이나 하라며 툴툴거렸지만 '그'가 되자 괜히 뭉클했다. 흘려들었던 그의 이야기가 떠올랐다. 스트레스를 받으면 먹는 걸로 풀어서 날이 갈수록 살이 찌는 것 같다고. 변명처럼 들리던 이야기는 다시 곰곰이 되씹을수록 내 마음을 울렸다."

평범한 삶을 성취하기 위해서 손이 투박해질 정도로 노동을 하고, 직장 일로 스트레스를 받을 때마다 먹는 걸로 풀다보니 어느새 배불뚝이가 된 50대 중후반의 가부장. 딸의 눈에는 전혀 평범하게 보이지 않는 삶을 살아왔는데도, 정작 자신은 평범한 삶을 살아왔다고 강변한다. 딸은 '평범'이 무엇인지 자문해본다.

"아버지는 말한다. 최선을 다하는 삶을 살라고. 그 과정에서 진솔하라고."

딸은 아버지의 말대로 그렇게 항상 자신의 한계를 뛰어넘으려고 노력하며 살았다. 하지만 수능 결과를 받아보고 한순간에 무너졌다.

"세상은 과정보다 결과를 더 중시하고 있지 않은가. 고등학교 3년을 포함한 교육 과정 12년은 수능 성적 하나로 1등급 인생, 2등급 인생, 3등급 인생……으로 나뉘어졌다. 어떻게 점수로 그 사람의 인생을 다 아는가. 수능을 망친 어린 시절 나는 그 사실이 몸서리치게 받아들이기 힘들었다. 시간이 그 고난을 극복시키고 나는 어엿한 23살 여대생이 되었다. 그러면서 나의 가치관은 점차 변화해갔다. 과정보다 결과를 내야 한다. 이 세상은 결과 하나로 개인의 잠재력을 가능성으로 인정한다. 그리고 또 다른 기회를 내어준다. 그렇게 냉정한 사회를 알아갈수록 나는 현실적으로 변해갔다. 그런 나에게 아버지는 다시 나의 처음으로 돌아가라고 한다. '과정에 집중해라.' '모든 순간에 열심히 해라.'"

부덕영은 평범한 삶을 살기 위해 분투해보았기 때문에 안다. 평범한 목적을 세우고 살아가야지 과정도 좋고 결과도 좋다는 것을. 그건 가족 안에서 살아가야만 가능하다. 그런데 스물세 살의 딸은 자꾸 대구를 벗어나 서울로 가려고 한다. 부덕영은 딸이 서울로 가서 아무리 최선을 다해도 결과가 좋게 나오지 않을 줄 '뻔히' 안다. 여자가 어떻게 험한 서울에 혼자 가서 일을 하며 살 수 있단 말인가? 말로는 딸에게 그렇게 해도 좋다고 말은 하지만 속마음은 그게 아니다. 여자는 집 밖에 나가면 위험하다. 집안에서 살던 방식대로 평범하게 살아가야 한다.

4장

성실주의 집단 스타일

모든 개인에게 자신이 태어난 가족은 이미 주어진 세계다. 개인은 이 주어진 세계를 당연한 것으로 받아들이도록 사회화 과정을 통해 길들여진다. 지방대생 부모는 가부장적 확대 가족에서 태어나 자랐다. 남성의 길과 여성의 길이 명확히 정해져 있다. 남성은 지향 가족에 태어나 자신의 생식 가족을 형성하고 경제적으로 부양할 수 있도록 교육받는다. 여성은 지향 가족에서 태어난 자신의 생식 가족을 정서적으로 돌볼 수 있도록 교육받는다.

지방대생 부모에게는 가부장적 핵가족이 규범적으로 막강하게 살아 있는 현실이다. 하지만 사회구조적으로는 가부장적 핵가족을 실천하며 살아가기 힘들다. 가부장적 핵가족은 중산층을 모델로 한 것이지만, 지방대생 부모는 결코 중산층이 아니기 때문이다. 가부장적 핵가족에서 성별 노동 분업은 규범적으로 강하지만 현실적으로는 그렇지 않다. 사실은 가모장의 절대적인 희생이 필요하다. 지방대생 부모는 특유의 성실주의 집단 스타일을 통해 가부장적 핵가족 규범을 실천한다.

01 집단 경계

지방대생 부모에게 가장 중요한 집단은 가족이다. 물론 어느 정도 차이는 있지만 모든 사람에게 가족은 삶에서 굉장히 중요한 집단일 것이다. 어릴 때 부모의 헌신이 없었다면 누구도 성장은커녕 생존조차 불가능했을 것이다. 부모의 헌신을 받지 못하고 자랄 수밖에 없는 사람들이 얼마나 큰 고통 속에 살아가는지 잠깐만 둘러봐도 이는 명확하다. 문제는 이 가족이 외부 세계와 어떤 관련을 맺도록 정의되느냐 하는 것이다. 지방대생 부모는 가족을 외부 세계와의 관계 속에서 정의하지 않고 그 자체를 이상적 공동체로 실체화한다. 그러다보니 어지간해서는 이상적 가족 밖으로 나가려 하지 않는다. 이는 달리 보면 가족 밖에 나가서 제대로 지원받고 살아본 경험이 없기 때문이다. 국가가 모든 책임을 가족에게 떠맡긴 상태에서 지방대생 부모는 먹고살기 바쁘다보니 가족을 넘어 자신의 집단 경계를 설정할 기회조차 없었다.

모경희는 가족을 화목한 '우리'로 설정한다.

"항상 웃음이 끊이지 않는 가족이었으면 좋겠어. 가족들도 보면 막, 음, 인상을 쓰거나 아니면 또 별거 아닌데도 화를 낸다거나 아니면 긍정적으로 하는 그런 가족들도 있고. 항상 부정적으로 생각하는 그런 대화 형태도 있듯이 가족들도 그런 형태들이 있단 말이지. 근데 이제 웬만하면 좀 웃고 좀. 어, 작은 일에도 자주 웃을 수 있고 그런 가족 형태였으면 좋겠어."

모경희가 속한 집단은 가족을 넘어서지 않는다. 어린이집 학부모 모임이 있기는 하지만 이 역시 유사 가족에 가깝다. 그것을 넘어서는 세상과의 연결 지점이 없다.

부영태는 가족 이외에 정을 주지 않는다. 직업군인이다보니 여러 지역을 떠돌며 살아서 그런 것도 있지만 오로지 가정에만 충실했기 때문이다.

"아빠는 워낙 많은 곳을 다니다보니까 여기도 그냥 거치는 과정이다, 정이 안 갔어. 그냥 어차피 조금만 있으면 옮기겠지. 정을 줄 이유가 없었어. 친구가 없어. 지금은 초등학교 친구들은 만나지만 나머지 친구들은 연락이 안 돼. 요즘 들어서 간간이 대학 친구들이나 학군단 친구들한테 연락이 와서 모임한다고 오라고 하긴 해. 그래도 여기 포항에는 친구가 없어."

부영태의 아내도 마찬가지다.

"엄마는 계속 너희 주위에 있다보니 친구가 없어. 엄마는 외톨이야. 아빠가 일을 나가면 엄마는 아파트에 혼자 있어. 아빠는 그냥 가서 일하는 것밖에 없었어. 집에 오면 엄마랑 둘이야. 그니까 오히려 엄마랑 서로 더 붙어 있을 수밖에 없었지."

부영태는 가족 밖의 세상이 자신을 위협하는 것으로 본다.

"내가 이 지역 사람이 아니잖아. 이 지역 사람이 아니면서 다가가려면 내가 더 개방하고 다가가야 하지만 아빠는 마음을 열면 다 뺏길 것만 같아서. 열리지가 않아. 버릇이 돼버려서."

모인숙은 집단 경계를 가족을 넘어 대구 경북까지 넓게 설정한다. 하지만 대구 경북은 가족이 확대된 것에 불과하다. 대구 경북 사람들은 정이 있다.

"사람들이 다 정이 있지요, 대구 경북 사람들은. 서울 쪽이나 전라도 사람들보다는 다 정이 있어요. 다른 지방 사람들보다. 무뚝뚝하면서도 그 나름대로 정을 느껴요. 부모님 같다. 편하니깐. 대구 경북 사람들은."

대구 경북 사람들은 근본이 순하다고 생각한다. 그래서 이 지역에 사는 것에 자부심까지 느낀다. 반면 서울 사람들은 바쁘게 살기에 마음의 여유가 없다. 이렇게 긍정적인 언어로 대구 경북을 정의하다가도 경제를 준거로 해서 대구 경북을 보면 부정적이다. 대구는 대통령이 아무리 바뀌어도 경제가 좋아지지 않는다. 부산이나 울산과 달리 대기업이 하나도 없다. 경기가 안 좋아 장사가 너무 안 된다. 언뜻 보면 자신의 장사가 힘들어서 대구 경북의 경제 상황에 관심을 갖는 것 같다. 하지만 가만히 들여다보면 이 역시 자녀의 앞날 때문에 관심을 넓힌 것이다.

"큰 공장, 큰 사업체 이런 게 많이 들어서서 우리 애들이 대학교를 졸업해도 얼마든지 들어갈 수 있는 대기업 정도의 회사가 많이 들어왔으면 좋겠어요. 그러면 애들이 졸업을 해도 대구 경북을 안 빠져나가고 서울 쪽이나 부산 쪽으로 안 빠져나가고 대구에서 인재를…… 대구 경북이 발전을 하잖아요, 대구 경북이."

부강석은 가족을 순수하고 깨끗하며 남 탓 안 하고 열심히 사는 집단으로 정의한다. 이러한 정의는 동창회와 같은 유사 가족으로도 확장되고 더 나아가 대구 경북 지역 사람의 특성이 된다. 순수하고 깨끗한 사람은 모두 '우리'가 된다. 반대로 '그들'은 '우리'를 "얍삽하게" 이용해먹는 사람들이다. 이러한 집단 경계는 보수와 진보를 정의할 때에도 적용된다. 보수는 기회의 균등을 바라고 진보는 결과의 평등을 바란다. 대구 경북 지역은 일단 둘 중에서 보수다. 근데 진짜 보수가 있고 가짜 보수가 있다. 진짜 보수는 순수하고 깨끗하다. 가짜 보수는 오염되고 더럽다. 대구 경북 사람은 진짜 보수인데, 가짜 보수인 정치인들이 나서서 얍삽하게 선동을 하다보니 대구 경북 지역이 수구꼴통으로 낙인찍힌 것이다.

모지영은 대구 경북 지역 밖으로 딱 한 번 나가본 적이 있다. 상고를 졸업하고 구로공단에 취업하기 위해 서울로 갔다. 낯선 곳에서 어떻게 생활할까 걱정했지만, 구직 설명회에서 회사 관계자가 이미 회사 기숙사에 대한 정보를 제공해준 터라 안심했다. 침대도 있고 생활하기 편하다고 했다. 그런데 가보니 아주 딴판이었다. 거짓말에 화가 나서 그냥 내려왔다. 거짓말하지 않은 구미의 공장으로 내려와서 일을 시작했다.

"기숙사를 딱 들어갔는데 침대도 없고 그냥 방인 거야, 방. 내가 상상하지 않은 방. 그래가지고는, 어? 거짓말이잖아? 엄마는 그거 제일 싫어하거든. 나한테 거짓말했네? 그래서 기분이 확 상한 거야. 그때 마음이 상했는 거야. 그래가지고 나 여기서 이렇게 거짓말하는 사람들이랑 일하고 싶지 않다. 이렇게 됐어. 그래가지고 짐도 안 풀었어. 그 다음날 나 집에 간다 이카니까 왜 가냐고 묻더라고. 나한테 거짓말했잖아요. 나는 거짓말하는 사람들이랑 일하고 싶지 않다 카면서. 무슨 거짓말했나? 이러니까. 기숙사에 침대도 있고 그렇다고 했는데 없잖아요, 이랬지. 아마 황당했을 거야. 그래서 나는 간다 하면서 짐 싸들고 나왔지."

부덕영은 가족은 순수하고 가족 밖 세상은 위험하다고 본다. 고등학교 졸업 후 10여 년을 집 밖에서 떠돌 때 아내를 만났다. 세 번의 만남만으로 결혼했다. 놀란 딸이 어떻게 그렇게 빨리 결혼할 수 있었느냐고 물었다.

"순수? 세파에 (찌들지 않은). 본인 이야기는 또 틀리겠지만. 조금 순수, 순진, 평범, 단순 그런 게 좋았지. 첫인상. 만나면 만날수록 그런 순수함이 느껴지는 게 너희 엄마였지."

순수하다는 것은 가족 밖 세상에 나가 세파에 찌들지 않았다는 것을 의미한다. 남자는 일을 해야 하니까 그럴 수밖에 없다 치더라도, 여자는 순수를 지켜야 한다. 그러려면 되도록 집 안에 있어야 한다.

"아들이랑 딸이랑은 다르지. 딸은 밖에 두면 걱정이 되니깐 지켜야지. 그래도 뭐 독립을 하고 싶다고 하면…… 근데 아빠 엄마가 필요할걸."

이러한 생각은 딸에게 막강한 영향을 끼친다.

"가끔씩 부모님은 내게 말한다. 우리가 없으면 넌 어쩌려고 그러니? 난 그 물음에 항상, 나도 그럼 죽을래!라고 대답했다. 이 세상에 혼자 남겨진 것이 상상도 되지 않아서, 이 사회에 나는 혼자라는 생각이 날 지배하는 것이 말만으로 너무 두려워서."

02 집단 유대

지방대생 부모는 가족 성원들끼리는 어떤 상황에 처하더라도 서로를 먼저 배려해야 한다고 생각한다. 배려의 양식은 다양할 수 있지만, 상대방이 불행에 빠지지 않도록 해야 하는 것은 변함없이 중요하다. 너무 푸시해서도 안 되고 그렇다고 지나치게 방기해서도 안 된다. 적당하게, 하지만 진정되게 서로를 배려해야 한다. 상대방에게 과중한 짐을 지우지 않는 제일 좋은 방법은 내가 먼저 나서서 그 짐을 지는 것이다. 상황이 마땅치는 않지만 내가 먼저 희생해서 일을 해야 한다. 성실하게 최선을 다하면 언젠가는 가족 성원들이 알아주고 인정해줄 것이다.

모경희는 자라면서 부모로부터 절대 과도한 기대를 받지 않았다.

"그냥 공부에 대해서는 부모님께서도 그렇게 뭐 잘해야 된다, 항상 1등 해야 된다, 이런 말씀 별로 안 하셨고. 음…… 학원을 매일 가지도 않고 학교만 가면 되는 거니까 숙제도 그렇게 많지도 않았고. 학교에서 선생님이 내주시는 숙제만 하면 됐기 때문에 얼른 숙제해놓고 나가서 놀고 그랬습니다."

자녀에 대해서도 큰 것을 바라지 않는다. 공무원이 되면 좋겠지만 안 돼도 상관없다.

"뭐 자기가 할 수 있는 만큼 열심히 노력했으면 좋겠어."

장성해서 독립해도 별다른 걸 기대하지 않는다.

"부모님들하고도 떨어져 있으니까 전화 자주 하고 시간 되면, 시간 안 돼서 자주 못 와서 (못) 뵙고 그러면 전화라도 자주 하고 그러면 좋지."

서로에게 절대 무거운 부담을 지우면 안 된다. 내 할 일을 열심히 하면 나중에 다 알아준다.

부영태는 가부장의 역할에 충실하기 위해 항상 모든 일에 성실하게 최선을 다한다. "결혼을 하면 당연히 뒷바라지를 해야 한다"는 책임감과 "가정을 지킬 수 있는 경제적인 능력이 있어야" 한다는 의무감을 가지고 노력했다. 아내로부터 인정을 받는다.

"엄마가 가지고 있는 눈에서 아빠는 한눈을 안 팔아. 옆을 안 봐."

부영태는 군대 생활도 가부장 역할 하듯이 성실하게 했다. 무더운 여름날 전방에서 철책 작업을 할 때 부하들은 반팔에 메리야스를 입고 작업했지만 정작 부영태는 단 한 번도 전투복을 벗지 않았다. 전투복 뒤에 소금줄이 대여섯 개가 생겨도 서열을 지키기 위해 성실하게 임했다. 아들에게 말한다.

"아빠가 군복을 입고 있을 때는 군번줄을 차잖아. 그 군번줄을 벗은 적이 없었어. 아침마다 항시 군번줄을 차면 새로운 마음, 내 일에 최선을 다하자 하는 마음가짐으로."

모인숙은 종갓집 며느리로 처음 낯설었던 일을 성실하게 하다보니 결국은 눈 감고도 다 할 수 있는 경지에 이른다. 분식점 장사를 처음 시작할 때에는 손님들에게 말도 제대로 붙이지 못할 정도로 숫기가 없었는데 이제는 쾌활하게 손님과 대화도 잘 나눈다. 두 가지 상황 다 모인숙이 선택한 것은 아니다. 그 상황에서는 그렇게 할 수밖에 없었다. 모인숙은 특유의 성실성을 통해 이 모든 상황을 뚫고 나갔다. 현재 하는 일에 만족하냐고 묻자 바로 답한다.

"현재는 만족하고 있습니다."

그러면서 덧붙인다.

"첨 시작할 때는 하기 싫었습니다."

부강석은 자녀에게 무리한 요구를 절대 안 한다. 자신 스스로가 소심한 편이어서 늘 뭔가를 실행하기 전에 수백 번의 시뮬레이션을 해본 후에야 비로소 일을 시작하는 스타일이다. 부강석은 남을 많이 의식하는 경향이 있어 자신의 의견을 강하게 주장하지 않는다. 자녀에게도 마찬가지다. 딸은 아버지에 대해서 다음과 같이 평가한다.

"아버지로서의 아버지는 굉장히 느긋한 선생님과 같다. 아버지는 항상 우리가 뭘 하든 지켜보다가 모든 일이 끝난 후에 조언을 해준다. 가끔은 그런 것이 원망스러운 적도 있었지만 아버지가 오히려 느긋하게 우리를 지켜봐주고, 기다린 덕에 뭘 해도 끝까지 마무리 지을 수 있는 사람이 되었다."

하지만 정작 부강석 본인은 빠르게 변화하는 세상사를 따라잡으려고 항상 바삐 산다.

모지영은 웬만하면 참고, 상대방을 먼저 배려하고, 궂은일에 항상 앞장선다. 맞벌이를 하면서도 집안일을 도맡아 했다. 딸이 왜 그랬냐고 묻자 답한다.

"엄마니까……? 어, 너희가 안 했잖아.(웃음) 시끄러운 것보단 내가 조금 더 피곤해도 조용하면 피곤한 게 낫지. 그래서 조용한 걸 선택했을 뿐이야."

앞장설 위치에 있지 않으면 문제를 일으키지 않기 위해 상황에 잘 적응한다.

"그냥 적당하게 환경에 잘 맞추는 것 같아. 그리고 굳이 뭐 내가 안 나서도 되는 곳에선 나설 필요도 없고. 잘 안 튀는…… 엄마는 잘 안 튀는 스타일 아냐? 그런데 다른 사람을 불편하게는 또 안 했잖아. 내가 조금 더 희생해서 편하다 하면 나는 희생을 선택하지. 나는 편한 게 좋아."

부덕영은 막내로 자랐다. 큰형에게 집안의 모든 지원이 몰려 대학에 갈 여력이 없었다. 큰형을 위해 희생한 셈이다. 하지만 이를 희생이라 여기지 않는다. 그렇게 하는 걸 당연하게 여긴다. 집안을 위해 자신을 죽이고 가족 성원을 먼저 내세운다. 큰형은 아버지를 모시고 산다. 가족 성원들의 기대대로 장남의 역할을 충실히 수행하고 있다. 현재도 가족에 큰일이 생기면 작은형은 물론 자신도 큰형에게 의지하고 그 결정을 따른다. 큰형은 어려운 일이 있을 때마다 동생들을 도와준다. 모든 가족이 큰형을 중심으로 삶을 살아간다.

03 말하기 규범

지방대 부모의 말하기 규범은 과묵함이다. 자기를 먼저 내세우지 않고 항상 주변을 고려해서 살아가야 하기에 말을 함부로 해서는 안 된다. 뭔가 마음에 안 드는 것이 있거나 남들과 생각이 달라도 주변을 생각해서 웬만해서는 표현하지 말아야 한다. 대신 진심 어린 행동으로 보여줘야 한다. 말보다 행동이 먼저다.

모경희는 가족관계는 대체로 좋았지만 아버지는 다정다감하지 않았다고 말한다. 이를 시골의 특성으로 본다. 하지만 어떤 면에서는 말이 필요 없다. 아버지는 말 없이도 사랑을 표현한다. 어린 시절 아버지를 따라 장에 갔다. 아버지는 아무 말 없이 어린 딸을 장터 국밥집으로 데리고 갔다. 난생처음으로 뚝배기에 먹음직스럽게 담긴 "빠알간 색" 소고기국밥을 보았다. 한 그릇만 시켜도 될 텐데 어린 딸을 위해 굳이 두 그릇을 시켰다. 쉽게 맛볼 수 없는 고깃국. 허겁지겁 숟가락을 뜨는데 뜨거워 먹을 수가 없었다.

"아버지가 이제 숟가락에 떠가지고 불어갖고 식혀서 주시는 거라. 내가 얘기했잖아. 평소에 이제 아버지가 그런 내색을 잘 안 하신단 말이야. 말씀도 잘 안 하시고. 그런데 그거를 막 불어서 주시는 걸 보니까 정말 진짜 아버지가 많이 그렇게 느껴졌어. 사랑받고 있다는 생각이 들었어."

부영태는 장남이자 장손으로 살아오다보니 매사 조심스러워지고 꼭 할 말만 하게 된다.

"뭐든지 항상 매사가 조심스러워졌어. 막 하는 것보다는 상대방을 생각하는. 그게 버릇이 들어왔어, 습관이. 그리고 말을 여러 번 하는 것보다는 꼭 필요한 말만, 꼭 필요한 말만 하는 것을 노력하고."

이는 아버지로부터 배운 것이다. 고등학교를 졸업하고 대학교 기숙사를 갈 때 혼자 갈 수 없어 아버지와 함께 갔다. 가는 동안 둘 사이에 아무런 대화가 없었다. 기숙사에 도착했다.

"할아버지가 일단 들어가서 생활해봐라라고 얘기하셔서 예라고 답했었지. 이것이 대화의 다야. 거기까지 가면서."

집에서도 아버지는 말이 없었지만, 중대한 일을 결정할 때에는 아버지의 한마디가 곧 법이었다. 어머니는 세세한 면을 조정했고, 가족들은 모두 따랐다.

부영태는 여자친구를 사귈 때도 말보다 행동으로 보여줬다.

"엄마가 날 만나기 싫어할 때 엄마가 다니던 병원 앞 사거리에서 계속 기다리고 있었어. 그러면 끝날 때에 병원 3, 4층에서 창문을 열고 사람들이 쳐다보고 있었어. 그래서 아빠의 인식을 계속 심어주고. 그래도 떠들거나 찾아 들어가거나 하는 짓은 안 했어. 이것으로 아빠의 진심을 믿어주겠구나 라는 생각이 들었어."

모인숙은 대구 경북 사람이 무뚝뚝하다고 말한다. 집에서는 어느 정도 정을 품고 있다는 것을 안다. 하지만 장사를 하면서 손님들이 무뚝뚝하게 나오면 기분이 영 좋질 않다. 특히 남자들이 말을 무뚝뚝하게 하면 기분이 나쁘다.

"남자분들이 말을 툭툭 내뱉으면 정말로 기분 나빠요."

서울 사람과 대조된다.

"서울 사람들은 그런 거 잘 없어요. 말을 아주 예의 있게 말을 참 예쁘게 하는데, 물건을 사러 와도."

무뚝뚝한 것이 사실은 남성의 말하기 규범이라는 것을 안다. 남자는 여자에게 명령을 하지 대화를 하려고 하지 않는다.

"내가 어른을 모시고 살다보니깐 아직까지도 여자들보다는 남자들의 말이, 남자들이 집안의 우선. 그게 대구 경북 남자들의 보수적인 생각 아니겠어요? 그런 거. 여자 말이면 니가 무엇을 아니? 이런 식으로."

결국 집안에 어른을 모시고 살다보니 눈치를 보느라 표현이 적어지고 이게 굳어져서 무뚝뚝하게 된 것이다.

부강석은 부당한 일을 당해도 하나하나 따지지 않고 스스로 물러난다. 첫 직장을 그만둘 때처럼 오염되고 더러운 사람과 일일이 말로 문제를 푸느니 아예 피해버린다. 아니면 책임을 남에게 전가하지 않고 '모두 내 탓입니다' 말한다. 말이 필요 없다. 행동으로 보여주면 된다. 그러면 언젠가 상대방이 진심을 알아줄 날이 온다. 이렇게 장기간의 시간을 보내야만 효과를 낳는 말하기 규범을 실천하는 이유는 부강석이 만나는 사람들이 모두 앞으로도 장기적으로 함께 살아가야 할 가족이나 유사 가족이기 때문이다.

모지영은 부당한 일을 당하면 적극적으로 말을 해서 바꿔야 한다고 딸에게 이른다.

"내가 부당하다고 생각했을 때 얘기를 해서 바꿀 필요는 있지. 말이 역사를…… 말이 일을 해. 엄마는 그거를 절실하게 느껴. 내가 나 혼자 꿍하고 갖고 있는 게 아니라 내가 이런 걸 뭔가 생각하고 있는, 이런 게 있을 때…… 싸우라는 얘기가 아니야. 부당한 걸 얘기를 했을 때 바로잡는 것도…… 내 저건 거 같아. 내가 해야 할 나의 권린 거 같아."

그런데 문제는 실제로 이렇게 한 적이 거의 없다는 것이다. 부당한 대우를 받아본 적이 별로 없었기 때문에 이를 바로잡으려고 말할 필요도 없었다고 말한다. 남녀 차별도 차별로 느끼지 않았다. 가부장제 습속 아래 의문 없이 살아오다보니 차별이나 부당함 자체를 인지조차 할 수 없었던 것이다.

부덕영은 좋은 부모란 묵묵하게 자식들을 뒷바라지하는 사람으로 정의한다.

"자기 일을 묵묵히 열심히 하는 사람. 열심히 해서 다른 자식들에게 좋은 울타리가 되어주고 경제적으로든 뭐 교육도 그렇고 다 해주는 거지. 그러려면 자기 일을 묵묵히 해야 하는 거고."

되도록 자녀에게 이거 해라 저거 해라 말로 압박하지 않는다. 그냥 행동으로 보여주면 자녀가 알아서 따라올 것이라고 생각한다. 아버지는 자식을 위해 열심히 최선을 다해서 일하면 된다. 하지만 자녀가 어느 정도 성장하고 나니까 무슨 말을 하려 해도 할 수가 없다. 여태껏 일만 하느라 자녀들과 같이 시간을 보내지 못하다보니 이제는 대화 자체가 안 된다. 최근 졸업을 앞둔 딸에게 물었다.

"어디 회사 들어갈 거니? 취업 준비는 잘되고 있니? 오빠는 지금 중소기업이고 (대기업이고) 다 내고 있다는데 너는 지원하고 있니?"

딸에게 혼쭐이 났다. 부담 주지 말라며 뛰쳐나간 것이다.

04 가족 멜로드라마

지방대생 부모는 자신의 삶을 가족주의 언어를 통해 서사한다. 물론 자녀 앞에서 자신의 이상적 자아를 연출해서 보여줄 수밖에 없는 상황이어서 가족적 자아를 전면에 내세울 수도 있다. 부모라면 누구라도 자녀에게 좋은 부모로 비쳐지고 싶을 테니 지방대생 부모라고 특별히 가족주의 언어를 쓴다고 탓할 수는 없을 것이다. 문제는 지방대생 부모가 자신의 가족적 자아를 가족 밖의 세상과 어떤 연관 속에서 말하느냐 하는 것이다. 이는 이야기의 장르를 파악하면 드러난다.

지방대생 부모가 들려주는 이야기의 장르는 가족 멜로드라마의 성격을 지닌다. 멜로드라마는 근대화 과정 중에 탈성화된desacralized 세계에서 힘을 잃어버린 기존의 도덕을 여전히 자신의 덕성으로 삼아 살아가는 평범한 인간이 겪는 온갖 우발적인 수난이 핵심을 이룬다.[2] 가족 멜로드라마는 멜로드라마의 한 종류로서, 탈성화된 세계에서 고통을 받던 개인이 가족 안에 들어와서 안전과 행복을 되찾게 되는 과정을 그린다.[3] 개인이 고통받는 이유는 사회가 이미 가부장제를 낡은 도덕으로 만들었는데도 인물들이 여전히 이를 자신의 덕성으로 삼아 실천하며 살아가기 때문이다. 멜로드라마에서 인물들은 사회적 관습에 지배당한다. "멜로드라마는 주인공들이 궁극적으로 사회적, 가족적 전통의 구속에 투항하는 것을 그린다."[4]

지방대생 부모는 아버지의 권리가 중심이 되는 '부권적 사회'에서 자라나 아내에 대한 남편의 권리에 의해 유지되는 '가부장적 사회'로 나아간다. 이러한 전이 과정은 보통 근대의 가족 로망스의 특징을 지니는 것으로 여겨진다. "역사적으로 살펴보면 근대 기획은 공통적으로 '전통' 부정의 방식을 취한다. 근대는 과거와는 다른 것으로 자기를 규정하는 유일한 시대이다. 이러한 전통의 부정은 프랑스혁명을 비롯한 대부분의 근대 기획들 속에서 아비 부정이라는 가족 로망스로 드러난다. 근대적 주체의 정체성을 구성하는 중요한 특징들 중의 하나이자 고유한 성격인 '정치적 고아 의식'은 이러한 가족 로망스를 통해 아비를 부정하고 스스로를 고아 또는 서자로 규정하는 근대 가족 로망스의 산물인 것이다."[5]

하지만 지방대생 부모에게는 '아비 부정'과 '정치적 고아 의식' 둘 다 나타나지 않는다. 왜 그럴까? 아버지가 부정해야 할 만큼 과거의 커다란 악이 아니기 때문이다. 아버지는 권위적이고 무서운 가장으로서 자신의 가치관을 고집하고 강요한다. 자녀와 아내를 사랑하면서도 표현하지 못하는 무뚝뚝한 남자인 동시에 아내와 딸을 억압하고 부당한 대우를 하는 남자다. 하지만 가족을 부양하기 위해 열심히 일하면서도 힘들다는 표현조차 안 한다. 한마디로 아버지는 착하고 바른 남자다. 그런데 가족을 온전히 부양할 경제적 능력이 부족하다. 이렇게 착하고 바른 남자가 있는 힘, 없는 힘 다

뽑아 가족 먹여 살리겠다고 아등바등 애를 쓰고 있는데 자녀에게 살부殺父 의식이 생길 리 없다.

지방대생 부모의 성장기는 성장소설의 성격을 지니지 않는다. 모험을 떠나지 않기 때문이다. "성장소설의 주요한 서사 층위를 이루는 모험—여행 중의 고난, 방해물을 이기고 드디어 목적지에 도착하기까지의 방황 등—과 길 찾기는 바로 전통과 인습의 도움 없이 새로운 세계에서 자기 길을 개척해나가야 하는 근대적 주체들의 의식세계를 반영하는 것이다."[6] 집을 떠나 길 찾기에 나서려면 가부장과 불화를 겪어야 한다. 지방대생 어머니는 어릴 때 자신의 존재를 부정당하는 경험을 한다. 오빠를 뒷바라지하기 위해 대학 진학을 포기당하고 상고에 진학한다. 하지만 이러한 부당한 경험이 적극적인 자신만의 길 찾기로 나아가지 않는다. 대신 새로운 생식 가족을 구성함으로써 길 찾기는 마감된다. 지방대생 아버지 역시 장남은 물론 차남과 막내도 가부장과 불화를 겪지 않는다. 오히려 가부장을 따라 살려고 노력한다. 그 역시 길 찾기에 나서지만 자신의 생식 가족을 구성하면서 삶의 행로가 정해진다.

가족 멜로드라마의 원형 격인 1950년대 미국 영화에 등장하는 가족은 중산층 이상의 계급인 것이 보통이다.[7] 한국의 가족도 예외는 아니다. 현대자동차 노동자의 아내로 살던 페미니스트 조주은은 몸으로 체득하여 이를 정의한다. "남성이 가족 생계를 책임지는 생계 부양자 역할을 맡고, 여성이 가사와 육아를 전담하며 전업주부를 하는 가족 형태는 전형적인 화이트칼라 중산층의 가족 모델이다."[8] 그런데 지방대생 부모는 중산층 이하의 지향 가족에서 태어나고 자라 또다시 중산층 이하의 생식 가족을 구성해서 살아왔다. 남성 가부장이 가족을 온전히 부양할 수 없는 처지다. 그럼에도 계속 가부장 노릇을 하느라고 고통받는다. 지방대생 아버지는 가족 밖에 나가 노동하며 산다. 우연이나 급작스런 인연을 통해 삶이 로망스에서 비극으로, 비극에서 희극으로, 희극에서 비극으로 반전된다. 기본적인 사회정의가 통하지 않는 사회 세계를 살아간다. 가부장의 이러한 고통은 가족 성원 전체에게로 확장된다. 온전하지 못한 가부장의 경제적 지원 능력 때문에 집에서 돌봄 노동에 힘쓰던 아내마저 노동시장에 불려나가 혹독한 시련을 겪는다. 남편이 경제적 능력도 안 되면서 가부장의 권위를 세우면 집안이 파탄난다.

지방대생 부모의 가족 멜로드라마는 '해피 엔딩'으로 끝나는 줄 알았던 결혼 생활의 고난을 다룬다. 멜로드라마에서 여성은 사적 영역에 머물다 공적 영역으로 넘어가면서 온갖 수난을 당한다. 수난을 당하는 이유는 이미 낡은 도덕을 자신의 덕성으로 삼아 살아가기 때문이다. 정조를 지키는 것이 대표적인 예다. 멜로드라마에서 여성은 정조를 지켜 도덕적으로 승리하게 되고 결국 새로운 가부장의 보호 아래 들어간다. 가족 멜로드라마는 이렇게 완성되는 것으로 여겨졌던 이후의 이야기다. 가부장이 제대로 경제적 능력을 발휘하지 못해 집 안에만 있던 아내가 가족 밖으로 다시 나가 시련을 겪는다. 지방대생 어머니는 가족 밖에 나가 일을 하게 되면서 자신이 얼마나 사회로부터 고립되어 살아왔는지 깨닫는다. 소녀 시절 이후 처음으로 다시 뒤늦게 주체의 감정이 일깨워진다.

한국의 가부장적 핵가족을 '이상한 정상가족'이라 비판하는 김희경은 가족 내에서 부모의 권력에 대해 지적한다. "'정상가족' 안에서 여성을 억압하는 성차별적 위계 구조 못지않게 아이들을 억압하는 것은 자녀를 소유물처럼 대하고 절대적 영향력을 행사하며 자녀를 통해 자신의 인생을 증명하려 드는 부모라는 권력이다."[9] 하지만 이러한 주장은 지방대 부모가 구성한 생식 가족에서는 통하지 않는다. 무엇보다도 부모가 힘이 없다. 가부장은 경제적 능력이 없어 제대로 가족을 부양하지 못한다. 아내는 이를 보충하느라 집 밖에서 노동하느라 바쁘다. 남편과 아내 사이에 성차별적 위계 구조가 힘을 제대로 못 쓴다. 오히려 둘 사이에 연민의 공동체가 형성된다. 이런 상황에서 자녀들은 부모의 보살핌 없이 그냥 지내고 있다. 부모의 인생을 증명하라는 압박이 없다. 부모는 자녀에게 그저 평범하게만 살아달라고 요청한다.

5장

가족주의의 세대 유전

01 두 개의 세대 유전

미국

세넷은 1970년대 초 미국 육체노동자 엔리코를 인터뷰했다. 이탈리아에서 이민 온 엔리코는 고된 노동으로 가족의 삶을 꾸려가고 있었다. "엔리코는 나와 처음 만난 자리에서 자신은 20년을 하루같이 빌딩 화장실을 청소하고 걸레질했다고 했다. 그는 불평 한마디 없이 궂은일을 도맡아 했다. 그렇다고 해서 그가 아메리칸 드림을 실현하겠다는 거창한 포부를 갖고 있었던 것도 아니었다. 단지 가족의 생계를 책임진다는 시종일관 단 한 가지 목적을 위해 중노동을 감수하고 있었다."[10]

엔리코의 아내 플라비아는 드라이클리닝 세탁 공장에서 일하면서 살림에 보탬이 됐다. 두 부부는 15년 동안 먹는 것, 입는 것을 아껴가며 악착같이 일해서 자녀의 교육을 위해 학군이 좋은 보스턴 교외 지역에 집을 장만했다. 두 자녀를 대학에 보내기 위해 진작부터 저축을 했다. 일은 힘들어도 고용이 안정되어 있고 연차가 올라갈수록 임금도 지속적으로 상승했다. 노조는 이러한 점에서 큰 역할을 했다. 남은 건 주어진 일을 '성실하게' 하기만 하면 됐다.

세넷은 엔리코와 그의 세대를 연구하면서 독특한 생활 태도가 있다는 것을 발견한다. "엔리코와 그의 세대에 대해 가장 인상 깊었던 것은 날마다 거의 똑같은 일을 평생 계속한 그들의 규칙적이고 단선적인 생활 태도였다. 그처럼 단조로운 세월을 보내면 인생의 성과가 차곡차곡 쌓이게 마련이다."[11] 똑같은 단순노동을 평생 반복하면서도 지루해할 틈이 없었다. 시간이 흐를수록 임금이 오르고 집도 커지고 자녀도 대학에 보낼 수 있게 되었다. 남들이 보면 하류 노동자라고 폄하할지는 모르지만 엔리코는 스스로 인생을 성공적으로 만들어왔다는 자부심이 강하다. "그는 자신이 바로 자기 인생의 작가라고 느꼈다. 그는 비록 사회적으로 하류 계층에 속했지만 이 같은 인생 스토리 덕분에 자긍심을 잃지 않았다."[12] 엔리코에게는 자수성가한 사람 특유의 자신감이 묻어난다.

세넷은 1990년대 중반 15년 동안 연락이 끊겼던 엔리코의 아들 리코를 공항에서 우연히 만났다. 한눈에 봐도 경제적으로 성공한 비즈니스맨처럼 고급 양복을 입고 노트북이 든 세련된 가죽 가방을 메고 있었다. 엔리코의 꿈이 드디어 실현된 것처럼 보였다. 하지만 속사정은 복잡했다. 리코는 아버지의 바람대로 명문대 경영대학원을 나와 당시 한창 번창하고 있던 실리콘밸리 컴퓨터 회사에 기술 자문역으로 취업을 했다. 개신교 양갓집 출신의 대학 동기생과 결혼도 했다. 아내가 일하는 것을 부끄러워하던 아버지와 달리 리코는 아내를 일에 관한 한 동등한 파트너로 여기고 적극적으로 지원했다.

한동안 승승장구하며 거칠 것이 없었다. 하지만 신경제의 불확실성의 덫에 걸렸다. 다니던 회사가 대기업에 합병되면서 리코가 구조조정의 희생자가 된 것이다. 여기저기서 기업의 효율성을 높인다며 여기저기서 구조조정을 단행하고 있었다. 무엇 하나 안정된 것이 없어 보였다. 취업이 여의치 않아 작은 컨설팅 회사를 차렸다. 지금까지 남들이 해주던 회사 잡무를, 복사부터 전화 받기까지 손수 다해야 했다. 또 고객들과 좋은 인간관계를 유지하고 그들의 변덕 많은 요구에 맞추느라 눈코 뜰 새 없이 바빴다. 그래도 어디 가서 하소연할 데가 없었다. 여기저기 흩어져 있는 경리 직원들을 관리하는 아내 자넷 역시 일자리가 불안정하기는 마찬가지였다. 재택 근무자부터 수천 마일 떨어져 있는 말단 직원까지 근무 특성에 맞춰 관리해야 했다. 업무 부담은 많아지고 권한은 점차 줄어들었다.

아버지와 마찬가지로 리코도 자신의 일을 가족을 위한 봉사로 여긴다. 하지만 일을 열심히 하면 할수록 가정의 행복과 멀어져갔다. 일이 불규칙해서 어떨 때는 몇 달 동안 아이들 얼굴을 볼 수 없을 정도로 정신이 없었다. 정시에 출근했다 정시에 퇴근하는 아버지 밑에서 엄한 훈육을 받고 자란 자신과 달리 아이들은 전혀 규율이 없는 것 같아 불안하다. 권위를 세우려고 해도 제대로 되지 않는다. 이미 아이들은 한곳에 헌신하며 평생의 삶을 계획해서 사는 삶을 이해하지 못한다.

세넷은 두 부자의 삶의 변화를 사회의 구조 변동과 연동해서 요약한다. "엔리코에겐 평생 동안 단선적으로 누적된 이야기가 있었다. 엔리코의 이야기는 고도로 관료주의적인 사회에서 통용된 것이다. 반면 리코는 단기적 유연성과 끊임없는 변화를 특징으로 하는 세계에 살고 있다. 이 같은 세계에서는 경제적으로나 사회적으로 이야깃거리가 별로 없다. 기업은 분화되거나 통합되고, 일자리는 생겼다가 사라지고, 개개의 사건들 간에는 연관성이 줄어든다."[13]

일본

일본에는 또 다른 세대 유전이 일어나고 있다. 1990년대 버블경제가 붕괴되기 전까지만 해도 일본인들은 가부장적 핵가족 모델대로 살아갈 수 있었다. 남편은 노동시장에 나가 정해진 길을 따라 임금 노동하며 가족을 부양할 수 있었다. "고도성장기의 일본은 고용이 활발했으며 어떤 정해진 삶의 방식이나 역할이 각자에게 준비되어 있었다. 청년들—특히 남성 정사원—은 평범하게 직장을 다니면 그에 맞는 보통의 삶을 즐길 수 있었다. …… 연공서열형의 임금 체계 덕분에 젊은 시절에 땀 흘려 일하면 쉰 살이 넘을 무렵에는 어느 정도 되는 임원직에 오를 수 있었다."[14]

아내의 경우도 보통의 평범한 결혼 생활을 누릴 수 있기는 마찬가지였다. "대부분의 사람들은 일하면서 그사이에 결혼을 했으며, 여성들은 전업주부로 살아가거나 파트타임으로 일하며 가계에 보탬을 주기도 하고 또 부모나 주변 사람들의 지원을 받으며 아이를 키우는 등 행복한 삶을 유지할 수 있었다."[15]

하지만 이러한 가부장적 핵가족 모델은 급속도로 붕괴되고 말았다. 남성이 평생 정직원으로 일할 수 있는 직장을 찾기 어려워졌다. 이렇게 경제적 능력이 없다보니 결혼하기도 힘들어진다. 여성의 경우도 가부장에 몸을 맡겨 평생 가정 안에서 전업주부로 살 수 있는 길이 막혔다. 이제 남성이나 여성이나 모두 살기 위해서 열악한 노동 현장에 뛰어들 수밖에 없다. "청년들은 기업의 말단 노동직으로 들어갈 수밖에 없게 되었고, 연공서열형 임금이나 넉넉한 사회보장 등도 사라졌다. '일회용 노동력'으로 취급되어 장시간의 가혹한 노동을 강요당하다 결국은 몸도 마음도 망가진 상태로 회사를 떠나가는 이들도 생겨났다."[16]

새로운 청년 빈곤 세대가 일본에 출현하고 있다. 부모 세대처럼 열심히 일하면 그에 맞는 임금을 받고 결혼도 하고 집도 장만하고 자녀를 낳고 키울 수 있는 시대는 끝나가고 있다. 청년들이 아무리 일하고 싶어도 안정된 일자리는 없다. 막상 힘들게 직장에 들어간다 해도 장시간 노동에 시달리며 언제 잘릴지 모르는 비정규직 처지다. 부모 세대는 젊은이들이 배가 불러 일을 안 한다거나, 청춘은 항상 그런 법이니 실패를 두려워하지 말고 무슨 일이든 일단 뛰어들라고 말한다.《우리는 빈곤 세대입니다》의 저자 후지타 다카노리는 청년들에게 다음과 같이 당부한다. "무슨 일이든 상관없으니 일단 시작하고 보자는 마음으로 일에 뛰어드는 것만큼은 절대로 피하라."[17]

부모 세대는 열심히 일해서 중산층이 될 수 있다고 여겼지만, 이제 젊은이들에게는 계층 상승의 희망이 끊어졌다. 부와 빈곤이 자녀에게 세습되고 있기 때문이다. "처음부터 자산을 가진 가정에서 태어났느냐 아니냐에 따라 '가진 자'와 '못 가진 자'로 고정되어버린다. 또 정규직 사원과 비정규직 사원이라는 고용 형식에 의해서도 격차는 점점 더 확대된다. 다시 말해 노력하느냐 안 하느냐의 문제가 아니라 인생의 큰 줄기는 타고난 운으로 결정된다는 것, 또 거기서 벗어나기가 쉽지 않다는 것이 문제다."[18]

한국

이처럼 미국과 일본에서 세대 '유전流轉'이 일어나고 있다. 전반적으로 볼 때 한국 사회에도 이와 유사한 현상이 벌어지고 있다. 발전주의 국가 시절 지속적인 성장을 할 때 대부분의 한국인들은 사랑-결혼-출산-육아라는 낭만적 사랑의 자연적 연계를 당연하게 여기고 살았다. 남성의 경제적 지원 능력과 여성의 정서적 지원 능력이 결합해 평생의 애착관계를 유지하며 살 수 있었다. 지속적인 고도성장이 남성 가부장을 위한 안정적인 일자리를 많이 제공했기 때문이다. 사회구조와 문화 규범이 짝을 잘 이루었다. 심지어 중산층 상승을 꿈꾸는 노동자계급에서도 낭만적 사랑을 모델로 해서 결혼 생활을 이어갔다.[19]

외환위기 이후 이러한 가부장적 핵가족 모델이 급속히 붕괴되기 시작했다. 남성 가부장을 위한 좋은 일자리는 줄어들었고, 좋지 않은 일자리만 넘치고 넘친다. 이런 일에 아무리 '노오력'을 기울인다고 해서 성공은커녕 생존조차 쉽지 않다. 가부장적 핵가족 구성은커녕 연애조차 포기한다. 현재 이런 상황을 반영하듯 3포, 5포, N포, 헬조선, 잉여, 흙수저, 벌레, 난민, 부채 세대, '이생망(이번 생은 망했다)', '사축(회사에 길들여진 가축)', '지옥비(지하방, 옥탑방, 비주택)' 등 하나하나 거론하기 힘들 정도로 청년들의 열악한 생존 환경을 고발하는 책들이 쏟아져나와 있다.[20]

이 과정에서 청년 세대들이 겪는 고통이 기성세대 탓이라는 세대 전쟁 담론이 수입되었다. 예를 들어 박종훈은 베이비붐 세대(1955~1963)인 기성세대가 에코붐 세대(1979~1992년생)인 미래 세대의 밥그릇을 훔쳤다고 주장한다. 부동산을 보유하고 있는 기성세대가 부동산 투기를 통해 집값을 상승시켜 이득을 보는 동안 자산이 없는 청년 세대는 주거난민으로 내몰린다. 베이비붐 세대가 누리고 있는 높은 수익률의 국민연금은 에코붐 세대와 아직 태어나지도 않은 미래 세대의 주머니를 털어 만든 것으로 앞으로 그들을 빚더미에 올려놓을 것이다. 취득세나 양도세 같은 거래세 중심의 부동산

과세는 이제 처음으로 집을 장만해 자주 이사를 다닐 수밖에 없는 젊은 세대에게 불리할 뿐만 아니라, 과도한 간접세 역시 자산이 없는 청년 세대를 압박한다. 노후 준비가 안 되어 있는 기성세대가 정년 연장을 통해 좋은 일자리를 독차지하고 내놓지 않아 청년 세대는 임금이 낮고 열악한 노동조건을 지닌 비정규직으로 갈 수밖에 없다. 이 담론에서 청년 세대는 변화와 혁신을 요구하는 미래 세대이며 기성세대는 현재의 이익을 지키려는 과거 세대로 여겨진다. 세대 전쟁 담론은 말한다. 세대 전쟁에서 청년 세대는 탐욕과 이기심으로 뭉친 기성세대에게 패배했고 좌절했다. 가장 중요한 증표가 출산율 저하다. 청년들이 미래 세대의 착취 때문에 연애도 결혼도 출산도 못하는 상황에 몰렸다.[21]

일종의 세대 환원론인 세대 전쟁 담론은 선한 청년 세대가 악한 기성세대로부터 착취당하고 있는 것처럼 그린다. 그래서 악한 기성세대의 몫을 빼앗아 선한 청년 세대에게 나눠주면 문제가 해결되는 것 같은 착각을 심어준다. 분명 누군가 이 프레임을 활용해 정치적 이득을 얻고 있는 것 같다.[22] 현실은 빈곤한 부모와 빈곤한 자녀의 '쌍봉형 가난'이 두드러지고 있으니 더욱 그렇게 여겨진다.[23] 이러한 세대 전쟁 담론은 기성세대와 청년 세대 사이의 '정치경제적' 갈등을 지나치게 강조하고 있다. 물론 어느 시대나 그러한 정치경제적 갈등이 존재하기 마련이다. 하지만 나는 지방대생 부모와 지방대생 졸업생을 연구하면서 세대 전쟁 담론이 서울 내지는 수도권을 염두에 두고 이루어진 것이 아닌가 의심하게 되었다. 내가 획득한 자료를 통해 볼 때, 지방에서는 정치경제적 차원의 세대 전쟁이 아니라 오히려 '사회문화적 차원의 세대 연대'가 이루어지고 있기 때문이다.

02 지방의 세대 유전

내가 연구한 지방대 부모와 자녀 사이에는 세대 유전流轉보다는 세대 '유전遺傳'이 이루어지고 있다. 천주희는 말한다. "경제적 빈곤과 정치적 보수화, 가족 공동체의 해체, 사회적 안전망의 부재는 오늘날 대학(원)생이 경험하는 세상이다."[24] 다른 건 몰라도 '가족 공동체의 해체'는 지방에서는 잘 맞지 않는다. 가족 공동체가 해체되기는커녕 견고하다. 가부장적 핵가족 모델은 세대를 이어 여전히 잘 작동하고 있기 때문이다. 대구 경북 지역의 고용안정성과 노동조건은 사실 서울보다 더 나쁘다. 특히 대구는 청년 실업률이 전국에서 수위를 다툰다. 청년들이 대구를 탈출하는 흐름이 계속 이어지고 있다.[25] 그럼에도 지역에 남은 청년들이 사랑하고 결혼하고 아이를 낳고 평범한 삶을 사는 게 어느 정도 가능하다. 서울보다 물가가 싸고 거주 비용도 확실히 적게 든다. 지방의 중소기업이 청년들을 싼 노동력에 장기간 노동시키면서 살아남을 수 있는 이유다. 결정적으로, 지방에는 부모의 경제적 뒷받침이 아직 살아 있다. 힘들 때 부모에게 손을 내밀면 어느 정도 경제 문제가 해결된다. 가부장적 핵가족 규범이 여전히 생생히 살아 움직이고 있다.

물론 어느 정도 변화가 있다. 무엇보다도 가부장적 성격이 약화되어 있다. 지방대 부모 세대는 형식상 부부 중심의 핵가족을 구성한 듯하지만, 실상은 부모를 봉양하는 확대 가족의 성격을 여전히 지니고 있었다. 지방대 부모 세대는 대개 가부장적 확대 가족 안에서 태어나 자랐다. 경제적 능력은 없지만 집안에서 절대적인 권위를 휘두르는 할아버지와 집안일은 물론 농사일까지 묵묵히 도맡아 하는 할머니의 모습을 보며 자랐다. 지방대생 부모는 속으로는 부부 중심으로 살고 싶었지만 가부장적 확대 가족의 규범이 워낙 강해서 그렇게 할 수 없었다. 부모가 사망한 이후에는 자녀 중심의 삶을 살았다. 부모 세대는 제대로 된 부부 중심의 핵가족을 살아보지 못한 것이다. 자녀가 어느 정도 성장해 이제는 대화할 사람이 부부밖에 없다는 것을 뒤늦게 발견한 후에야 비로소 부부 중심으로 가족을 꾸려가는 것이 좋다는 것을 깨닫는다. 그래서 자녀는 출발부터 부부 중심의 행복한 핵가족을 꾸려 살아가기를 바란다.

가부장적 핵가족 모델은 산업화 초기의 '중산층 가족'을 이상화한다. 제2차 세계대전 후 미국의 중산층 가족이 사실상 가부장적 핵가족 모델이다. '자본주의 황금기'인 1950년대에 미국에서 가족 멜로드라마가 번성한 이유다.[26] 가부장이 노동시장에 나가 온 가족을 부양할 수 있을 만큼 충분한 돈을 벌어온다. 아내는 전업주부로서 '스위트 홈'을 가꾸어나간다. 이렇듯 가부장적 핵가족은 남편의 경제적 지원 능력과 여성의 정서적 지원 능력이 결합해 평생을 함께 가는 가족 모델이다. 지방대 부모 세대는 이러한 모델을 실제 삶에서 이루기 위해 온 힘을 쓰고 살아왔다. 하지만 잘되지 않았다. 계층 상승이 힘들기 때문에 아내 역시 생활전선에 뛰어들어 바쁘게 살아야 했다.

이런 점에서 가부장적 핵가족은 지방대생 부모에게는 위계적인 성별 노동 분업을 정당화하는 이데올로기의 측면을 지니고 있다. 실제로 남편은 온전한 경제적 지원을 못해주면서도 가부장이라는 이유로 집 안에서 아무런 돌봄 노동을 안 한다. 아내는 능력 없는 가부장 때문에 집 밖에 나가서 임금 노동에 시달리다가도 집에 들어오면 다시 돌봄 노동에 돌입해야 하는 이중의 짐을 지게 된다. 중산층도 아니면서 가부장적 핵가족 모델로 살아가려니 남편이나 아내나 과잉 노동에 시달릴 수밖에 없다. 이렇게 부모가 밖에 나가 노동하느라 바빠 집에 홀로 남겨진 자녀들은 돌봄 공백 상태에 빠진다.

박소진은 신자유주의 시대 한국의 가족 경영 또는 가족 관리의 특징을 다음과 같이 기술한다. "효율성과 경쟁을 중시하면서 '남성 부양자와 여성 전업주부'와 같은 가부장적 성별 분업을 강화하고 자녀의 (교육) 성공을 중시하는 '성별화된 세대간 전략'을 통해 사회 이동의 가능성을 극대화하고자 한다."[27] 이러한 담론은 지방대생 가족에서는 통하지 않는다. 우선 효율성과 경쟁을 중시하지 않는다. 남성 부양자와 여성 전업주부 대신에 경제적 지원 능력이 부족한 가부장과 집 안팎의 일을 도맡아 하는 가모장이 있다. 가모장은 "사교육 시장의 '매니저 엄마'"처럼 "교육 소비자, 교육 관리자로서의 신자유주의적 모성 주체로 해석될 수"[28] 없다. 오히려 별다른 사교육을 지원해주지도 못하면서 막연하게 공무원이나 되었으면 하고 바라는 '공무원 엄마'다.

기회는 평등하게, 과정은 공정하게, 결과는 정의롭게! 요즘 흔히 들을 수 있는 말이다. 공무원 엄마가 볼 때 한국 사회에서 공무원이야말로 이 말을 실현시킬 수 있는 유일한 길이다. 지방대 자녀는 시험을 차별받지 않고 볼 수 있다. 사기업에서는 서류 전형부터 다 떨어지고, 공기업에서는 면접에서 모두 떨어지지만 공무원 시험은 그렇지 않다. 지방대 자녀에게도 기회가 평등하게 열려 있다. 시험 자체가 계량화할 수 있도록 표준화되어 있어 시험 과정도 공정하다. 이미 답이 정해져 있는 오지선다형 시험이면서 정해진 시간에 누가 잘 고르나 하는 퀴즈 풀이에 가까운 시험이다. 일종의 암기력 테스트다. 이건 얼마나 시간을 투자했느냐에 달려 있다. 하지만 결과는 정의롭지만은 않다. 지방대 자녀는 최선을 다해도 9급 공무원밖에 될 수가 없다는 것을 잘 알고 있다. 공무원이 되는 순간 철저하게 위계적으로 짜인 관료제의 맨 밑바닥에서 박박 기어야 한다. 하지만 안정되게 길게 갈 수 있다.

지방대생 부모는 자녀 세대가 자신들과 같은 삶을 반복해서 사는 것을 원치 않는다. 진짜 중산층 가족처럼 살기를 바란다. 그냥 평범하게 가족을 꾸려 살아가면 좋겠다는 바람은 사실상 자녀가 중산층 이상으로 살았으면 하는 소망을 다르게 표현한 것이다. '계층 상승 언어'를 직접 사용할 수가 없었기 때문이다. 자신들이 막상 살아보니 지방에서는 계층 상승이 어렵다는 것을 알게 되었다. 그래서 자녀 세대는 부부가 서로 맞벌이하면서 서로 돕고 살기를 바라는 것이다. 세대 유전이 지방의 문제인 것 같지만 사실상 계급의 문제와 얽혀 있는 것이다.

부모의 이런 기대 속에서 자란 지방대생은 자신들도 가부장적 핵가족을 모델로 해서 살아가려고 한다. 하지만 사회구조가 이를 뒷받침해주지 못한다는 것을 잘 알고 있다. 남학생은 세상에 나가 치열한 생존 경쟁을 통해 경제적 능력을 키워야 하지만 그렇게 할 자신이 없다. 여학생은 가부장의 능력을 갖춘 남자를 만나기가 어렵다. 연애하고 결혼해서 살려면 서로 눈높이를 낮춰야 한다. 여성 지방대 졸업생은 경제 활동에 관한 한 협력할 자세가 되어 있다. 남자 혼자 벌어서 가족을 부양할 수 없다는 현실을 인정한 것이다. 여기에 여성도 경제 활동을 해서 경제적 독립을 이루어야 한다는 공식 교육을 받고 자라온 터다. 남성 지방대 졸업생 역시 정서적 소통 능력을 강화해서라도 아내와 어느 정도 협력할 태세가 되어 있다. 서로에 대한 '연민'을 바탕으로 결혼한다. 지방대생 부모는 이들을 경제적으로 지원한다.

가족의 행복과 개인의 선호

지방대 부모 세대와 지방대 자녀 세대 둘 다 삶이 지향 가족 안에서 시작되어 결국 생식 가족 안에서 완성되는 것으로 본다. 가족 밖으로 나가는 경우에도 모두 유사 가족을 형성하고 그들과 주로 어울린다. 사례마다 약간의 변이를 보이기는 하지만, 두 세대 모두 삶의 최우선 가치를 가족의 행복으로 놓는다. 삶의 가치를 '개인'으로서 자신의 행복이나 성공에 놓는 경우는 극히 드물다. 부모 세대는 가부장의 권위에 눌려 개인으로서 자신의 목소리를 아예 낼 수가 없었다. 반면 자녀 세대는 나르시시즘적 개인주의의 맹아를 보이기는 하지만 아직 제대로 싹이 트지 않았다. 항상 가족 또는 유사 가족 성원의 도덕적 요구에 민감하게 반응한다.

"우리 행복하자, 아프지 말고."

이러한 도덕적 요구는 상대방이 아프지 말라고 걱정하는 것으로 들릴 수 있지만, 사실 서로 아프게 하지 말자는 강렬한 상호 다짐이기도 하다. 가족이 내가 할 수 없는 것을 무리하게 요구할 때 나는 아프다. 좋은 대학에 갈 수 없는데 좋은 대학에 가라고 요구하고, 돈을 많이 벌 수 없는데 벌어오라고 요구하고, 공무원 시험에 붙을 자신이 없는데 공무원이 되라고 요구하고, 집을 사줄 능력 없는데 집을 사놓으라고 요구하고, 이런 요구들을 무리하게 하면 상대방을 아프게 할 뿐만 아니라 관계 자체가 파탄 날 수 있다. 이를 피하기 위해 상대방의 요구에 적당히 맞춰주거나, 아니면 묵묵히 성실하게 행동으로 보여줄 뿐이다. '착하다' '순하다' '정이 많다' 이 모든 수사가 지칭하는 것은 바로 이것이다. 바로 이러한 가족의 행복이라는 가치가 지방대생 부모 세대로부터 지방대생과 지방대 졸업생에게 유전되고 있다.

성찰적 자신감과 성찰적 겸연쩍음

지방대생 부모의 성찰적 자신감은 지방대생의 성찰적 겸연쩍음으로 유전된다. 부모 세대는 자녀 세대에게 실패한 삶으로 비춰지는 것이 싫다. 자녀와의 인터뷰에서 자신의 삶을 후회하지 않는다고 말하는 이유다. 좋은 삶을 가족의 행복으로 설정하는 순간 자아는 가족 안에서 행해야 할 도덕 속에서 정의된다. 아버지의 경우 가부장의 책임을 다해야 하고, 어머니의 경우는 돌봄 전담자의 역할을 수행해야 한다. 이러한 자아와 맺는 실천적 관계는 진정되지 않을 도리가 없다. 지방대 부모 세대는 정말 가족적 자아를 진정되게 실천하며 살아왔다. 그랬더니 이제껏 한 가족의 가부장과 돌봄 전담자의 역할을 잘 수행해왔다. 돌아보니 후회 없이 다 잘되었다. 하면 된다. 성찰적 자신감의 에토스가 지배한다. 이 모든 것은 사실 가족과 유사가족 사이에서 광범하게 활용되고 있는 습속을 따라 살아온 결과다. 남자는 인문계 고등학교를 가고 대학에 진학해서 졸업하고 노동시장에 나가 경제적 능력을 갖추고 결혼해서 처자식을 경제적으로 지원해야 한다. 여자는 상업고등학교를 나와 대학에 들어가지 않고 경제 활동을 조금하다가 경제적 능력을 갖춘 남자를 만나 결혼하고 출산과 육아를 비롯한 돌봄 전담자의 역할을 수행해야 한다.

자녀의 눈에는 부모가 가부장제 아래에서 고통을 받고 살아온 것으로 비춰진다. 연민이 든다. 모인숙의 딸은 어머니와 인터뷰하면서 뭔지 모를 슬픔을 느낀다. "나는 그녀의 답을 들었을 때 무언가 모를 슬픔이 다가왔다. …… 그녀는 인터뷰를 벗어나 나의 엄마이기 때문에, 그동안 그녀가 이루지 못했던 것을 익히 많이 알고 있었다. 그래서 꿈이라는 질문을 던졌을 때 그녀의 아픈 부분을 괜히 찌르는 것 같아 미안한 마음이 들었지만 그녀는 나에게 그 아픔을 내색하지 않으려고 웃으면서 답한 부분에서 나는 엄마로서 자식에게 아픔을 보이고 싶지 않은 모습을 보았던 것 같다. 그래서 그녀의 답이 나에게 슬픔으로 다가왔던 것 같다." 자신감을 갖고 살아온 듯하지만 사실은 깊은 좌절과 슬픔을 품고 있는 부모의 삶에서 자녀 세대는 자신의 성찰적 겸연쩍음의 에토스를 더욱 강화한다. 저렇게 열심히 살아도 힘든데 내가 과연 부모의 기대대로 가족의 행복을 만들어가며 살 수 있을까? 이를 보면서 부모 역시 자녀에게 미안한 마음이 든다. 먹고사느라 바빠 제대로 지원해주지 못해 지방대밖에 가지 못한 것 같아 안타깝다. 연민과 연민이 서로 만나 증폭된다.

성실주의와 적당주의

지방대생 부모의 성실주의 집단 스타일은 지방대생의 적당주의 집단 스타일로 유전된다. 부모 세대는 순수한 대구 경북과 불순한 그 이외 지역이라는 이분법을 통해 대구 경북 밖으로 나가려 하지 않는다. 가족이나 유사 가족 안에서 낮은 기대를 성실하게 주고받으며 집단 유대를 쌓아간다. 마음에 들지 않는 일이 있어도 되도록 말하지 않고 과묵하게 지낸다. 지방대 부모 세대는 성실주의 집단 스타일로 가족의 행복을 추구해왔다. 주어진 상황을 기꺼이 받아들이는 것은 아니지만 그래도 성실하게 살아가면 결국 화목한 가족을 만들 수 있다.

자녀 세대는 부모의 이러한 성실주의 집단 스타일 덕분에 자신의 자아를 가족 밖 경쟁의 장 안에 놓지 않고 적당주의 집단 스타일을 통해 살아갈 수 있었다. 자녀 세대는 고등학교 시절 경쟁에서 패배해서 지방대에 들어왔다는 생각에 자신을 공부 못하는 학생으로 정의한다. 모든 일에 적당하게 관여하며 설렁설렁 살아가라는 규범을 주고받으며 집단 유대를 쌓는다. 뭔가 자신에게 맞지 않는 일이 벌어져도 중뿔나게 나서지 않고 잠자코 있는다.

가족 멜로드라마와 가족 휴먼 다큐멘터리

지방대생 부모가 구사하는 멜로드라마는 지방대 재학생의 비극적 희극을 거쳐 지방대 졸업생이 활용하는 가족 휴먼 다큐멘터리로 유전된다. 자녀는 부모의 가족 멜로드라마가 실제로 펼쳐지는 것을 보면서 부모가 겪는 수난에 깊은 공감과 연민을 느끼게 된다. 부모가 로망스나 비극의 주인공과 달리 평범한 인간이면서 희극의 인물처럼 조롱하거나 아이러니의 인물처럼 비아냥거릴 수 없게끔 덕성을 지니고 있기 때문이다. 이러한 공감과 연민을 바탕으로 자신의 삶도 비극적 희극으로 그려나간다. 평범하거나 그보다 덜떨어진 자로 자신을 정의하고 위기가 닥칠 만한 일을 하려고 시도하지 않는다. 집 밖은 위험하니 아예 나갈 생각을 안 한다. 졸업해서 어느 정도 험한 세상을 체험한 후에는 가족으로 되돌아가서 문제 상황을 해소하는 가족 휴먼 다큐멘터리로 자신의 삶을 이야기한다.

03 보수주의적 가족주의의 미래

지방대 부모 세대는 대구 경북의 '정착된 삶' 속에서 가족의 행복을 최우선으로 하는 가족주의 언어로 살아왔다. 대구 경북에서는 보수주의적 가족주의라는 공적 상징 체계가 사회구조 안에 습속으로 배태되어 있어, 지방대 부모 세대는 이에 대한 의심을 유보한 채 사용해왔다. 성찰적 자신감과 성실주의를 통해 어려움이 있기는 했지만 모두 극복하고 가족을 이루고 유지해왔다. 가부장제가 알려주는 과거의 미덕을 자신의 것으로 삼아 계속 실천하며 살아가려고 노력했다. 그 과정에서 시련과 고통을 겪었지만 결국 시간이 지나 생각해보면 다 극복했다. 지방대 부모 세대는 이러한 삶이 지방대 자녀에게도 가능하다고 믿는다. 그것이 부모 세대의 상식이었기 때문이다.

지방대 자녀 세대는 부모의 이러한 삶을 보고 배우며 자라왔다. 부모의 성실성 덕분에 가족이나 유사 가족 안에서 적당주의를 실천하며 나름 행복하게 살 수 있었다. 지방대 자녀 세대는 가족 밖을 넘어 뭔가 시도하지 못하고 자꾸 움츠러든다. 가족 밖에 나가서도 대구 경북 지역의 유사 가족 집단 안에서 살아가려고 한다. 가족 밖 저 세상에 나가려고 시도조차 하지 못하거나, 막상 그랬다가 곧 포기하고 집으로 돌아온다. 자신이 겸연쩍다. 지방대 부모 세대는 이런 자녀를 힐책하지 않고 보듬는다. 관계 자체가 완전히 망가질 것을 염려하기 때문이다. 자녀에게 당부한다. 큰 거 바라지 않는다. 건강만 해다오. 결혼해서 행복하게 살아다오. 지방대 부모 세대는 평생 노동하면서 벌어놓은 돈을 자식의 행복을 위해 내놓는다. 이러한 뒷받침 덕분에 지방대 자녀 세대는 사랑도 하고 결혼도 하고 출산도 하고 육아도 한다. 겉으로 볼 때는 가부장적 핵가족이라는 평범한 삶이 유지되는 듯 보인다.

서울로 간 지방대 졸업생은 이러한 평범한 삶을 살기가 어렵다. 가족의 행복보다는 자기가 원하는 삶을 추구하기 위해 서울로 왔다. 그런데 서울에는 지역적 윤리가 다르다. 몰입주의가 지배하는 세계다. 지금까지는 지역에서 살아온 삶은 강제로 주어진 것이기에 매 상황을 존중하지 않고 설렁설렁 살아왔다. 하지만 이 일은 내가 좋아서 선택한 것이다. 몰입해보자. 하지만 장시간의 노동과 열악한 근무 조건 그리고 너무도 낮은 임금은 삶과 열망을 계속 갉아먹는다. 주기비는 감당할 수 없고, 일을 할수록 성취가 쌓이는 것이 아니라 몸과 마음이 망가져간다. 성공은 이미 뜻을 접었다. 고향으로 다시 내려갈까, 아니면 여기서 계속 이렇게 생존주의자로 연명하며 살아가야 할까 기로에 선다. 어떤 지방대 졸업생은 서울에 남아 생존주의자로 하루하루 버티고, 다른 지방대 졸업생은 대구 경북으로 돌아가 평범한 가족인의 삶을 꿈꾼다.

이러한 삶이 과연 언제까지 지속될 수 있을까? 부모는 계속 나이 들어갈 것이고 그에 따라 노동력도 상실해갈 것이다. 집으로 내려온 자식들을 언제까지 부양해야 할지 앞이 보이지 않을 것이다. 서울에서 생존주의자로 근근이 버티다 견디지 못하고 대구 경북 지역으로 돌아온 비혼非婚 자식을 계속 품에 안고 살아야 할 수도 있다. 지역 경제가 계속해서 불황을 겪고 부모가 지닌 부동산 가치가 하락하게 되어 자녀에게 이전될 수 있는 자원이 감소되기 시작하면 지방에서도 세대 전쟁이 일어나지 않으리라는 보장이 없다. 이러다가 청년 빈곤과 노인 빈곤이 쌍을 이루어 진행될까 우려스럽다.

이렇게 위태로운 삶이 뻔히 보이는데도 대구 경북 지역인들은 서울만 바라본다. 아니 정확히 말하면, 대구 경북 지역 출신의 유력한 서울 정치인만 바라본다. 제발 대구 경북에 대기업을 유치시켜 좋은 일자리를 많이 만들어줬으면 한다. 지방대 부모 세대는 박정희 개발주의 시대를 여전히 그리워한다. 부덕영은 역대 대통령 중 박정희를 제일 존경한다며 다음과 같이 말한다.

“박정희, 그 사람 독재는 했을지 몰라도 결국엔 오늘날에 이렇게 살도록 기초를 닦아놓은 사람이야. 그 우리가 타고 다니는 그 고속도로 있잖아.

그거 박정희가 만든 거야. 그걸 하나 만듦으로 해서 우리나라가 발전한 거야. 중공업에 투자를 해서 울산, 포항제철, 기업을 어찌 됐든 북돋아서 오늘날 삼성을 만든 사람이 박정희야."

그때는 그냥 주어진 일만 해도 성장했다. 박정희 대통령이 알아서 국가를 발전시켜주었기 때문에, 우리는 나랏일 생각 안 하고 가족 안에서 우리 가족의 행복만을 바라며 편안히 살 수 있었다. 근데 지금은 그게 안 된다. 이 모든 게 좌파 북한 추종 세력이 사회 곳곳에 자리를 잡아 암약하고 있기 때문인 것 같다. 다 뿌리를 뽑아야 할 텐데, 자유 대한민국의 앞날이 정말 걱정된다.

한국 국민 전체가 그러하겠지만, 지방대 부모 세대는 특히 국가와 호혜적인 관계를 제대로 맺지 못하고 국가로부터 일방적인 지시를 받는 가족인으로 살아왔다. 사회적인 것이 곧 가족적인 것으로 좁혀져 있다. 집집마다 '작은 박정희의 권위'에 눌려 숨죽여 살아왔다. 이것이 지방대 자녀 세대에게 대물림되고 있다. 물론 가부장의 권위가 이제 '작은 박근혜' 정도로 약해지기는 했다. 그럼에도 현재 지방대 자녀 세대는 부모 세대의 도움으로 일시적이나마 보수주의적 가족주의 안에서 안정된 삶을 누리고 있다. 어느 정도 우여곡절이 있지만 직장도 잡고 연애도 하고 결혼도 하고 애도 낳고 키우며 나름 잘 살아간다. 뒤돌아보면 뭔가 하고 싶은 일을 하며 살아가고 싶기는 했다. 하지만 그것이 무엇인지 아직도 정확히 모른다. 가족 안에서만 삶을 살아왔기에 이것을 넘어선 좋은 삶을 생각해보거나 시도해볼 기회가 없었기 때문이다. 하지만 현재 가족 안에서 나름 행복하다.

정말 문제다. 지방의 열악한 삶은 단지 사회구조적 차원의 서울 중심주의 때문만은 아니다. 문화적으로 보수주의적 가족주의 언어를 통해 살아간다는 것이 더 큰 문제다. 요즈음 지방분권에 대한 요구가 터져나오고 있는데, 이는 단순히 정치경제적 자원의 재분배만으로는 결코 이루어질 수 없다. 가족이나 유사 가족 안에 갇혀 가족주의 언어 또는 기껏해야 지역주의 언어를 쓰는 가족인들이 진을 치고 있는 곳에서는 결코 지방분권이 이루어질 수 없다. 그런데도 지방인들은 가족 밖 너머의 이러한 현실을 알려고 하지 않는다.

알지 않으려는 저 강고한 의지!

만약 부모 세대가 경제적 지원 능력을 상실하게 되면 지방대생은 어떻게 될까? 나는 니트NEET족으로 전락할 공산이 크다고 생각한다. OECD는 청년 니트를 '정규 교육을 받지 않고, 노동시장에서 제외되며, 직업훈련에도 참여하지 않는 청년 집단Not in Education, Employment, or Training'이라고 정의하고 있다. 한국 지방대의 니트족은 조금 다르다. 정규 교육을 받았으나 지방대생이라는 낙인 때문에 노동시장에서 제외당한다. 가족 안에서 보수주의적 가족주의 언어만 쓰고 살아가기에 가족 밖에서 이루어지는 직업훈련에 참가하지 않는다. 보수주의적 가족주의가 계속되면 앞으로 지방에서 이러한 니트족이 넘쳐날지도 모른다. 영수의 사례는 이러한 징후를 잘 보여준다. 그나마 집에서 편의점을 차려주었기에 망정이지 안 그랬으면 하루 종일 방안에 처박혀 게임만 하며 시간을 보내고 있었을 것이다.

에필로그

01 문제적인, 너무나 문제적인 집!

2016년 개봉한 연상호 감독의 애니메이션 〈서울역〉은 '집' 나간 열아홉 살짜리 딸 혜선을 찾아나선 아버지의 이야기다. 혜선은 남자친구 기웅과 함께 서울역 근처의 여관에서 장기 투숙하며 원조교제로 돈을 벌어 살아간다. 기웅은 돈을 벌어 혜선을 부양하기는커녕 몸을 팔도록 강요한다. 혜선이 더 이상 못하겠다고 하소연하자 기웅은 불같이 화를 내며 계속하라고 윽박지른다. 무작정 '집' 삼아 기거하던 여관을 뛰쳐나와 거리로 나선 혜선은 좀비 무리와 맞닥뜨리고 두려움에 도망치기 시작한다.

원조교제 사이트에 올라온 딸의 모습을 발견한 혜선 아버지. 사이트에 뜬 연락처로 전화해서 원조교제를 하겠다고 미끼를 던진다. 이에 혹한 기웅이 약속 장소에 나오자 대뜸 기웅을 잡아챈 뒤 혜선의 행방을 캐기 시작한다. 그러던 중 사람을 물어뜯는 좀비 무리를 발견한다. 사람이 좀비에게 물리면 잠시 후 그도 좀비가 되어 다른 사람의 피를 빨아먹으려 덤빈다. 혜선 아버지와 기웅은 좀비에게 쫓기는 와중에도 계속 혜선을 찾아 헤맨다.

한편 혜선은 좀비에게 쫓기다가 일단의 생존주의자들과 함께 안전구역 쪽으로 이동한다. 하지만 더 이상 나아갈 수 없다. 경찰이 차로 바리케이드를 치고 못 넘어오게 막고 있기 때문이다. 혹시라도 좀비에게 물려 감염됐을까 의심하는 것이다. 경찰이 막는데도 계속 넘어가려고 하자 군인이 출동해서 총을 내갈긴다. 생존주의자들은 좀비와 군인 사이의 공간에 갇혀 이러지도 저러지도 못하는 극한 상황에 몰린다. 어떤 사람들은 좀비와 싸우다가 물려 좀비가 되기도 하고, 어떤 사람들은 바리케이드를 넘다 군인의 총에 맞아 죽기도 한다. 'Be the Reds?' 빨간색 월드컵 티셔츠를 입고 있는 한 중년 사내가 울부짖는다.

"난 여기서 죽을 사람이 아냐. 내가 평생 이 나라를 위해 일했단 말야. 착한 사람이란 말야."

혜선은 한 아저씨의 도움을 받아 간신히 이 구역을 탈출해 어떤 건물로 피신하게 된다. 그런데 공교롭게도 '꿈의 신도시 용산 아파트의 모델하우스'다. 혜선은 기웅에게 데려와달라고 연락한 후 탈진해 쓰러진다. 잠시 후 기웅과 아버지가 혜선을 찾아 모델하우스 안으로 들어온다. 병석에 드러누워 있던 아빠, 그 아빠가 자기를 찾으러 온 것이다. 아빠! 흐릿한 실루엣으로 등장한 아빠. 근데 진짜 아빠가 아니다. 그는 혜선이 예전에 일하던 업소의 포주였다. 빚을 지고 도망간 혜선을 찾아온 것이다. 포주는 일해서 빚을 갚으라며 혜선을 끌고 가려고 한다. 기웅이 이를 말리자 구타한다. 기웅이 칼을 들고 덤비자 오히려 칼을 빼앗아 기웅을 살해한다. 이 틈을 타 혜선은 몸을 숨긴다. 포주는 혜선을 찾아 이곳저곳을 뒤지다가 넓고 화려한 집에 감탄한다.

"뭔 집이 이리 크냐? 야, 난 언제 이런 데 한번 살아보나, 어? 혜선아, 너 같은 년이 돈 떼먹고 달아나는 바람에, 난 언제 한번 이런 데 살아보냐고."

이어 비웃으며 말한다.

"혜선아, 너 자꾸 집에 간다, 집에 간다 하는데, 야, 내가 재밌는 얘기 해줄까, 어? 너 도망가고 말야, 너한테 빌려준 돈 받아야 되니까 니네 집 찾아갔었지. 야, 니네 아빠가 많이 아프더라. 근데 내가 무슨 말을 했는지 알아? 니가 돈 받아서 도망간 얘기, 그러니까 당신 딸이 빚진 돈을 갚아줘야겠다는 말을 다 했단 말이야. 그랬더니 니네 아빠가 그냥 딱 일주일만 기다려달라는 거야, 일주일이면 돈 갚아주겠다고. 그래서 어떡해, 어? 뭐, 나 진짜 일주일을 기다려줬지. 근데 일주일이 지났는데도 안 오는 거야. 그래서 다시 집에 찾아가봤거든. 하하하하! 야, 씨 진짜, 야 너 자꾸 니네 집, 집 그러는데 말야, 야 내가 일주일 후에 집에 찾아가봤더니, 니 아픈, 아픈 아빠 도망가고 없더라고, 하하하하! 그게 니네 아빠야."

집에 돌아가봐야 기다려주던 가족도 없으니 어서 자신을 따라 일하러 가자고 말한다. 숨어 있던 혜선은 포주를 뒤에서 공격하지만 힘이 달려 오히려 붙잡히고 만다. 포주는 혜선을 침대로 끌고 가 강간하려고 한다. 근데 어디선가 좀비에게 물린 혜선이 좀비로 변해버린다. 혜선은 포주에게 달려들어 물어뜯는다. 포주도 좀비로 변해가면서 영화는 끝이 난다.

가부장적 핵가족 아래에서 아버지가 가부장 역할을 제대로 못하게 되면 딸이 돈을 벌기 위해 집을 떠난다. 집 밖에서 현실적으로 어린 딸이 갈 수 있는 곳은 성 산업 현장(생존주의자들로 들끓고 있는 노동 현장)뿐이다. 이곳에서 강제적인 성 노동을 하며 고통받을 때 한 남자가 나타나 위로해준다. 그는 딸이 성 노동에서 빠져나오도록 돕지만, 결국에는 원조교제를 하라고 내몬다. 남자친구와 포주가 한 모습인 것이다. 집 밖은 이미 좀비 세상이다. 좀비에게 물리지 않으려고 이리저리 도망치지만 어느 곳도 안전하지 않다. 경찰에게 도움을 요청하면 물대포가 날아오고, 군인에게 기대면 총알이 빗발친다. 국가는 좀비를 피해 생존을 추구하는 국민을 좀비에게 감염되었을지도 모를 유사 좀비로 취급한다. 국가는 국민을 좀비, 유사 좀비, 정상인으로 편을 갈라서 물리적으로 지배한다. 이제 마지막 남은 보루는 집이다.

"저, 집에 가고 싶어요. 집 나오고 무서운 사람만 만났어요."

그렇게 돌아가고 싶은 그 집을 그럼 애초에 왜 뛰쳐나왔는가? 집에서 혜선에게 빚을 지워줬기 때문이다. 안전하게 보호한다며 빚을 지우는 집!

그런 집이지만, 좀비에 물려 좀비로 살아가느니 그곳에라도 돌아가고 싶다. 하지만 집에는 평생 '착하게' '바르게' 일만 했을 병든 아버지가 누워 있다. 그나마도 이제 도망가고 없다. 집에 돌아가봐야 반겨줄 사람이 아무도 없는 것이다. 마지막으로 피한 곳이 집 가운데 최고의 집 '모델하우스'다. 이곳으로 아버지가 찾아온다. 하지만 그는 포주다. 아버지와 포주가 한 인물이다! 보호해주지도 않으면서 아버지 행세를 하며 몸을 팔아 이윤을 창출하라고 강요한다. 좀비로 변해가기 시작한 딸은 '아버지 포주'를 물어뜯는다.

이는 사실 '국가 포주'를 물어뜯는 것과 마찬가지다. 좀비를 피해 도망쳐온 생존주의자를 지켜줄 줄 알았던 국가(경찰과 군대)가 오히려 물대포와 총을 내갈긴다. 보호해주지도 못하면서 평생 노동만 하라고 강요하는 국가. 남자친구, 아버지, 국가가 모두 포주 좀비다. 모두 남의 몸을 뜯어 피 빨아먹고 산다. 누구든지 이러한 포주 좀비에게 한 번 물리면 남의 몸을 뜯어 피를 빨아먹고 살아야 한다. 이러한 처참한 메타포는 지금까지 한국인이 믿고 의지해왔던 친밀성 제도家와 공적 국가 제도國가 사실상 (좀비로) 추락했다는 뼈아픈 깨달음을 안겨준다. 죽었지만 여전히 살아남아서 다른 사람들을 좀비로 만들려고 안달하고 있는.

02 지방의 가족 사회

가족 사회와 조직 사회

김덕영은 한국의 근대화 과정에서 사회 영역이 제대로 분화되지 못했을 뿐만 아니라 개인주의도 성장하지 못했다고 비판한다. 제도적으로는 사회가 여러 영역으로 분화된 것 같긴 한데 그 모든 영역을 가족주의 원리가 꿰뚫고 있어 각 영역이 스스로의 운영 원리를 제대로 수립하지 못했다. 그러다보니 자율적이고 주체적인 근대적 자아가 성장해 나올 수 없었다. 근대화 과정에서 겪은 "모든 변화에도 불구하고 가족이 한국인들에게 갖는 내적인 의미와 중요성은 본질적으로 변하지 않았다. …… 가족적 인간관계, 그러니까 가부장적이고 수직적인 위계질서가 전 사회적으로 확대되었다. …… 그리하여 미시적 가족과 국가라는 거시적 가족 사이에 수많은 중시적中視的 가족이 존재하게 되었으며, 그에 따라 개인은 미시적 아버지와 거시적 아버지 외에도 수많은 중시적 아버지의 가부장적 권위에 예속되어 있다. 이렇게 보면 한국 '사회'에는 '사회'가 없으며, 따라서 한국 사회가 '시민사회'가 아니라 '가족 사회'라고 주장하는 것도 충분히 일리가 있다. 이 '가족 사회'에서는 '가족이 국가와 시민사회를 가로지르는 메타 구조로 작동하고' 있다."[1]

이러한 진단은 서울에서는 반만 맞는 진실이다. 서울에서는 근대화 과정을 겪으면서 이미 아버지가 많이 살해당했다. 아버지가 가족을 돌보는 진짜 가부장이 아니라 착취하는 악이라는 사실이 밝혀졌기 때문이다. 현재 서울에서 수많은 생존주의자들이 조직 안에 들어가 고통을 받고 있는 것은 악한 가부장의 갑질 때문이다. 청년들은 가부장의 성공을 부러워하기는 하지만, 그를 존경하지는 않는다. 앞에서는 복종하는 척하지만 마음속으로는 이미 가부장을 다 살해했다. 이제 청년들이 각자도생의 길로 나서면서 왜곡된 형태이기는 하지만 개인주의가 출현하고 있다. 진정한 개인주의가 나오려면 국가가 모든 개인이 인간의 존엄성을 유지하며 살아갈 수 있도록 의무와 책임을 다해야 한다. 국가가 제대로 이런 역할을 못하니까, 왜곡된 성취주의에 기반을 둔 승자독식형 개인주의가 횡행하는 것이다. 이것마저 실패하면 좀비로 전락한다.

김덕영의 진단은 오히려 지방에 더 잘 들어맞는다. 지방에는 가부장이 여전히 살아 있다. 그런데 이 아버지가 권위는 내세우는데 경제적 능력이 변변찮다. 그럼에도 가족을 위해 죽어라 일만 한다. 성실하고 바르다. 비록 대화는 안 되지만 이런 가부장을 보고 자녀 세대는 연민을 느끼지 않을 도리가 없다. 여기에다 가부장을 헌신적으로 돌보면서 생계에도 뛰어든 억척스러운 가모장도 있다. 이렇게 부모가 먹고사는 데 바쁘다보니 서울과 달리 사교육을 제대로 시키지도 못한다. 자녀는 지방대에 들어가게 된다. 그 이후 지방대생의 삶은 가족이나 유사 가족 안에서만 이루어진다. 가부장을 부정하지 못하고 그 품 안에서 살아간다. 자율적이고 주체적인 근대적 자아는 커녕 서울에서 나타나는 왜곡된 개인주의조차 나타나지 않는다. 개천의 용은커녕 미꾸라지로 계속 살아가게 된다. 시민사회가 아니라 가족 사회에서 평생을 살아간다.

왜 가족 사회 밖으로 나가지 않으려 할까? '집' 밖 노동시장에는 작은 박정희가 장악한 온갖 조직 사회가 존재하기 때문이다. 자기 멋대로 전횡을 휘두르는 가부장과 이를 떠받드는 가신 조직이 지방에는 수도 없이 존재한다. 여기에 들어갔다가는 저임금과 장시간 노동은 물론 온갖 갑질을 다 당한다. 사정이 이러니 지방대생은 집 밖을 나가고 싶어도 나갈 수가 없다. 서울에서는 이러한 갑질에 맞서기라도 하지만 지방에서는 꿈도 못 꾼다. 가족주의 언어로 살다보니 가부장의 부당한 권위에 도전하는 법을 배우지 못했다. 가족 밖의 성취주의 언어는 닿을 수 없는 다른 세계의 언어다. 가족 밖에서는 제대로 된 성취를 이뤄본 적이 없기 때문이다. 그래서 부당한 대우를 받아도 원래 우리 지방대생은 밑바닥부터 시작하는 거라고 당연하게 여긴다. 부모처럼 성실하게 해보려고 한다. 하지만 적당주의로 살아온 지방대생이 이를 견뎌내기는 힘들다. 어렵게 집 밖에 나갔다가 조금 힘이 들면 다시 집으로 돌아오는 이유다.

지금까지 한국 사회에서 가족은 출산, 육아, 교육, 주거, 문화, 건강, 의료, 노인 부양, 실직 등 모든 짐을 떠안은 채 씨름해왔다. 국가가 공적 의무와 책임을 가족에게 떠넘긴 탓이다. 오죽하면 한국 사회를 가국체제家國體制라고 비아냥거리며 부를까. 가국체제는 "가족이라는 사적 영역이 국가가 공적인 영역에서 해야 할 일들을 다 떠맡고 있는 체제를 말한다. 한마디로 말해, '가家'가 곧 '국國'이 되는 체제, 사회라는 공적인 영역이 부재하는 체제를 가리킨다. '가'가 '국'이 되어버릴 정도로 국가가 해야 할 일을 가족의 대표가 다 떠안고 있는 체제를 가국체제라고 말할 수 있다."[2]

각자도생으로 돌변한 서울과 달리 지방에서는 가국체제가 어느 정도 유지되고 있다. 국가가 만들어놓은 사회 안전망은 없지만 미약하나마 가족 안전망이 남아 있기 때문이다. 집! 그 문제적 집이 아직 살아 있다. 그래서 지방 청년들은 아직 생존주의자나 좀비로 전락하지 않았다. 하지만 언제까지 지속될지 장담할 수 없다. 지방의 빈곤이 가족 사회를 통해 일시적으로 해결되는 것처럼 보일지 모르지만, 서울처럼 생존 투쟁의 장으로 변하는 것은 시간문제다.

국가의 공적 의무와 책임

대책은 무엇인가? 사회적 차원에서 볼 때는 우선 가족이나 유사 가족 안에서만 통하는 지방대생의 사회자본과 문화자본을 세상 밖에서도 힘을 발휘할 수 있도록 확충하는 방안이 필요하다. 한마디로 말해 지방대생이 가족 밖으로 나와 살아갈 수 있도록 사회적 여건을 만들어야 한다. 그러려면 가족에게 부당하게 지워져 있는 온갖 책임과 짐을 국가가 나눠 져야 할 것이다.

지방대생이 집 밖으로 나오려면 우선 경제적 독립이 이루어져야 한다. 현재처럼 '블랙기업'이 과도한 노동시간과 저임금 그리고 불안정한 고용을 통해 지방대생을 착취하는 상황에서는 지방대생이 집 밖으로 나오기 어렵다. 대구의 한 광고 회사에 취업했다가 막내로 온갖 잡일을 도맡아 했던 혜영은 세상이 무섭다고 말한다. 아침마다 회사 가기가 죽기보다 싫었다고 했다. 왜 그런가? 그 조직은 제왕과 같은 사장을 정점으로 수직적인 위계로 짜인 조직 문화에 의해 지배당하고 있기 때문이었다. 그 회사에 들어가면 언제 교체될지 모르는 하나의 부속품으로 전락한다. 아무런 자율성이 없다보니 죽어라 노동을 해도 몸과 마음만 상할 뿐이다. 사람의 창의성은 물론 생명을 죽이는 이러한 조직 문화를 바꾸어야 한다.

지방대생이 배가 불러 어려운 일을 안 하려고 한다고 질책해서는 안 된다. 지방대생 부모는 국가로부터 아무런 지원을 받지 않은 상태에서 혼자서 싸우면서 삶을 일궈 나갔다. 경제적으로 낮은 위치에 있으면서도 지방인들이 좋은 삶을 만들어갈 책임을 국가가 아닌 개인에게 계속해서 돌리는 이유다. 사회복지를 조금만 언급해도 바로 '빨갱이'로 불린다. 지방대 자녀에게도 이런 식으로 접근해서는 절대 문제가 해결될 수 없다. 지방대 자녀가 집 밖에 나가 그렇게나 원하는 "재밌는" 일을 하면서 즐겁게 살 수 있도록 조직 문화를 다 바꾸어야 한다.

기업이 경제주의 일변도의 사고를 버려야 한다. 모두 경영학과 회계학만 배운 동일한 사람들만 뽑아서는 안 된다. 다른 시각을 가진 다양한 전공자들이 모여야 조직에서 활발한 상호작용이 일어날 수 있다. 또한 소위 스카이 대학이나 인서울 대학 출신만을 선호하는 기업의 풍토도 바뀌어야 한다. 어차피 회사 생활에서 써먹지도 않는 토익 점수로 사람을 평가해서는 안 된다. 지방대생의 좌절감과 성찰적 겸연쩍음을 조장하면서 지역을 식민화해서는 정말 미래가 없다.

지방대생이 부모에게 붙들려 있는 또 다른 큰 이유는 주거 문제 때문이다. 서울에 비해 다소 주거 문제가 크지 않은 것처럼 보일지는 모르지만, 지방대생 역시 주거 독립을 이루지 못하고 있다. 성년이 되어 결혼하기 전까지 부모와 함께 사는 패러다임은 이제 끝났다. 그것은 중산층 가부장적 핵가족 모델에서만 가능한 일이다. 이제 열여덟 살 성년이 되면 독립해서 살아갈 수 있도록 청년에게 주거를 마련해주어야 한다. 도대체 언제까지 부모 집에서 얹혀살아야 하겠는가?

또한 지방 청년들이 함께 어울릴 수 있는 공간도 마련해야 한다. 현재 지방자치단체와 기초자치단체에서 청년 공간을 마련하기 위한 여러 정책을 펼치고 있다. 기본적으로 옳은 방향이라 생각된다. 다만 현재는 취업지원센터 정도의 급한 불끄기 식으로 운영되고 있는데 청년들의 다양한 요구를 수용할 수 있도록 좀 더 총체적인 차원에서 접근할 필요가 있다. 그러려면 기존의 분산되어 있는 여러 청년지원센터를 종합센터로 통합할 필요가 있다. 그렇지만 관 주도로 이루어지는 것은 경계해야 한다. 청년위원회 같은 새로운 단체를 임의로 조직하기보다는 이미 청년들이 스스로 구성한 모임과 단체의 현황을 파악하고 이를 적극 지원할 필요가 있다. 청년 노조와 알바 노조와 같은 단체는 물론 청년들이 스스로 만든 소모임이 많이 있지 않은가. 지원하되 간섭은 하지 말아야 한다. 이러한 단체와 소모임이 활성화되어 지방과 서울 가리지 않고 모든 청년들이 어울려 서로 알아갈 수 있도록 만들어야 한다.

현재 많은 정책이 국가의 공적 의무와 책임을 강화하는 쪽으로 흐르고 있다. 지방분권을 통해 지자체의 자율성을 강화하려는 시도도 보인다. 기본적으로 옳은 방향이다. 앞으로 줄기차게 이런 노력이 지속되어야 한다.

03 가치론적 질문

알려는 의지

그럼에도 제일 중요한 것은 사람이다. 문화사회학의 관점에서 볼 때, 지방대생에게는 자신의 자아를 좁은 가족 안에만 놓지 않고 다양한 영역과 차원으로 설정할 수 있도록 문화화용 능력을 키워주는 것이 필요하다. 문화화용 능력은 무엇보다도 서사 능력이다. 주어진 삶 그대로를 의심 없이 받아들여 모방하며 살아가는 것에 그치지 않고 '마치 ~인 것 같은' 영역으로 진입하여 이야기하는 능력이다. 과거, 현재, 미래를 연대기적으로 기술하는 것에 머물지 않고 다양한 방식으로 플롯화emplotment할 수 있는 역량 말이다.

지방대생에게 필요한 것이 바로 이러한 서사 능력이다. 이야기하는 사람은 문제 상황에 처한 사람이다. 습속대로 살아가는 사람들은 스스로 이야기할 필요를 못 느낀다. 과묵하다. 행동만 한다. 지방대생 주변에는 온통 이런 사람들뿐이다. 여기서 벗어나야 한다. 어떻게? 나는 습속에서 벗어나 서사할 수 있는 가능성을 외부 이론의 힘을 빌려 선불리 제시하지는 않을 것이다. 대신 지방대생의 이야기 내부에서 찾아보고자 한다. 나는 지방대 졸업생의 인터뷰 녹취록을 거듭 읽고 또 읽었다. 뭔가 이상했다. 지방대 재학생의 녹취록을 다시 들춰보았다. 어, 이게 뭐지? 지방대 부모의 녹취록과 대조해보았다. 비로소 나는 늦은 새벽 희미하게 동터 오려는 듯 꿈틀거리는 희망의 산광散光 같은 것을 발견할 수 있었다. 지방대 재학생에게서 선호의 언어로 표현되던 그것. 자기가 하고 싶은 일 하면서 사는 것이 좋은 삶이라고 하면서도 정작 그것이 무엇인지 정확히 잡아내지 못했던 바로 그것.

미적 체험에 대한 강렬한 열망!

순간, 나는 리포베츠키의 '나르시시즘적 개인주의'를 떠올렸다. 나르시시즘적 개인주의는 사회에서 고립된 개인주의가 절대 아니다. 미적 체험에 대한 강렬한 열망은 좁은 나를 벗어나와 새로운 것으로 나아가게 하는 에로스의 힘이다. 나르시시즘적 개인은 감성적인 체험을 통해 타자와 연결된다. 지방대생은 가족주의 언어에 묻혀 제 목소리를 낼 수 없었던 선호의 언어를 격렬히 내뱉어야 한다.

"나는 무엇을 좋아하지? 나는 어떤 일을 할 때 살아 있음을 느끼지?"

이러한 질문을 던질 때 가족주의 언어에서 빠져나올 길이 보인다.

나르시시즘적 개인은 마페졸리의 '영원한 아이'와 같다. "어느 정도 유희적이면서 어느 정도 아노미적인 '영원한 아이'의 생기."[3] "기존 질서에 다소 위협을 가하는 이 '경이로운 무위無爲'."[4] 영원한 아이는 가부장적이고 수직적인 구조를 수평적이고 우애로운 구조로 대체한다. 영원한 아이가 힘을 쓰려면 습속에 갇힌 어른들 밑에서 기가 죽어 살면 안 된다. 어서 '연민의 공동체'의 굴레에서 벗어나와 세상 밖으로 나가야 한다. 그러려면 미적 체험에 대한 열망이 강렬해야 한다.

하지만 이 열망이 단순히 감각적 쾌락 추구 그 자체만으로 좁아들어서는 안 된다. 그렇게 되면 지방대생들이 대학에 들어와 방임 속에서 감각적 쾌락을 누리며 사는 것과 차이가 없다. 끼리끼리, 고만고만한 어울림으로 줄어들 수가 있다. 성찰적 겸연쩍음을 서로 주고받으며 밖으로 나가지 않으려고 할 수 있다. 미적 체험에 대한 열망이 세상 밖으로 향해야 할 이유다.

알려는 의지!

박영신은 굴대 시대[5] 이전과 이후를 나누는 결정적인 이유가 어떤 물음이라고 말한다. "'굴대의 문명'이 낳은 의미의 중요성은 인류의 삶에 물음을 던지고 삶의 잣대를 마련해주었다는 데 있었다. 어떤 물음을 던지게 되었으며 어떤 대답을 하게 되었는지를 보아서 굴대 시대 이전과 이후가 구별이 되었다고도 할 수 있다."[6] 현재 지방대생의 문제는 정부 정책으로 해결될 수 있는 수준의 테크니컬한 문제가 아니다. 강한 가치론적 질문을 던질 때 해결의 실마리가 보인다.

"무엇이 선한 삶인가?"

선한 삶은 고정된 실체가 아니며, 오로지 이야기를 통해서만 파악될 수 있다. 지방대생의 선호의 언어가 다양한 이야기를 익혀 강한 가치론적 물음으로 나아갈 때 비로소 새로운 희망이 싹틀 것이다.

자아의 서사

현재 한국 사회는 경영 언어와 심리 언어가 선한 삶을 규정하고 있다. 경영 언어는 단기적인 수익을 내라고 재촉하고, 심리 언어는 모든 책임을 개인의 것으로 돌리고 있다. 이런 언어가 지배하게 되면 자아는 생존주의자, 동물, 속물로 전락한다. 성공을 거둘 수 있는 기업가적 자아는 아주 극소수에 불과하다. 사회가 전체적으로 실패와 좌절로 들끓는다. 이 틈을 타고 거짓 선지자들이 힐링해준다며 등장한다. 마음 공부를 하란다. 복잡하게 생각하지 말고 단순하게 사고하란다. 자신이 닥친 문제적 상황에 대한 지난한 해석학적 과정을 쓸데없이 마음을 괴롭히는 문제로 치부하란다. 힐링마저도 통하지 않으면 자아는 좀비로 전락한다. 남을 물어뜯어 좀비로 전락시키지 못해 안달이다. 남의 작은 실수도 하이에나 떼처럼 몰려들어 물어뜯고 피를 빨아먹는다. 온 사회에 '죽임 의례'가 극한에 이른다. 무섭다. 그래서 지방대생은 집 안에 머물러 있으려 한다.

빨리 경영 언어와 심리 언어로부터 벗어나야 한다. 사회학 언어를 타고 올라가야 탈출이 가능하다. 사회학적 상상력! 자신의 개별적인 삶을 좀 더 넓은 세계와 엮어서 상상할 수 있는 역량. 자신의 생애사를 고립적으로 보지 말고 좀 더 넓은 맥락과 역사 안에서 살펴볼 수 있는 능력.[7] 이러한 능력과 역량은 개인이 자아를 가질 때에만 가능하다. 그리고 이 자아는 다른 자아를 가진 타자와 대화하는 과정에서 출현한다.

지금까지 지방대생은 가족이나 유사 가족의 성원들과 주로 대화를 나누어왔다. 가족적 자아가 출현할 수밖에 없다. 물론 사랑하는 가족과 함께 저녁이 있는 여유로운 삶을 꿈꾸고 사는 것을 탓할 필요는 없다. 오히려 그러한 삶을 살아가기 위해 초인적인 노력을 기울여도 불가능하게 만드는 악한 사회를 탓해야 한다. 우선 개인의 자아가 눈을 떠야 한다. 미적 체험에 목말라 있는 자신의 자아와 대화를 나누자. 그래야 개인주의적 자아가 출현할 수 있다. 그 출발점은 선호의 언어를 일찍 포기하지 말고 붙잡고 늘어지는 것이다. 자신이 선호하지도 않는 일을 적당하게 또는 성실하게 하면서 살아가면 안 된다.

그렇다고 대화의 상대를 자신에게만 한정해서는 안 된다. 한국 사회는 현재 많은 사회 영역이 분화되어 있다. 정치, 경제, 문화, 시민사회 등 여러 영역 안에 있는 타자와 대화해야 한다. 그래야 다양한 자아가 출현할 수 있다. 동시에 대화 상대방의 수준을 지역, 국민국가, 아시아, 세계, 우주, 신에 이르기까지 계속 높여가야 한다. 그래서 최종적으로는 실존적 자아가 출현할 수 있어야 한다. 오로지 실존적 자아만이 강력한 가치론적 질문을 던질 수 있다. 내가 고작 이따위 일을 하며 살려고 지구라는 혹성을 방문한 것이 아니다. 나는 이웃에게 새로운 복음을 전하기 위해 이 땅에 온 메시아다!

04 미학적 폴리스

인간으로 현상

이러한 자아의 서사 역량을 개인 혼자 힘만으로 온전히 키워나갈 수는 없다. 사회학은 말한다. 모든 힘은 인간이 서로 인간으로 만나 상호작용하는 과정에서 나온다고. 미적 체험에 대한 강한 열망이 자유롭게 표출될 수 있는 폴리스가 필요하다. 폴리스에서는 인간이 다른 인간 앞에 인간으로 출현한다. 그렇게 되기 위해서는 누구나 말과 행위로 자신이 인간임을 입증해서 보여주어야만 한다.

근대 세계는 신분제 사회가 아니다. 근대인은 이미 삶의 행로가 결정된 자연의 세계에 태어나는 것이 아니다. 태어나는 것은 '마치 ~인 것 같은' 미학적 세계로 진입하는 것과 같다. 인간은 고정불변의 본질이 없다. 태어남과 죽음 사이에서 자신의 삶을 스스로 펼쳐나가야 할 서사적 존재다. 전근대 사회에서는 소수의 귀족들만 이런 인간의 삶을 누릴 수 있었지만, 근대 세계에서는 누구나 자신이 인간이라는 것을 다른 인간 앞에서 말과 행위로 스스로 드러낼 수 있어야 한다.

지금까지 지방대생은 가족의 성원으로 가족이나 유사 가족 앞에서 주로 현상해왔다. 그 안에는 연민의 공동체가 존재한다. 서로 기대를 낮추고 세상으로부터 받은 작은 상처를 보듬어주면서 좁은 공동체를 구성해 세상 밖을 알려고조차 하지 않았다. 그러다가 졸업해서 노동시장으로 끌려나가면 그때서야 비로소 사악한 유사 가족 집단의 말단 조직원으로 현상하게 된다. 이것이 너무 견디기 힘들기 때문에 다시 집으로 회귀한다.

이렇게 결국 집으로 회귀하는 세계에서는 지방대생이 인간으로 현상하기 어렵다. 가부장적 성별 위계 속에서 남자와 여자가 가야 할 길이 정해져 있기 때문이다. 그 속에서는 '마치 ~인 것 같은' 미학적 세계로 진입할 수가 없다. 누군가는 괜히 집 밖으로 선불리 나갔다가 생존주의자나 좀비로 추락하는 것보다는 낫지 않느냐고 반문할지도 모른다. 하지만 이 집의 수명도 다해가고 있다. 얼마 안 있어 가부장과 가모장이 늙고 병들어 집 안에 드러누울 것이다. 국가가 나 몰라라 하는데 과연 누가 돌볼 것인가. 악순환의 고리를 끊어야 한다. 지방대생이 인간으로 현상할 수 있도록 사회의 모든 영역에 미학적 폴리스를 세워야 한다. 집 밖의 세계가 좋은 삶을 허락한다면 누구나 거리낌 없이 밖으로 나올 것이다.

미학적 폴리스로서의 대학

당장, 대학은 그 시발점이 될 수 있다. 지금처럼 대학이 공무원 사관학교나 취업 준비 기관을 자처하는 한 아무런 희망이 없다. 지방대생이 마음껏 자신의 미학적 감성을 뿜어낼 수 있도록 북돋워야 한다. 대개 지방대는 서울과 비교해서 넓은 캠퍼스를 자랑한다. 그런데도 이상하게 학생들이 서로 모여 상호작용할 수 있는 공간이 절대적으로 부족하다. 주말만 되면 학교 캠퍼스가 텅텅 빈다. 방학에는 아예 개점휴업 상태다. 재정 부족과 관리 편의를 들어 학생들이 모일 수 있는 공간을 자꾸 줄여나간다. 대학이 학생들이 수업을 듣기 위해 잠시 들르는 학원처럼 되어버렸다. 사람이 없으니 활기가 없다. 무엇보다 대학이 학생들의 모든 필요를 해결할 수 있는 종합 생활공간이 될 수 있도록 바뀌어야 한다. 그래야 학생들이 학교에 와서 '살게' 된다. 살면서 북적북적 모여 상호작용한다. 작은 변화 하나가 큰 혁명의 물꼬를 틀 수 있다.

하지만 끼리끼리만 오글오글 상호작용하면 안 된다. 그러면 적당주의 윤리에 빠져든다. 교수들과 좀 더 긴밀하게 상호작용하는 것이 필요하다. 그러려면 학문이 살아야 한다. 자신이 독자적으로 던진 가치론적 질문을 붙잡고 치열하게 씨름했던 대가들의 글을 읽고 서로 토론하도록 해야 한다. 그래야 자신의 자아를 다양한 차원과 영역 안에 넣어볼 수 있는 능력이 키워진다. 현재 대학에는 모든 학과를 시장의 단기적 요구에 맞춰 변화하라는 압박이 횡행하고 있다. 심지어 취업 전망이 없는 것처럼 보이는 학과는 통폐합 대상이다. 이런 상황에서 제대로 된 학문이 이루어질 수가 없다. 설사 우리가 백번 양보해서 대학 교육이 미래 수익을 창출하기 위한 투자라고 주장하는 경영 언어를 받아들인다 해도, 대학 교육이 바로 수익을 내는 단기 투자로 간주되어서는 안 된다. 좀 더 중장기적인 안목에서 총체적 역량을 강화시키는 투자로 보아야 한다. 그래야 학생들이 교수들과 상호작용하며 전공 공부에 힘을 쓸 수 있는 기반이 마련될 수 있다.

대학이 생명을 다했다는 탄식이 여기저기서 들린다. 그중 하나가 시장의 요구에 맞는 인재를 못 키워낸다는 소리다. 시장 요구와 대학 교육의 '미스매치'. 현재 국가가 이런 단기적인 경영 언어에 휘둘려 정책을 펼치고 있다. 국가가 앞장서서 대학 공동체의 기반을 허물어트리고 있다. 대학은 무엇보다도 탁월성을 추구하는 곳이다. 인간으로 현상할 수 있는 문화적 역량을 키워주는 곳이다. 그 과정에서 물론 직업 교육도 할 수 있다. 하지만 직업 교육 자체가 대학 본연의 임무는 아니다. 대학은 무엇보다도 새로운 이야기를 창출하는 곳이다. 그 이야기는 있는 그대로를 정확히 그려내는 다큐멘터리가 아니다. '마치 ~인 것 같은' 미학적인 세계를 창출하는 이야기다.

이는 단순 암기 능력을 키워주는 교육으로는 절대 이룰 수 없다. 정답이 이미 정해져 있는 오지선다형 시험을 잘 치는 낡은 인재를 키워내는 교육은 벌써 끝장났어야 했다. 그런데도 이런 시험이 그나마 가장 공정하고 객관적이라는 이유로, 또는 줄 세우기가 편하다는 행정적 이유로 계속 행해지고 있다. 써먹지도 않을 토익 준비로 시간을 낭비하게 해서, 한쪽에는 우스꽝스러운 승리감을 다른 쪽에는 의기소침한 좌절감을 안겨주는 이따위 교육으로 무슨 희망이 있겠는가? 이런 교육을 받으니 대학 졸업 후 사회에 나가서 가부장적 조직 문화에서 끽 소리도 못하고 부속품 노릇만 하고 있다. 그런데도 부끄러운 줄도 모른다. 대학에서 인간으로 현상할 수 있는 교육을 못 받았기에 졸업 후 사회에 나가서 인간으로 현상할 수 있는 문화적 역량이 아예 없는 것이다.

사람은 무엇보다도 이야기로 살아간다. 무한성장을 추구하는 경영 이야기와 모든 책임을 개인에게 돌리는 심리 이야기로는 장기적인 전망을 공유하는 공동체를 만들 수도 존속시킬 수도 없다. 무엇이 선한 삶인가를 묻는 윤리적 이야기를 통해서만 우리는 좋은 사회를 만들어서 함께 살아갈 수 있다. 그러려면 같이 만나 이야기를 나누어서 우리의 이야기를 만들어야 한다. 남의 이야기를 가지고 살아가다보면 토대가 물러 작은 위기에도 쉽게 허물어진다.

현재 한국인들은 몇몇 과학기술, 스포츠, 문화상품이 세계에서 힘을 발휘한다며 우쭐댄다. 그러면서도 인문사회과학에서 전혀 맥을 못 추는 현실에는 애써 눈을 감는다. 눈을 떠보았자 서구 이야기를 흉내 내는 짝퉁만 어지럽게 뒹굴고 있다. 왜 그런가? 무엇보다도 대학이 우리 이야기를 스스로 만들어내지 못하기 때문이다. 서구 학문의 지방출장소를 자처하기에 학문 공동체가 한국 내에서 만들어지지 않는다.

지방은 상황이 더욱 열악하다. 지방대에서는 학문의 희망이 잘 안 보인다. 지방대 대학원은 나와봤자 학자의 길이 보이지 않는다. 이런 현실을 바꿔야 한다. 그렇지 않으면 지방에서는 아예 학문이 죽어버린다. 지방의 현실에 토대를 둔 새로운 이야기가 나올 수가 없다. 서울만 바라보고 지방에서는 숨죽여 우짖는 수밖에 없다.

희망은 단순명료한 사실에서 온다. 대학이 대학다우면 된다. 학생들에게 인간으로 현상할 수 있는 역량을 키워주는 교육을 시켜야 한다. 물론 직업 교육 역시 대학에서 필요하다. 자본주의 사회에서 인간으로 존엄을 지키고 살아가려면 우선 경제 능력이 있어야 한다. 그런 점에서 학생들이 노동시장에 참여해 안정된 직업을 가질 수 있도록 대학에서 직업 교육을 하긴 해야 한다. 그래야 학생들이 그렇게나 원하는 가족을 이루고 그 안에서 소소한 행복을 누리며 살 수 있다. 누구나 별 힘을 들이지 않아도 이런 소소한 행복을 누릴 수 있어야 좋은 사회다.

문제는 지방 청년들이 이러한 소소한 행복조차 누릴 수 없도록 내몰리고 있다는 점이다. 현재 한국 사회에는 다양하게 분절된 노동시장이 존재한다. 고도의 기술과 창의력을 요구하는 제1 노동시장이 있는데 크기가 작고 그나마 대부분 수도권에 있다. 탈숙련된 단순 반복 노동으로 이루어진 제2, 제3 노동시장도 대거 존재하는데, 여기에 한 번 발을 들이면 좀처럼 빠져나오기 어렵다. 학력이 신분처럼 작동하는 한국 사회에서 지방대생은 제2, 제3 노동시장에 최적화된 존재로 키워진다.

상황이 이러하니 지방 대학이 단순히 직업 교육에 몰두한다고 해서 문제가 해결되지 않는다. 지방 청년들이 주어진 현실이 악하다고 느낄 수 있도록 교육해야 한다. 더 나은 세상을 꿈꾸고 이야기할 수 있어야 현실이 악하다고 여기게 된다. 이 책의 부제를 "지방 청년들의 우짖는 소리"라고 붙인 이유가 무엇인가? 세상 밖에 대해 모르려는 의지로 똘똘 뭉쳐 가족 안에서 소소한 행복만 누리려 하지 말고, 제발 좀 악한 세상이 고통스럽다고 울부짖으라!

단기 성과를 강제하는 경영 이야기와 모든 책임을 개인의 마음으로 떠넘기는 심리 이야기를 피한답시고 세상과 담쌓고 계속 가족주의 이야기를 사용해서 살아가면 결국 고립되고 소멸된다. 어떤 이야기를 주고받느냐에 따라 다양한 이야기 공동체가 만들어지고, 그에 따라 세상도 바뀔 수 있다. 주어진 현실보다 더 나은 삶을 꿈꾸게 하는 새로운 이야기를 서로 주고받아야 할 이유가 여기에 있다. 대학이 왜 이런 교육에 앞장설 수 없단 말인가?

보론

이론과 방법론

보론 1
성공주의

01 박정희의 가족-국가적 자아

외환위기 전까지 대부분 한국인들은 성공을 꿈꾸었다. 개인이 열심히 노력하면 계층 상승할 수 있다는 희망으로 가득 찼다. 자신의 자아를 시장 안에만 설정하지 않고, 국민국가 안에 놓았다. 만약 시장 안에 자아를 놓는다면, 개인은 자신을 자신의 이해관계를 극대화하기 위해 합리적으로 행위하는 기업가로 봐야 한다. 기업가의 핵심 자질은 시장에서 경쟁력을 갖기 위해 끊임없이 혁신하는 것이다. 반면 자신의 자아를 국민국가 안에 놓게 되면 끊임없는 혁신보다는 전체를 위해 각 개인은 자기에게 주어진 하나의 기능을 반복적으로 수행하는 것이 더 중요해진다.

무한성장을 추구하는 기업가적 자아와 공동체를 위한 기능성을 강조하는 국민국가적 자아는 박정희 시대 발전주의에서 하나로 결합된다. 발전주의는 시장을 자신의 사익을 극대화하기 위해 기업가들이 경쟁하는 장이라기보다는 외부 세력에 맞서 국민경제를 발전시키기 위해 애국자들이 헌신하는 장으로 만들었다. "박정희는 민족주의적 어젠다를 설정하고 기업인들을 국익을 위해 봉사하는 도덕적 행위자로서 정체성을 갱신시켜주는 장치들을 활용하였다. …… 기업들은 사적 이익을 추구하는 탐욕스러운 자본가가 아니라, 국가와 사회 전체의 발전에 이바지하는 산업역군으로 도덕적으로 합리화될 수 있었다."[1] 기업의 사익 추구와 국민국가의 공익 추구가 모순 없이 이렇게 결합될 수 있었던 것은 기업이나 국민국가 모두를 가족이라는 메타포를 통해 의미화했기 때문이다.

삼성의 창업가 이병철은 자신의 영리 추구가 나라의 발전을 위한 것이라고 주장한다. "모든 것은 나라가 기본이 된다. 나라가 잘되고 강해야 모든 것이 잘 자란다. 무역을 하든 공장을 세우든 나라에 도움이 되는 것이 결국 그 사업에도 도움이 된다. 참다운 기업인은 보다 거시적 안목으로 기업을 발전시키고 국부 형성에 이바지하도록 해야 한다. 이것이 바로 참다운 기업정신이다."[2] 기업은 사업보국事業報國의 정신으로 국가에 헌신한다. 그런데 기업은 곧 가족이다. "기업은 돈을 좇아 움직이는 비정한 세계라기보다 그 내부의 구성원들 간의 신뢰와 애정, 충성을 바탕으로 움직이는 '인정'과 '가족'의 세계"[3]다.

현대 창업자인 정주영도 이 점에서 다르지 않다. "경영자는 국가와 사회로부터 기업을 수탁해서 관리하는 청지기일 뿐이다. 큰 기업을 운영하면서 애국애족하지 않는 기업가는 없다."[4] 이러한 애국 정신은 사실상 가부장의 헌신 정신과 하나다. 서산 천수만 간척 사업을 끝내놓고 정주영은 다음과 같이 말한다. "나에게 서산 농장의 의미는 수치로 드러나는, 혹은 시야를 압도하는 면적에 있지 않다. 서산 농장은 그 옛날 손톱이 닳아 없어질 정도로 돌밭을 일궈 한 뼘 한 뼘 농토를 만들어가며 고생하셨던 내 아버님 인생에 꼭 바치고 싶었던, 이 아들의 뒤늦은 선물이다."[5]

이러한 개인의 사익 추구와 국민국가의 공익 추구가 가족 메타포를 통해 하나로 수렴되는 현상은 기업가에게만 한정되는 것이 아니었다. 발전주의 시대에서 1997년 외환위기가 일어나기 전까지 사실상 평범한 한국인 대부분이 꾸었던 꿈이다. 가족 구성원끼리는 서로 베풀지 못해 안달이다. 받으면 더 좋은 것으로 되갚아주려고 애를 쓴다. 이러한 호혜성은 물론 당장 발휘되는 것이 아니다. 아직 성장 중이기 때문에 그렇게 할 여유가 없다. 우선은 개인의 사적인 단기 이득보다는 공동체 전체의 장기적인 성장을 추구해야 한다.

가부장은 가족 성원들을 경제적으로 부양하기 위해 노동시장에서 '임금 노동'에 힘쓴다. 전업주부는 집에 남아 가족 성원들을 정서적으로 지원하기 위해 '돌봄 노동'에 힘쓴다. 장남은 집안을 일으켜 세우기 위해 가족의 모든 자원을 전폭적으로 지원받아 '공부 노동'에 힘쓴다. 장남 이외의 다른 형제들은 대학을 가는 대신 일찍 노동시장에 뛰어들어 장남의 공부 노동을 경제적으로 뒷받침한다. 윗사람은 묵묵히 행동으로 모든 일에 앞장서서 본보기가 된다. 아랫사람은 이에 감동해 자신에게 맡겨진 일을 아무런 이의를 제기하지 않고 열심히 수행한다.

기업의 경영자와 노동자, 국민국가와 국민, 가부장과 자녀 사이의 관계가 바로 그렇다. 공무원 조직도 마찬가지다. 상사는 아버지이고 신입은 막내다. 아버지의 헌신을 본 막내는 조직을 위해 작지만 꼭 필요한 잡일을 도맡아 처리한다. 현재 아무리 고통스럽더라도 열심히 자기 자리에서 최선을 다하자. 당장 보상을 못 받더라도 '그날이 오면' 모두 덩실덩실 춤을 추는 대동 사회가 열릴 것이다. 박정희의 발전국가 시대 이래 한국 국민은 정도의 차이는 있겠지만 모두 이러한 로망스 서사를 따라 자신의 삶을 구성하도록 요청받았다. '나라의 융성이 나의 발전의 근본임'을 깨닫고 나라의 융성을 위해 온갖 힘을 다 쏟아야 한다.

로망스 서사는 영웅이 막강한 힘을 가진 반영웅에 맞서 투쟁하면서 온갖 어려움을 겪지만 결국에는 최종 승리한다는 이야기다. 영웅은 이미 예정된 최종 승리를 위해 앞으로 계속 올라가야 한다. 고지가 바로 저기다. 그런데 여기저기서 고지에 올라가지 못하도록 훼방 놓는 반영웅이 있다. 이만큼 했으니 그만 쉬자, 또는 아예 왔던 곳으로 되돌아가 놀자고 속삭인다. 영웅은 이러한 유혹을 이겨내고 앞으로 앞으로 계속 전진하는 산업역군이 되어야 한다. 아버지가 앞장설 테니 모두 나를 따르라.

외환위기 전까지 이러한 로망스 서사는 한국인들에게 강력한 호소력을 지녔다. 왜냐하면 지속적으로 고도성장하던 시기에는 고지에 오르기만 하면 각자의 헌신이 모두 보상받을 수 있을 것처럼 여겨졌기 때문이다. 또한 실제로 일상의 삶이 앞으로 계속 나아가는 것으로 체험되었다. 기업 조직이든 공무원 조직이든 일단 들어가기만 하면 시간이 흐를수록 계속 위로 올라간다. 짬밥이 무엇보다 중요하다. 이러한 지속적 성장은 물론 안정성 또한 주어졌다. 마치 가족을 마음대로 바꿀 수 없듯이 한 번 들어간 직장은 영원했다.

02 서동진의 기업가적 자아

1997년 외환위기 이후 이 모든 것이 바뀌었다. 경제적 효율성을 높인다며 사회의 모든 영역이 시장을 모델로 해서 구조조정에 돌입했다. 기업은 생산성을 늘린다는 명목으로 소위 노동의 유연화를 감행했다. 격화된 지구적 경쟁 아래에서 시장의 불확실성이 커지자 기업은 설비투자를 감소하는 동시에 노동에 대한 상시적인 구조조정에 들어간다. 이러한 단기적인 합리적 대처는 장기적으로는 오히려 기업의 성장 잠재력을 떨어뜨려 다시 고용을 감소시키고 실업을 증대시키는 악순환을 낳았다. 이 과정에서 고용의 안정성이 흔들리고 들어온 순서대로 임금이 상승하던 연공 임금 체계가 무너졌다. 이제 노동이 시장에서의 수요와 공급의 함수에 따라 가격이 자율적으로 결정되는 유연한 상품처럼 간주되기 시작했다.

이렇게 되자 노동시장이 고용안정성을 유지할 수 있는 1차 시장과 그렇지 않은 시장으로 분리되기 시작했다. 이전에는 누구에게나 당연하게 여겼던 정규직 일자리가 이제는 소수의 1차 노동시장에만 한정되는 특권이 되었다. 반면 나머지 대다수 노동자들은 고용안정성이 보장되지 않을 뿐만 아니라 노동조건과 임금 수준이 열악한 2차 노동시장에서 다양한 형태의 비정규직 노동을 수행하게 되었다. 이전에 정규직이 하던 일을 비정규직에게 떠맡겼다. 서비스업종에서 알바, 호출 노동 등이 급증했고, 특정 기업과의 고용 계약 없이 지시와 감독을 받는 독립 계약자나 프리랜서도 확대되었다.[6]

기업 내부의 노동시장에서도 핵심 노동시장과 주변 노동시장으로 갈라졌다. 중심 조직에서는 기업 경쟁력을 높이기 위해 핵심 자원을 유지하고 보호하려고 성과주의 연봉제를 늘렸다. 반면, 주변 조직에서는 유연한 관리를 위해 매번 새롭게 계약을 해야만 노동을 개시할 수 있는 비정규직의 비율을 높였다. 안정적이고 높은 연봉을 받는 소수의 핵심 노동만 빼고 대다수 노동은 언제 어떻게 떨려나갈지 모르는 유연한 노동으로 전락했다.[7]

이런 상황에서 개인이 나라의 융성이 나의 발전의 근본임을 깨닫고 가족-국가의 성공을 위해 한달음에 달려갈 수는 없는 노릇이다. 그렇다고 외환위기 이후 한국인들이 성공에 대한 꿈을 아예 버린 것은 아니다. 새로운 성공 담론이 나온다. 성공학이나 처세술로 불리던 '자조 담론'이 그것이다. 이는 어찌 보면 발전주의 담론을 이어받은 것이라 할 수 있지만, 성공의 단위가 국민에서 '개인'으로 바뀌었다는 점이 다르다. 가족-국가적 자아를 개인적 자아로 옮긴 것이다. 나라를 위해 헌신한 국민에게 국민국가가 호혜성을 되갚지 않자 각자 성공의 길로 나선 탓이다. 가족과 국가의 보호 기능이 약화되자, 뒤틀린 형태로 개인주의와 자유주의가 출현했다.

자조 담론은 세속적인 성공을 위해 개인이 자신을 수련하는 방법을 알려준다. 주된 관심은 국가나 가족이 아니라 '자기 자신'이다. "비록 그것이 성공, 출세, 행복과 같은 세속적 목적을 겨냥한 것이라 할지라도 종래의 자조 담론은 '나'와 '외부 세계'를 구분하고, 전자에 관련된 윤리적 지식과 수련이란 것에 자신을 제한했다."[8] 이런 점에서 자조 담론은 "세속적이고 도구적인 목적을 위한 교훈적 설교"[9]이기는 하지만 자아를 성찰하는 것이 주목적이다.

서동진은 1990년대를 기점으로 해서 성공학 또는 처세술로 불리던 이러한 '자조 담론'이 '자기경영 담론'으로 바뀌었다는 점을 보여준다. 자기경영 담론은 자아를 기업화하도록 근본적으로 변화시킬 뿐만 아니라 이를 바탕으로 신자유주의라고 하는 사회 변혁의 전망까지 모색한다. "현재 '자기경영'이라 불리는 담론은 공적인 경제적 주체로서의 삶과 사적인 자아로서의 삶 사이에 거리를 두지 않는다. 경제적 삶은 자율성을 위협하거나 오염시키는 외부적 힘이 아니라 자아실현의 능동적인 지평으로 바뀐다."[10]

서동진은 자아경영 담론이 세 가지 특성을 지닌다고 말한다. 첫째는 인식의 대상으로서 자기를 경영해야 할 하나의 기업으로 문제 설정하는 '자기의 문제화'다. 자기계발 담론은 "'나는 무엇인가' '나의 성공과 행복이란 무엇인가' '이를 위해 내가 할 수 있는 것은 무엇인가'에 관한 다양한 지식을 생산하고 전달한다. …… 자아는 자기계발 담론이 답변을 제공하기 위해 끊임없이 질문을 던지고 또 읽힐 수 있는 대상으로 번역되어야 한다."[11] 자기를 대상화하는 방식은 여러 가지가 있을 테지만, 여기에서는 자기를 교정, 치료, 계발, 혁신해야 할 문제 많은 일종의 부실기업으로 대상화한다.

둘째는 문제투성이인 자기를 우량기업으로 만들기 위해 다양한 자기계발 테크놀로지를 활용하는 '자기의 테크놀로지화'다. "자신이 계발하고 향상시키며 개조해야 하는 대상으로서의 자아란 하나의 실체가 아니다. 그것은 수없이 다양한 대상을 가지고 있다. 욕망이나 기질, 태도 같은 심리적인 대상일 수도 있으며, 신체라는 대상일 수도 있고, 좀 더 구체적으로 습관이나 시간 사용 같은 행위 방식일 수도 있다."[12] 자기의 문제화를 통해 문제는 자신에게 있다는 것이 분명해졌기 때문에 자기를 진단하고 처방하고 치료하는 온갖 심리학적 테크놀로지가 동원된다.

셋째는 자기의 테크놀로지의 실천을 통해 기업가적 자아로 자신을 주체화하는 '자기의 주체화' 또는 '권력의 주체화'다. 살아가며 마주치는 모든 불확실성을 오히려 자유를 실현하는 기회로 활용하는 기업가적 주체가 되는 것이 핵심이다. "기업가적 주체로 자신을 주체화하라는 것은 곧 자신에게 닥친 위험을 관리함으로써 자신을 주체화하는 것이기도 하다."[13] 이는 주체가 자신의 기업가적 자아를 언제나 변화와 혁신, 자유, 책임 등 자유주의적 이상 및 목적과의 관계 속에서 삶을 살아가도록 하는 것이다. 다시 말해 "적극적으로 자기 자유를 실현하고 책임질 수 있는 기업가적 자아로 재구성하는 것이다".[14] 이는 개인의 삶을 자기책임과 자기실현의 문제로 축소하는 신자유주의적 권력의 주체화 논리이기도 하다. 신자유주의의 권력은 억압이 아닌 자유를 통해 작동하기 때문이다.

03 기업가의 성공주의 코드

이러한 자기경영 담론은 가치·규범·목표의 성속 코드로 재구성할 수 있다. '가치'는 무엇이 가치 있는 것인가를 규정하는 가치평가적 코드다. '규범'은 가치를 추구하는 행위 방식을 조절하는 정서적 코드다. '목표'는 가치를 추구하는 수단의 인지적 효율성, 즉 수단목적 합리성과 관련된다. 아래 표는 서동진의 자기경영 담론을 성공주의 코드로 재구성한 것이다.

성공주의 코드

	성	속
가치	성공하는	실패하는
규범	도구적	실존적
목표	자기계발하는	자기계발하지 않는

자기경영 담론은 이러한 성공주의 코드를 활용해 "도구적으로 자신의 자아를 기업가로 설정하여 자기계발하면 성공할 수 있다"는 로망스 서사를 구성한다. 미래에 닥쳐오는 온갖 '리스크'를 관리해 결국에는 승리할 수 있

다! 하지만 자기계발의 주체는 자신의 자아와 도구적 관계를 맺는다는 점에서 진정한 의미의 윤리적 주체라 할 수 없다. 주체가 자신의 자아와 맺는 관계를 문제 삼고 성찰한다는 점에서 윤리의 거죽을 띠지만, 속살은 실존적·문화적이지 않고 도구적·경제적이다. 변화, 혁신, 자유, 책임과 같은 자유주의적 가치를 내면으로부터 진정되게 추구하지 않고, 성공을 위한 삶의 '스타일'이나 '에티튜드'로 도구화한다.

왜 그럴까? 성공의 가치를 스스로 창출하지 못하고 문화 산업이 제공한 바 그대로 맹목적으로 따르기 때문이다. '성공해서 결국 뭐하자는 거지?' 이러한 근본적 질문에 답을 못하는 이유다. 서동진의 자기경영 담론은 특별히 청년 세대에게만 해당되는 것이 아니다. 사실상 신자유주의 통치 체제가 모든 국민에게 요구하는 바이며, 이는 곧 문화 산업이자 문화 구성체다. 누구든 이에 걸려들면 자유의 의지를 가지고 자기계발하는 신자유주의 주체로 거듭날 수 있다.

보론 2
생존주의

01 김홍중의 생존주의 자아

성공에서 생존으로

새로운 정언명령이 온 사회로 번진다. 너의 자아를 기업가로 만들 수 있도록 자기계발하여 노동시장에서 다른 기업가 자아와 경쟁해서 승리하라! 언뜻 들으면 귀가 솔깃하지만, 객관적 조건을 들여다보면 그렇지 않다. 자본주의 체제에서 대다수의 사람들이 얻는 수입은 임금 노동을 통해 얻는 게 사실상 전부다. 그런 점에서 대다수의 사람들은 자신의 노동 상품을 제공하려는 공급자가 된다. 노동시장에 이런 공급자가 차고 넘친다. 수요자인 기업은 공급자들 사이에 무한 경쟁을 시켜 그중 승리한 자들하고만 노동 상품을 교환한다. 개인들은 경쟁에서 승리하기 위해 필요한 경제자본, 문화자본, 사회자본, 상징자본 등 온갖 자본을 획득하고 축적을 위한 축적을 해야 한다.

실제 현실에서는 경쟁에서 승리하는 사람은 극히 소수다. 또 다른 정언명령이 나온다. 이번 경쟁에서 손실을 최소화하여 어떻게 하든 다음 경쟁을 위해서 생존하라! 성공에서 생존으로 바뀐 것이다. 이는 개인이 자신의 자아를 아무리 기업가로 만들려고 노력해도 패자로 추락할 수밖에 없는 냉혹한 현실과 연관된다. 가장 큰 이유는 일자리와 같은 희소한 자원을 국가와 기업이 독점하고 있고, 나머지 대다수가 얼마 되지도 않는 이러한 희소한 자원을 얻기 위해 경쟁해야 하기 때문이다. 이러한 수요자 중심 사회에서는 자신의 노동 상품을 제공하려는 공급자들이 절대적으로 불리한 위치에 있다. 경쟁의 장에 뛰어들어가기 위해서는 각 개인은 자기계발을 통해 자신의 '삶 전체'를 자본으로 전환시켜야 한다. 그래야 희소 자원을 독점한 국가와 기업이 노동자의 생명자본을 사준다. 경쟁에서 이긴 승자라도 마냥 의기양양할 수는 없다. 노동 과정에 들어가게 되면 이제 잠시도 쉴 수 없는 지옥 같은 노동이 기다리고 있다.

동물과 속물

이러한 상황을 반영하듯 김홍중은 생존주의 테제를 들고나온다. 김홍중 역시 제도로서의 신자유주의가 생존자라는 특수한 주체성의 형식과 생존주의라는 도덕체계를 생산한다는 점을 강조하기는 하지만,[15] 특히 청년 세대에 논의를 집중한다. 서동진과 마찬가지로 청년 세대의 사이비 윤리를 비판한다. 하지만 결정적인 차이가 있다. 1997년 IMF 외환위기 이후 등장한 '생존주의 세대'는 성공에 대한 희망을 버렸다.[16] 김홍중은 이미 '87년 체제' 이후 1990년대를 거치면서 진정성으로 무장한 청년 세대가 동물과 속물로 변화했다고 비판한 바 있다.[17] 1980년대의 진정성 세대는 "외부에서 부과되는 도덕률을 따라 사는 것이 아니라, 내면으로부터 솟아나오는 목소리인 참된 자아와의 대화에 의거하여 삶의 중요한 결정을 내리는 태도"[18]를 지녔었다. 이러한 "진정성의 레짐은 80년 광주항쟁 이후부터 민주화대항쟁을 거쳐서 97년 위기에 이르는 약 20년간 지속적인 헤게모니를 발휘"[19]했다.

하지만 그 이후 신자유주의 체제 아래에서 청년들은 내면성을 상실하고 타자의 잣대를 따라 살아가는 동물+속물로 변해버렸다. "신자유주의적 삶의 환경은 시장에 산포된 생명 권력의 모세혈관적 망상 조직에 자발적으로 투항하지 않으면 살아남을 수 없는 재앙적 압력을 행사한다. 이 압력의 내부로 진입한 자들은 오직 생존을 위한 육성과 배양의 대상이 되면서 존재의 꺼풀을 하나씩 벗는다."[20] 진정성 세대가 "강렬한 번민과 심리적 혼란 끝에 고도로 자각적인 자기결단을 요구"[21]받았다면, 동물+속물 세대는 타자 지향적인 삶의 구조에 종속되어 "성찰적 내면이 결여"[22]되어 있거나 깊이나 내면을 실존이 아니라 "전시의 대상"[23]으로 삼을 뿐이다. 동물은 대상화해서 내적 관계를 맺을 자아가 아예 없다면, 속물은 자신의 자아와 도구적이고 기만적인 관계를 맺는다.

생존을 위한 자기계발

문제는 놀랍게도 김홍중이 말하는 동물+속물을 이어받은 청년 세대가 자기계발에 나섰다는 점이다. 그것도 성공이 아니라 생존을 위해서. 더군다나 "생존을 위해 전력투구"[24]한다. 자기계발을 기만적으로 하는 것이 아니라, 진정되게 하는 것이다. 그 이유는 생존이라는 가치를 내면으로부터 진정으로 추구하기 때문이다. 그런 점에서 1980년대 진정성 세대와 정서적 에토스가 유사하다. 차이는 자신을 둘러싼 세상을 극복해야 할 부정성으로 보느냐, 적응해야 할 긍정성으로 보느냐 하는 것뿐이다. 진정성 세대에게 세상은 자신의 마음속에 품은 가치에 비춰볼 때 추악하다. 그래서 자신의 가치에 맞춰 세상을 바꾸려 한다. 생존을 가치로 삼는 생존주의 세대에게 세상은 만인을 생존하기 위해 살아가는 잔혹한 정글이다. 하지만 지금 이 세상은 결코 바꿀 수 없다. 그렇다면 자기계발을 통해 생존에 적합하도록 나 자신을 바꿀 수밖에.

생존주의 세대의 마음은 생존/낙오 코드를 근본으로 한다. "생존/낙오의 코드는 청년들의 마음이 작동하는 기초 코드를 이루고 있다. 생존과 낙오를 가르는 상황이 바로 경쟁이다."[25] 이제 자아는 '기업가'가 아니라 치열한 경쟁에서 낙오되지 않으려고 애쓰는 '생존주의자'가 되었다. "경쟁 프레임이 펼치는 상상계 속에서 인간의 근원적 관계 형식은 힘의 논리에 근거하여 차별화된 위치들이 서로를 퍼포먼스를 통해 각축하는 경연장으로 나타난다. 자아는 근본적으로 승부에 임한 존재로 상상되며, 그가 스스로를 구제하는 방법은 가용한 모든 자원을 최대치로 동원하여 살아남는 것, 즉 서바이벌하는 것이다."[26]

생존주의 테제

김홍중은 생존주의에 대해 다섯 가지 테제를 제출한다. 첫째, '소극적 목적 테제'다. 경쟁의 목적은 더 이상 승자가 되는 것이 아니라 도태되지 않는 것이다. "새로운 생존 개념이 지시하는 사태는 삶이 거의 모든 영역 또는 생애 과정 전체에서 진행되고 있는 경쟁 상황에서 도태되거나 낙오되지 않는 상태를 가리킨다."[27] 둘째, '영원한 연장 테제'다. 경쟁은 최종적인 종착지 없이 계속해서 미래로 연장된다. "생존은 경쟁에서 이겨 그 외부로 초월하는 것이 아니라, 경쟁 상황을 한 번 더 미래로 연장하는 것을 의미한다."[28] 셋째, '자기통치 테제'다. "경쟁 상황에서의 서바이벌을 위해서 개인은 자신의 모든 잠재적 역량을 가시적 자원(자본)으로 전환하는 자기통치의 주체가 되어야 한다."[29] 넷째, '평범한 안정 테제'다. "새로운 생존은 특별한 성공이나 대단한 성취를 의미하지 않는다. 88만 원 세대의 젊은이들에게 서바이벌을 향한 노력은 성공이나 치부致富 혹은 명성의 획득을 위한 야심찬 시도가 아니라 놀랍게도 '평범한 안정을 위한 분투'이다."[30] 다섯째, '진정성-기능성 테제'다. 진정성을 추구하는 것과 체제에 기능하는 것은 더 이상 대립적이지 않다. 체제는 극복해야 할 부정성이 아니라 높이 떠받들어 따라야 할 긍정성이므로, 이것과 대립해서 싸울 필요가 없기 때문이다. "새로운 생존 개념은 더 이상 생존을 위해 자아를 포기하거나 자아를 위해 생존을 포기하는, 그런 양자택일적 상황을 제시하지 않는다. 생존 추구 과정은 사회적 통제에의 순응(정상화)인 동시에 자아를 실현시켜 스스로의 정체를 표현하는 과정(차별화)이기도 한 것이다. 이런 의미에서 그는 진정성을 추구하는 동시에, 바로 그런 진정성을 통해 체제에 기능하는 이중적 존재로 나타난다."[31]

2000년대 후반 포스트-진정성 시대 "새롭게 등장하는 '마음의 레짐'을 철저하게 분석할 필요성"[32]을 제기한 후 2010년대 중반 약 6년 만에 김홍중이 발견한 것은 진정성과 속물의 이항 대립을 붕괴시킨 생존주의 마음의 레짐이다. 진정성을 상실한 동물+속물 대신에 진정성으로 다시 무장한 생존주의자가 등장했다. 이전의 동물+속물은 현실적으로 압도적인 추악한 외부 잣대에 따라 살아가기 때문에 진정성이 없었다. 동물이 "나르시시즘, 자폐, 탈정치화, 사사화私事化 등을 통하여 결국 자신의 사적 세계를 성채화城寨化하는 모나드"[33]라면, 속물은 "성찰성의 급격한 도구화, 탈내면화, 사회적 과시, 대중추수주의 등을 통하여 타인들의 취향, 가치, 의견을 맹목적으로 추종하는 위선자"[34]다. 동물은 단순히 살아 있다는 생물학적 사실로 지탱하기에 아예 진정성을 운운할 수 없고, 속물은 내면의 성찰성을 도구적으로 사용한다는 점에서 진정성이 없다. 하지만 생존주의 청년 세대는 자아를 도구화하면서도 그 자아와 진정성을 유지한다. 외부의 잣대가 더 이상 추악한 것이 아니라 선망하는 이상이 되었기 때문이다. 이런 온통 긍정적인 세상에서는 기만적으로 자아를 도구화해서는 생존할 수 없다. 거의 실존의 바닥까지 내려가 진정되게 자기계발해야 한다. 그래야 생존할 수 있다.

02 생존주의 코드

김홍중의 마음의 레짐은 구조주의 인류학이나 인지적 인류학이 제출한 유사 수학적인 인지적 코드에 머무는 것이 아니다. 마음의 레짐은 인지적·정서적·도덕적 코드의 복합체로 정의된다. 마음가짐은 "사회적으로 공유된 행위 준칙들rules of conduct인 사고방식, 감정양식, 그리고 욕망의 코드로 구성된다."[35] 그런 점에서 인지 중심적인 기존의 구조주의의 한계를 넘어섰다. 하지만 이 코드는 누구나 사용할 수 있는 공적 상징 체계라기보다는 몸과 마음에 육화된 아비투스로 간주된다. 이렇게 되면 사회적 행위는 공적 상징 체계를 활용하는 상징적 과정이 아니라 아비투스의 기계적 발현으로 축소된다. 김홍중의 마음의 레짐을 공적인 상징 체계로 변환시켜야 할 이유가 여기에 있다.

인지적·정서적·도덕적 코드는 전통적인 사회학적 용어로 풀어 말하면 가치·규범·목표의 성속 코드라 할 수 있다. 도덕적 코드로서 '가치'는 무엇이 가치 있는 것인가를 규정하는 가치평가적 코드다. 근대 이전에는 가치가 초월적이고 형이상학적 영역으로부터 자연적 질서처럼 주어지지만, 근대 이후로는 모두 스스로 주관적 가치를 창출해야 한다. 이는 내면으로부터 신뢰하는 가치가 있어야만 가능하다. 설사 외부로부터 주어진다 해도 이를 맹목적으로 따르지 말고 내면으로 끌고 들어와 성찰한 후 받아들여야 한다. 생존주의 마음의 가치 코드는 생존 대 낙오의 이항으로 구성된다. 이전의 생존 개념이 "물리적이고 생물학적 연명 혹은 죽음으로부터의 구제"[36]를 지칭했다면, 새로운 생존 개념은 "경쟁적 삶에서 배제되지 않는 상태"[37]를 의미한다.

정서적 코드로서 '규범'은 가치를 추구하는 행위 방식을 조절하는데 대개 관례, 습속, 법을 지칭한다. 규범은 모두 가치를 추구하는 행위 방식을 조절한다는 점에서 푸코가 말한 '통치', 즉 '품행의 인도'와 서로 통한다.

"통치는 사람들 일부나 전체의 품행을 형성·지도하거나 그에 영향을 끼치려 하는 활동의 형태이다."[38] 생존주의 세대는 자기통치하는 방식으로 가치를 추구해야 한다. 그렇게 되기 위해서는 생존 가치라는 목적을 추구하는 방식이 윤리적이어야 한다. 다시 말해 생존 가치를 맹목적으로 따르지 말고 그에 대한 내면 깊은 곳에서 우러나는 신념이 있어야 하고, 이러한 신념을 기반으로 행위를 성찰적으로 수행해야 한다. 한마디로 말해 '진정한 매너'를 지녀야 한다. 결국 생존주의 세대의 규범은 진정성 대 비진정성의 이항 코드로 이루어져 있다. 진정성이 인간 자신의 동물성에 대한 "성찰적 수치심"[39]의 에토스를 지닌다면, 비진정성은 "몰렴沒廉 혹은 무치無恥의 에토스"[40]를 특징으로 한다.

인지적 코드로서 '목표'는 가치를 추구하는 수단의 인지적 효율성, 즉 수단목적 합리성과 관련된다. 가치와 규범의 간섭에 상관없이 오로지 목적 수단 범주를 통해 합리적으로 행위를 수행하는 것이다. 목표 코드는 자기계발 대 비非자기계발의 이항 코드로 구성된다. 생존하는 데 가장 효율적인 수단은 요행이나 운이 아니라 개인이 동원할 수 있는 모든 역량을 생존을 위해 관리하고 계발하는 데 있다.

따라서 청년 세대의 생존주의 마음의 핵심은 "자기계발을 진정되게 추구해야 생존할 수 있다"는 말로 요약된다. 아래 표는 김홍중이 제시한 생존주의 마음의 이항 코드를 가치·규범·목표의 성속 코드로 재구성한 것이다.

김홍중의 생존주의 마음의 코드

	성	속
가치	생존하는	낙오하는
규범	진정된	비(非)진정된
목표	자기계발하는	자기계발하지 않는

물론 김홍중은 이러한 생존주의 마음의 코드가 청년들을 전일적으로 지배한다고 주장하지는 않는다. 대신 생존주의적 행위 공간 안에 여러 레짐들이 공존하고 경쟁하면서 분화된다고 말한다. 독존주의, 공존주의, 탈존주의가 대표적인 예다. 그래서 김홍중은 "생존, 독존, 공존, 탈존이 청년 세대의 마음을 지배하는 네 가지 삶의 좌표축"[41]이라고 말한다. 그럼에도 생존주의 마음의 코드는 다른 코드들을 의미 있게 만드는 '일차적 구조틀primary frame'의 역할을 수행한다. "실로 일차적 구조틀은 그것이 없었더라면 의미 없는 양상의 장면이 되었을 것을 유의미한 어떤 것으로 만드는 구조틀이다."[42]

보론 3
베버의 문화인간

01 문화인간

김홍중의 주장은 사회학의 전통에서 볼 때 베버의 문제틀에 기대고 있다. 베버는 자본주의라는 새로운 경제 체제의 출현을 "세계에 대해 의식적으로 자신의 입장을 정립하고 또 이 세계에 의미를 부여할 수 있는 능력과 의지를 지닌 문화인간"[43]의 출현과 연동해서 설명한다. 행위의 의미를 초월적이고 형이상학적인 객관적 가치에 연결하는 대신 행위하는 주체 스스로 행위의 의미를 부여함으로써 만들어내는 인간, 바로 이 새로운 문화인간은 사실 초기 근대의 진정성을 지닌 인간이다. 이 문화인간은 무엇이 좋은 삶인지 '가치론적 질문axiological question'을 던질 뿐만 아니라, 특정의 '가치이념Wert-Idee, value-idea'에 대한 신념을 갖는다. 베버는 문화 개념 자체를 가치를 통해 정의한다. "문화 개념은 하나의 가치 개념이다. 경험적 현실은 우리가 그것을 가치이념과 연관짓기 때문에 그리고 연관짓는 한에서 우리에게 '문화'인 것이다. 문화는 현실 가운데 이 가치연관을 통해 우리에게 의의를 가지게 되는 요소들을, 그리고 오직 이 요소들만을 내포하고 있는 것이다. 그때그때 우리가 고찰하는 개별적인 현실 가운데 지극히 작은 부분만이 위의 가치이념에 근거하는 우리의 관심에 의해 채색되며, 이 부분만이 우리에게

의의를 지닌다. 이 부분이 우리에게 의의를 가지는 이유는, 그것이 가치이념과의 연계로 인해 우리 스스로에게 중요한 관계들을 내포하고 있기 때문이다."[44]

문화인간은 자신이 믿는 가치이념을 가지고 무수한 경험적 현실 속에서 자신의 가치이념과 연관된 것을 '선택'하는 사람이다. 경험적 현실이 가치이념과 이어질 때 이를 '가치연관'이라 한다면, 문화인간은 바로 이러한 가치연관을 만들어낼 수 있는 사람이다. 자신의 가치이념에 의해 비추어지지 않은 경험적 현실은 아무런 문화 의의를 지니지 못한다. 그런 점에서 문화인간은 자신의 가치이념에 연관되는 것을 스스로 선택할 수 있는 '관점'을 지니며, 이 관점을 통해 무의미한 무한한 경험적 현실의 미로를 헤쳐 자신의 유의미한 세계를 구축해나간다. 그는 "특정한 궁극적 '가치' 및 삶의 '의미'와 항상적으로 갖는 내적 관계에서 자신의 '본질'을 찾는다."[45] 그렇다고 해서 문화인간이 자신의 주관적 의미를 제멋대로 부여한다는 것이 아니다. 그러면 유아론唯我論에 빠진다. 문화인간은 현실을 구성하는 요소들이 맺고 있는 '현재의 연관관계'는 물론, 그 현실이 다른 모습이 아닌 현재의 바로 그 모습으로 존재하게 된 '역사적 과정'에 대한 인식을 가지고 있는 인간이다. 그는 이러한 '역사적 현실'이 낳는 당대의 문제 상황과 관련하여 자신의 가치이념을 비춰볼 수 있는 인간이다.

베버는 칼뱅주의 신도에게서 문화인간의 원형을 본다. 그는 자신의 구원이라는 가치이념을 신념으로 가지고 추구한다. 하지만 구원 여부를 외부의 권위(가톨릭교회)에 의해 보장받지 못하므로 내면에서 불안이 꿈틀댄다. 그는 불안에서 벗어나 구원의 확신을 얻는 것을 '목적'으로 설정하고 이를 이룰 합리적 '수단'인 세속적 금욕주의를 일상의 삶에서 실천한다. 목적 수단 범주를 통해 자신의 행위를 합리적으로 수행하지만, 목적과 수단을 도구화하지 않는다. 잘 알다시피 베버는 이 진정한 문화인간이 어떻게 관료제의 부속물로 전락하는지 우울하게 추적한 바 있다.

02 행위와 사회적 행위

언뜻 보면 김홍중의 동물+속물론은 거대 서사가 붕괴된 이후 미국과 일본의 삶을 냉소적으로 비판한 낭만적 헤겔주의자 코제브의 동물론과 속물론을 한국에 바로 대입한 것처럼 보인다.[46] 그의 생존주의론 또한 2000년대 이후 일본 문단과 서브컬처론에서 유행했던 생존주의 담론을 한국 상황에 맞게 번안한 것으로 보인다.[47] 하지만 사회학자로서 나는 김홍중의 세대론을 베버의 문제틀에 넣어 읽는다. 김홍중은 1980년대의 진정성 세대가 소멸하고 그 자리에 동물과 속물이 출현했다가, 이내 생존을 위해 각자도생을 열렬히 추구하는 청년 세대가 등장하고 있다고 주장한다. 이러한 주장은 사회학 행위 이론에서 볼 때 매우 도발적이다. 베버는 일찍이 행위와 사회적 행위를 다음과 같이 각각 정의했다.

> '행위Handeln'란, 단수의 행위자나 복수의 행위자들이 자신의 행동Verhalten(행태)에 주관적 의미를 결부시킬 경우의 그리고 그러한 한에서의 인간의 행동(그것이 외적 또는 내적인 행함Tun이든, 행하지 않음Unterlassen이든, 또는 참음Dulden이든 상관없이)을 뜻한다고 하겠다. 그러한 '사회적' 행위는, 어떤 행위가 단수 또는 복수의 행위자에 의해 생각된 의미에 따라 타인의 행동에 관계되며 그 경과에 있어서 타인의 행동에 지향되는 그러한 행위를 뜻한다고 하겠다.[48]

이러한 정의에 따를 때 동물의 경우 사회적 행위는 말할 것도 없고 행위마저 아예 불가능하다. 동물의 행위는 "단지 반사적이기만 한 행동거지 Sichverhalten, 즉 주관적으로 생각된 의미와 결부되어 있지 않은 행동거지"[49]일 뿐이다. 동물은 자신의 행태에 주관적 의미를 부여할 행위 능력은 없지만 사회적 행위 능력은 있다. 동물이 노동 분업으로 이루어진 가족, 무리, 대열을 이루며 살 수 있는 이유다. 주관적으로 의미를 부여할 능력은 없지만 서로 기능적으로 의존하여 살아갈 수 있다. 생존주의는 이렇듯 원래 행동생물학에 기반을 두고 있다. 모든 동물은 생존을 최우선에 두고 게임을 한다.

그런데 한국의 청년이 동물이 되었다? 이러한 주장은 극히 반사회학적이다. 행동생물학을 빌려 공공장소에 나선 인간의 행위를 탐구한 고프먼은 인간은 동물과 다르다고 말한다. 동물은 자신의 전유 영역을 지키기 위해 주로 '생존 가치survival value'에 따라 행동하는데, 고프먼은 바로 이러한 관점을 배제해야만 행동생물학을 인간의 행동을 탐구하는 데 적용할 수 있다고 주장한다.[50] 인간의 게임은 생존 가치가 아니라 '사람의 성스러움'에 의해 이루어지기 때문이다. 사람의 자아는 의식ceremony을 요구하는 사물과 같다. 사람들 사이의 게임은 자신의 성스러움을 인정받고 동시에 상대방의 성스러움도 인정해주어야 하는 "성스러운 게임"[51]이다.

속물은 어떤가? 속물의 경우도 내면의 세계가 없기에 자신의 주관적 의미를 부여할 능력이 없다. 주관적 의미를 부여할 수 있으려면 성찰할 수 있는 내면의 공간이 있어야 한다. 언뜻 보면 속물에게는 동물과 달리 성찰의 장인 내면이 존재하는 것처럼 보인다. 속물은 동물과 달리 고도의 성찰성을 발휘하기 때문이다. 하지만 속물은 성찰성을 도구화한다. "도구화된 성찰성은 자기성찰, 자기관리, 자기계발의 근본적 목적에 대한, 그 규정할 수 없고 해답이 존재하지 않는 근원적 질문에 대한 모색을 결여하고 있다."[52] 그런 점에서 속물은 내면이 없다. 아니 그의 "내면은 표면으로 호출되어 노출된다. 그것은 과시이며, 형식이며, 게임이다".[53] 이런 속물들이 행하는 사회적 행위와 그것을 통해 구성되는 '사회적인 것'은 그래서 기만적이다.

속물의 행위는 베버의 이념형에 따라 보면 목적 합리적 행위라 할 수 있다. "목적 합리적으로 행위한다는 것은 자신의 행위를 목적, 수단, 그리고 부차적인 결과에 지향하며, 이때 목적에 대한 수단뿐만 아니라, 목적에 대한 부차적 결과, 그리고 마지막으로 여러 가지의 가능한 목적을 서로 합리적으로 저울질하는 사람의 경우를 일컫는다."[54] 목적 합리적으로 행위하는 인간의 전형은 경제인간이다. 경제인간은 내외부의 강제 없이 오로지 스스로 목적 수단 범주를 통해 '주관적인' 경제적 가치를 부여하는 인간이다. 충동과 욕구 같은 '감정적 사실'의 폭발이나 가치와 규범 같은 '사회적 사실'의 압력에 휘둘리지 않는다. 경제인간은 "감성적으로도 (그리고 특히 감정적으로도) 행위하지 않고, 전통적으로도 행위하지 않는 사람의 경우를 일컫는다."[55] 경제인간은 오로지 목적 수단 범주를 따라 주관적 의미를 부여한다. "상호 경쟁적이고 충돌하는 여러 목적과 결과들 사이에서 내리게 되는 [경제인간의] 결단은 그 자체로서 가치합리적으로 지향될 수 있다."[56] 그런 점에서 문화인간의 한 유형이다. 베버에게 경제인간은 결코 부정적인 인간이 아니다. 그는 자신의 가치이념에 비추어 목적을 선택하고, 그 목적을 이루기 위해 마치 가치를 추구하듯 노력한다. 또한 목적을 합리적 수단으로 획득하고자 한다.

이런 인간이 속물인가? 아니다. 목적 합리적으로 행위한다고 해서 모두 자동적으로 속물이 되는 것은 아니다. "상호 경쟁적이고 충돌하는 여러 목적을 단순히 주어진 주관적인 욕구 활동으로서 의식적으로 저울질하여 그 긴급성에 서열을 매긴 다음에, 가능한 한 이 순서에 따라 목적들이 만족되도록 그러한 서열에 자신의 행위를 지향시킬"[57] 때에만 우리는 그를 속물이라 부를 수 있다. 속물은 내면의 가치이념을 가지고 있지 못하기 때문에 목적을 스스로 선택하지 못하고, 신자유주의 통치 체제가 부과한 목적을 '자연'으로 받아들인다. 그의 합리성은 오로지 수단의 차원에서만 발휘된다.

그런데 한국의 청년이 속물로 변해버렸다? 이러한 주장 역시 반사회학적이다. 사회적 삶은 기만만으로 이루어질 수 없고, 설사 이루어진다 해도 오래갈 수 없다. 고프먼을 빌려 말하면, 이는 '성스러운 게임'에서 도구적인 게임의 차원만 강조한 것이다. 하지만 이 '게임'마저도 몰도덕적이고 기만적인 것이 아니다. 고프먼이 쓴 게임 메타포는 게임이론이 아니라 짐멜로부터 온 것이다.[58] 짐멜에게 게임은 남녀 사이에 이루어지는 '밀당'과 같은 에로틱한 놀이 형식의 게임이다.[59] 비도덕적이고 기만적인 속물들이 과연 이런 게임을 할 수 있을까?

03 청년, 반사회학적 인물?

결국 동물과 속물 모두 반사회학적 인물이다. 한국 청년이 모두 이런 인물로 추락했다면 이는 매우 놀랍고도 서글픈 일이다. 어떻게 이들 사이에 사회적 삶이 가능하겠는가? 하지만 내가 만나는 청년은 이렇지 않다. 그들은 동물과 속물이기는커녕 우선 "너무나 착하다". 가족과 친구에 충실하다. 너무나 관계 중심적이다. 물론 김홍중도 청년이 모두 반사회학적 인간인 동물과 속물로 변해버렸다고 주장하는 것은 아닐 것이다. 사회학자로서 한국 청년에 대한 비판을 하고자 일종의 메타포로 썼을 것이다. 이 메타포가 조금은 지나치지만, 사회학자로서 청년의 성찰을 요청하기 위한 방법론적 도구로 썼을 것이다.

하지만 생존주의 청년 세대론은 다르다. 현실 적합성이 있어 보인다. 생존주의자는 언뜻 보면 동물이다. 생존 가치에 따라 게임을 한다는 점에서 그렇다. 생존 가치는 자기 자신의 생존에만 가치를 두기 때문에 자신을 초월한 더 큰 존재와 관련 속에서 자신의 삶의 행로를 위치짓지 못한다. 그런데 놀랍게도 생존주의자는 생존을 내면의 가치이념으로 설정하고, 이러한 가치이념에 비추어 스스로 목적을 선택하고 이 목적을 가치 추구하듯이 한다. 그런 점에서 베버가 말한 문화인간의 한 유형처럼 보인다. 다만 생존주의자의 가치이념은 현실을 구성하는 요소들이 맺고 있는 연관관계와 당대의 현실이 구성되게 된 역사적 과정에 대한 인식이 결여되어 있을 뿐이다. 다시 말해 역사적 현실에 대한 인식이 결여된 그의 가치이념은 유아론적이다.

보론 4
푸코의 통치성

01 푸코의 기업 사회

서동진의 자기경영 '담론'과 김홍중의 마음의 '레짐'은 모두 푸코의 신자유주의 통치성 개념에 기대고 있다. 푸코의 신자유주의 통치성이 만들어낸 주체는 '영성', 즉 "진실에 접근하기 위해 주체가 자신에게 필요한 변형을 가하는 탐구·실천·경험 전반"[60]을 상실한 존재다. '영성'은 주체가 데카르트의 주체와 같이 인식 행위를 통해 진실에 도달할 능력을 가지고 있다고 가정하지 않는다. 진실에 도달하기 위해서는 주체가 탐구·실천·경험 전반을 통해 자신을 변형시켜야 한다. "진실에 도달할 권리를 갖기 위해서는 주체가 자기 자신을 변화시키고 변형하며 이동하고 어느 정도와 한계까지는 현재의 자기 자신과 다르게 될 필요가 있다는 것을 전제합니다. 진실은 주체의 존재 자체를 내기에 거는 대가로만 주체에게 부여됩니다. 왜냐하면 주체는 그 자체로서 진실의 능력을 갖고 있지 못하기 때문입니다."[61]

영성을 지닌 주체는 온갖 탐구·실천·경험 전반을 통해 스스로를 변형시킨다는 점에서 언뜻 보면 푸코의 신자유주의 통치성이 만들어낸 주체와 유사해 보인다. 하지만 영성을 지닌 주체는 "자신의 존재 자체를 내기로 거는" 진정성 있는 존재다. 하지만 푸코의 신자유주의 통치성이 만들어낸 주체는 외부에서 주어지는 담론에 따라 자신의 자아를 대상화하고 성공을 위해 이를 도구화한다. 신자유주의 통치성은 지배자의 인위적 합리성에 의존하지 않고 피지배자의 '자연적 본성'에 따라 통치한다는 점에서 고전적인 자유주의 모델을 이어받는다.

하지만 신자유주의 모델에서 경제인간은 고전 모형처럼 더 이상 '교환'하는 인간이 아니라 '경쟁'하는 인간이다. "신자유주의자들이 생각하고 있는 것과 같은 시장에 따라 조절되는 사회, 그것은 상품 교환보다도 오히려 경쟁 메커니즘이 조절 원리를 구성해야 하는 사회입니다. 그런 경쟁 메커니즘이 사회에서 가능한 한 최대의 층위를 갖고, 가능한 한 최대의 외연을 점유해야 합니다. 즉 획득되어야 하는 것은 상품 효과에 종속된 사회가 아니라 경쟁의 역학에 종속된 사회라는 것입니다. 슈퍼마켓 사회가 아니라 기업 사회인 것입니다."[62]

서동진의 기업가적 자아는 바로 푸코가 말한 신자유주의 통치성이 주조한 주체성 형식이다. 그는 특히 미국식 자유주의의 주체인 기업가다. 핵심은 노동자도 자본가와 마찬가지로 기업가로 활동할 수 있다는 것이다. 인적 자본론이 이를 정당화한다. 노동자에게 소비는 비용이자 투자이고 소득은 자본이다. 따라서 최소 비용으로 최대 이윤을 얻어 자본을 축적해야 한다. 온갖 사회적 행위도 자본 축적을 위한 합리적 행위로 간주된다.[63]

반면 김홍중의 생존주의자는 푸코가 직접적으로 말한 주체 형식이 아니다. 생존주의자는 더 이상 기업가가 아니기 때문이다. 그는 경제인간인 것 같기는 한데 이익보다는 손실을 더 크게 평가한다. 이는 1980년대 이래 급속히 이루어진 신자유주의의 변화와 맥을 같이한다. 1984년 사망한 푸코는 그 이후 발전되어 나온 금융 통치성, 즉 주체, 시장, 사회를 금융 메커니즘을 활용해 통치하려는 권력 형식을 미처 예상하지 못했다.

시장은 더 이상 합리적이지 않으며 심리적으로 편향되어 거품과 공황을 반복한다. 이런 비합리적 시장에서 행위자는 교환, 경쟁, 축적의 주체가 아니다. 그는 "더 이상 산술적으로 정확히 계산할 줄 아는 이성적이고 이상적이며 규범적인 교환의 인간, 즉 호모 에코노미쿠스homoeconomicus가 아니라, 대략적으로 바라는 대로 하는 선호의 인간, 일종의 호모 에스페란스homoesperance가 된다."[64] 시장의 불확실성과 위험이 커진 상황에서 이제 행위자는 행동경제학behavioral economics의 용어를 빌려 말하면 '손실회피성loss aversion'을 따라 움직인다. 손실회피성 원리에서 "손실은 금액이 똑같은 이익보다도 훨씬 더 강하게 평가된다. 액수가 같은 손실과 이익이 있다면, 손실액으로 생긴 '불만족'은 이익금이 가져다주는 '만족'보다 더 크게 느껴"[65]지기 때문이다. 호모 에스페란스가 선호하는 최종 목적은 손실 회피, 즉 생존이다. 김홍중의 생존주의 세대는 바로 이러한 신자유주의 통치성의 변화를 반영하고 있다.

02 인지적 비관주의를 넘어

나는 서동진의 '담론의 질서'와 김홍중의 '마음의 레짐'이 한국 사회에서 지배적인 힘을 휘두르고 있다는 점을 부정하지 않는다. "어떤 형태의 자본주의든 특정한 정신적 태도, 인격, 윤리, 행위 유형, 생활양식에 의해 추동된다."[66] 베버의 자본주의 정신이 '프로테스탄트 윤리'에 의해 추동되었듯이, 서동진과 김홍중의 신자유주의적 자본주의 정신 역시 '자기계발 윤리'에 의해 움직인다. 베버의 프로테스탄트 윤리가 특정의 '문화인간'을 필요로 했듯이, 서동진과 김홍중의 자기계발 윤리는 기업가, 동물/속물, 생존주의자라는 특정의 인간 유형을 필요로 한다. 체계로서 자본주의와 정신으로서 자본주의는 특정 인간 유형과 일종의 '필연적인 연관'을 맺는다.

이렇게 체계와 정신이 구조적으로 아무런 빈틈없이 잘 짜인 것으로 이론화하면 속은 시원하다. 모든 잘못을 체계로 돌려 비난을 퍼부으면 되기 때문이다. 하지만 정신은 뭐가 되는가? 그저 체계에 끌려들어간 '문화적 멍청이cultural dope'가 된다. 체계에 포획되는 줄도 모르고 자기가 마치 자유로운 행위자인 것처럼 착각에 빠져 날뛴다.[67] 자유의지를 가지면 가질수록 체계에 종속된다는 이러한 인지적 비관주의는 기이하게도 정서적 낙관주의와 짝을 잘 이룬다. 체계에서 벗어난다는 핑계로 체계에서 멀리 벗어나 마음 공부에 몰두하는 것이 그 예다. '모든 게 마음 탓이오.' 실제로 자기계발 담론이 횡행할 때 마음 공부에 관련된 책들이 엄청 팔렸다. 한 스님에게 문의만 하면 모든 문제는 즉문즉설卽問卽說이 될 정도로 아주 단순한 것이 된다. 복잡하게 생각하지 말고 단순하게 사고하라. 문제 상황에 대한 지난한 해석학적 과정은 쓸데없이 마음을 괴롭히는 문제로 간주된다. 이리로 가면 인지적 비관주의에 빠지고 저리로 가면 정서적 낙관주의로 올라선다. 둘 다 문제 상황을 해결하는 데에는 아무런 도움이 안 된다.

베버는 '체계' 또는 '형태'로서의 자본주의와 '정신' 또는 '윤리'로서의 자본주의는 '선택적 친화력'이 있다고 말한다. 더 나아가 특정의 인간 유형, 즉 문화인간이 자본주의와 선택적 친화력을 지닌다고 말한다.[68] 필연적인 관계가 아니라는 것이다. 나는 이 선택적 친화력의 문제를 문화화용론으로 한층 더 밀고 나간다. '정신' 또는 '윤리'는 단순히 '체계'나 '형태'의 상부구조가 아니요, 인간 주체를 주조하는 신비한 구조틀은 더더욱 아니다. 오히려 행위자가 행위할 때 이를 가능하게 하는 '공적으로 가용한 상징 체계'다.

어느 시대나 행위자에게는 역사적으로 누적되어온 '가용한 재고 지식stock of knowledge at hand'이 있다. 이 가용한 재고 지식은 여러 층위로 구성되어 있다. 우선 "그 자체로 분명하고 뚜렷하며 일관된 지식이 있는데, 이는 재고 지식 중 핵심이긴 하지만 비교적 작은 부분을 차지한다. 이러한 핵심 주변에는 다양한 층위의 모호성, 불명료성, 애매성의 영역들이 둘러싸고 있다. 그다음에는 그저 당연시되는 사물들, 맹목적 신념, 순전한 추정, 단순한 추측의 영역들, 즉 그저 신뢰할 수밖에 없는 영역들이 뒤따른다. 그리고 최종적으로는 우리가 완전히 무지한 영역들이 있다."[69] 이러한 층위의 구분은 고정된 것이 아니다. 특정 상황에 처한 행위자가 그에게 가용한 재고 지식을 사용할 때마다 이런 층위의 영역들이 재구성될 수 있다.

가용한 재고 지식은 사실상 문화, 즉 공적 상징 체계다.[70] 자기계발 담론은 소위 신자유주의 바람이 거세게 불면서 새롭게 도입된 공적 상징 체계다. 기껏해야 도입된 지 20여 년 안팎이다. 자기계발 담론에 대한 어떤 지식은 매우 명료하지만, 다른 지식은 애매모호하고 불명료하다. 또 어떤 지식은 그럴 것이라고 단순히 추정하는 정도일 뿐이다. 어떤 경우에는 완전히 무지의 영역에 들어가 있다. 다시 말해 자기계발 담론은 매우 다양한 층위를 지닌 이질적인 재고 지식이며, 사용자에 따라 이러한 층위들이 뒤바뀔 수 있다. 아무리 담론의 질서와 마음의 레짐의 통치가 강고하고 집요하다 해도 행위자가 자기계발 담론을 사용하지 않으면 별 소용이 없다. 또한 사용한다 해도 이를 사용한 자신의 행위에 주관적 의미를 부여하지 않으면 효과가 떨어진다. 문제는 자기계발 담론을 청년 세대가 실제로 활용해서 문제 상황을 정의하고 해소하는가 하는 점이다. 이는 경험적 연구를 통해서만 답할 수 있는 문제다.

보론 5

문화화용론과 서사 분석

01 문화화용론

공적 상징 체계

여기서 우리는 문화화용론적 입장을 취해야 한다.[71] "인간은 사물, 사건, 인물 등을 개개의 그 자체로 인지하지 않으며, 반드시 상징적 틀symbolic frame 또는 상징 체계를 구성하여 그 안에서의 다른 요소들과의 관계맺음 속에서 인지하고, 느끼고, 가치판단한다."[72] 따라서 문화화용론은 행위자가 자신과 자신을 둘러싼 세계를 인지적으로 분류하고, 도덕적으로 가치평가하며, 정서적으로 느끼기 위해 그에게 가용한 공적 상징 체계를 활용하여 말과 행위를 구성하는 방식에 초점을 맞춘다.

기어츠는 문화가 공적으로 가용한 상징 체계라는 점을 처음으로 명확히 밝혔다. 문화는 우선 '상징 체계'다. "문화는 '사회적으로 설정된 의미 구조들'로 이루어져 있다."[73] 어떤 사건이나 행위의 의미는 그 자체에서 저절로 나오는 것이 아니다. 또한 그 사건이나 행위를 결정하는 더 근원적인 존재에 의해 결정되는 것도 아니다. 반드시 사회적으로 설정된 의미 구조들에 의해 상징화되어야 의미가 생긴다. 의미 구조들은 상징들의 관계, 즉 체계로 이루어져 있다. 체계 안에 존재하는 상징들의 유사성과 차이의 관계에 의해 의미가 구성된다. 상징 체계가 자율성을 지니는 것이다. 이러한 상징 체계는 단순히 주관적 관념이나 신비한 실체로 환원될 수 없다. "문화는 비록 관념적이기는 하지만, 그렇다고 누군가의 머릿속에 존재하는 것이 아니다. 또한 물리적이지는 않지만 불가사의한 실체인 것도 아니다."[74]

문화는 '공적'이다. 문화는 누구나 사용할 수 있는 공적 자산이다. 물론 행위자가 문화를 사용할 수 있으려면 무엇보다도 먼저 그것에 접근할 수 있어야 한다. 문화는 상징 체계이므로 어느 한곳에 숨겨두고 개인이 독점해서 사용할 수 없다. 상징은 지속적으로 다른 상징으로 확장되기 때문에 사물처럼 가둬둘 수 없다. 내가 상징을 독점한다 해도 남들이 그 상징을 나름의 방식으로 사용할 수 있다. 물론 문화를 사용하려면 먼저 몸으로 익혀야 한다. 고도로 체계화된 상징 체계는 익히는 데 엄청난 시간이 요구된다. 클래식 음악이나 발레 또는 고등 종교 같은 문화가 여기에 해당한다. 요즘 식으로 표현하면 자기계발 담론이 여기에 해당될 것이다. 반면 어떤 문화는 상대적으로 덜 체계화된 상징 체계라서 바로 익혀 사용할 수 있다. 외국에 여행 가서 낯선 음식을 먹는 게 여기에 해당할 것이다. 먹는 방법을 습득하는 데는 그렇게 많은 시간의 노력을 필요로 하지 않는다. 요즘 텔레비전을 틀기만 하면 '먹방'이 차고 넘치는 이유다.

문화화용론은 인간을 특정의 상황에서 닥친 문제 상황을 해소하기 위해 그에게 가용한 공적 상징 체계를 사용하는 행위자로 본다. 상황은 분석적 차원에서 '정착된 삶'과 '비정착된 삶'으로 나뉜다. 정착된 삶에서는 공적 상징 체계가 사회구조 안에 습속으로 배태되어 있다. 따라서 행위자들은 공적 상징 체계를 의심을 유보한 채 사용한다. 반면 비정착된 삶에서는 공적 상징 체계가 아직 사회구조 안에 제도화되어 있지 않다. 따라서 공적 상징 체계를 사용할 때마다 고도의 자의식을 가지고 실천한다. 사회적 삶에서 정착된 삶과 비정착된 삶은 일종의 연속선상에 놓인다.[75]

실용주의

문화화용론은 공적 상징 체계가 특정의 의미를 주조하는 문화 구조이지만 동시에 그 쓰임에 따라 얼마든지 다른 의미가 만들어질 수 있다고 본다. 구조주의자들이 보듯 문화 구조는 고정된 실체 또는 '구조화하는 구조'가 아니라 자율성을 지닌 상징 체계다. 문화 구조의 이러한 자율성 덕분에 행위자들은 이를 다양하게 활용할 수 있다. 문화화용론은 그래서 행위자의 문화화용 능력에 주목한다.

이 지점에서 모든 인간 행위가 '성찰되지 않은 행위 습성들'과 '창조적 수행' 사이의 긴장관계에 놓여 있다는 실용주의의 가르침을 받아들인다.[76] 실용주의는 세계가 이미 완성되어 있다고 생각하지 않는다. 인간에게 진리와 의미는 이미 완성되어 있는 실재에 대한 상응관계를 표현하는 것이 아니다. 세계는 인간의 행위에 의해 계속 만들어지고 있는 중이다. 그렇다고 특정의 텔로스telos를 향해 목적론적으로 운동하고 있는 것이 아니다. 세계는 열려 있다. 인간의 행위에 의해 얼마든지 더 좋은 세상이 만들어질 수 있다. 진리(인지)와 선(행위)은 다른 범주가 아니다. 더 좋은 삶을 가져다주는 지식이 곧 진리다.

관념론, 특히 신칸트주의는 관념이 실재를 구성한다는 일방적 관점을 강조한다. 한편 헤겔주의자들은 변증법적으로 서로를 구성한다고 보지만, 이것이 목적론적 성격을 띤다고 주장함으로써 이를 신비화한다. 반면 실용주의는 개인과 환경이 서로를 변형시키는 관계에 있다고 본다. 상황은 인간으로서 어찌해볼 수 없는 긴급 사항을 요구하며, 인간 행위자는 이러한 요구에 맞추어 자신의 행위를 변형시키며, 이러한 변형이 다시 상황을 변화시키게 된다. 행위자와 환경은 끊임없이 변화하는 역동적인 관계를 맺고 있다. 행위자와 환경 둘 다 고정된 실체라기보다는 서로를 구성하는 과정이다.

이러한 상호 구성 경로를 통해 실재가 그 자신을 열어 인식하는 자에게 알려지게 된다. 안다는 것은 단지 그 자체가 아니라 행위를 위해 존재하는 것이다. 알려고 한다는 것은 환경이 유기체에게 뭔가 문제적 요구를 하고 있기 때문이다. 이는 명상이나 관조를 통해 해결될 수 없다. 오로지 실험적 행위를 통해 그것의 성격을 파악하고, 이에 대한 해결책을 찾는 과정에서 길이 열리게 된다.[77]

진리와 의미는 목적적 행위의 결과consequences of a purposeful action이다. 목적적 행위는 인간이 환경과 마주할 때 발생하는 문제 상황을 지성적으로 해결하는 데 필요한 도구와 같다. 진리와 의미는 기존의 것을 바탕으로 미지의 것을 가늠하고 평가하고 이를 바탕으로 해서 행위를 조직하는 것과 관련된다. 과거, 현재, 미래를 서사적으로 재구성하는 것이다. 문제 상황이 정착된 삶에서 벌어진다면 대개 성찰되지 않은 행위 습속들을 가지고도 이를 충분히 해결할 수 있다. 반대로 문제 상황이 비정착된 삶에서 벌어진다면 창조적 수행이 반드시 필요하다.

자아

행위자는 반드시 또 다른 행위자를 전제로 할 때에만 공적 상징 체계를 활용해 말과 행위를 구성할 수 있다. 이는 공적 상징 체계를 통해 자신을 대상화해서 바라볼 수 있는 능력이 있기에 가능한 일이다. 다시 말해 행위자가 '자아'를 가지기 때문에 가능한 일이다.[78] 행위자의 자아는 자신이 태어난 이야기 공동체 속에서 타자의 이야기를 듣고 자라면서 형성된다. 이야기 공동체는 그 성원에게 가용한 온갖 공적 상징 체계를 갖추고 있다. 그런 점에서 모든 인간은 자신만의 이야기의 고향이 있다. 이 고향에서 살아가면서 자신을 타자의 이야기를 통해 대상화하고 이 자아 대상을 인지적·정서적·도덕적으로 평가할 수 있게 될 때 사람은 자아를 가졌다고 말할 수 있다.

자아는 다른 사람들과 이야기를 나누는 과정에서 출현한다. 누구를 만나 이야기를 나누느냐가 인간 자아의 성격에 엄청난 영향을 준다. 타자를 만나는 순간 나는 나 자신을 넘어선 어떤 '노선line'이 존재한다는 것을 발견한다. 타자와 함께 만들어나가야 할 행위의 노선 말이다. "노선은 인간이 만들어내는 구어적 행위와 비구어적 행위의 유형이다. 이를 통해 인간은 상황에 대한 자신의 관점을 표현한다. 또한 이러한 표현을 통해 자신이 참여자들, 특히 자신을 어떻게 평가하는지 드러낸다."[79] 이를 위해서는 나 자신의 좁은 울타리를 넘어서야 한다. 즉 초월해야 한다. 자아는 바로 이러한 '원초적 초월'로부터 처음 출현한다.

원초적 초월

타자가 내 앞에 있다는 사실 하나만으로도 우리는 일상에서 매일 초월을 체험한다. 대면적 상호작용을 통해 우리는 모두 자신을 벗어나와 공동의 노선을 만들어나가는 초월을 체험한다. 이 초월은 현실을 넘어 영원성의 세계로 옮겨가기 위한 '외재적 초월'이 아니라, 이 땅에서 타자와 공동의 노선을 만들어 함께 어울리기 위한 '내재적 초월'이다. 이러한 원초적 체험을 바탕으로 우리는 계속해서 초월의 수준을 다양화하고 높여간다. 대개의 사람들은 가족 안에서 처음 초월을 경험한다. 그다음 학교에 가서 또래 집단과 선생님 안에서 초월을 경험한다. 이러한 연속적인 초월의 경험은 타자들 사이에서 이미 활용되고 있는 공적 상징 체계를 익히고 이를 통해 자신을 대상화하고 평가하고 그러한 것을 바탕으로 행위하는 과정이다.

물론 타자는 내 앞에 현전하고 있는 사람으로 한정되지 않는다. 직접 대면적 상호작용을 하는 구체적인 타자로부터 공적 상징 체계를 통해서만 만날 수 있는 사회나 역사 전체 또는 보편신과 같은 고도로 일반화된 타자에게까지 그 범위가 넓게 펴져 있다. 예컨대 우리는 책을 통해 역사적으로 멀리 떨어져 있는 다양한 타자를 만나 상호작용할 수 있다. 또한 텔레테크놀로지teletechnologies 덕분에 공간적으로 멀리 떨어져 있는 사람하고도 공동의 노선을 함께 만들어갈 수 있다. 초월의 양태가 다양하고 차원이 다양할수록 사람의 자아는 풍요롭게 된다. 그만큼 다양하고 다차원적인 공적 상징 체계를 통해 타자와 대화할 수 있기 때문이다.

침팬지의 자아감

초월의 수준은 여러 가지가 있다. 이는 테일러의 논의를 참조하면 이해하기 쉽다. 테일러는 '자아 됨과 선selfhood and the good' 또는 '자아 됨과 도덕selfhood and morality'이 서로 떼어놓을 수 없게 연관되어 있다고 본다. 이를 설명하기 위해 먼저 침팬지의 '자아감a sense of self'에 대해 논한다. "나는 침팬지도 '자아감'을 가지고 있다는 점을 보여주려고 설계된 실험을 기억한다. 얼굴에 페인트가 묻은 침팬지가 거울에 비친 자신의 모습을 보고 앞발을 뻗어 페인트를 지우려고 한다. 침팬지는 어쨌든 이러한 거울 이미지가 자신의 몸과 관련된다는 것을 인식했다."[80]

테일러는 인간이 자아를 지녔다고 말할 때 이런 정도의 의미가 아니라고 말한다. "분명히 그것은 내가 사용하고자 하는 용어의 의미와는 상당히 다르다."[81] 뭐가 다른가? 침팬지는 거울 속에 비친 자신의 몸의 이미지를 보고 자기 자신을 초월한다. 타자(거울 속 자기 몸의 이미지)를 보고 자신을 인식한다는 점 그리고 그러한 인식을 바탕으로 해서 자신의 몸의 이미지를 변형시키려 한다는 점에서 초월의식이 있다고 말할 수 있다. 인간도 이 점에서 마찬가지가 아닌가? 물론 인간은 거울에 비친 페인트 묻은 자신의 얼굴 이미지를 보고 자기 얼굴에서 페인트를 지우려 하지 거울 속에 비친 자기 얼굴 이미지를 고치려 하지 않을 것이다. 어쨌든 침팬지도 어느 정도 초월의식을 지닌다. 하지만 이 정도 수준의 초월의식으로 인간의 자아를 좁게 정의할 수는 없다.

프로이트의 에고

테일러는 또한 프로이트의 에고ego 개념도 자신이 말하는 자아의 의미가 아니라고 말한다. "자신의 욕망, 역량 등과 같은 일정한 요소들에 비추어 자신의 행위를 전략적으로 조정한다는 의미에서 자아를 보는 것도 불충분하다. 이것은 프로이트의 의미에서 그리고 이와 관련된 용법에서 '에고를 가지고 있다(또는 에고이다)'라고 할 때 그런 의미이다. 이러한 전략적 역량은 어느 정도의 성찰적 의식을 갖추고 있다. 하지만 중요한 차이가 있다. 에고에게는 선과 관련된 질문들의 공간에서 자신 스스로 방향을 잡아야 한다는 점, 즉 이러한 질문들에 대해 어떤 입장을 취해야 한다는 점이 본질적이지 않다. 오히려 거꾸로다. 프로이트적 에고는 슈퍼에고의 오만한 요구는 물론 이드의 충동에 직면해서 최대한 책략을 부릴 때 가장 자유롭고 통제력도 제일 잘 행사할 수 있다. 이상적으로 말해 자유로운 에고는 아마도 명석한 손익계산가일 것이다."[82]

프로이트적 에고는 행위의 도구성과 효율성 면에서 침팬지보다 훨씬 더 뛰어나게 자신을 초월한다고 말할 수 있다. 그럼에도 테일러는 인간의 자아를 이러한 전략적 행위자로 환원할 수 없다고 말한다. 왜 그럴까? 우리는 일상을 살아가면서 전략적으로 능수능란하게 행위하는 프로이트적 에고를 가진 사람을 쉽게 만날 수 있다. 입만 열면 다른 사람의 행위를 전략적 동기로 설명하는 데 여념이 없다. 그런 사람은 대개 단기적인 성과에 뛰어난 영업사원 같은 사람이다. 하지만 누구도 그와 인간적으로 친하게 지내려고 하지는 않을 것이다. 만약 전략적 행위자로만 이 세계가 이루어진다면, 이 세계는 냉혹한 이익 집단에 의해 지배당할 것이다.

자아 이미지의 연출

다음으로 테일러는 사람들이 자신들이 접촉하는 사람들의 눈과 자기 자신의 눈에 좋게 보이려고 자아 이미지를 꾸민다는 사실에 주목한다. 이는 자아 이미지를 좋게 꾸미려 한다는 점에서 침팬지와 손익계산가보다는 낫다고 할 수 있다. 하지만 중요한 것은 자아 '이미지'이지 실제 모습이 아니다. "이미지의 중요성이 정체성과 아무런 연관도 맺지 않는다. 인간 존재가 대개 사회적으로 유도되는 일정한 규준에 자신의 이미지를 맞추려고 한다는 점은 사실로 여겨진다. 하지만 이것이 인간의 사람됨에 본질적인 어떤 것으로 여겨지지는 않는다."[83] 자아 이미지에 몰두하는 인간은 남에게 좋게 꾸민 모습을 보이는 것에 주된 관심이 있다. 그만큼 남의 시선에 연연하는 허약한 에고를 가지고 있기 때문이다. 자신을 초월해서 만들어낸 자아 이미지에 대한 정서적 동일시가 적다보니 외부의 평가에 쉽게 휘둘리는 것이다.

이 역시 테일러가 그리는 자아가 아니다. 적지 않은 사람들이 고프먼의 자아를 인상 관리하는 자아로 이해했는데, 그렇게 잘못된 이해가 바로 테일러가 비판한 그 자아이다. 고프먼은 현대인의 대면적 상호작용을 연극론적 메타포를 통해 분석했는데,[84] 적지 않은 사람들은 이를 상호작용 중인 행위자들이 자신의 인상을 관리하여 상대방을 통제하려는 마키아벨리적인 몰도덕적이며 기만적인 냉소적 행위자관을 제출한 것으로 오해하고 있다. 이렇게까지 극단적이지 않더라도 인간을 겉만 뻔지르르 꾸밀 줄만 아는 위선자로 간주한다. 테일러는 바로 이러한 모습이 인간의 자아의 성격을 대표해서는 안 된다고 보고 있다. 인간은 그렇게 내면의 진정성 없이 오로지 상대방을 통제하거나 그에게 좋은 인상을 심어주기 위해서 자아를 관리하는 존재인 것만은 아니기 때문이다. 그런 사람은 위기에 처하면 금방 관리된 가면을 벗어 던지고 무너진다. 그 정도의 허약한 자아감을 가지고 인간은 자기 삶을 스스로 살아갈 수 없다.

선한 삶과 자아

테일러는 자아 됨과 선을 연결시키는 정체성 개념이 필요하다고 주장한다. "우리는 선에 대한 지향 없이는 존재할 수 없다. 우리는 각자 이 선에 대해 어떤 입장을 취하느냐에 좌우된다(즉, 적어도 우리는 특히 이를 통해 우리 자신을 정의한다)."[85] 자아는 단순히 자신을 초월해서 만들어낸 대상이 아니다. "우리가 자아인 것은 오직 어떤 질문들의 공간에서 움직이는 한에서만, 즉 선에 대한 지향을 추구하고 찾는 한에서만 그러하다."[86] 다시 말해 "무엇이 선한 삶인가?"와 같은 가치론적 질문을 던지고 그것에 지향하지 않는 한 인간의 정체성이란 존재할 수 없다. 이는 아마 가장 고차원적인 초월이라 할 수 있을 것이다.

테일러는 이러한 생각을 에고 심리학자 에릭 에릭슨으로부터 빌려왔다. 에릭슨에 따르면 정체성이란 나로 하여금 유의미한 도덕적·영적 문제와 관련하여 내가 어디에 있고 어떻게 서 있는지를 알게 해주는 지평을 말한다. 그것은 내가 현재 행하고 있는 어떤 일에 헌신하는 의미를 일러준다.[87] "나의 정체성은 내가 헌신하고 동일시하는 것에 의해 정의된다. 이 헌신과 동일시는 나에게 틀이나 지평을 제공해준다. 이 안에서 나는 매 경우 무엇이 선하고 가치 있는 것인지, 무엇을 행해야 하는지, 무엇을 찬성하고 반대할 것인지 결정해볼 수 있다. 다시 말해 나의 정체성은 하나의 지평이다. 이 안에 있음으로 해서 나는 어떤 입장을 취할 수 있다."[88]

정체성을 잃으면 인간은 완전히 넋이 나가고, 내가 어디에 서 있고 무엇을 원하는지도 알지 못하게 된다. 인간에게 정체성은 옵션이 아닌 필수다. 정체성 없이 사는 인간은 깊은 위기 속에 빠져들 것이다. "이것이 바로 이른바 '정체성 위기'인데 격심한 형태의 방향 감각 상실을 뜻한다. 사람들은 흔히 이것을 자신들이 누구인지 모르겠다는 식으로 표현하지만 또한 자신들이 어디에 서 있는지에 대한 근본적인 불확실성 속에 휩싸여 있는 것이기도 하다. 그들은 틀이나 지평을 결여하고 있다. 이 안에 있어야 사물들은 안정된 의미를 취할 수 있고, 어떤 가능한 삶들이 좋거나 의미 있는 것이고 또 다른 가능한 삶들이 나쁘거나 하찮은 것인지 분별될 수 있다."[89]

대화의 망과 서사적 정체성

정체성은 타자와 인정을 주고받으면서 만들어지고 유지된다. 정체성은 실체로서 내 안에 있는 것이 아니라, 나와 타자 사이 어딘가에 있다. 나의 자아는 타자와 대화할 때 출현한다. "나는 어떤 대화자들과 관계를 맺을 때만 자아이다. …… 자아는 내가 '대화의 망webs of interlocution'이라고 부르는 것 안에서만 존재한다."[90] 자아는 오로지 타자와 대화를 하면서 자신이 살아온 삶을 이야기하는 동안 출현한다. 자신의 삶을 이야기하기 위해서는 반드시 공적 상징 체계를 사용하지 않을 수 없다. 만약 사적 상징 체계라는 것이 있어 이것을 사용한다면 자기만 알고 상대방은 무슨 뜻인지 가늠하기 어려울 것이다. 자기만 알아듣는 말로 백날 떠들어봐야 아무도 알아들을 수가 없어 혼잣말로 그친다. 그러니 타자의 인정을 받을 수가 없다.

타자와 인정을 주고받으려면 공적 상징 체계를 자신과 타자 모두에게 유의미하게 사용할 수 있는 문화화용 능력이 무엇보다 중요하다. 모든 이야기의 제1의 청자는 이야기하는 당사자다. 인간은 자신이 무슨 말을 하는지 알아듣지도 못하면서 계속 이야기하는 녹음기와 같은 존재가 아니다. 자신에게 의미가 있는 이야기이기 때문에 남에게도 들려줘서 그 의미를 나누려고 한다. 모든 이야기에는 들어줄 사람이 필요하다. 초등학생을 앞에 두고 난해한 형이상학 강의해봐야 아무 소용없다. 나도 알아듣고 상대방도 알아들을 수 있는 공적 상징 체계를 골라 이를 활용해서 이야기를 해야 한다.

그럼 화자는 왜 청자에게 이야기를 하려고 하는가? "그것은 자신의 경험을 서사적으로 유의미하게 만들기 위해서다. 왜 하필 '서사적으로' 유의미한 것인가? 화자는 항상 '말하는 현재' 내부에 과거와 미래를 확장해서 이야기하기 때문이다. '이야기된 삶'이 '실제 삶'에 영향을 미치는 것이다. 왜냐하면 이야기란 단순히 참과 거짓을 가리는 인지적 논증만이 아니라, 독특한 정서적 에너지를 지닌 가치평가적 요구이기도 하기 때문이다. 그런 점에서 모든 이야기는 정도의 차이는 있지만 미래의 삶에 대한 기획을 품고 있다. 그 기획이 실현되는가의 여부는 현재 이야기된 삶이 실제 삶에 얼마나 많은 영향을 주느냐에 달려 있다."[91]

이야기가 말하는 사람의 실제 삶에 영향을 주기 위해서는 그것이 청중에게 공명을 불러일으켜야 한다. 인간은 혼자서는 절대 자기 자신을 변화시킬 수 없다. 인간은 무대 위에 올라선 배우와 같다. 청중이 하나도 없는데 배우 혼자 무대 위에서 맡은 배역에 녹아들어갈 수는 없다. 오로지 청중의 호응 속에서 배우와 청중이 하나가 되었을 때에야 진정한 배역으로 거듭난다. 인간은 말하면서 자신의 정체성을 만들어가는 '서사적 정체성'을 가진다. 화자는 이야기를 통해 말하는 과정에서 자신을 규정하고, 그 규정이 그의 삶에 영향을 미친다. 청중의 호응이 있음으로 해서 가능한 일이다.

02 서사 분석

서사와 삶

"서사는 인간이 자신의 경험을 시간에 따라 유의미한 에피소드로 구성하는 일차적인 방식이다."[92] 사람들은 살아가면서 많은 경험을 한다. 하지만 모든 경험이 바로 그 자체로 의미를 지니는 것이 아니다. 여러 경험을 시간 순으로 연결시킬 때에만 의미가 창출된다. 이 경험이 어떤 전체적인 경험의 일부분이라고 여기거나, 뭔가 다른 경험의 원인이라고 언급할 때 서사적 의미가 만들어진다. 어떤 경험의 의미는 이해 가능한 전체 경험에서 그

것이 차지한 시간적 자리와 그 역할에 의해 생산된다.[93]

어떤 사람이 현재 사업이 실패한 고통스러운 경험을 하고 있다고 하자. 그냥 지나가겠지 하고 넘어갈 수도 있겠지만, 이 경험이 너무나 지대하면 그 의미가 무엇인지 물을 수 있다. 만약 그가 독실한 종교인이라면 좀 더 큰 신의 섭리 안에 넣어서 이 고통의 의미를 파악할 수 있다. 신이 나에게 축복을 주기 위해 일시적으로 시련을 주는구나, 이렇게 의미를 구성하면 그 이후 그의 삶의 행로가 바뀔 수 있다. 고통의 경험이 오히려 미래의 행복을 더욱 극적으로 만들어주는 방해 역할을 하는 것으로 이해하게 된다.

독실한 종교인이 아닌 경우에도 그냥 좌절하고 살아갈 수도 있지만, 사업 실패의 의미를 물을 수 있다. 사업을 벌이기 전에 사전 시장조사를 충분히 하지 않았다든지, 경쟁 회사에 비해 가격 경쟁력이 떨어지는 제품을 만들어 팔았다든지, 재정 관리를 방만하게 했다든지, 사람을 잘못 뽑아 썼다든지 여러 원인을 찾아낼 수 있다. 이 원인을 통해 사업의 실패를 인과론적으로 이해하고 설명하게 된다.

어떤 사람은 사업의 실패를 운이 없어서 일어난 일이라고 정의할 수도 있다. 그렇게 되면 사업 실패의 의미는 아무것도 없다. 나의 행위에 의해 만들어진 것이 아니므로 어찌 해볼 수 없는 것이기 때문이다. 이럴 경우 사업 실패의 경험을 시간에 따라 유의미한 에피소드로 구성하기 어렵다. 어떤 경험의 의미는 시간으로 조직될 때에만 가능하며, 인간의 시간은 행위자의 목적과 의도를 지닌 일련의 사건을 통해 펼쳐진다. 만약 어떤 사람이 사업 실패를 자신의 목적 및 의도와 무관하게 이루어진 것이라 본다면 그 실패의 의미는 인간의 이해를 넘어서게 된다. 리쾨르가 시간성과 서사성이 서로를 전제하고 강화하는 건설적인 순환 관계에 있다고 말한 이유가 여기에 있다.[94]

서사는 또한 인간의 삶의 방향을 바꾼다. 화자가 이야기하는 현재의 시점에서 과거 중 특정의 사건을 선택해 기억하고 이를 미래의 기획으로 재조직하기 때문이다.[95] 과거에서 특정의 사건을 불러내 이야기한다는 것은 화자 자신은 물론 청자로 하여금 그 사건에, 현상학적 의미에서의 '주의 attention'를 기울이라는 규범적 요구다. 화자는 불러낸 특정 사건 각각에 상징적 의미를 부여하고, 이를 특정 시간 순으로 조직한다. 과거, 현재, 미래를 특정 시간 순으로 조직하면, 삶의 방향도 이러한 서사에 영향을 받는다.[96]

서사적 인터뷰

나는 이러한 문화화용론을 통해 지방대생의 이야기에 대한 서사 분석을 실행했다. 지방대생의 이야기를 수집하기 위해서는 만나 이야기를 나눠야 한다. 이야기의 한 종류인 자기계발 담론은 청년 세대가 직접 만든 것이 아니다. 오히려 문화 산업, 또는 출판 산업이 적극적으로 고안하고 퍼트린 담론이다. 기업가, 동물, 속물, 생존주의자 역시 모두 학자들이 청년들의 자아에 대해 만들어낸 이야기다. 청년 스스로 자신의 자아를 서사한 것이 아니다. 만약 청년 세대가 어떤 집단으로 존재한다면, 여기에 직접 다가갈 수는 없다. 오로지 그들이 스스로 산출한 집합 표상을 통해 에둘러 접근해야 한다. 문제는 이들이 자신들에게 가용한 공적 상징 체계를 활용하여 자신과 사회에 대한 집합표상을 만들어낸다는 점이다. 그렇다면 청년 세대가 어떤 공적 상징 체계를 활용하여 주관적 의미를 만들어내고 이러한 의미의 안내를 받아 행위하는지 살펴봐야 한다. 이는 청년 세대의 이야기를 직접 들어봐야 알 수 있다. 지방대생의 이야기에 대한 서사 분석이 필요한 이유다.

나는 지방대생이 스스로 자신의 자아를 서사하도록 하고자 했다. 이를 위해 서사적 인터뷰를 실행했다. 서사적 인터뷰는 연구자의 학술적 또는 과학적 언어에 특권을 주지 않는다. 대신 연구 참여자가 스스로 만들어가는 이야기에 주목한다. 이는 물론 지금까지 연구 주제에서 배제되고 누락되었던 평범한 사람들의 이야기를 인정해주기 위해서다.[97] 그런 점에서 서사적 인터뷰는 단순히 질적 연구의 한 방법(론)에 그치지 않는다. 이제껏 말하고 싫어도 들어주는 청중이 없어 할 수 없었던 이야기를 할 수 있도록 마련된 공론장이다.

지금까지 공론장은 하버마스를 따라 단지 의사결정에 이르는 합리적 절차 기제 정도로 좁게 정의되는 경향이 있었다. 이 때문에 공론장이 사람들의 탁월성을 두고 경합하는 장으로 넓게 정의되지 못했다. 그래서 도덕과 정서의 문제가 부르주아 공론장에서는 제외되고 인지만이 중요하게 여겨지게 되었다.[98] 이렇게 합리적인 인지적 결정을 강조하는 제도주의적 접근은 극복되어야 한다. "아테네가 아니라 아테네 시민이 폴리스였다"[99]는 아렌트의 주장은 그 시발점이 될 수 있다. 여기서 정작 필요한 것은, 일상사에 대한 합리적인 의사결정이 아니라 '마치 ~인 것 같은' 영역으로 진입해 사회와 도덕에 대해 논의하는 것이다.

서사적 인터뷰는 연구 참여자와 연구자가 서로 '인간으로' 현상하는 폴리스다. "폴리스는 가장 넓은 의미에서 현상의 공간, 즉 나는 타자에게 타자는 나에게 현상하는 공간이며, 여기에서 인간은 다른 유기체나 무기체처럼 단순히 존재하는 것이 아니라 뚜렷이 현상한다."[100] 서사적 인터뷰 과정 속에서 연구 참여자와 연구자는 말과 행위를 통해 서로 인간으로 현상해야 한다. 그런 점에서 서사적 인터뷰는 일종의 사회적 공연이다. 연구 참여자와 연구자가 서로를 청중으로 해서 사회적 공연을 펼치고 있다. 연구 참여자는 자신이 살아온 이야기를 들려주면서 서사적 정체성을 제출하고, 연구자는 이러한 정체성을 인정한다. 연구자 역시 연구자로서 자신의 정체성을 연구 참여자에게 제출하고 그로부터 인정을 받는다. 이러한 호혜적 인정 속에서 둘 사이에 일종의 폴리스가 형성되는 것이다.[101]

두꺼운 기술

서사 분석은 서사적 인터뷰를 통해 얻은 자료에 대한 '두꺼운 기술thick

description'을 시도한다. 사실 이 용어는 기어츠가 길버트 라일의 개념을 빌려온 것이다.[102] 라일은 오른쪽 눈꺼풀을 급히 껌뻑이는 소년들의 행위를 들어 두꺼운 개념을 설명한다. 우선 두 명의 소년이 있다. 한 명은 단순히 근육경련이 와서 자기도 모르게 눈꺼풀을 껌뻑거렸다면, 다른 한 명은 친구에게 뭔가를 은근히 알리기 위해 일부러 껌뻑거린다. 윙크를 한 소년은 사회적으로 수립된 코드에 따라 특정한 메시지를 특정한 누군가에게 남들 모르게 고의로 보내 의사소통을 시도하고 있는 것이다. 눈꺼풀도 껌뻑이고 의사소통도 한다. 하지만 단순 경련을 일으킨 소년은 의사소통의 의도가 없이 저절로 눈꺼풀을 껌뻑였다.

라일은 한 단계 더 나아가 첫 번째 소년의 윙크를 장난스럽게 따라 하는 세 번째 소년이 있다고 가정한다. 겉으로 볼 때 이 소년도 눈꺼풀을 껌뻑거리기는 마찬가지다. 하지만 이는 윙크도 단순 경련도 아니다. 왜냐하면 남을 장난스럽게 패러디하면서 눈꺼풀을 껌뻑이는 것이기 때문이다. 그러기 위해서는 더 의식적으로, 더 과장되게, 더 우스꽝스럽게 흉내 낸다. 마치 어릿광대처럼. 여기에도 사회적으로 수립된 코드가 존재한다. 윙크이긴 하지만 공모가 아니라 놀림이다. 놀림 코드를 이해하지 못하는 다른 사람이 이를 보고 실제 윙크인 줄 알고 공모의 표시로 다시 윙크를 해온다면 세 번째 소년의 시도는 실패한 것이다.

라일은 마지막으로 세 번째 소년이 집에 가서 거울을 보고 윙크를 연습하는 경우를 가정한다. 혼자 거울에 비친 자기 모습을 보면서 눈꺼풀을 껌뻑이는 것은 단순 경련, 공모, 흉내가 아니다. 그것은 흉내 연습이다. 사회적으로 수립된 코드를 가지고 집에서 혼자 연습하는 것이다. 앞으로 실제 다른 사람 앞에서 해볼 요량으로 실습을 하는 셈이다.

마치 카메라로 찍듯이 겉으로 비친 모습만 관찰하면 이 네 가지 경우 모두 오른쪽 눈을 껌뻑인 것에 불과하다. 어떤 것이 단순 경련이고 어떤 것이 윙크인지, 아니면 둘 다 단순 경련 또는 윙크인지 가늠하기 어렵다. 또한 어떤 것이 흉내이고 어떤 것이 연습인지 헷갈린다. 이렇듯 현상적으로 관찰

가능한 것만 탐구하는 실증주의적 방법으로는 눈꺼풀 껌뻑임의 의미를 온전히 파악할 수 없다. '얇은 기술thin description'을 한다면 둘 다 눈꺼풀을 급히 껌뻑인다는 점에서 외면적으로는 동일하다. 하지만 만약 눈꺼풀을 수축하는 것이 하나의 공모의 신호로 여겨지는 공적 코드가 존재하는 곳에서 의도적으로 눈꺼풀을 껌뻑이는 행위는 윙크가 된다. 이 경우에는 눈꺼풀을 수축하는 하나의 행위가 단순한 동작이 아니라 공적인 의미를 지니는 제스처가 된다. 또한 눈꺼풀을 수축하는 것이 놀림을 의미하는 공적 코드가 존재한다면 이것 역시 놀림이라는 문화적 의미를 지닌 제스처가 된다.

실제 생활에서는 다양한 공적 코드들이 얼키설키 뒤엉켜 있는 경우가 많다. 그래서 의도했던 제스처가 의사소통이 잘되지 않아 오해가 벌어지는 경우가 많다. 그래서 두꺼운 기술이 필요한 것이다. 기어츠는 1912년 프랑스 식민지령인 모로코의 고원지대에서 일어났던 실제 사건을 들어 이를 설명한다.[103] 사건은 1912년에 일어났지만 기어츠가 정보 제공자로부터 이 사건에 대한 이야기를 채록한 것은 1968년이다. 실제 사건이 사람들의 이야기를 통해 계속 내려온 것이다.

사건은 이랬다. 도시 중심에서 멀리 떨어진 산악 지역인 마뮤샤 지역에 막 도착한 프랑스군은 요충지에 해당되는 곳에 스무 개 정도의 요새를 세웠다. 그 지역에는 베르베르인들이 거주하고 있었는데 치안이 온전하지 않아서 밤에는 메즈라그라고 하는 법적으로 금지한 전통적인 교역이 베르베르인들 사이에서 행해지고 있었다. 어느 날 유대인 상인인 코헨은 물건을 사러온 두 명의 유대인을 맞이했다. 그때 프랑스군에 저항하는 베르베르인들이 코헨의 집을 약탈하기 위해 침입해 들어오려고 했다. 코헨은 재빨리 총을 쏴 프랑스 경찰에게 알림으로써 이들을 쫓아냈다. 다음날 밤 약탈자 베르베르인들은 여자로 변장해서 다시 침입해왔다. 같이 있던 유대인이 여자라 여기고 가게 문을 열었다가 변을 당했다. 그 순간 코헨은 옆방으로 숨었다가 가게를 다 약탈한 베르베르인이 불을 지른다는 소리에 놀라 밖으로 도망쳤다.

도망치다 몸에 난 상처를 치료하자마자 코헨은 그 지역 치안 책임자인 프랑스군 대위를 찾아갔다. 약탈한 베르베르인을 찾아가 '아르'를 받아올 테니 같은 프랑스군에 점령당한 베르베르족의 일파인 마뮤샤 부족의 족장을 함께 데리고 갈 수 있게 해달라고 요청했다. '아르'란 도둑맞은 물건의 네다섯 배 정도의 재화를 요구해서 받을 수 있는 베르베르족의 손해 배상이다. 코헨은 베르베르족이 아직 전통적인 교역 협정에 따라 살고 있는 점을 노린 것이다. 프랑스군 치안 책임자는 죽어도 책일질 수 없으니 알아서 하라고 했다.

코헨은 마뮤샤 부족의 족장과 함께 약탈자 베르베르인이 지배하는 산악 지역으로 들어갔다. 잠복해 있다가 약탈자 베르베르족의 양치기를 사로잡고 그의 양들을 훔쳐서 산을 내려오기 시작했다. 곧 총을 멘 약탈자 베르베르인들이 추적해오기 시작했다. 그러다가 양을 훔친 자가 며칠 전 있었던 약탈의 피해자라는 사실을 알고는 메즈그라 협정에 따른 보상을 제안했다. 코헨과 함께 있는 같은 베르베르족인 마뮤샤 부족 사람들을 무시할 수는 없었던 것이다. 결국 양 500마리를 주기로 합의를 봤다. 코헨은 기세등등하게 양 500마리를 끌고 마뮤샤 지역으로 돌아왔다. 프랑스군은 코헨이 반란군 베르베르인과 밀통했다며 스파이로 몰아 감옥에 가두고 양을 몰수해버렸다.

이 사건의 의미를 이해하기 위해서는 우선 유대인, 베르베르인, 프랑스인의 상이한 해석틀을 구분해야 한다. 유대인인 코헨은 베르베르인의 교역 협정에 의지해서 아르를 요구했다. 마뮤샤 부족의 족장은 유대인인 코헨의 요청을 받아들여 약탈자 베르베르족에게 도전했다. 약탈자 베르베르족 역시 메즈라그에 의거해서 자신들의 책임을 다했다. 반면 프랑스군은 제국의 법률을 통해 이 문제를 해결했다. 모두 나름의 사회적 코드를 활용해 문제 상황을 정의하고 이를 토대로 그것을 해소했다.

하지만 코드가 곧 행위를 결정한 것은 아니다. 오히려 행위자가 코드를 사용했다. 코헨은 메즈그라가 불법이므로 아르를 요구하지 않을 수도 있었다. 마뮤샤 부족의 족장도 코헨이 유대인이어서 아르를 요구할 수 없다며 도와주지 않았을 수도 있다. 약탈자 베르베르족도 코헨 일행이 양을 빼앗아 산을 내려갈 때 진짜 약탈이라고 간주해서 죽였을 수도 있다. 프랑스군도 메즈그라를 모른 척 눈감아줄 수도 있었을 것이다.

결국 어떤 사건의 의미는 공적으로 존재하는 다양한 코드를 통해서만 만들어진다. 따라서 연구자는 이 코드를 먼저 밝혀내야 한다. 이를 위해서는 한 사건을 유의미하게 만드는 공적 코드를 해석학적으로 재구성하는 작업이 먼저 이루어져야 한다. 그다음에 이 코드를 행위자들이 어떻게 활용해서 살아가는지 밝혀야 한다. 한 사건의 의미는 현상적인 것에서부터 여러 공적 코드들에 의해 그 의미가 문화적으로 구성되는 다층적인 것까지 두껍게 포진되어 있다. 나는 연구 참여자의 이야기에 깊이 들어가 그 두꺼운 의미를 풍부하고 설득력 있는 방식으로, 해석학적으로 재구성하려고 시도했다. 구체적으로 가치, 규범, 목표라는 세 가지 차원의 코드를 연구 참여자의 이야기로부터 해석학적으로 재구성하고자 했다. 그리고 행위자들이 이를 어떻게 활용하는지 밝히고자 했다.

장르

서사의 장르는 화자(이야기 하는 자), 작품(들려진 이야기), 독자(청중)를 특정의 방식으로 관계 맺도록 한다. 서사의 장르를 이해한다면 화자가 들려주는 서사의 여정에 대해 문화화용론적으로 이해할 수 있게 된다. 프라이는 근대 서구 문학에는 로망스, 비극, 희극, 아이러니라는 네 가지 원형 서사가 존재한다고 말한다. 구분 기준은 주인공이 우리보다 행위 능력이 더 큰가, 작은가, 같은가에 따라 갈린다.[104]

로망스는 선한 영웅이 악한 반영웅에 맞서 온갖 어려움을 뚫고 결국 최종적으로 승리하는 상승적 시간 구조를 지닌다. 주인공인 영웅은 엄청난 힘을 가지고 있을 뿐만 아니라 자신이 처해 있는 환경보다 뛰어나다. 적은 분명하게 설정되고 종종 영웅과 비슷한 힘을 가지고 있다. 이야기의 진행은 어드벤처의 형식을 띠는데, 궁극적으로 영웅이 적에게 승리한다. 수용자는 영웅이 자신의 힘으로는 결코 이룰 수 없는 소망을 대신 성취해주는 것으로 보기 때문에 그와 강한 일체감을 느낀다.

비극은 선한 주인공이 악한 영웅에 맞서 온갖 어려움을 겪다가 결국 패배하는 하강적 시간 구조를 지닌다. 대개 주인공은 엄청난 힘을 가지고 있지만 사회에 통합되어 있지 못하고 소외되어 있다. 자신보다 더 큰 힘에 굴복당하거나 사회의 근본 도덕법칙을 위반해 결국 파국으로 몰릴 운명에 처해 있다. 파국은 주인공의 행위 때문이라기보다는 불가피한 운명 때문이다. 때문에 청자는 이를 예상하고 비장감 또는 '엄숙한 공감'을 느끼게 된다. 선한 영웅이 악한 사회에 의해 좌절당하기 때문이다. 결국 비극은 주인공이 자기가 속해 있는 사회로부터 고립되는 이야기다.

희극은 이와 달리 주인공이 사회 속에 통합되는 이야기다. 희극의 주인공은 평범하거나 그 이하의 주인공이 그와 유사한 다른 반주인공에 가로막혀 뜻을 이루지 못하다가 급반전을 통해 결국 행복한 결말을 맺는다. 로망스처럼 시간이 일방적으로 상승한다거나 비극과 같이 일방적으로 하강하는 시간 구조를 가지고 있지 않다. 우여곡절을 많이 겪는다는 점에서 시간의 굴곡이 많지만 결국에는 현 시간에서 안정된다. 주인공은 다른 평범한 사람들은 물론 자신의 환경보다도 뛰어나지 못하기에, 청자는 그의 평범한 인간성에 반응한다. 그가 자신의 경험에서 발견하는 것과 똑같은 개연성의 기준을 지킬 것을 기대한다. 희극은 대개 주인공을 사회 속에 통합시키는 형식을 취한다. 주인공의 행위가 어리석든 현명하든, 악하든 선하든 언제나 승리를 쟁취하면서 끝난다. 주인공의 소망을 봉쇄하던 어떤 종류의 사회에서 그의 소망을 성취시켜주는 또 다른 사회로 이동하는 것이다. 신데렐라와 같이 계층 상승하는 것이 그 예다. 청자는 이를 통해 공감과 조소의 카타르시스를 느낀다.

아이러니의 주인공은 일반인보다 뛰어나지 못하며, 그의 행위를 통해 청자는 굴욕, 좌절, 부조리의 정경을 경멸에 찬 눈초리로 내려다보게 된다. 그래서 주인공과 거리를 두고 패러디와 풍자를 통해 비판한다. 하지만 청중 역시 아이러니 장르의 주인공과 별반 다를 바가 없다. 그렇기에 청중은 아이러니의 주인공의 모습에서 자기를 발견하고 자신과도 거리를 두게 된다. 자기성찰성이 극대화되는 것이다. 주인공과 비판적으로 동일시하는 아이러니의 이러한 특성은 차이를 인정하는 성찰적 능력을 키워주기도 한다.[105]

각 서사의 장르는 궁극적으로는 청중이나 독자로 하여금 특정의 '마치 ~인 것 같은' 경험을 하도록 하고, 이를 통해 자신의 삶을 재구성하도록 하는 데 목적이 있다. 이는 자연적으로 흘러가는 선조적인 시간 개념을 뒤집는 체험이고, 이 체험은 주어진 현실을 넘어설 수 있는 힘을 준다. 장르로는 이렇게 네 가지로 나뉘지만 플롯 일반의 양상으로 볼 때는 사회로부터 고립되는 이야기와 사회로 통합되는 이야기로 나뉜다. 전자가 주로 비극과 아이러니라면, 후자는 로망스와 희극이다.

물론 모든 이야기가 위의 네 가지 원형적인 장르 중 하나를 따라 조직되는 것은 아니다. 그럼에도 모든 이야기에는 이야기하는 자, 들려진 이야기, 청중이 특정의 방식들로 묶인다. 이 묶이는 특정의 방식들을 위의 네 가지 서사 장르 원형을 준거로 해서 살펴보면 이야기하는 자의 기획을 알 수 있게 된다. 그가 결국은 사회로 통합되는 이야기를 하는 것인지, 아니면 사회로부터 소외되는 이야기를 하는 것인지 가늠할 수 있게 된다.

감사의 말

고마운 사람들에게 감사를 표시해야겠다. 먼저, 기꺼이 서사적 인터뷰에 응해준 29명의 연구 참여자에게 깊은 경의를 표한다. 이들이 연구 목적에 흔쾌히 동의하여 자신들의 삶을 이야기로 풀어내지 않았다면 이 책은 시작도 하지 못했을 것이다. 환청이 들릴 정도로 녹취 풀이에 힘을 쓴 계명대학교 사회학과 학부생 서혜수와 김량희에게도 고맙다는 말을 전하고 싶다. 이러한 경험이 질적 연구에 눈을 뜨게 하는 계기가 되길 바란다. 깨알같이 읽고 세세하게 교정해준 계명대학교 사회학과 대학원 제자들 이예슬, 백종숙, 최종희, 김경자, 장부배에게도 고마움을 전한다. 이 책은 이들과 공부하고 고민하면서 함께 만든 것이다. 책을 제안하고 기획하고 또 거친 초고까지 깔끔하게 다듬어준 강혜란 편집자에게 특별한 감사를 보낸다. 책의 특징이 잘 드러나도록 표지를 만들어준 최진규 디자이너에게도 고마움을 전한다. 마지막으로, 만만한 분량이 아님에도 학문의 가치만을 생각하고 선뜻 책을 내준 오월의봄 출판사에 고마움을 전한다.

미주

프롤로그

1 조주은, 《현대 가족 이야기》, 이가서, 2004, 43쪽.

2 같은 책, 45쪽.

3 김홍중, 〈삶의 동물/속물화와 참을 수 없는 존재의 귀여움: 87년 에토스 체제의 붕괴와 그 이후〉, 《사회비평》 36, 2007, 76~96쪽.; 김홍중, 〈진정성의 기원과 구조〉, 《한국사회학》 43(5), 2009, 1~29쪽.

4 도승연, 〈철학의 역할, 진실의 모습: 푸코의 자기-배려 논의를 중심으로〉, 《한국여성철학》 18, 2012, 151~175쪽.

5 김홍중, 〈육화된 신자유주의의 윤리적 해체〉, 《사회와이론》 14, 2009, 173~212쪽.

6 우석훈·박권일, 《88만 원 세대: 절망의 시대에 쓰는 희망의 경제학》, 레디앙, 2007.

7 서동진, 《자유의 의지 자기계발의 의지: 신자유주의 한국 사회에서 자기계발하는 주체의 탄생》, 돌베개, 2009.

8 전상진, 〈자기계발의 사회학: 대체 우리는 자기계발 이외에 어떤 대안을 권유할 수 있는가?〉, 《문화와 사회》 5, 2008, 103~140쪽.

9 오찬호, 《우리는 차별에 찬성합니다: 괴물이 된 이십대의 자화상》, 개마고원, 2013.

10 김홍중, 〈삶의 동물/속물화와 참을 수 없는 존재의 귀여움: 87년 에토스 체제의 붕괴와 그 이후〉, 앞의 책.

11 김홍중, 〈서바이벌, 생존주의, 그리고 청년 세대: 마음의 사회학의 관점에서〉, 《한국사회학》 49(1), 2015, 179~212쪽.

12 이론과 방법론에 대한 더 자세한 내용은 책 뒤쪽 〈보론〉에 담았다.

1부 지방대 재학생 이야기

1 정수복, 《응답하는 사회학: 인문학적 사회학의 귀환》, 문학과지성사, 2015, 145쪽.

2 Charles Taylor, *Sources of the Self: The Making of the Modern Identity*, Harvard University Press, 1989, p.211.

3 Axel Honneth, *The Struggle for Recognition: The Moral Grammar of Social Conflicts*, The MIT Press, 1995.

4 Erving Goffman, *Interaction Ritual: Essays on Face-to-Face Behavior*, Pantheon, 1967, p.5.

5 김홍중, 〈서바이벌, 생존주의, 그리고 청년 세대: 마음의 사회학의 관점에서〉, 앞의 책, 196쪽.

6 위르겐 하버마스, 《의사소통행위이론: 기능주의적 이성 비판을 위하여 2》, 장춘익 옮김, 나남, 2006.

7 Erving Goffman, *Behavior in Public Places: Notes on the Social Organization of Gatherings*, The Free Press, 1963.

8 Ann Swidler, "Culture in Action: Symbols and Strategies," *American Sociological Review* 51(2), 1986, pp.273~286.

9 김홍중, 〈삶의 동물/속물화와 참을 수 없는 존재의 귀여움: 87년 에토스 체제의 붕괴와 그 이후〉, 앞의 책, 78쪽.

10 김홍중, 〈서바이벌, 생존주의, 그리고 청년 세대: 마음의 사회학의 관점에서〉, 앞의 책, 192쪽.

11 Brinton, Mary C. and Victor Nee, *The New Institutionalism in Sociology*, Stanford University Press, 1988.

12 Max Weber, "The Social Psychology of the World Religions," *From Max Weber: Essays in Sociology*, Oxford University Press, 1986, pp.267~301, p.280.

13 Ann Swidler, "Culture in Action: Symbols and Strategies," *American Sociological Review* 51(2), pp.275~276.

14 Ibid., p.273.

15 서동진, 《자유의 의지 자기계발의 의지: 신자유주의 한국 사회에서 자기계발하는 주체의 탄생》, 376쪽.

16 김홍중, 〈서바이벌, 생존주의, 그리고 청년 세대: 마음의 사회학의 관점에서〉, 앞의 책, 207쪽.

17 Nina Eliasoph and Paul Lichterman, "Culture in Interaction," *American Journal of Sociology* 108(4), 2003, pp.735~794, p.737.

18 Mary and Pattillo-McCoy, "Church Culture as Strategy of Action in the Black Community," *American Sociological Review* 63, 1998, pp.767~784.

19 Nina Eliasoph and Paul Lichterman, "Culture in Interaction," Ibid., p.736.

20 Ibid., p.739.

2부 지방대 졸업생 이야기

1 지향 가족(family of orientation)은 개인이 태어난 가족으로서, 대개 특정의 가치와 규범을 통해 개인의 삶의 방향을 잡아준다. 모든 개인은 자신의 지향 가족을 선택해서 태어나지 않는다는 점에서 운명적인 성격을 지닌다.

2 생식 가족(family of procreation)은 개인이 결혼이나 입양을 통해 구성한 가족이다. 지향 가족에 비해 생식 가족은 개인의 자발적 선택이 강조된다.

3 콜린 캠벨, 《낭만주의 윤리와 근대 소비주의 정신》, 박형신 · 정헌주 옮김, 나남, 2010, 116쪽.

4 같은 책, 117쪽.

5 질 리포베츠키, 《패션의 제국》, 이득재 옮김, 문예출판사, 1999, 242쪽.

6　질 리포베츠키, 〈영원한 사치, 감동의 사치〉 질 리포베츠키 외 지음, 《사치의 문화: 신성의 시대에서 상표의 시대로》, 유재명 옮김, 문예출판사, 2004, 61쪽.

7　소스타인 베블런, 《유한계급론》, 김성균 옮김, 우물이있는집, 2005.

8　피에르 부르디외, 《구별짓기: 문화와 취향의 사회학》, 최종철 옮김, 새물결, 2005.

9　어빙 고프먼, 《자아 연출의 사회학: 일상이라는 무대에서 우리는 어떻게 연기하는가》, 진수미 옮김, 현암사, 2016.

10　미셸 마페졸리, 《부족의 시대: 포스트모던 사회에서 개인주의의 쇠퇴》, 박정호 외 옮김, 문학동네, 2017, 59쪽.

11　같은 책, 65쪽.

12　같은 책, 65~66쪽.

13　최서윤 외, 《미운 청년 새끼: 망가진 나라의 청년 생존썰》, 미래의창, 2017, 43쪽.

14　엄창옥·박우식, 〈대구 경북지역 노동시장의 구조적 특징에 관한 연구〉, 《지역사회연구》 22(3), 2014, 111~130쪽.

15　최종렬, 〈신뢰와 호혜성의 통합의 관점에서 본 사회자본: 사회자본 개념의 이념형적 구성〉, 《한국 사회학》 38(6), 2004, 97~132쪽.

16　같은 책, 108쪽.

17　같은 책, 108~109쪽.

18　같은 책, 114쪽.

19　Pierre Bourdieu, "The Forms of Capital," Richardson John (ed.) *Handbook of Theory and Research for the Sociology of Education*, Greenwood Press, p.241.

20　최샛별, 〈한국 사회에서의 영어실력에 대한 문화자본론적 고찰: 대학생들의 영어학습 실태와 영어능력자에 대한 인식을 중심으로〉, 《사회과학연구논총》 11, 2003, 5~21쪽.

21　이종수, 〈한국 휴먼 다큐멘터리의 시대성과 사회성: 다큐멘터리 내용, 형식의 변화와 맥락과의 연관성을 중심으로〉, 《언론과 사회》 10(2), 2002, 35~72쪽.

3부 지방대생 부모 이야기

1　Ann Swidler, *Talk of Love: How Culture Matters*, University of Chicago Press, 2001, pp.112~114.

2　Peter Brooks, *Melodramatic Imagination: Balzac, Henry James, Melodrama, and the Mode of Excess New Haven*, Yale University Press, 1976, pp.14~20.; Ben Singer, *Melodrama and Modernity: Early Sensational Cinema and Its Contexts*, Columbia University Press, 2001, pp.10~11.

3　토머스 샤츠, 《할리우드 장르: 내러티브 구조와 스튜디오 시스템》, 한창호·허문영 옮김, 컬처룩, 2014, 425~501쪽.

4　같은 책, 428쪽.

5　권명아, 《가족이야기는 어떻게 만들어지는가》, 책세상, 2000, 23쪽.

6　같은 책, 23쪽.

7　토머스 샤츠, 《할리우드 장르: 내러티브 구조와 스튜디오 시스템》.

8　조주은, 《현대 가족 이야기》, 65쪽.

9　김희경, 《이상한 정상가족: 자율적 개인과 열린 공동체를 그리며》, 동아시아, 2017.

10　리처드 세넷, 《신자유주의와 인간성의 파괴》, 조용 옮김, 문예출판사, 2002, 15~16쪽.

11 같은 책, 16쪽.
12 같은 책, 17쪽.
13 같은 책, 38쪽.
14 후지타 다카노리, 《우리는 빈곤 세대입니다: 평생 가난할 운명에 놓인 청년들》, 박성민 옮김, 시공사, 2016, 14쪽.
15 같은 책, 14쪽.
16 같은 책, 15쪽.
17 같은 책, 100쪽.
18 같은 책, 113쪽.
19 조주은, 《현대 가족 이야기》.
20 몇몇 책들을 예로 들면 다음과 같다. 경향신문 특별취재팀, 《부들부들 청년》, 후마니타스, 2017, 66~80쪽.; 이영롱, 《사표의 이유: '나'는 없고 노동만 있던 나날, 나는 회사를 떠났다》, 서해문집, 2015.; 조한혜정 외, 《노오력의 배신: 청년을 거부하는 국가 사회를 거부하는 청년》, 창비, 2016.; 천주희, 《우리는 왜 공부할수록 가난해지는가: 대한민국 최초의 부채 세대, 빚지지 않을 권리를 말하다》, 사이행성, 2016.; 최태섭, 《잉여사회: 남아도는 인생들을 위한 사회학》, 웅진지식하우스, 2013. 이 책들은 이론적으로는 모두 생존주의 담론으로 포괄될 수 있다.
21 박종훈, 《지상 최대의 경제 사기극, 세대전쟁》, 21세기북스, 2013.
22 전상진, 《세대 게임: '세대 프레임'을 넘어》, 문학과지성사, 2018.
23 경향신문 특별취재팀, 《부들부들 청년》, 66~80쪽.
24 천주희, 《우리는 왜 공부할수록 가난해지는가: 대한민국 최초의 부채 세대, 빚지지 않을 권리를 말하다》, 247쪽.
25 이춘근, 〈대구경북지역 청년층 고용구조와 일자리 확대방안〉, 대구경북연구원, 2015.
26 토머스 샤츠, 《할리우드 장르: 내러티브 구조와 스튜디오 시스템》.
27 박소진, 《신자유주의시대의 교육 풍경: 가족, 계급, 그리고 전지구화》, 올림, 2017, 46~47쪽.
28 같은 책, 42쪽.

에필로그

1 김덕영, 《환원근대: 한국 근대화와 근대성의 사회학적 보편사를 위하여》, 도서출판 길, 2014, 178~179쪽.
2 이득재, 《가족주의는 야만이다》, 소나무, 2001, 17쪽.
3 미셸 마페졸리, 《부족의 시대: 포스트모던 사회에서 개인주의의 쇠퇴》, 17~18쪽.
4 같은 책, 18쪽.
5 굴대 시대(Axial Age)란 칼 야스퍼스가 고안한 용어로, 기원전 6세기를 전후해 중국, 인도, 페르시아, 팔레스타인, 그리스 등지에서 공자, 부처, 유대교 선지자들, 소크라테스에 의해 여러 고등종교가 각자 독립적으로 출현한 시기를 말한다. 핵심은 현세를 넘어서는 초월성 개념을 도입했다는 것이다. 굴대 시대는 초월성 개념을 통해 그때까지 당연하게 여겨지던 사회질서, 코스모스, 인간의 선에 대한 이해에 근본적인 질문을 던졌다. 인간의 번성을 정당화하던 당대의 사회질서를 초월성에 근거해서 근본적으로 회의함으로써 사회질서뿐만 아니라 그와 연결된 코스모스에 대한 믿음을 뿌리부터 뒤흔들었다. 야스퍼스는 초월성에 근거해서 주어진 현실을 비판하는 철학적 태도가 지금까지 인류 문명을 떠받치고 있다는 점에서 이 시기를 굴대 시대라 불렀다. Karl Jaspers, *Way to Wisdom: An Introduction to Philosophy*, New Haven/London: Yale University

Press, 1960, 99쪽.

6 박영신, 〈'굴대 시대' 이후의 문명사에 대한 학제간 연구 관심〉, 《현상과 인식》 38(1/2), 2014, 17~39, 20쪽.

7 C. 라이트 밀즈, 《사회학적 상상력》, 강희경 · 이해찬 옮김, 돌베개, 2004.

보론

1 왕혜숙, 〈사회적 공연으로서의 자서전 읽기: 정주영 자서전에 나타난 기업인 정체성과 인정투쟁을 중심으로〉, 《한국사회학》 50(5), 2016, 41~78, 69~70쪽.

2 김혜인, 〈자본의 세기, 기업가적 자아와 자서전: 1970년대 「재계 회고」와 기업가적 자아의 주체성 구성의 정치학〉, 《사이間SAI》 18, 2015, 151~188, 171쪽에서 재인용.

3 같은 책, 174쪽에서 재인용.

4 왕혜숙, 〈사회적 공연으로서의 자서전 읽기: 정주영 자서전에 나타난 기업인 정체성과 인정투쟁을 중심으로〉, 앞의 책, 56쪽에서 재인용.

5 김홍중, 〈파우스트 콤플렉스: 아산 정주영을 통해 본 한국 자본주의의 마음〉, 《사회사상과 문화》 18(2), 2015, 237~285, 265쪽에서 재인용.

6 정건화, 〈노동시장의 구조변화에 대한 제도경제학적 해석: 내부노동시장의 이완과 비정규노동의 증가〉, 《경제와 사회》 57, 8~41, 14~15쪽.; 지주형, 《한국 신자유주의의 기원과 형성》, 책세상, 2011, 444~448쪽.

7 장호원 · 서정일, 〈제도적 변화에 대한 기업의 대응과 외국인 투자자의 역할: 외환위기 이후 기업 내부노동시장의 이원화를 중심으로〉, 《국제경영리뷰》 14(3), 2010, 119~143, 123~124쪽.

8 서동진, 《자유의 의지 자기계발의 의지: 신자유주의 한국 사회에서 자기계발하는 주체의 탄생》, 270쪽.

9 같은 책, 271쪽.

10 같은 책, 270쪽.

11 같은 책, 281쪽.

12 같은 책, 281쪽.

13 같은 책, 357쪽.

14 같은 책, 363쪽.

15 김홍중, 〈진정성의 기원과 구조〉, 《사회와 이론》 14.

16 김홍중, 〈서바이벌, 생존주의, 그리고 청년 세대: 마음의 사회학의 관점에서〉, 《한국사회학》 49(1).

17 김홍중, 〈삶의 동물/속물화와 참을 수 없는 존재의 귀여움: 87년 에토스 체제의 붕괴와 그 이후〉, 《사회비평》 36.; 김홍중, 〈육화된 신자유주의의 윤리적 해체〉, 《사회사상과 문화》 18(2).

18 김홍중, 〈삶의 동물/속물화와 참을 수 없는 존재의 귀여움: 87년 에토스 체제의 붕괴와 그 이후〉, 앞의 책, 79쪽.

19 김홍중, 〈육화된 신자유주의의 윤리적 해체〉, 앞의 책, 6쪽.

20 김홍중, 〈삶의 동물/속물화와 참을 수 없는 존재의 귀여움: 87년 에토스 체제의 붕괴와 그 이후〉, 앞의 책, 93쪽.

21 김홍중, 〈육화된 신자유주의의 윤리적 해체〉, 앞의 책, 7쪽.

22 김홍중, 〈삶의 동물/속물화와 참을 수 없는 존재의 귀여움: 87년 에토스 체제의 붕괴와 그 이후〉, 앞의 책, 83쪽.

23 김홍중, 〈삶의 동물/속물화와 참을 수 없는 존재의 귀여움: 87년 에토스 체제의 붕괴와 그 이후〉, 앞의 책, 85쪽.
24 김홍중, 〈서바이벌, 생존주의, 그리고 청년 세대: 마음의 사회학의 관점에서〉, 앞의 책, 186쪽.
25 같은 책, 191쪽.
26 같은 책, 192쪽.
27 같은 책, 193쪽.
28 같은 책, 194쪽.
29 같은 책, 195쪽.
30 같은 책, 196쪽.
31 같은 책, 197쪽.
32 김홍중, 〈육화된 신자유주의의 윤리적 해체〉, 앞의 책, 25쪽.
33 같은 책, 23쪽.
34 같은 책, 23쪽.
35 김홍중, 〈서바이벌, 생존주의, 그리고 청년 세대: 마음의 사회학의 관점에서〉, 앞의 책, 186쪽.
36 같은 책, 192쪽.
37 같은 책, 192쪽.
38 콜린 고든, 〈통치합리성에 관한 소개〉, 이승철 외 엮음, 《푸코 효과: 통치성에 관한 연구》, 난장, 2014, 15쪽.
39 김홍중, 〈삶의 동물/속물화와 참을 수 없는 존재의 귀여움: 87년 에토스 체제의 붕괴와 그 이후〉, 앞의 책, 90쪽.
40 김홍중, 〈삶의 동물/속물화와 참을 수 없는 존재의 귀여움: 87년 에토스 체제의 붕괴와 그 이후〉, 앞의 책, 89쪽.
41 김홍중, 〈서바이벌, 생존주의, 그리고 청년 세대: 마음의 사회학의 관점에서〉, 앞의 책, 201쪽.
42 Erving Goffman, *Frame Analysis: An Essay on the Organization of Experience*, Harper and Row, 1974, p.21.
43 막스 베버, 《막스 베버 사회과학방법론 선집》, 전성우 옮김, 나남, 2011, 76쪽.
44 같은 책, 69~70쪽.
45 김덕영, 《막스 베버: 통합과학적 인식의 패러다임을 찾아서》, 도서출판 길, 2012, 330쪽에서 베버 재인용.
46 김홍중, 〈삶의 동물/속물화와 참을 수 없는 존재의 귀여움: 87년 에토스 체제의 붕괴와 그 이후〉, 앞의 책.
47 김예지, 〈일상툰의 대중화와 감정재현에 관한 연구〉, 서울대학교 사회학과 석사학위 논문, 2016, 164쪽.; 김홍중, 〈육화된 신자유주의의 윤리적 해체〉, 앞의 책.
48 막스 베버, 《경제와 사회》, 박성환 옮김, 문학과지성사, 1997, 118~119쪽.
49 같은 책, 119쪽.
50 Erving Goffman, *Relations in Public: Microstudies of the Public Order*, New York: Basic Books, 1971, p.xvii.
51 Erving Goffman, *Interaction Ritual: Essays on Face-to-Face Behavior*, Routledge, p.91.
52 김홍중, 〈스노비즘과 윤리〉, 《사회비평》 39, 2008, 50~70, 65쪽.
53 김홍중, 〈삶의 동물/속물화와 참을 수 없는 존재의 귀여움: 87년 에토스 체제의 붕괴와 그 이후〉, 앞의 책, 85쪽.
54 베버. 《경제와 사회》, 148쪽.
55 같은 책, 148쪽.

56 같은 책, 148쪽.

57 같은 책, 148쪽.

58 Erving Goffman, *Encounters: Two Studies in the Sociology of Interaction*, Bobbs-Merrill Company, 1961.

59 Georg Simmel, "Sociability: An Example of Pure, or Formal, Sociology," *The Sociology of Georg Simmel*, The Free Press, 1950, pp.50~51.

60 미셸 푸코, 《주체의 해석학: 1981-1982, 콜레주 드 프랑스에서의 강의》, 심세광 옮김, 동문선, 2007, 58쪽.

61 같은 책, 59쪽.

62 미셸 푸코, 《생명관리정치의 탄생: 콜레주 드 프랑스 강의 1978~79년》, 오트르망 외 옮김, 난장, 2012, 222쪽.

63 같은 책, 307~345쪽.

64 박대민, 〈시장 자유주의 통치성의 계보학: 1980년대 이후 선호하는 인간의 통치로서 금융통치성의 대두〉, 《커뮤니케이션 이론》 10(4), 2014, 224~262, 245쪽.

65 도모노 노리오, 《행동경제학: 경제를 움직이는 인간 심리의 모든 것》, 이명희 옮김, 지형, 2007, 113쪽.

66 김덕영, 〈해제: 종교·경제·인간·근대: 통합과학적 모더니티 담론을 위하여〉, 막스 베버 지음, 《프로테스탄티즘의 윤리와 자본주의 정신》, 도서출판 길, 2010, 513~669쪽.

67 김주환, 《포획된 저항: 신자유주의와 통치성, 헤게모니 그리고 사회적 기업의 정치학》, 이매진, 2017.

68 막스 베버, 《프로테스탄티즘의 윤리와 자본주의 정신》, 김덕영 옮김, 도서출판 길, 2010, 138, 231쪽.

69 Alfred Schutz, *On Phenomenology and Social Relations*, The University of Chicago Press, 1970, p.74.

70 Clifford Geertz, *The Interpretation of Cultures*, Basic Books, 1973, pp.10~12.

71 Jeffrey C. Alexander and Bernhard Giesen, *Social Performance: Symbolic Action, Cultural Pragmatics, and Ritual*, Cambridge University Press, 2006.

72 최종렬, 《사회학의 문화적 전환: 과학에서 미학으로, 되살아난 고전 사회학》, 살림, 2009.

73 Clifford Geertz, *The Interpretation of Cultures*, p.12.

74 Ibid., p.10.

75 Ann Swidler, "Culture in Action: Symbols and Strategies", Ibid.; Ann Swidler, *Talk of Love: How Culture Matters*, Ibid.

76 한스 요하스, 《행위의 창조성》, 신진욱 옮김, 한울, 2009.

77 Dmitri N. Shalin, "Pragmatism and Social Interactionism", *American Sociological Review* 51(February), 1986, pp.9~29.

78 최종렬, 《다문화주의의 사용: 문화사회학의 관점》, 한국문화사, 2016, 46~48쪽.

79 Erving Goffman, *Interaction Ritual: Essays on Face-to-Face Behavior*, p.5.

80 Charles Taylor, *Sources of the Self: The Making of the Modern Identity*, Harvard University Press, 1989, p.32.

81 Ibid., p.33.

82 Ibid., p.33.

83 Ibid., p.33.

84 어빙 고프먼, 《자아 연출의 사회학: 일상이라는 무대에서 우리는 어떻게 연기하는가》.

85 Charles Taylor, *Sources of the Self: The Making of the Modern Identity*, p.33.

86 Ibid., p.34.

87 Marcos Ancelovici and Dupuis-Déri Francis, "Interview with Professor Charles Taylor," *Citizenship Studies* 2(2), 1998, pp.247~256, p.254.

88 Charles Taylor, *Sources of the Self: The Making of the Modern Identity*, p.27.

89 Ibid., pp.27~28.

90 Ibid., p.36.

91 최종렬, 〈사회학, 서사를 어떻게 할 것인가?〉, 최종렬 외 지음, 《베버와 바나나: 이야기가 있는 사회학》. 마음의 거울, 2016, 55쪽.

92 Laurel Richardson, "Narrative and Sociology," *Journal of Contemporary Ethnography* 19(1), 1990, pp.116~135, p.118.

93 Donald E. Polkinghorne, *Narrative Knowing and the Human Sciences*, Albany: State University of New York Press, p.6.

94 Paul Ricoeur, *Time and Narrative 1*, University of Chicago Press, 1984.

95 이재인, 〈서사의 개정과 의식의 변화〉, 《한국여성학》 22(2), 2006, 81~120쪽.; Edmund Husserl, *On the Phenomenology of the Consciousness of Internal Time (1893-1917)*, Kluwer Academic, 1991.

96 Ronald N. Jacobs, "Narrative, Civil Society and Public Culture," *The Uses of Narrative: Explorations in Sociology, Psychology and Cultural Studies*, Transaction Publishers, 2004, pp.18~35.; Molly Andrews et al., Ibid.

97 이재인, 〈서사유형과 내면세계: 기혼여성들의 생애이야기에 대한 서사적 접근〉, 《한국 사회학》 39(3), 2005, 77~119쪽.; Fraser Heather, "Doing Narrative Research: Analysing Personal Stories Line by Line", *Qualitative Social Work* 3(2), 2004, pp.179~201, p.181.

98 최종렬, 〈사이버공론장에서의 포스트모던 집합의례: 문갑식 기자의 블로그 사건 담론 경합을 중심으로〉, 《문화와 사회》 3, 2007, 195~261쪽.; Jeffrey C. Alexander and Philip Smith, "The Discourse of American Civil Society: A New Proposal for Cultural Studies," *Theory and Society* 22(2), 1993, pp.151~207.

99 Hannah Arendt, *The Human Condition*, University of Chicago Press, 1958.

100 Ibid., pp.198~199.

101 최종렬, 《베버와 바나나》, 52~59쪽.

102 Clifford Geertz, *The Interpretation of Cultures*, pp.6~7.

103 Ibid., pp.7~34.

104 Northrop Frye, *The Anatomy of Criticism*, Princeton University Press, 1971.

105 Ronald N. Jacobs, "The Problem with Tragic Narratives: Lessons from the Los Angeles Uprising," *Qualitative Sociology* 24(2), 2001, pp.221~243.; Ronald N. Jacobs, "Narrative, Civil Society and Public Culture," *The uses of narrative*, pp.18~35.; Ronald N. Jacobs and Philip Smith, "Romance, Irony and Solidarity", *Sociological Theory* 15(1), 1997, pp.60~80.

도움받은 글

국내 자료

경향신문 특별취재팀,《부들부들 청년》, 후마니타스, 2017.

권명아,《가족이야기는 어떻게 만들어지는가》, 책세상, 2000.

콜린 고든, 〈통치합리성에 관한 소개〉, 이승철 외 엮음,《푸코 효과: 통치성에 관한 연구》, 난장, 2014, 13~84쪽.

어빙 고프먼,《자아연출의 사회학: 일상이라는 무대에서 우리는 어떻게 연기하는가》, 진수미 옮김, 현암사, 2016.

김덕영, 〈해제: 종교·경제·인간·근대: 통합과학적 모더니티 담론을 위하여〉 막스 베버 지음,《프로테스탄티즘의 윤리와 자본주의 정신》, 도서출판 길, 2010, 513~669쪽.

김덕영,《막스 베버: 통합과학적 인식의 패러다임을 찾아서》, 도서출판 길, 2012.

김덕영,《환원근대: 한국 근대화와 근대성의 사회학적 보편사를 위하여》, 도서출판 길, 2014.

김예지, 〈일상툰의 대중화와 감정재현에 관한 연구〉, 서울대학교 사회학과 석사학위 논문, 2016, 161~178쪽.

김주환,《포획된 저항: 신자유주의와 통치성, 헤게모니 그리고 사회적 기업의 정치학》, 이매진, 2017.

김혜인, 〈자본의 세기, 기업가적 자아와 자서전: 1970년대 「재계 회고」와 기업가적 자아의 주체성 구성의 정치학〉,《 사이間SAI》18, 2015, 151~188, 171쪽에서 재인용.

김홍중, 〈삶의 동물/속물화와 참을 수 없는 존재의 귀여움: 87년 에토스 체제의 붕괴와 그 이후〉,《사회비평》36, 2007, 76~96쪽.

김홍중, 〈스노비즘과 윤리〉,《사회비평》39, 2008, 50~70쪽.

김홍중, 〈육화된 신자유주의의 윤리적 해체〉, 《사회와이론》 14, 2009, 173~212쪽.
김홍중, 〈진정성의 기원과 구조〉, 《한국사회학》 43(5), 2009, 1~29쪽.
김홍중, 〈서바이벌, 생존주의, 그리고 청년 세대: 마음의 사회학의 관점에서〉, 《한국사회학》 49(1), 2015, 179~212쪽.
김홍중, 〈파우스트 콤플렉스: 아산 정주영을 통해 본 한국 자본주의의 마음〉, 《사회사상과 문화》 18(2), 2015, 237~285쪽.
김희경, 《이상한 정상가족: 자율적 개인과 열린 공동체를 그리며》, 동아시아, 2017.
도모노 노리오, 《행동경제학: 경제를 움직이는 인간 심리의 모든 것》, 이명희 옮김, 지형, 2007.
도승연, 〈철학의 역할, 진실의 모습: 푸코의 자기-배려 논의를 중심으로〉, 《한국여성철학》 18, 2012, 151~175쪽.
질 리포베츠키, 《패션의 제국》, 이득재 옮김, 문예출판사, 1999.
질 리포베츠키, 〈영원한 사치, 감동의 사치〉 질 리포베츠키 외 지음, 《사치의 문화: 신성의 시대에서 상표의 시대로》, 유재명 옮김, 문예출판사, 2004.
미셸 마페졸리, 《부족의 시대: 포스트모던 사회에서 개인주의의 쇠퇴》, 박정호 외 옮김, 문학동네, 2017.
C. 라이트 밀즈, 《사회학적 상상력》. 강희경 · 이해찬 옮김, 돌베개, 2004.
박대민. 〈시장 자유주의 통치성의 계보학: 1980년대 이후 선호하는 인간의 통치로서 금융통치성의 대두〉, 《커뮤니케이션 이론》 10(4), 2014, 224~262쪽.
박소진, 《신자유주의시대의 교육 풍경: 가족, 계급, 그리고 전지구화》, 올림, 2017.
박영신, 〈'굴대 시대' 이후의 문명사에 대한 학제간 연구 관심〉 《현상과 인식》 38(1/2), 2014, 17~39쪽.
박종훈, 《지상 최대의 경제 사기극, 세대전쟁》, 21세기북스, 2013.
막스 베버, 《경제와 사회》, 박성환 옮김, 문학과지성사, 1997.
막스 베버, 《프로테스탄티즘의 윤리와 자본주의 정신》, 김덕영 옮김, 도서출판 길, 2010.
막스 베버, 《막스 베버 사회과학방법론 선집》, 전성우 옮김, 나남, 2011.
소스타인 베블런, 《유한계급론》, 김성균 옮김, 우물이있는집, 2012.
피에르 부르디외, 《구별짓기: 문화와 취향의 사회학》, 최종철 옮김, 새물결, 2005.
토머스 샤츠, 《할리우드 장르: 내러티브 구조와 스튜디오 시스템》, 한창호 · 허문영 옮김, 컬처룩, 2014, 425~501쪽.
서동진, 《자유의 의지 자기계발의 의지: 신자유주의 한국 사회에서 자기계발하는 주체의 탄생》, 돌베개, 2009.
리처드 세넷, 《신자유주의와 인간성의 파괴》, 조용 옮김, 문예출판사, 2002.
리처드 셰크너, 《민족연극학: 연극과 인류학 사이》, 김익두 옮김, 한국문화사, 2004.
오찬호, 《우리는 차별에 찬성합니다: 괴물이 된 이십대의 자화상》, 개마고원, 2013.

한스 요하스, 《행위의 창조성》, 신진욱 옮김, 한울, 2009.

엄창옥·박우식, 〈대구 경북지역 노동시장의 구조적 특징에 관한 연구〉, 《지역사회연구》 22(3).

왕혜숙, 〈사회적 공연으로서의 자서전 읽기: 정주영 자서전에 나타난 기업인 정체성과 인정투쟁을 중심으로〉, 《한국사회학》 50(5), 2016, 41~78쪽.

우석훈·박권일, 《88만 원 세대: 절망의 시대에 쓰는 희망의 경제학》, 레디앙, 2007.

이득재, 《가족주의는 야만이다》, 소나무, 2001.

이영롱, 《사표의 이유: '나'는 없고 노동만 있던 나날, 나는 회사를 떠났다》, 서해문집, 2015.

이재인, 〈서사유형과 내면세계: 기혼여성들의 생애이야기에 대한 서사적 접근〉, 《한국사회학》 39(3), 2005, 77~119쪽.

최종렬, 〈신뢰와 호혜성의 통합의 관점에서 본 사회자본: 사회자본 개념의 이념형적 구성〉, 《한국사회학》 38(6), 2004, 97~132쪽.

이재인, 〈서사의 개정과 의식의 변화〉, 《한국여성학》 22(2), 2006, 81~120쪽.

이종수, 〈한국 휴먼 다큐멘터리의 시대성과 사회성: 다큐멘터리 내용, 형식의 변화와 맥락과의 연관성을 중심으로〉, 《언론과 사회》 10(2), 2002, 35~72쪽.

이춘근, 〈대구경북지역 청년층 고용구조와 일자리 확대방안〉, 대구경북연구원, 2015.

장호원·서정일, 〈제도적 변화에 대한 기업의 대응과 외국인 투자자의 역할: 외환위기 이후 기업 내부노동시장의 이원화를 중심으로〉, 《국제경영리뷰》 14(3), 2010, 119~143쪽.

전상진, 〈자기계발의 사회학: 대체 우리는 자기계발 이외에 어떤 대안을 권유할 수 있는가?〉, 《문화와 사회》 5, 2008, 103~140쪽.

전상진, 《세대 게임: '세대 프레임'을 넘어》, 문학과지성사, 2018.

정건화, 〈노동시장의 구조변화에 대한 제도경제학적 해석: 내부노동시장의 이완과 비정규노동의 증가〉, 《경제와 사회》 57, 8~41, 14~15쪽.

정수복, 《응답하는 사회학: 인문학적 사회학의 귀환》, 문학과지성사, 2015.

조주은, 《현대 가족 이야기》, 이가서, 2004.

조한혜정 외, 《노오력의 배신: 청년을 거부하는 국가 사회를 거부하는 청년》, 창비, 2016.

지주형, 《한국 신자유주의의 기원과 형성》, 책세상, 2011, 444~448쪽.

천주희, 《우리는 왜 공부할수록 가난해지는가: 대한민국 최초의 부채 세대, 빚지지 않을 권리를 말하다》, 사이행성, 2016.

최샛별, 〈한국 사회에서의 영어실력에 대한 문화자본론적 고찰: 대학생들의 영어학습 실태와 영어능력자에 대한 인식을 중심으로〉, 《사회과학연구논총》 11, 2003, 5~21쪽.

최서윤 외, 《미운 청년 새끼:망가진 나라의 청년 생존썰》, 미래의창, 2017.

최종렬, 〈사이버공론장에서의 포스트모던 집합의례: 문갑식 기자의 블로그 사건 담론 경합을 중심으로〉, 《문화와 사회》 3, 2007, 195~261쪽.

최종렬, 《사회학의 문화적 전환: 과학에서 미학으로, 되살아난 고전 사회학》, 살림, 2009.

최종렬, 〈사회적 공연으로서의 2008 촛불집회〉, 《한국학논집》 42집, 2011, 227~270쪽.
최종렬, 〈사회학, 서사를 어떻게 할 것인가?〉, 최종렬 외 지음, 《베버와 바나나: 이야기가 있는 사회학》, 마음의 거울, 2016.
최종렬, 《다문화주의의 사용: 문화사회학의 관점》, 한국문화사, 2016.
최종렬 외, 《베버와 바나나: 이야기가 있는 사회학》, 마음의 거울, 2015.
최태섭, 《잉여사회: 남아도는 인생들을 위한 사회학》, 웅진지식하우스, 2013.
미셸 푸코, 《주체의 해석학: 1981-1982, 콜레주 드 프랑스에서의 강의》, 심세광 옮김, 동문선, 2007.
미셸 푸코, 《생명관리정치의 탄생: 콜레주 드 프랑스 강의 1978~79년》, 오트르망 외 옮김, 난장, 2012.
콜린 캠벨, 《낭만주의 윤리와 근대 소비주의 정신》, 박형신 · 정헌주 옮김, 나남, 2010.
위르겐 하버마스, 《의사소통행위이론: 기능주의적 이성 비판을 위하여 2》, 장춘익 옮김, 나남, 2006.
후지타 다카노리, 《우리는 빈곤세대입니다: 평생 가난할 운명에 놓인 청년들》, 박성민 옮김, 시공사, 2016.

외국 자료

Jeffrey C. Alexander and Bernhard Giesen, *Social Performance: Symbolic Action, Cultural-Pragmatics, and Ritual*, Cambridge University Press, 2006.
Marcos Ancelovici and Dupuis-Déri Francis, "Interview with Professor Charles Taylor," *Citizenship Studies* 2(2), 1998, pp.247~256.
Hannah Arendt, *The Human Condition*, University of Chicago Press, 1958.
Pierre Bourdieu, "The Forms of Capital", Richardson John (ed.), *Handbook of Theory and Research for the Sociology of Education*, Greenwood Press, pp.241~258.
Brinton, Mary C. and Victor Nee, *The New Institutionalism in Sociology*, Stanford University Press, 1988.
Peter Brooks, *Melodramatic Imagination: Balzac, Henry James, Melodrama, and the Mode of Excess New Haven*, Yale University Press, 1976.
Nina Eliasoph and Paul Lichterman, "Culture in Interaction," *American Journal of Sociology* 108(4), 2003, pp.735~794.
Northrop Frye, *The Anatomy of Criticism*, Princeton University Press, 1971.
Clifford Geertz, *The Interpretation of Cultures*, Basic Books, 1973.

Erving Goffman, *Encounters: Two Studies in the Sociology of Interaction*, Bobbs-Merrill-Company, 1961.

Erving *Goffman, Behavior in Public Places: Notes on the Social Organization of Gatherings*, The Free Press, 1963.

Erving Goffman, *Interaction Ritual: Essays on Face-to-Face Behavior*, Pantheon, 1967.

Erving Goffman, *Relations in Public: Microstudies of the Public Order*, New York: Basic books, 1971, p.xvii.

Erving Goffman, *Frame Analysis: An Essay on the Organization of Experience*, Harper and Row, 1974.

Axel Honneth, *The Struggle for Recognition: The Moral Grammar of Social Conflicts*, The MIT Press, 1995.

Edmund Husserl, *On the Phenomenology of the Consciousness of Internal Time (1893-1917)*, Kluwer Academic,1991.

Ronald N. Jacobs, "The Problem with Tragic Narratives: Lessons from the Los Angeles Uprising," *Qualitative Sociology* 24(2), 2001, pp.221~243.

Ronald N. Jacobs, "Narrative, Civil Society and Public Culture," *The Uses of Narrative: Explorations in Sociology, Psychology and Cultural Studies*, Transaction Publishers, 2004, pp.18~35.; Molly Andrews et al., Ibid.

Ronald N. Jacobs and Philip Smith, "Romance, Irony and Solidarity," *Sociological Theory* 15(1), 1997, pp.60~80.

Mary and Pattillo-McCoy, "Church Culture as Strategy of Action in the Black Community," *American Sociological Review* 63, 1998, pp.767~784.

Donald E. Polkinghorne, *Narrative Knowing and the Human Sciences*, Albany: State University of New York Press.

Laurel Richardson, "Narrative and Sociology," *Journal of Contemporary Ethnography* 19(1), 1990, pp.116~135.

Paul Ricoeur, *Time and Narrative 1*, University of Chicago Press, 1984.

Alfred Schutz, *On Phenomenology and Social Relations*, The University of Chicago Press, 1970.

Dmitri N. Shalin, "Pragmatism and Social Interactionism," *American Sociological Review 51(February)*, 1986, pp.9~29.

Georg Simmel, "Sociability: An Example of Pure, or Formal, Sociology," *The Sociology of Georg Simmel*, The Free Press, 1950, pp.40~57.

Ben Singer, *Melodrama and Modernity: Early Sensational Cinema and Its Contexts*, Columbia University Press, 2001.

Ann Swidler, "Culture in Action: Symbols and Strategies," *American Sociological Review* 51(2), 1986, pp.273~286.

Ann Swidler, *Talk of Love: How Culture Matters*, University of Chicago Press, 2001.

Charles Taylor, *Sources of the Self: The Making of the Modern Identity*, Harvard University Press, 1989.

Max Weber, "The Social Psychology of the World Religions," *From Max Weber: Essays in Sociology*, Oxford University Press, 1986, pp.267~301.

찾아보기

ㄱ

ㄴ

ㄷ

ㅎ

복학왕의 사회학

초판 1쇄 펴낸 날 2018년 6월 29일
초판 3쇄 펴낸 날 2019년 5월 27일

지은이 최종렬
펴낸이 박재영
편집 임세현, 이정신
제작 제이오
디자인 최진규

펴낸곳 도서출판 오월의봄
주소 경기도 파주시 회동길 363-15 201호
등록 제406-2010-000111호
전화 070-7704-5809
팩스 0505-300-0518

이메일 maybook05@naver.com
트위터 @oohbom
블로그 blog.naver.com/maybook05
페이스북 facebook.com/maybook05

ISBN 979-11-87373-39-1 93300

이 도서의 국립중앙도서관 출판예정도서목록(CIP)은 서지정보유통지원시스템
홈페이지(http://seoji.nl.go.kr)와 국가자료공동목록시스템(http://www.nl.go.kr/
kolisnet)에서 이용하실 수 있습니다.(CIP제어번호: CIP2018018997)

이 도서는 한국출판문화산업진흥원 2018년 우수출판콘텐츠 제작 지원 사업 선정작입니다.

• 책값은 뒤표지에 있습니다. 잘못된 책은 바꾸어 드립니다.